교회의 정체성과 교회봉사

칼 프리츠 다이버 저
황 금 봉 역

1998

한국장로교출판사

Diakonie und Kirchliche Identität

Studien zur diakonischen Praxis in der Volkskirche

by
Karl-Fritz Daiber
tr. by
Kum Bong Hwang

Copyright © 1988 by Lutherisches Verlagshaus GmbH, Hannover

Publishing House
The Presbyterian Church of Korea
Seoul, Korea

교회의 정체성과 교회봉사

차 례

역자의 말 / 7
한글판 저자 서문 / 12
저자 서문 / 15

제1부 교회봉사의 신학적 근거에 대한 문제들　　23

I. 복음선포와 교회봉사 - 신학적 분열에 대한 분석 ····· 25
1. 복음선포와 교회봉사간의 분열에 대한 관찰들 / 25
2. 복음선포와 교회봉사간의 분열에 대한 역사적 근원 / 33
3. 복음선포와 교회봉사간의 분열에 대한 사회학적 해명시도 / 40
4. 교회봉사의 신학 - 분열을 극복하기 위한 시도 / 49
5. 교회봉사의 실천목표 정의에 대한 실례
   - 복음전파와 교회봉사간의 분열축소를 위해 / 54

II. 신학과 개발도상국 원조 ····· 61
1. 독일에서의 개발도상국 원조 / 63
2. 교회 개발도상국 원조에 대한 신학적 배경의 필연성 / 67
3. 교회 개발도상국 원조와 그 실천현장들을 위한 신학적 유형들 / 74
4. 에큐메니칼 경험을 통한 개발도상국 원조와
   교회적 책임에 대한 신학적 고찰의 출발 / 90
5. 개발도상국 원조영역의 기준 모색을 위한 신학의 기여 / 111

Ⅲ. 개교회와 기능적인 직무들 ·· 117
1. 본 주제에 대한 역사적 고찰 / 118
2. 교회의 기능적인 직무에 대한 사회학적 관점들 / 121
3. 기능적 직무에 대한 논증과 신학적 문제들 / 127
4. 기능상의 직무와 지역교회간의 조화에 대한 문제 / 134

Ⅳ. 교회봉사와 신학(테제들) ·· 139

제 2 부 국교회 상황하에서의 교회봉사 현장   143

Ⅰ. 독일에서의 교회봉사 ·· 145
1. 인식의 몇 가지 보기들 / 147
2. 상황에 의한 전망들 / 150
3. 문제점 정리 / 162
4. 이론적 새 조항들과 전망들 / 163

Ⅱ. 지역교회와 교도소교회 ·· 167
1. 경험적 분석을 통한 지역교회와 교도소 상담목회간의 관계 / 168
2. 교회공동체의 신학적 개념 / 181
3. 교도소 담벽 안팎에 있는 공동체들이 하나의 공동체로 나아가는 데 따르는 장애들 / 188
4. 가능한 조처들 / 196

Ⅲ. 사회사업과 교회봉사 – 두 관계의 갈등에 대한 언급 ·············· 205
1. 문제 본질의 배경들
   – 사회적 성과공동체를 지향하는 교회봉사의 발전 / 206

2. 교회봉사의 중심개념과 성과 위주의 교회봉사간의 갈등 / 210
  3. 신학적 관점으로부터의 관계규정들 / 214
  4. 다원화의 교회와 사회 안에서의 사회사업과 교회봉사 / 219

Ⅳ. 교회봉사에서의 신학자와 비신학자들의 공동참여 ················ 223
  1. 서 문 / 223
  2. 문제제기의 명료화 / 225
  3. 비신학자들의 신학적 기능참여에 대한 신학적 근거의 문제 / 228
  4. 교회봉사에서의 비신학자들의 역할에 대한 신학적 근거 / 230
  5. 비신학자들의 참여과정들에서의 몇 가지 장애들 / 233
  6. 독일의 국교회 구조 안에서의 교회봉사 / 235
  7. 문제의 종결:비신학자들의 은사 / 236

Ⅴ. 상담활동은 교회를 불신하도록 하는 것인가? ······················ 239
   - 상담활동에 대한 교회사회학적인 고찰

Ⅵ. 사회복지 국가의 실천영역에서 교회봉사의 자주성 ············ 253
  1. 정치적인 출발점 / 253
  2. 교회봉사의 사회정치적 윤곽 / 257
  3. 교회봉사의 교회성 / 261
  4. 교회봉사적인 교회들-독자적인 교회봉사의 기초 / 264
  5. 믿음의 형상으로서의 사랑 / 268

제 3 부 에큐메니칼 상황에서의 교회봉사 활동의 실례   275

  Ⅰ. 탄자니아 루터교회의 교회봉사 ·· 277

1. 탄자니아의 루터교회 / 278
   2. 상이한 교회활동 차원에서의 교회봉사적 실천 / 281
   3. 시설 교회봉사 / 286
   4. 관찰을 위한 문제제시 / 294

II. 에큐메니칼 교회봉사의 조직문제들 ··· 301
   1. 선교와 개발도상국 원조간의 긴장 / 303
   2. 개발도상국 원조활동과 동역자들 / 310
   3. 현지 파트너들의 인사담당 구조들 / 317
   4. 프로젝트와 프로그램 / 324
   5. 원조에 따른 재정적 의무와 자기 신뢰의 목적 / 329
   6. 조직구조들에 대한 신학적 중요성 / 332

III. 갈등공동체로서의 교회봉사의 교회 ·· 335
   1. 이해관계 대립에 대한 지표와 교회 내부의 갈등 / 337
   2. 상호 이해를 위한 공의회적 과정과 갈등조정 / 344
   3. 가난한 자를 위한 정의의 선택 / 353
   4. 교회봉사-정의와 평화의 상징 / 359

역자의 말

본서를 번역하면서 되돌아본 한국교회의 교회봉사 활동들은 시대적으로 사회상황들의 급격한 변화들에서 거의 자생적이고 독립적인 구조로 발전해 왔다.

이렇게 급박하고 절실한 상황하에서 생겨난 교회봉사 시설들이나 교회의 사회봉사 체제들이 총회, 노회, 개교회 차원에서 긍정적으로 받아들여지고, 그에 상응하는 후원이나 관심들이 성장되고 있는 사실은 매우 고무적인 일이라 생각한다. 하지만 이런 현상들에 반해 이론적 근거가 되는 교회봉사학이나 교회봉사 신학을 수립하는 데 있어서 교회의 핵심적인 기능들로부터의 기대는 아직 이른 감이 있다.

이러한 기대에 부응하지 못한 가장 근본적인 문제가 다름아닌 신학적 바탕 속에서 이루어지지 못한 사회복지 체계와 조직으로 급격히 돌입, 발전하는 한국 사회의 긴박한 현실상황이라는 생각을 가지게 되었다. 이러한 현상은 신학과 교회가 스스로를 되돌아볼 여유도 없이 기구와 시설적인 교회봉사로 자리를 잡아가는 실정에 이르게 된다. 이러한 시점에서 교회봉사의 지침서가 마련되어야 한다는 것이 무엇보다 시급한 것으로 생각되었다. 왜냐하면 교회봉사와 사회복지 체계로의 사회

발전이 무조건적인 상호간의 동질성 확인으로 연결되고 이해될 수는 없기 때문이다.

물론 여러 방면에서 한국교회의 봉사직무들이 소개되었고, 본 교단의 총회 차원에서도 제69회 총회에서 "대한예수교장로회의 사회선교지침"이 채택되었으며, 이어서 제71회 총회에서는 사회부가 건의한 "사랑의 현장 갖기 운동"이 허락되는 등 큰 발전이 계속되어 왔다. 이러한 한국적인 교회봉사 활동의 발전에 맞추어 번역서보다는 한국교회 봉사직무의 이해를 심도 있게 다룬 지침서가 우선해야 한다는 것에는 이의가 있을 수 없지만, 손쉽게 얻을 수 있는 자료라는 점에서 번역서를 우선 떠올리게 되었다.

본서의 저자는 사회학자로서, 그리고 신학자로서 우리에게 교회공동체가 행하고 있는 교회봉사의 활동들을 다방면으로 소개해 주고 있다.

물론 1세계권 신학자의 입장에서 1세계가 3세계에 대하여 실시하고 있는 교회 개발도상국 원조의 문제들을 에큐메니칼 차원에서 논의한다는 것이 3세계의 현장에서만큼 절실할 수 있겠는가 하는 의문은 늘 남게 될 것이다. 이 저자의 연구들이 한국교회의 개교회적이고 자유교회 형태와는 다른 독일 국교회(Volkskirche)[1]의 특이한 상황하에서 다루

---

1. 한국교회의 개교회적이고 자유교회 형태와는 다른 국민교회/국교회(Volkskirche : 이후에는 '국교회'로 표기)에 대하여서는 간단히 인식하고 넘어갈 필요가 있다고 생각된다. 독일교회는 19세기 세계선교의 발전을 분기점으로 하여 국가교회(Staatskirche)로부터 독립 발전하였다. 즉, 교회의 실존이 국민과 시민의 생활영역 안으로 구체적으로 들어오게 된 것이다. 더 이상 교회 조직원이 국가의 구성원과의 동일한 법적 의무나 제도하에 있지 않고 개인적이고 신앙고백적인 그리스도인으로서의 공동체적 소속이 인식된다.

국민교회로서의 교회형태와 구조는 a) 국민을 통한 교회(Wolfgang Huber), b) 국민을 향한 교회(J. H. Wichern), c) 국민의 교회(A. Stoecker), d) 국민을 위한 교회(F. Rendtroff), e) 국민 전체를 대상으로 여기는 교회(Otto Dibelius)를 지향한다. 이로써 교회는 국민과 지역사회에 대한 공공의 의무 및 책임에 대한 관심을 가지게 되고 사회윤리에 입각한 교회로의 발전을 위해 노력하게 된다.

어진 것임도 유의할 일이다. 그럼에도 불구하고 저자의 사회학자로서의 예리한 관찰들은 세계선교와 교회봉사에 열의와 큰 관심을 갖고 있는 한국교회에 대하여서 많은 성찰의 동기를 부여하리라고 본다.

저자는 본서를 통하여 교회 상담업무의 직업화나 목회자들과 동역하게 되는 교회봉사 시설 종사자들과의 동역의식의 과제, 신학자와 비신학자들 간의 공동협력안들, 에큐메니칼 차원의 교회봉사의 실천 등의 주제들을 세밀하게 다루고 있다. 현대사회에서 점점 전문화로 특징지어지는 직업적 분화현상이 한국교회에 등장하기 시작하는 시기에 맞추어 목회자들의 직업윤리와 동료의식들의 제반 문제들에 관하여 성찰의 동기도 부여하고 있다.

이 역서가 다양한 한국교회 교회봉사 교육을 위한 하나의 기회가 되기를 바라고, 또한 다양한 토론의 주제들 중의 한 부분이 될 수 있기를 바라는 마음이다.

번역에 있어서 몇 가지의 어려움은 단어통일의 문제였다. 교회봉사(디아코니 : Diakonie)는 현재 한국교회에서 '교회 사회봉사'로 일반적으로 통용되고 있으나 본 번역서에서는 예수 그리스도의 순수한 '섬

이에 반해 국민교회 이전의 국가교회(Staatskirche : 국가와 교회가 밀접한 연관 속에서 발전한다), 즉 국가적 관청조직과 제도하에서 교회와 국가가 하나의 총체적 연관을 이루고 있는데, 국가의 법적 내용들이 교회의 영역에서도 동일하게 다루어진다.

이러한 국가와 교회의 긴밀한 연관관계는 특별히 교육제도에서 더욱 두드러진다. 현재 국가교회 형태는 동방 정교회 구조에서와 그리스의 교회에서만 짙은 영향을 볼 수 있다. 독일교회는 루터의 두 왕국론에 의한 영적, 그리고 세상적인 개념이 명확해진 후에도 국가교회의 형태 아래 있었다. 그러나 19세기에 들어서면서 국가의 형태가 영주 제도하에서 민주체제의 대의원제도로 발전하게 되는 계기를 맞아 주총회별로 점차적으로 국가조직을 이탈, 독립하여 자율적 교회로 서게 되었다. 이러한 교회구조 변혁의 중추가 된 것이 1849년 프랑크푸르트 파울루스교회에서 있었던 시민헌장이었다. 이로부터 독일교회는 국가교회로부터 국민교회로의 국면을 맞게 된다(역자주).

김'과 '종'의 개념에 기인하여 '교회봉사'로 통일했다. 그러나 이 단어는 한국교회와 신학 안에서 명확한 정의가 필요한 단어라고 생각되며, 사견으로는 오히려 '그리스도교의 세상 섬김'으로 표기되는 것이 좋다는 생각이다. 왜냐하면 신학과 성서는 예수 그리스도의 종의 섬김에서 교회봉사의 근원적인 표준을 말하고 있기 때문이다. 설명이 필요한 부분은 '역자주'로서 이해를 도우려 노력하였다.

더욱이 여기서 분명히 밝혀야 할 것은 본서의 내용이 순수신학적 이론으로 다루어지기보다는 오히려 사회학적-신학적으로 다루어진 내용으로서 이해가 어려운 부분들이 그대로 노출된 채로 번역이 이루어졌다는 것이다. 그 중요한 이론적 내용으로는 니클라스 루만(Niklas Luhmann)의 구조기능주의[2]가 밑바탕으로 여러 부분에서 이해, 설명되고 있는데 그에 대한 완전한 이해 없이 문자적인 번역의 시도가 상당한 물의를 일으키고 있다는 사실을 고백할 수밖에 없다. 교회봉사학에 대한 강의를 하면서 학생들에게 마땅히 소개할 책들이 희귀하다는 사실 때문에 수강생들을 위한 사본으로 급히 번역, 사용하던 것을 수요가 증가함에 따라 성급하게 출판본으로 내놓게 되었으나 번역문의 미흡한 점들은 꾸준히 수정, 보완되어야 할 것임을 밝혀 둔다.

끝으로 여름방학 동안 컴퓨터 작업으로 성실하게 동행해 준 이민내

---

2. Niklas Luhmann의 구조기능주의는 미국의 사회학자 Parsons의 구조기능주의가 유럽에 수용, 비판되면서 루만의 구조기능주의로 재설명된 것이다. 광범위하게 설명하여 본다면, 구조기능주의는 사회 시스템에 하위 시스템들이 적응하여 가는 것을 의미한다. 그러나 이러한 것이 너무도 매카니즘적이어서 사회의 반대 세력들을 설명할 수 없다는 데서 문제가 되어 Max Weber 등을 거쳐 루만에 이르러서는 고도의 사회 발전과 더불어 하위 시스템들이 분화, 전문화되는 과정에서 시스템들이 살아남기 위해서 하위 시스템들의 다양성(Komplexität)을 생산시키는 역할을 한다는 것이다. 이 구조기능주의에 대한 설명은 한국적으로 아무리 잘 설명을 시도해도 이해가 쉽지 않다고 하는데, 그 이유는 너무 추상적이고 그 개념 등이 완전히 독일식 구조설명이기 때문으로 보인다(역자주).

학생에게 고마움을 전한다. 그리고 이 책이 출판되어 나오도록 편집, 제작을 맡아주신 한국장로교출판사 직원들에게도 고마운 뜻을 전한다.

1998년 11월 일
영남신학대학교에서
황 금 봉

한글판 저자 서문

Zum Geleitet

Im Jahre 1988 habe ich mit Aufmerksamkeit und Anteilnahme Kirchen und Gemeinden in Korea besucht. Ich habe mit großem Interesse eine vielfältige diakonische Arbeit kennengelernt.

Im Bilick auf die Situation in meiner eigenen Heimat beschäftigt mich seit Jahren die Frage, wie die diakonische Dimension der Kirche geistesmächtig Gestalt gewinnen kann.

Ich freue mich sehr, daß Frau Dr.theol. Hwang, Kum-Bong mein Buch in die koreanische Spracheübersetzt hat.

Die Situation in Deutschland ist sicher anders als die in Korea. Gerade deshalb können wüir gegenseitig uns Anregungen geben. Ich wünsch mir, daß mein Buch zu einem fruchtbaren Austausch verhilft.

Hannover, 1998
Karl Fritz Daiber

한글판 저자 서문

　나는 1988년에 놀라움과 깊은 관심으로 한국의 교회기관들과 개교회들을 방문했었다. 또한 다양한 교회봉사를 배우고 알 수 있는 좋은 기회였다. 이 교회봉사의 상황에 대해서 나는 나의 고국에서 수년 간 다음과 같은 질문에 몰두해 왔는데, 그것은 어떻게 교회봉사의 차원이 영적 능력의 형상을 이룰 수 있는가 하는 것이다.
　황금봉 박사가 나의 책을 한국어로 번역하게 된 것을 매우 기쁘게 생각한다.
　물론 독일의 상황은 한국과 다르다. 그렇기 때문에 우리들은 상호간에 서로의 자극제가 될 수 있다고 여겨진다. 이 책이 하나의 결실 있는 교환을 위한 역할을 할 수 있기를 희망한다.

1998년 하노버에서
칼 프리츠 다이버

저자 서문

　나는 신학의 책임이라고 생각되는 교회봉사(Diakonie)[1]의 현장에 대해 오랫동안 생각해 왔다. 사실 이 질문은 이전부터 시작되었는데, 구체화된 것은 내가 대학 입시생이었을 때 신학과 지망생들에게 요구되었던 교회 실습과정에서 교회봉사 기관인 슈베비쉬 할레의 1년 간의

---

1. Diakonie : 디아코니는 신약에서는 "가난한 자를 위한 도움, 목회", 고대에서는 "삶의 현장에 존재하는 예수의 삶과 행위로서의 공동체", 일반적으로는 "그리스도인의 의무적 행위", 중세에서는 "수도원, 구조청 등을 통한 구호대책" 등으로 이해, 실천되어 왔다. 19세기에 이르러서 독일은 이를 국내선교(Innere Mission)로 이해, 발전시켜 왔다. 더욱이 이 교회봉사의 개념은 1836년 테오도르 플리드너(Theodor Fliedner)에 의해 "디아코니센 자매공동체"(Diakonissen-schwesternschaft)가 설립되어 개신교 수녀제도를 실시하게 되면서 체계화하고 교회의 전문직업으로서 발전의 기틀을 마련했다.
　제2차 세계대전 후 국가의 위기상황하에서는 "그리스도성은 돕는 직무, 그리고 생각하고 행동하는 공동체"로 재인식되면서, 크게는 국내선교(알콜과 마약중독자, 걸인, 여성, 고아, 어린이 등의 사회 전반의 문제)와 국외선교로서 개발도상국 원조(Evangelische Zentralstelle für Entwicklungshilfe:EZE) 프로그램을 실시하여 세계적인 기아, 전쟁국 원조, 그리고 제3세계권의 의식화운동 등에 참여하는 등의 활발한 활동을 하고 있다(역자주).

교회봉사 경험에서부터이다.

 신학교에 다니면서 이 관심은 더욱 깊어졌고, 특히 뷔텐베르그 주총회 교회봉사 본부에 있는 실천신학자 헤르만 파버 씨 밑에서의 연수기간 동안 그 관심은 더욱 구체화되었다.

 이 책의 주제를 더욱 발전시켜 갈 수 있었던 계기는 하노버 주총회의 "목회사회연구소"를 맡으면서였다. 하노버 시 국내선교부의 부탁으로 실시된 선교조직의 분석을 하면서 국내선교의 현장들과 본 연구소와 직접 관련되어 있는 주협의회의 국내선교부를 방문하게 되었던 것이다. 주총회 내에 있는 교회봉사 본부와는 직접 연관되어 있었으며 직무상 필연적인 만남들이 또한 이 주제를 가까이할 수 있는 기회를 제공해 주었다. 본 연구소에서는 수년 전부터 정기적으로 교회봉사 분야에서 종사하게 될 봉사자들을 위한 교육을 개최해 오고 있다. 이러한 나의 직무상의 기회들을 통하여 교회 내에서의 사회복지 종사자들의 직업관에 대한 연구와 사회현장에서의 교회봉사에 관한 직무지침 연구들이 시도되었다. 이러한 연구들과 관련하여 디아콘과 디아코닌(Diakon/in)[2]들의 직업관 연구에까지 이르게 되었다. 이 연구들을 위해서는 가능한 범위 내에서의 강연들이나 그에 상응하는 세미나들이 개최되기도 했다. 이 배움과 연구의 과정들에서 교회봉사 현장의 문제점들이 사회학적, 신학적 입장들로 반영되고, 여기서 이미 이루어진 연구들이 본서

---

 2. 이들은 독일교회 내외에서 교회의 교회봉사 실천을 대표/대변하는 교회봉사자들이다. 이들은 대부분 주총회 소속의 전문적인 교회봉사의 정규 교육과정(3년 내지 5년)을 통하여 배출되며, 졸업과 동시에 국가적인 승인과 아울러 교회의 승인을 받은 전문봉사자들이 된다. 이들의 교육과정은 철저히 신학을 바탕으로 하는 인간이해와 교회이해를 중심으로 사회복지 이론의 통달까지를 의미한다. 이들은 교회와 사회에서 각종의 전문상담, 교육, 심리, 보건, 복지시설 종사자 등의 다양한 임무들을 맡아 행하며 디아코닌(여성 봉사자)과 디아콘(남성 봉사자)으로 불린다. 이 교회봉사의 전문직에는 남녀 모두가 동참하고 있으나 아직은 대부분 여성의 전문직업으로 인식되고 있는 것이 일반적인 현실이다(역자주).

에서 주요한 대목으로 소개된다. 이것은 매우 의미 있는 일이며, 이 의미심장한 실천신학의 정확한 이해와 현장 안에서의 자각들을 위한 비판적 재고의 기회가 되었다. 이러한 연구내용들이 다시 새로운 하나의 출발 기점이 되고, 가능성이 있는 행위의 발전들로 전개되어야만 한다는 것은 기정 사실로 여겨진다.

연구들에서는 아래의 3가지 중요한 문제점들이 지적되고 있다 :

첫째는 교회봉사의 신학적인 근거에 대한 문제점들이다. 이것은 교회봉사 과제들의 중요성이 인정되고 있으면서도 개혁교회 내의 일부에서는 아직도 그 실행이 어려운 단계에 있다. 교회봉사는 기독교적 과제로서 합법적으로 승인되어야 하고, 교회 안에서 더욱 명확하게 다루어져야 한다. 왜냐하면 그것은 기독교공동체 안에서 구체화되어야 하고 교회 안에서 존재해야 하기 때문이다. 신학적인 차원에서 교회봉사의 정당성을 확립하기 위해서는 정통적인 신학의 입장이 재고찰되어야 하는데, 복음선포를 가장 중요한 것으로 인정하고 있는 개혁교회의 입장에서 볼 때 그것은 새로운 것이 아니다.

그런데 신학에 있어서 교회봉사의 정당성에 대하여 최근에 많은 논란이 일고 있다. 그것은 교회 내의 교회봉사의 과제를 전문가들이 중요한 것으로 강조하면 할수록, 또한 교회와 동등한 비중으로 교회봉사가 주장되면 될수록 정통적 신학에 입각한 교회는 그 교회봉사의 견해들을 적지 않은 교회에 대한 장애로 보게 된다는 것이다. 이러한 긴장관계 현상들이 자주 드러나는 것은 아니다. 그러나 이러한 실제적 상황들을 대하면서 교회봉사의 신학적 규명이 하나의 좋은 해결책이라고 생각되었다.

둘째는 독일의 교회봉사 현장에서 행해지고 있는 직무들에 대한 이해이다. 교회봉사의 직무들에 관한 연구작업을 통해 알게 된 사실은 역시 교회와 교회봉사간의 동질성 확인이었다. 그 한 실례로서 심리학을 바탕으로 하는 상담직무에서 교회에 대한 불신(교회의 상담활동이 상담

심리의 전문적 특성의 차원에서 오히려 교회의 신뢰성을 어렵게 할 수 있는 상황)의 요소가 발견되어지고 설명될 수 있다는 것이다. 이 내용이 근거가 되어 하나의 주제로 본서에서도 또한 다루어지고 있다. 이 주제는 자신으로부터가 아니라 현장경험들을 통해 얻어진 것들이다.

셋째는 교회 연합적인 에큐메니칼 교회봉사이다. 교회연합 차원의 교회봉사에서 우선적으로 제기되는 질문은 "신학과 개발도상국 원조" (Theologie und die Entwicklungshilfe)³⁾를 들 수 있겠다. 이 책에서 에큐메니칼 교회봉사는 자의에 의해서나 타의에 의해서 하나의 중요한 주제로 다루어진다. 최종적인 본인의 견해는 에큐메니칼 교회봉사는 국가적으로나 지역적으로 그 현장에 속한 국가나 사회에 예민하게 반영될 수 있는 것이기 때문에 교회봉사의 전반적인 실험으로서 중요하

---

3. Entwicklungshilfe : 이 개발도상국 원조의 기원은 일반적으로 제2차 세계대전 중에 미국이 시작했던 외국원조(Foreign aid)에서 출발하며, 그 후에 UN에 의해 인간박애를 바탕으로 물질, 기술, 인력을 통해 계속적으로 발전해 왔다. 이는 궁극적으로 세계의 정치-경제적인 안전을 부여하는 것을 주목적으로 이루어졌다. 이러한 전통과 연관하여 독일교회에서는 그보다 훨씬 앞선 19C 말 '선교'라는 기독교적 과제에 대하여 아프리카, 아시아와의 관계를 중심으로 시작한 것에서 찾아볼 수 있다.

이 운동이 제3세계의 개발을 목적으로 조직적인 교회운동 차원으로 발전되기는 1959년을 기점으로 '세계를 위한 빵'(Brot für die Welt) 모금운동으로 그 기틀을 마련하였다. 여기에는 독일이 패전국이 되었을 때 전세계로부터 받았던 원조에 대한 감사의 의미가 내포되어 있기도 하다. 1962년 이래로 '개신교 개발도상국 원조 중앙본부'(Evangelishe Zentrals telle für die Entwicklungshilfe : EZE) 기구의 탄생과 더불어 국가-교회의 연합차원으로 구조·조직적으로 확대, 발전하였고, '개발도상국 무상원조'라는 명칭으로 세계 각국의 기아, 빈곤, 전쟁 등의 환란 때에 구조의 손길을 실천하고 있다. 그러나 최근에는 국가적 재정보조에 대한 교회적 선교의의가 재고되면서 순수교회적 개발도상국 원조기구의 필요성이 EZE기구에 반대하여 계속 논의, 실시되고 있는 실정이다. EZE에 반대한 순수교회적 개발도상국 원조기구로서는 '교회적 개발도상국 원조직무 공동체' (Arbeitsgemeinschaft kirchlicher Entwick-lungsdienst:AG KED) 등 다수의 기구들이 있다(역자주).

게 인지될 수 있다. 무엇보다 중요한 것은 교회봉사의 구조 조직적인 문제가 개별 상황의 보조로서 취급되거나 제한될 수는 없으며, 오히려 정책적이고 사회적인 갈등 가운데 제시되어야 한다는 사실이다.

이런 중요한 상황들은 세계 루터교회연맹 독일위원회 위원장이었으며 현재 독일교회의 날(Kirchentag)[4] 상임총무로 있는 크리스티안 크라우제(Christian Krause)로부터 내게 전해진 것들이다. 그는 내게 "대학강의에서 교회의 개발도상국 원조직무들에 대한 표준이 고찰될 수는 없는가?"라고 물었다. 즉, 국가적 상황들이 처음부터 배제되고 한 공동체 안에서 서로 상반되는 것들이 하나의 정치적 모습으로 어우러져 발전할 수 있는……. 이러한 그의 생각과 더불어 그는 미국 시카고 루터교 대학과의 교환강의를 계획하였다. 그 결실로 1982~1983년 겨울학기에 국민경제학 교수인 페터 디폴트(Peter Dipold) 박사와 함께 이 문제를 다루는 첫 강의를 가졌다. 이어 1983년 여름학기에 다시 소그룹 대학생들과 함께 아프리카 탄자니아 "교회의 개발도상국 원조상황"에 대한 시카고 루터교 대학과의 교환강의가 이루어졌다. 이 강의에 참석했던 학생들은 상세한 학술보고서를 내놓았고, 그 보고서가 이 책의 제

---

4. Kirchentag은 1848년 이래로 "교회활동에 대한 평신도의 정체성 형성"이라는 차원에서 매년 회집되어 오다가 여러 차례의 조직의 변동기를 거친 후 제2차 세계대전 이후부터 매 2년마다 회집되고 있다. 이는 독일 개신교회의 대중집회이며 가톨릭교회는 별도로 실시하고 있다. 이 대중집회는 대총회, 주총회들, 그리고 개교회와 기독교적인 다양한 그룹들이 참여하여 교회의식의 강조와 전도활동을 겸하는 대국민적, 전국민적 기독교 행사이다. 각종 세미나, 강연들, 예배, 성서연구 등의 다양한 프로그램들로 진행되며, 최근에 들어서는 라틴 아메리카를 중심한 저개발국들에 대한 소개 및 홍보활동들이 중요한 역할을 하고 있다. 지난 1995년 북독일의 Hamburg에서 제26차(이는 제2차 세계대전 이후부터 산출한다.) 교회의 날 행사가 있었다. 독일교회는 이를 위하여 대총회, 주총회의 단위별로 상임위원회를 두고 있으며, 신학자들의 이를 위한 역할은 대단히 중요한 몫을 차지한다. 이 교회의 날 행사를 통하여 독일인들의 기독자적 생활의 성숙과 발전이 꾸준한 지속력을 가질 수 있는 계기가 되기도 한다(역자주).

1부의 Ⅱ. "신학과 개발도상국 원조"라는 주제로 다루어졌다. 시카고의 강의에서는 아프리카 현지의 동역자들, 특히 탄자니아로부터 충분한 의견을 들을 수 없었던 것이 아쉬운 점이다.

이러한 주제는 루터교 총회의 교회 최고위원(Oberkirchenrat)[5]인 만프레트 얀넬(Manfred Jahnel)의 격려로 1986~1987년 겨울, 그리고 1987년 여름학기에 각각 괴팅엔 대학 신학부에서 라이너 링사이드(Reiner Lingscheid) 씨의 인도로 다시 강의가 실시되었다. 이 강의는 처음부터 탄자니아의 학술여행으로 시작되었다. 탄자니아에서의 많은 경험들과 1987년 2월과 3월에 걸친 많은 대화들이 이 책의 마지막 부분에 삽입된다.

이 연구과정을 뒤돌아보면서 과연 실천가들이 기다리는 이론적 연구들 또는 기대들이 이론적으로 성취되었는지 의심스럽다. 연구과정에서는 실천하는 자들로부터 관찰되지 않았거나 다루어지지 않았던 어떤 형태의 그 무엇도 이론적으로 드러날 수 있다고는 생각되지 않는다. 다만 이론적인 반영은 현장에 대한 통찰을 깊이 있게 해 주고 경험을 이해할 수 있게 하며, 그것을 통해 현장을 감지할 수 있게 하는 것이다. 그것은 또한 교회봉사의 현장과 실천들에서 비판점을 찾아내어 시정해야 하는 이론적 근거와 방향을 제시하기도 한다.

이론가들은 교회봉사의 올바른 발전과 방향제시를 위해 반드시 있어야 하며 합당한 승인과 더불어 그들이 자신들의 연구를 자유롭게 진행

---

5. Oberkirchenrat : 그대로 직역을 하면 교회 최고위원이 된다. 일반적으로 독일 교회의 총회조직에서 최고의 관리직이며, 주총회에서는 'Oberlandeskirchenrat', 즉 '주총회 최고위원'으로 따로 명명되게 한다. 이들은 교회법의 규정과 시행들에 대한 전반적인 교회 행정책임자이다. 이 명칭은 독일 전역에서 영적인 교회 인격자로 인정받기도 한다. 남독일 칼스류헤, 스튜트가르트, 올덴부르그 등의 주총회들에서는 신학자뿐 아니라 법관들에게도 이 직위를 부여하기도 한다(역자주).

하고 발표할 수 있는 권리들이 주어져야 하는 것이다. 그런 이론가들에 대한 권리는 다른 분야들과의 대화에 근거해야 하고 미래의 발전들을 지향하는 것이어야 할 것이다.

   실천가들의 입장에서 신학이론의 역할을 이런 방법으로 서술해 보았다. 결국 실천가들이나 이론가들에게서 요구되는 것은 대화이며, 그것이 잘 되지 못한다는 사실은 매우 유감스러운 일이라 여겨진다. 어쨌든 이 책이 나올 수 있도록 역할을 한 것은 이 주제를 재고할 수 있도록 한 질문들, 요구들, 그리고 대화들이었다.

제 1 부

교회봉사의 신학적 근거에 대한 문제들

Ⅰ. 복음선포와 교회봉사
Ⅱ. 신학과 개발도상국 원조
Ⅲ. 개교회와 기능적인 직무들
Ⅳ. 교회봉사와 신학(테제들)

I

복음선포와 교회봉사
-신학적 분열에 대한 분석-

1. 복음선포와 교회봉사간의 분열에 대한 관찰들

　복음선포와 교회봉사간의 불일치 현상은 단순히 그 단어들의 상대적인 소개만으로도 하나의 확실한 상황소개가 될 수 있다. 그럼에도 불구하고 실제로 신자들이 복음선포와 교회봉사를 분리할 수 있는가? 예수 그리스도의 복음선포는 인간을 향하여 항상 실천적인 삶으로 이어지고 전인적인 치유의 역사로 이어지는 그 직무가 아니겠는가? 실제로 예수 그리스도 제자로서의 삶에 근거한 교회봉사의 이해는 복음선포와 복음전달만으로는 믿음의 형상을 삶의 현장에서 대변할 수는 없지 않은가? 이러한 반박들은 결국 복음선포와 교회봉사가 근본적인 신학적 입장에서 동전의 양면으로 여겨지며 오히려 그렇게 이해되어야 할 필연성을 설명하고 있는 것이다. 그렇다면 교회와 관련하여 일하고 있는 교회봉사자의 직무와 직위적인 위치들의 가치가 복음설교자들과의 관계성에서 생각해 볼 때 항상 불확실한 이유는 어디에 근거하는 것인가? 이러한 불확실성은 단지 신학적으로 짜여진 형식적인 설교와 봉사간의 불확실한 이해에 근거하여 생겨난 지속적인 긴장 상태는 아닌가?

이 물음에서 암시된 추측은 아래에서 더욱 분명해진다. 이렇게 추측되는 하나의 선입견들은 현존하는 잠정적인 긴장의 실제상황을 나타낼 수도 있다. 누군가가 복음선포에 관하여 이야기하면서, 그 설교 본래의 근원적 실체를 정확하게 파악하지 못했다면 그것은 아무것도 아닌 것이 된다. 복음선포는 하나님과 예수에 관하여 이야기하는 것이며 기쁨, 곧 축제의 행위이며, 근원적인 차원에서 가정예배의 영역이기도 하다. 즉흥적인 앞의 표현들에 대해서는 부연의 필요성이 있다. 예컨대 복음선포는 부모들이 어린이들에게 성서 이야기를 들려주는 곳에서도 행해지며, 목회적인 방문에서도 일어나고 있으며, 학습이나 세례를 위한 강의도 하나의 복음선포의 방법이 될 수 있다. 이렇게 목회에서 복음선포의 실제상황을 이야기하게 되면 반드시 인간적인 실제행동 방법이 관련되게 되는데, 그것은 복음선포의 발생을 생활과 연결시키는 데에서 어려움이 있다는 것이다. 실제로 교회봉사는 신자들의 일상과는 상당한 거리가 있다.

그러면 도대체 무엇이 그리스도인들의 일상에서 교회봉사라는 말과 거리감을 갖게 하고 있는가? 독일에서 대부분의 사람들은 "세계를 위한 빵"(Brot für die Welt)[1]이라는 운동을 알고 있다. "세계를 위한 빵" 운동은 교회와 연관이 되어 있음에도 불구하고 대부분의 사람들은 주

---

1. "세계를 위한 빵"(Brot für die Welt) 운동은 1959년 강림절 기간 중에 당시의 EKD (Evangelische Kirchen Deutschland : 독일 복음교회)의 총회장이던 칼 프리드리히 오토 디벨리우스와 독일 개혁자유교회의 분더리히(Wunderlich) 박사의 주창으로 시작되었다. 이 자율적인 모금운동은 1962년 개신교 개발도상국 원조로 연합, 조직되면서 국가-교회 차원의 국제 원조기구로 발전했다. 그 이후로 이것은 독일교회 내의 가장 큰 모금운동 중의 하나로 자리잡았다. 1980~81년 동안만 해도 76.7억 마르크나 되는 기금이 22개의 조항을 위하여 사용되었다. 이 운동은 세계의 기아현장을 중심으로 하여 개발도상국 원조에 이르는 다양한 프로그램으로 발전되어 실시되고 있다(역자주).

어진 정보를 통하여 판단하기를, 교회의 개발도상국 원조와 연관지어 생각하고 있다는 것이다. 그러므로 우선적인 과제는 '개발도상국 원조'에 대한 개념파악이 있어야 한다고 생각한다. 그러나 개발도상국 원조가 교회의 고유한 과제는 아니다. 그리고 그것은 무조건 선교와 연관되어 있지도 않다.

오히려 복음과 봉사의 연관이해로서는 교회 개발도상국 원조보다는 교회봉사와 디아코니세[2]와의 관계를 들어 설명할 수 있겠다. 과거 독일의 많은 교회들 안에서는 디아코니세 자매가 교회 지역내의 병자들을 돌보기 위한 간병인으로서도 종사해 왔었다. 특히 디아코니세 자매들은 개별적인 필연성에 의해 관심을 갖게 되는 지역민들을 위하여 특수 디아코니 시설(양로원, 고아원, 특수병동 등)이나 디아코니 기독병원들을 통한 지속적인 사랑의 실천을 행하여 왔다. 대부분의 사람들은 디아코니세 자매들이 하나의 수녀공동체적인 삶을 살아간다고 알고 있다. 그들의 공동체적인 삶은 명상과 예배가 포함되고 이웃 섬김과 하나님의 말씀에 대한 순종이 실제 삶 안에서 일치되는 것으로 이해한다. 그러나 오늘날 현실적으로 교회봉사 기관에서 종사하는 사람들에게 이러한 이상적으로 일치된 모습들이 상당히 결여되어 있다. 일상적인 교회봉사의 직무들은 오늘날 다른 일반 자선사업장에서의 그것들과 별로

---

2. 독일 개신교 수녀들이며 대부분 교회봉사 시설 종사자들이다. 그녀들은 교회봉사의 일들을 일생의 유일한 소명으로 고백하며 실천하고 있다. 디아코니세 자매(Diakonissenschwester)로 불리어지며 공동체생활로 교회봉사를 실천하는 이들은 1836년 Theodor Fliedner 목사에 의해 시작되어 현재에 이르고 있다. 이 시작은 당시 교회여성들이 공적으로 교회와 사회의 역할을 하는 교량이 되었을 뿐 아니라 교회의 제도와 구조조직 안에서 교회봉사의 실천을 교회 정체성으로서 이해하려 했던 '신학의 갱신'적 차원으로 이해되기도 한다. 1960년에 들어서면서 자원하는 젊은층의 여성들이 현저히 줄어들면서 전면적인 구조조정이 요구되어지고 있는 실정이다. 그러나 긴 역사를 통하여 이루어진 방대한 교회봉사 시설과 기관들은 아직은 훌륭하게 그 전통을 유지하고 있다(역자주).

다르게 보이지 않는다. 마치 병원에서 좋은 병간호가 우선적으로 중요하게 취급되는 것처럼…… 전술한 근거들을 중심하여 교회봉사 측면에서 이해하여 보면, 예배는 이러한 사랑의 실천행위에서는 하나의 뚜렷한 기능을 하지 못하는 여가선용 정도로 이해가 될 수도 있다.

실제로 예배가 전반적인 그리스도인의 삶을 대변할 만한 힘이 있는가? 혹은 그들의 일상적인 직업생활 전반을 대표할 수 있는가? 누군가가 이러한 비판적인 질문들을 제시한다면 이는 결코 비방을 위한 비판으로 볼 수만은 없다. 그것은 오히려 조용히 하나의 희망을 찾아보려는 노력일 것이다. 어쨌든 교회봉사는 삶과 신앙의 일치가 이루어지는 것이어야만 한다.

그 일치적 실현들을 이루어 가는 데는 어느 제한된 시설, 즉 교회나 복지기관(양로원, 고아원 등)들 안에서 겪게 되는 어려움들보다는 개방되어 있는 대사회의 봉사의 영역(기독병원, 학교, 관청 등에서의 봉사활동)에서는 더욱 큰 장애들로 직면하게 된다. 교인들의 대부분이 교회와 연관되어 있는 사회봉사 사업의 종사자들을 자신들의 교회봉사와 직접 연결하여 이해를 하고 있는가 하는 것은 매우 의문스러운 일이다. 교회봉사자가 어떤 사람이며 무슨 일을 하는가에 대해 아는 사람은 우선적으로 그를 전문 사회사업가로서 이해한다. 그와 관련된 임무를 안다면 무엇보다 우선적으로 그의 전문성에 대하여 생각하거나 혹은 그가 교회와의 연관보다는 오히려 공무원들과 연관되어 일하게 된다는 상황을 떠올리며 생각하게 된다는 것이다. 그렇다면 도대체 교회봉사자나 그의 직업적인 직분영역은 교회 안에서 복음선포와 무슨 상관이 있는가? 교회 역시 사회봉사사업을 한다. 사람들은 교회에 소속, 채용되어 있는 교회영역의 교회봉사자[3]가 교회 직원이라는 정체성을 전혀 갖지 못한

---

3. 독일교회에 있어서 교회봉사직에 종사하는 사회사업가들은 19세기 초기까지는 대부분 디아코니세 자매들을 중심한 단일 전문종사자들로 이해되었다. 그러나

다는 사실조차도 교인들이 스스로 모를 수도 있다. 여기에 분명히 그 문제가 숨겨져 있다. 목사는 설교를 하고 선포하는 것으로 교회의 대표자가 된다. 목사는 사회의 그 누구도 대신할 수 없는 독특한 직무의 영역을 갖는다. 이것이 교회봉사자에게서는 전혀 찾아볼 수 없는 다른 경우이다.

교회봉사자들은 교회단체들 이외에 각종 사회단체들이나 사업장, 그리고 관청에서도 찾아볼 수 있다. 이 교회봉사자들은 그들의 임무를 어디서나 가능한 대로 성취해 가고 그들의 직무를 교회와의 정체성 안에서 이해하고자 한다. 물론 이것이 틀린 것은 아니다. 그들의 직무는 그리스도교적인 동질성이 있기 때문이다. 교회는 우선적으로 교회봉사의 사업을 다른 것보다 더 좋은, 혹은 덜 좋은 사회사업인가 아닌가 하는 것으로 그 척도를 가름한다. 이런 척도의 가름은 신학적인 논란범위와 바로 연결 이해되는 질문이기도 하다.

비록 개방된 대사회봉사 사업에서처럼 첨예화되어 있지는 않더라도 순수 교회봉사의 영역들인 기독교 시설이나 기관들에서도 이와 비슷한 문제의 상황들이 있다.

기독병원은 하나의 병원으로서 좋은가 아닌가 하는 것으로 그 가치가 측정된다. 기독병원에서는 적지 않은 영적 보살핌을 필요로 하는 환

1960년 전후의 사회발전 아래에서는 대개 대총회, 주총회, 지역교회(한국교회에서의 시찰회와 비슷한 구조), 그리고 드물지만 개교회 형태들로 그 조직이 구성되어 다양하게 일하고 있다. 이에 종사하는 종사자들은(간병인, 상담가, 복지시설 운영자들, 심리학자 등의 다양한 직업들로 구성) 교회 계통의 교육과정을 통하여 혹 일반 교육과정을 거친 후 그 해당 교회조직들에 의하여 채용되며, 그에 상응하는 교회조직의 소속원이 되는 것이 상례이다. 교회봉사직에 종사하는 종사자들은 '사회복지' 전공자로서뿐 아니라 사회복지를 포함하는 신학/사회복지 전공자로서 디아콘/디아코닌, 자유자매들(수녀가 아닌 직업여성 : Freie Schwester), 교사들 등의 다양한 전문교육(Diakinische Wissenschaft)과 상응하는 전문 교회직업인들이 있다. 이러한 자유직업들은 디아코니센의 수녀공동체적 생활의 폐쇄성을 지양하여 새롭게 발전된 교회봉사 직업들이다(역자주).

자들이 있다. 물론 이것은 하나의 영적인 보살핌이지 아직 그리스도교 관점에서의 목회라고 인정할 수는 없다.

독일교회의 개발도상국 원조를 위한 결정적인 규범은 이러한 관점에서 그것이 효율적인가 비효율적인가 하는 것이지 선교의 명령에 의해서 평가되는 것은 아니다. 복음선포는 하나의 전형적인 그리스도교 범위 안에서의 일상적인 경험을 가르쳐 주고 교회봉사는 사회적, 공동체적 인간성을 다루는 정치적 행위의 현장을 가르쳐 준다.

이런 관점에서 교회봉사는 전형적인 그리스도교적인 것이 아닐 수도 있다. 그것은 세계를 위하여 인간들이 가져야 하는 공동책임이며 과제이다. 또한 그것은 사회 안에서 그리스도인과 비그리스도인들에게 동시에 주어진 기본적인 신념으로서의 사회참여이며, 그것이 그리스도교적인 행위와 같다고 할 수는 없다. 이러한 이해가 혹 교회봉사에 종사하는 종사자들로 하여금 자신들은 교회를 위하여 목사와 같이 중요한 위치에 있지 않다는 생각을 가질 수 있도록 하는 원인이 되고 있는 것은 아닌가?

두 번째 관찰의 범주는 교회의 현상들에서 나타난다. 만약 교회의 현실이 복음선포와 신학을 동전의 양면처럼 중요하게 여기는 것이 사실이라면, 교회의 봉사활동은 그들의 교회현장에서 이루어질 수밖에 없다. 정확하게 이런 점이 불충분한 경우이다. 일반적으로 예배, 성서연구, 교리수업, 그리고 교회예식들이 우선적인 교회직무로서 교회 안에서 이루어지고 교회를 대변한다. 물론 대부분의 교회들은 다른 몇 가지의 부수적인 교회활동들을 실시하고 있다. 이런 영역에서는 청소년 지도, 어린이 예배, 그리고 점점 약화되어 가고 있는 신앙강좌들이 그 본보기가 된다. 이런 관점에서 기이하게도 많은 교회들은 교회봉사의 활동들을 교회활동의 직접적인 업무로 포함시키지 않고 있는 것이다.

디아코니세 자매공동체들 안에서 교회봉사의 기관과 시설들을 위해 자매들의 부족현상이 표면화되지 않던 시기[4)]에는 많은 교회들이 디아코니세 자매들을 교회봉사자로 임명하여 이 영역을 맡길 수 있었다. 그리고 교회들은 디아코니세 자매들의 복음과 봉사의 일치적인 사랑의 실천을 교회봉사의 전적인 내용으로 대변하게 했었다. 그러나 오늘날 인력부족 현상의 결과는 말씀과 섬김에 대한 일치적 봉사자들로 그 일자리의 계속적인 충당을 매우 어렵게 했다. 인력의 충당이 어려워진 상황에서 교회봉사의 시설과 기관들의 인력 수요는 그 반대로 급증되었다. 인력 수요와 공급의 현실적인 어려움 중에서도 많은 주총회들과 교회들이 관장하는 사회사업이나 교회봉사의 시설들은 사회적 발전과 요구에 따라 계속 확장되었다.

이러한 인력현상의 변화는 결국 교회봉사자들과 복음선포와의 직접적인 연관 이해를 어렵게 하는 결과를 가져왔다. 주총회 소속의 교회가 한 디아코니세 자매에게 교회봉사 시설의 관리자로 시무하게 하면서도 그 디아코니세 자매에게 교회의 동료로서의 전적인 동질성을 부여하지 못하고 있는 근거도 여기에서 기인한다고 볼 수 있다. 그것은 오늘날 교회가 교회직무를 이해하는 데 있어서 교회봉사에 관해서는 최소한 디아코니세 자매들이 독립적으로 교회 내에서 활발히 활동하던 19세기 이전 시대보다 그 실제의 내용에서 훨씬 퇴보하고 있다는 의미가 된다.

예배는 사회적인 공공의 시각에서도 역시 교회를 위한 하나의 주요 의미라는 사실이 쉽게 인정이 된다. 그러나 예배들이 교회봉사의 특성에서 그리스도교적 신앙을 반영하고 있는가 하는 질문에 대해서는 확실히 그럴 수도 있고 아닐 수도 있다. 그러나 일반적으로 경험되는 예배에서는 아니다.

---

4. 1936년 창설 이래 지속적인 발전을 거듭하면서 그 봉사활동의 역할과 영역이 전세계적으로 확산되어진 디아코니세 자매공동체는 1960년에 들어서면서 심각한 후계자 기아현상에 이르렀다. 이는 전세계적인 '인권운동'의 여파에 따라서 여성들의 전문직업의 발전과 자율 자매공동체(Freie Schwester)의 출현과 여성목사 안수직들의 발전들이 그 이유들이라 하겠다(역자주).

예배는 정확히 설교, 기도, 그리고 성만찬에 집중되어 있다. 성만찬이 교회봉사적 의미를 가질 수 있는가 하는 질문에는 물론 항변의 이유가 없이 그렇다고 할 수 있다. 다른 이를 위한 중보의 기도는 예배 중에 그 자리를 차지하고 있고 성서전통에 의해 가난한 자를 위한 규정적인 헌금도 모금된다. 그렇다면 이러한 예배의 요소들을 통해서 실질적으로 사랑과 책임 있는 신앙의 행위가 체험될 수 있는 토대를 마련하고 있는가라는 질문에 대해서는 부정적이다. 예배를 통하여 복음선포와 교회봉사의 일체감을 경험하기에는 거리가 멀다. 교회현장에 대한 관찰에서 일치되는 것은 목사의 직무영역이 교회의 다른 전문적인 직무들에 비해 월등한 위치에 있다는 것이다.

교회적인 혹은 기독교적인 봉사시설들이나 기관들에 종사하는 사람들의 수가 매우 많다는 것은 대부분의 사람들이 잘 알고 있는 사실이다. 그럼에도 불구하고 기독교적인 봉사시설들이나 기관들, 그리고 복지기관들은 대부분 신학자인 목사에 의해서 주도되고 있다는 것이다. 사회사업에 있어서 전문가들의 다양한 봉사의 내용과 목사들의 주도적인 역할은 실제에서 매우 낯설게 여겨지기도 한다. 교회 구조질서 안에서도 신학자는 모든 다른 종사자들에 비해 확실히 높은 지위에 있다. 더우기 신학자로서의 목사는 신학자라는 것과 그리스도교 문화의 해설자로서 교회에서 항상 그 첫째 자리에 서게 된다. 한 신학자는 대학수업을 마쳤을 것이며, 교회봉사에 관한 한두 강좌의 세미나 아니면 전혀 그 기회도 없이 그 신학수업 기간을 마쳤을 수도 있다. 그에 반해서 성서문구나 텍스트들을 교회의 설교에서 표현할 수 있도록 연구하는 요구에 대하여는 그 이유를 막론하고 응해야만 한다. 교회봉사에 대한 질문들이나 발전들이 신학수업과 긴밀하게 연관된 수업이 되도록 하는 것에 대해서는 신학은 아직 성공하지 못하고 있다. 신학이론가들은 교회현장의 관찰들에서 교회봉사와 복음선포가 절대로 공동의 영역이 아니며 같이 소속될 수 없다는 것을 시사했다. 오히려 복음선포의 교회가 과연 교회봉사와 함께 공존할 수 있는가 하는 질문을 유발하게 한다. 도대체 어떻게 이 분열이 발생하며, 역사적인 발전과정들이 그에 대해 얼마만큼의 기여를 하고 있으며, 현대사회의 상황에서 발생되는 구조적 문제들을 어떻게 결정하는가?

이러한 근거들을 기초로 우선 하나의 시도로서 복음선포와 교회봉사에 대한 분열의 문제점들을 역사적인 요소들에 비추어 설명하려 한다.

2. 복음선포와 교회봉사간의 분열에 대한 역사적 근원

가난한 자들에 대한 교회의 책임은 초기 기독교공동체로부터 이미 교회의 외적인 삶의 표현에 속하는 것이었다. 중세의 신학적 전통은 가난한 자들에 대한 책임을 제도화된 교회와의 연관 속에 근거를 두었으며 합법화하였다. 이러한 합법성에 기인하여 가난한 자와 병든 자를 돕기 위한 자선단체와 기부단체에 대한 하나의 고정된 교회법칙 초안을 마련했다. 16세기에 하나의 새로운 복음주의 교회가 종교개혁으로 형성되었을 때 교회봉사적인 전영역의 정비는 역시 새로운 교회의 주요 과제가 되었다. 루터 자신은 1523년에 라이스닝 교회를 위한 자선고 제도(Kastenordung)[5] 설치에 참가했다.

종교개혁이 그리스도에 대한 올바른 '믿음의 결과'에 대해서 논의하고 있다는 점에서는 의심의 여지가 없다. 그 '믿음의 결과'라는 내용의 이해에서는 지금까지의 이해와는 전혀 다른 신학적 의미를 갖는다. 그

---

5. 자선고 제도(Kastenordnung) : 1523년 루터는 예배의 갱신문제를 다루면서 종교개혁 이전부터 교회에서 실시되어 왔던 '가난한 자'들을 위한 자선단체 및 기부금 모금에 대하여 그의 신학의 주요 문제로 함께 정리했다. 즉, '가난한 자'에 대한 교회적 의무가 할 수도, 않을 수도 있는 선택사항이 아니라 획일적인 교회의 재정관리 과정을 통해 교회 전체의 재정이 '가난한 자'를 중심으로 집행되어야 할 것을 예배갱신의 차원으로 다루고 있는 것이다(역자주).

것은 인간과 하나님과의 관계가 인간의 선행에 의해 직접적인 영향을 끼칠 수 없다는 것이다. 오직 하나님은 스스로 선재하셔서 인간을 죄로부터 자유케 하시는 자비로움에 의해 믿음의 대상으로 존재하시는 것이다. 인간은 이 선재하시는 하나님에 대한 믿음으로서만이 하나님과 직접적인 관계가 형성될 수 있다. 그리고 그러한 선재의 하나님을 믿는 믿음에 근거해서 나오는 행위는 비로소 하나님으로부터 옳다 함으로 인정받을 수 있는 믿음의 결과가 되는 것이다. 개신교신학은 여기서 자기 신학의 형성을 위해 '올바른 믿음'에 대해서 아주 명백하게 최우선의 입장으로 강조하고 있다. 1530년 아우구스부르그에서의 고백은 네 번째 조항에서 '올바른 믿음'에 대한 변증교리를 작성하기 위해 처음의 세 항목에서 삼위일체의 하나님에 대한 고백과 연결하고 있다. "우리는 죄의 용서받음과 하나님 앞에서의 공평함을 우리의 공로와 행함, 그리고 보상을 통해 얻는 것이 아니라 하나님의 은총에 의한 믿음을 통해 죄를 사함받으며 하나님 앞에서 공평해지는 것임을 계속 배운다." 이어서 설교직은(조항 5) 이러한 고백을 위해서 중요하다. 믿음은 설교로부터 비롯되어 그리스도에 대한 새로운 복종에 대해 이야기된다(조항 6). 죄사함은 다만 믿음을 통해 이루어지며 이 믿음은 그 결과로서 정당한 열매를 맺어야 한다. 믿음과 선한 행위에 대한 관계는 조항 20에서 다시 상세히 주제화된다. 이런 점에서 치유를 여는 하나님과의 관계를 믿음으로 서술하는 설교가 중요하게 부각된다.

이렇게 설교에 대한 중요성을 부각한 종교개혁의 신학적 기본 자세가 교회의 구조적인 결과를 갖게 되는 것은 고백신앙이 강조된 구상으로부터 직접적으로 생겨난 것이다. 설교하는 것, 믿음에 직접 작용하는 기능으로서의 설교의 직무를 그렇게 더 이상 달리 두드러지게 표현할 수는 없다.

오늘날까지 루터전통의 교회헌법과 교회규정은 위의 내용으로 압축 설명된다. 복음선포의 직책은 목회직에서, 설교직에서 우선적으로 기술되고, 교회에서 근본적인 의무를 가진다. 그에 대해 다른 모든 교회의 직무들이 뒤로 밀려났다. 고백신앙 안에서 뿐만 아니라 종교개혁의 교회규정들을 살펴보면 또 다른 새로운 문제에 대한 견해가 생긴다. 일련의 교회규정들 가운데 가난한 자에 대한 제도가 명확히 포함되어 있다는 사실이다. 종교개혁 규정의 초기에는 교회의 전 재산이 자주 일반적인 자선고 개념으로 이해된 반면에 설교직무가 강화된 후 종교개혁 후기 교회규정에서 그 자선고는 가난한 자들을 돕기 위한 보조수단으로 이해되었다.

교회규정은 또한 예식들을 상세히 다루었는데, 예배, 입교,…… 세례, 그리고 장례식과 혼인에 관한 규정을 확고히 했다. 그것은 어떻게 목사직들이 배치되며 어떻게 교회봉사자를 위한 교육과 시험규정이 포함되어 있는가를 규정한다. 이러한 교회규정의 정비는 교회제도와 교회직위들을 구체적으로 서술하게 된다. 또한 그것을 넘어서서 교회규정은 혼인과 학교, 그리고 궁극적으로 자선고에 대한 규정을 포함하고 있다. 즉, 가난한 자들을 위한 시설, 자선시설과 더불어 예배권, 혼인법, 기독학교의 법규를 다루고 있다. 모든 법규의 영역들은 교회법의 부분들인 것이다. 그렇기 때문에 전체 가난한 자들에 대한 감독은 장로회에 둔다. 그래서 개교회와 시찰회, 교회교구 차원에서 설교자이자 감독지도자들인 교회기구의 기관장 내지 지도자는 가난한 자를 위한 제도감독에 항상 참여한다. 퓨르크테고트 슐레겔(J. K. Fürchtegott Schlegel)[6]은 "그리스도교 교회는 그 처음 형성에서부터 곧바로 가난한 자들을 위한 배려의 과제와 더불어 시작된 것이므로 가난한 자들을 위한 시설과 자선시설은 이미 일찍부터 교회의 실재와 연결되어 있다."라고 확신하였다.

칼렌베르그 교회규정[7]에서 자선고에 관한 규정은 무엇 때문에 가난

---

6. Johann Karl Fürchtegott Schlegel : *Churhannöversches Kirchenrecht*. 3. Theil Hannover, 1803, S. 448ff.
7. Calenberger Kirchenordnung : Emil Sehling, *Evangelische Kirchenordnung des XVI. Jagrhunderts*, Band 6. Tübingen, 1955.

한 자들을 위한 제도가 교회의 새로운 규정의 틀 속에서 고려되어야 하는가를 명백히 표현하고 있다 : "거룩한 성서가 특별히 그리스도인들에게 선정한 가난한 자들인 고아와 과부, 나그네와 방랑인들은 구조를 청함에 따라서 보조를 받았으며, 그러나 그것에 비해 게으른 자들, 나쁜 배회자들, 방랑자들, 분별 없는 아이들은 제외되고 그들에 대해 적당한 처벌과 함께 다음과 같은 규정을 실시했다."

그리스도교적 제도 이외의 선행적인 기부행위는 특히 하나님의 뜻에 부합되는 것이다. 이웃은 그리스도인의 사랑의 행위를 통하여 하나님의 자비를 경험한다. 신앙과 이웃봉사간의 관계는 예배 중 가난한 이들을 위하여 헌금이 선한 기부로서 모여지는 것을 통해 묘사된다. 더 나아가서 매주 일요일과 수요일은 계속적인 기부금을 모금하기 위해 거리마다 다녀야 했다. 말하자면, 여기서 예배와 그리스도교적인 공동체의 연결이 분명해진다.

가난한 자들을 위한 이러한 제도는 19세기까지 교회규정의 한 부분이었다. 18세기와 19세기에 접어들면서 새로운 기운들이 한편으로는 경건주의 영향에서 비롯되고, 다른 한편으로는 계몽주의에 가까우며 박애적인 이상에 의무를 느끼는 영역에서 움트기 시작했다. 18~19세기에 걸치는 또 하나의 다른 교회개혁의 구상들이 경건주의와 계몽주의의 영향하에서 출발했다는 것은 교회봉사 활동에 두드러지게 장기적이고 구조적인 발전의 결과를 갖게 한다. 경건-계몽주의의 영향하에서 강조된 교회봉사는 점차로 교회의 전반적인 구조와 조직들에서 벗어난 단체들로, 특히 나중에는 요한 힌리히 뷔허른(Johann Hinrich Wichern)[8]의 영향하에서 국내선교의 단체와 기관들로 조직화된다. 이

---

8. J. H. Wichern은 1836년 Theodor Fliedner에 의해 실시된 디아코니세 자매들에 의한 개신교 수녀 제도적인 교회봉사 직책에 반해 1848년 이후 형제 교회봉사직책을 발전시켜 일반적인 교회 전문직업으로 개혁, 실천한 신학자이며 교육자이다. 그에 의해 세워진 북독일 함부르크를 중심한 교회봉사자들을 위한 교육

러한 교회봉사의 조직발전에 맞추어 가난한 자들에 대한 권리를 찾아주는 것이 국가의 의무라는 사회인식과 사회권리들이 또한 교회봉사의 강화, 발전에 큰 자극이 되었다. 이러한 사회의식의 발달과 더불어 19세기에는 복지를 지향하는 사회국가의 시작과 교회봉사적-박애적인 행위영역들이 자율적이고 독립적으로 구성되는 국내선교적인 발전들의 시초가 되었다.

이로써 사회복지 국가와 교회의 자율 복지사업의 업무설정들은 시간이 흐름에 따라 점점 더 밀접한 연관관계 속에서 이해되어야만 했다. 국가의 복지사업과 교회봉사 사업의 연관형태는 곧 1945년 이후에 비로소 확실한 결론에 도달했는데, 예컨대 가톨릭교회의 대사회 지원원칙, 즉 교회봉사 원칙이 국가의 새로운 헌법규정의 이론적 토대로 제공되었던 것이다. 1945년 이후 가난한 자들에 대한 총체적인 제도로서 국내선교의 발전은 교회봉사가 다시 교회의 전체적인 조직 속에 편입되는 것으로 특징지어진다. 이미 1945년에 성립된 독일 개신교의 구조적인 봉사기관은 국내선교의 중앙구조 조직으로 통합된다. 독일 개신교의 교회봉사 기구는 한편으로는 하나의 기구로 교회에 통합되었고, 다른 한편으로는 상당히 독립적이고 국가적 복지사업 보조에 대한 큰 첨단단체들 중 하나로 존속하게 되었다. 이로써 교회봉사는 교회에 대하여 하나의 독립적인 기구로서 머물러 있을 수 있게 된 것이다.

이 시점에서 복음선포와 교회봉사간에 관찰되는 역사적인 고찰을 통하여 상호간의 분열이 어떻게 이루어져 왔는가가 충분히 설명되었다고

기관들과 봉사시설들은 아직까지도 현대 교회봉사 활동의 주요 모델로서 지대한 영향력을 갖고 있다. 그는 교회봉사를 교회 내에서 국내선교(Innere Mission : 사회개발의 전반적인 이해 바탕 안에서 교회봉사의 실천)의 중앙구조적 역할로 확립한 실천신학자로 인정받고 있으며, 교회봉사의 발전과 교회봉사에 대한 신학적인 확립을 교회경건과 교회갱신으로 정의하면서 교회의 내과적 수술의 의미로 설명하고 있다. Erich Beyreuther 편저, *Geschichte der Diakonie und inneren Mission in der Neuzeit*, Berlin 1983 참조(역자주).

본다. 요약하여 보면 그 분열의 첫 번째의 시도가 아우구스부르그 신앙고백 서술과의 연관 속에서 이루어졌다는 것이다. 이 고백에는 분명히 신앙과 윤리적인 행위간의 연관이 제시되었음에도 불구하고 믿음의 실현이 강조되었다. 믿음으로서의 신앙은 죄의 사함에 대한 하나님의 확증에 근거하는 것이다. 그러한 믿음은 설교를 통해 발생한다. 신앙은 하나님의 확언적인 말씀에 대한 인간의 믿음에 대한 응답이다. 그래서 교회의 헌법규정에서는 예배와 설교에 관한 행위는 그 핵심을 차지하게 되는 것이다. 그리고 고대와 중세교회의 전통에서 비롯되는 가난한 자들을 위한 희사활동의 실천과 또는 일반적으로 도움을 필요로 하는 사람을 위하여 그에 상응하는 책임을 수행하는 것은 성서의 전통에 근거를 두고 있으며 종교개혁에 의해서도 계속 수행되고 있다. 종교개혁의 교회규정은 도움을 필요로 하는 사람들을 기술한다. 이때 그 당시의 교회는 오늘날에 비해 권위적이고 권력행사가 가능한 사회적 위치를 가지고 있었다는 것이 간과되어서는 안 된다. 교회는 전체 사회의 제도와 마찬가지였다. 기독교적-교회적 규준의 구조와 가치구조는 사회에서 거의 전적으로 유효한 구조였다. 그것을 넘어서 오늘날 교회는 오히려 국가의 책임 조직하에 있는 교회봉사적 기능들을 내재하고 있다. 즉, 18세기 이후 점차 강한 변화를 나타내는 것은, 기독교회적 규준들이 교회에서는 독단적으로 인정되고 있으나 사회에서는 더 이상 일반적으로 유효한 것이 되지 못한다는 것이다. 그러나 사회의 일반적 이해에서 최소한 가난한 자를 위한 구조대책의 내용은 기독교 전통과 모순되지 않고 있다. 가난한 자들을 위한 구조대책이 국가 주도하에 구조적이고 제도화된 사회적 성과에 치중하는 곳에서는 굳이 기독교 전통을 찾으려 할 필요는 없다.

결국 교회에 의해 알려진 가난한 자들을 위한 구조대책인 교회봉사적 기능들이 세속화와 성과 치중의 사회적 발전의 결과에 이르게 되고, 그뿐만 아니라 서로 다른 사회적인 삶의 양식 때문에 교회의 과제들을 국가에 넘겨주는 결과에 이르게 되는 것이다. 점점 증가하고 있는 다원화 특성의 국가형태는 중립적인 세계관으로 그 행위차원을 이해하게 된다. 그 때문에 사회구성의 한 부분과 사회적 단위로서 이해되는 교회는 스스로가 교회적인 행위로 인정할 수 없는 기능들을 떠맡게 되었다. 이러한 맥락에서 교회가 실천하고 있는 활동들, 교회봉사적인 활동들을 통한 사회제도 역시 국가의 한 보조기능으로 이해하게 된다. 그것은 교회봉사가 더 이상 기독교적 신앙을 우선적으로 내세우기 위해서가 아니라 사회 정치적 필연성, 즉 국가의 안정을 위태롭게 하는 것으로서의 가난의 문제로 인식된다. 일반적으로 인간 중심적인 인간권리와 기본권들의 가치설정을 통해서 교회봉사의 근거를 찾게 되는 것이다. 이로써 교회의 대사회적 사랑의 실천행위는 교회적 행위와의 직접적인 연관 안에서 개별적인 자기 동질화를 고집할 수가 없게 된다. 교회봉사의 교회적 동질성에 대한 문제는 또한 다른 전통에서 그 근거를 찾아볼 수 있다. 즉, 복음선포는 복음설교의 의미에서 기독교적-교회적인 것으로 명백히 고유의 자리를 잡고 있다. 그러나 교회의 대사회적 행위는, 비록 그 자체가 기독교적 행위로 인정된다 하더라도 신앙의 동격으로는 충분히, 그리고 분명하지 않은 상태로 위치한다는 것을 경험하게 된다.

　기독교의 대사회적 행위들이 불완전한 위치에 있다는 것은 교회의 대사회봉사로 실천되어 온 기독교 윤리적 봉사실천들이 현재 세속화의 사회구조와 조직으로 발전되어진 현상들에서 분명히 인식된다. 예컨대, 오늘날은 세속화된 혼인예식과 국가의 경영체제 안에 있는 교육과정 속에서 간간히 기독교적 의미와 내용을 되찾으려는 교회의 노력들이 일반화되어 있다.

　위에서 열거된 내용에서 다음과 같은 하나의 해결의 실마리가 발견되는데 기독교적인 의무 가운데서 대사회적 행위는 항상 새로운 보충을 필요로 한다는 것이다. 우선 복음선포는 공적인 교회행위로서 선교로 직접 이해된다. 교회봉사는 이와 달리 오직 광의의 의미에서만 돕는다는 개념으로 항상 개인적인 신앙에 의한 개별적인 행위를 의미하게 된다. 이렇게 볼 때 교회봉사는 다만 사회적 행위에서 그리스도교적 설명이 부가되어지는 순간에만 복음선포의 의미를 갖는다. 이럴 때 교회적 동기인 복음선포와 대사회적인 행위가 함께 교회봉사 행위의 활동을 형성한다. 정확히 이러한 해결의 시도는 그 사이에서 위기에 빠지게 되는데 기독교적 책임하의 그리스도인들의 실천행위는 더 이상 선교적 기회로 직접 이해될 수 없게 된다는 것이다. 이것은 교회봉사의 동역자들의 기독교적 자기 이해가 부족하기 때문인가, 아니면 기독교 복음의 실재는 명백한 사회적 공동책임과 같은 동질성이 없이도 실제적인 삶 가운데 그것을 포함시키는 것이 가능하단 말인가? 이것은 교회봉사가 교회의 규정 속에서 설교와 동등하지 않기 때문인가, 아니면 신학이 지금까지 사회적 행위의 실제 수행에 있어 충분히 도움을 줄 수 있는 입장이 되지 못하는 것에 문제가 있는 것인가? 이러한 질문들은 역사적인 선상에서는 충분히 답변을 주지 못한다. 아마도 사회구조적인 상황조건들이 그것에 대해 공동책임을 지고 있을 것이다.

3. 복음선포와 교회봉사간의 분열에 대한 사회학적 해명시도

니클라스 루만(Niklas Luhmann)[9]은 사회학적 관점에서 도움의 문제 및 종교의 기능을 다룬 바 있다. 그 외에도 그의 사고에서는 사회의 발전사적 관점과 구조적 관점을 연결시킬 수 있는 가능성을 찾아볼 수 있다. 그러므로 그의 분석은 아래에서 전개되는 여러 사고들의 한 핵심을

---

9. Niklas Luhmann : Funktion der Religion. Frankfurt am Main, 1977. In : H. U. Otto/S. Schneider(Hrsg.) : Gesellschaftliche Perspektiven der Sozialarbeit. Luhmanns Artikel Formen des Helfens im Wandel gesellschaftlicher Bedingungen. Neuwied/Berlin, 1973.

차지하게 된다.

　루만은 사회학적 삶의 현실을 시스템이라는 개념을 가지고 우선적으로 기술하고 있다. 총체적인 사회는 의미심장한 여러 단위들로 분류되어 있는데, 이 단위들은 그 스스로 그때그때의 주변환경들과 연관을 맺고 있다. 사회적 행위의 단위들로써 이 시스템들을 유지해 나아가기 위해서는 주변환경과 맺어지는 관계를 극복해 내는 일이 무엇보다도 중요하다. 시스템의 이해는 세 가지 다른 차원으로 구별되어 이해되어진다. 그 하나는 사회적 차원에서 있을 수 있는 모든 사회관계들을 포괄하는 그러한 총체적인 시스템임을 보여 준다. 이러한 의미에서 사회란 하나의 종족 문화에서 보면 사회적 여러 관계들의 총체이며, 동시에 그 종족 구성원들에게 공통적으로 가능한 행동표본의 총체인 것이다. 현재로서 이러한 총체적인 사회란 세계 사회로서 우주적으로 생각될 뿐이다. 최소한 여러 관점에서 이 산업문화들은 그 지식수준을 통하여 사회적 삶의 여러 가능한 구상들의 총체에 참여한다.

　두 번째의 시스템 차원은—수백 년 이상이나 총체적인 사회 차원 이외에 유일하게 존재하는 차원으로서—단순한 사회적 공동행위의 차원이다. 서로 직접적으로 관계가 있는 집단들이 개개인의 직접적인 만남에서 만들어지거나 또는 공동으로 그 주변환경과 관계를 맺는 경우에 이러한 하나의 공동행위 차원의 사회적 시스템이 생긴다. 사회의 시스템은 이러한 단순한 시스템들 위에서 형성되며, 또한 이것에 다시금 영향을 미치기도 한다. 총체적인 사회는 사회적 행위의 형식들, 즉 집단들도 이용할 수 있는 공동의 형식들을 대변한다.

　마지막으로 전체 사회의 차원과 사회적 행위의 단순한 형식들의 차원 사이에 존재하는 시스템 차원은 조직들의 차원이다. 이것은 세계와 상황에 따라서 다른 시스템 차원들에 대한 관계가 점점 다양해지고 다원화됨에 따라 비로소 형성되었다. 조직단체들은 기능이 분화해 나가는 과정에서 형성되는데 그 이전의 두 차원의 사회유형들도 역시 분류되어 있기는 했었다. 그러나 이 분류는 분할의 원칙에 따른 것이지 기능상의 분류는 아니었다. 분할에 의한 분류는 각각이 하나의 전체 시스템을 이어받은 부분 시스템이었다. 부분 시스템에서 가능한 모든 기능들은 전체적 시스템 안에서와 비슷한 방식으로 받아들여졌다. 그러나 기능상의 분화는 하나의 다른 원칙, 즉 분업의 원칙을 따르고 있다. 여기서는 각각의 사회적 단위들이 특정한 수의 기능만을 떠맡게 되는데, 이를테면 경제는 재화생산의 기능을 떠맡고 있다던가, 경제라는 부분 시스템 내에서 또다시 기능에 따른 분류가 이런 방식으로 계속 이루어진다. 그 어떤 기업도 모든 재화를 다 생산하지는 않으며 특정한 것을 전문적으로 생산해 내는 기능을 한다. 이러한 분화방식으로 사회 전체 시스템의 수행능력이 다양하게 증가하는 것이다. 여기서 이러한 조직체라는 사회형식이 거론되는 것은 인간의 다양한 행위가 중요하다는 것을 이해하는 것과 관련되어 있다. 문제의 다양성을 극복하는 것은 대안들 간의 결정행위에 의해서 이루어진다. 이것이 조직체의 일반적 원칙인 것이다.

사회의 형태변화-이를테면 인간이 조직체들에 의해 결정, 분화되기 시작한 약 1500년 이후 시대인 근대사회의 형성 같은 것-는 도움의 구조와 기능에도 영향을 준 바가 크다. 고대사회에서의 도움이란 다만 종족 구성원들 간에 제기되는 공동의 필요를 기꺼이 포괄적으로 충족시키는 것을 의미한다. 이러한 의미에서 돕는다는 것은 공동체적인 상관성을 띠고 있다. 공동체 소속원들은 도움을 받으면 다른 이를 도와 주어야 할 의무를 지게 되는 것이다. 이러한 행동표본은 오늘날에도 존재하는데, 특히 농촌의 공동체에서 혹은 부분적으로 가족이나 친척간에 그러한 모습으로 존재하고 있다.

예전의 이러한 형식들이 사회 구성원들 간의 도움의 형태로서 전체의 어려운 환경극복에 대한 근본적인 대책으로 중요성을 지닌다면 그러한 도움의 형태가 '고대사회들'에서는 다른 모양으로 그 가치를 가진다. 예전이나 다름없이 도움에 대한 상호간의 중요성은 이제 하나의 계약에 의한 안전장치로 마련된다. 오늘날에는 돕는다는 것을 근본적으로 파트너관계에서 생각하는데, 좀더 정확히 말하자면 도움이 상호간의 도움으로 이해된다는 것이다. 동시에 그것은 사회적으로 무조건 필요로 하는 파트너의 요구관계로부터 생겨나는 행위의 특성이 상실되어 버리고 새로운 양상, 즉 사회적으로 보다 힘이 센 쪽이 사회적으로 보다 약한 쪽을 돕는다는 양상을 띠고 있다. 이제 돕는다는 것은 위에서 아래로 향하는 하나의 행위가 되며, 사회 내의 차이를 상징화시키고 이 차이를 확고부동하게 만들어 버리는 행위가 되는 것이다. 이를테면 도움이라는 것이 중세사회에서는 자선을 베푸는 행위가 되며, 가진 자가 가지지 못한 자를 도와 주며, 후자는 도움을 받으면서 불평등의 구조를 인정하게 된다. 그에 반해 전자는 약자들의 상황에 대해 공동의 책임을 떠맡게 되지만 사회의 근본구조는 여전히 변하지 않는다. 고대사회에서는 항상 돕는다는 것이 그렇게 행할 수 있는 모든 개개인과 집단들의 공동체적인 일인 반면에 현대사회에서는 조직체들의 존재가 그러한 돕는 기능을 떠맡게 된다는 것이다. 즉, 이 조직체는 분화라는 특성을 지닌 사회유형에서는 돕는다는 것 역시 변화된 하나의 새로운 면모를 갖게 되는 것이며, 이로써 도움이 개인이나 공동체에 의해서가 아니라 이제는 전담하는 사회조직이 생긴다는 것이다. 그래서 도움은 사회사업의 여러 프로그램에 의해 미리 결정되고 전문인력에 의해 조정되는 예상 가능한 일이 된다. 프로그램들이 상황의 다양성을 완전히 고려할 수는 없지만 중요한 조정기능은 도움에 대한 가능한 학습을 통해 방법론의 몫으로 이루어진다는 것이다.

 개별적인 도움에 대한 결정방향은 한편으로는 프로그램에서 다른 한편에서는 도움의 방법론에서 판단된다. 이에 대해 루만은 다음과 같이 말한다 : "이러한 범위 내에서 보게 되면 도와 줄 것인지 않을 것인지 하는 결정은 인간의 마음가짐이나 도덕이나 상호성에 따른 일이 아니라, 방법론적 교육의 문제이며 프로그램-한정된 작업시간 동안에 이루어 내려고 하는 프로그램-해석의 문제인 것이다."

일반적으로 사회사업에 통용되는 이러한 분화적 이해에 의한 시스템 이해가 이제는 교회가 행하는 교회봉사에서도 같이 적용된다. 그러나 교회는 그의 고유한 전통을 두고 볼 때 바로 이 시점에서 자기의 중요한 기능을 갖고 있는 것이다. 시간이 흐르면서 사회적 변화가 교회에 영향을 준 바가 크다. 그렇기 때문에 이 사회적 조직의 변화는 종교의 조직에 대한 전통의 중요성을 우선으로 고려하여 기술되어야 한다. 위에서 언급되었듯이 보다 예전의 사회형식들에서 종교는 분명히 사회 전체에 대한 영향력 있는 전체 사회적인 조직 차원들의 한 요소였음을 누구나가 알 수 있다. 그러나 루만은 예전과 마찬가지로-말하자면 현대사회에서도 역시-전체 사회적 차원에서 종교가 하나의 필요 불가결한 과제를 갖고 있다는 것을 전제하고 있다. 종교는 세계 경험에 있어서 결국 결정할 수 없는 바를 결정할 수 있는 것으로 만들고 그것을 허용하는 사고의 표본을 제공한다. 이와 관련하여 기독교 교리의 범위 안에서 나타나는 다음과 같이 정형화된 근본적인 고백이 있는데 그것은 "하나님은 만물의 창조주이시다."는 것이다.

이것이 의미하는 바는 기독교는 인간이 결정할 수 없는 것, 계획할 수 없는 것, 놀라운 것, 또한 대단히 축복된 것, 이러한 것들이 비록 우리 인간을 압도한다 하더라도 인간들이 경험으로 이야기할 수 있다는 것이다(창조주 안에서). 질서를 가져오고 혼란을 몰아내는 것은 하나님이며, 하나님은 하나의 절대적인 신이다. 기독교적 이해에 의하면 하나님은 사랑의 신이며 인간이 고통을 겪는 순간에도 수용하고 계시는-왜냐하면 인간은 악을 극복하기 때문에-사랑의 신이다. 이러한 근본적인 기독교적 확신의 전달은 단순한 사회조직들의 차원에서도 종교적 해석조직 및 행위조직의 존재로 이미 나름대로의 영향을 행사하고 있는 것이다. 전체 사회와 종교간의 관계를 나타내기 위하여 루만은 기능이라는 개념을 사용한다. 종교는 인간을 위협하는 세계 경험을 견딜 만하게 해 주는 해석 표본을 마련해 줌으로써 전체 사회에 대해 하나의 고유한 기능을 수행한다.

조직체들 간의 중간 차원이 그 특징인 현대사회에서는 종교의 관련 영역 역시 변화하거나 혹은 더 정확히 말하면 확장된다. 종교는, 즉 기독교는 현존하는 조직들을 지향하고 있음에 틀림이 없다. 종교가 조직체의 여러 요소들을 받아들이고 또 다른 조직체들로 하여금 그 성과들을 마음대로 자율적으로 활용하게 됨으로써 각자의 사회기능을 하고 있는 것이다.

루만은 여기에서 교회봉사와 목회의 관계를 정립시키고 있다. 조직체 차원에서 교회봉사와 목회는 다른 조직체들을 통한 종교조직의 기여를 나타내 준다는 것이다. 루만은 여기에서 기독교를 포함한 상이한 종교들을 비교하고 있지는 않다. 이런 점이 그의 논술에서 부족한 점이다. 그럼에도 불구하고 그의 관찰은 기독교적으로 특징지어지는 산업사회들을 두고 볼 때 여전히 중요하다.

그렇다면 루만은 교회봉사를 어떻게 이해하고 있는가? 그가 파악하는 교회봉사는 신학적 개념의 결정에서 출발하는 것이 아니라 조직체들-이 조직체들 안에서는 사회 구조적 문제들이 개개인을 지향하는 형식으로, 말하자면 개인 차원에서 인지된다-사이에서 나타나는 그 모든 모양의 성과 및 업적인 것으로 이해한다. 이런 식으로 종교조직도 다른 부분조직에서 생겨난 것이지만 다른 곳에서는 다루어지지 않는 "개인적 부담과 운명들" 등에 대한 특별한 기능영역을 떠맡게 된다. 조직체들의 이해에 근거하면 교회봉사는 우선적으로는 경제조직의 요구에 의해 야기된 문제들이 구조적으로, 혹은 정치적으로 다루어지는 것이 아니다. 교회봉사는 해당 개인들의 특유한 공동체나 공동행위들의 요구에 의한 개인화된 형식으로 다루어진다는 것이다. 루만의 이해에 따르면 교회봉사와는 달리 목회는 그 독자적인 조직에서 개별적으로 발생되는, 다시 말해 그 기원이 사회적이지 않은 개별적인 문제들을 다루는 봉사조직이다. 문제의 영역이 이런 식으로 분리될 수 있을지 어떨지는 언급되어 있지 않다. 다른 조직체가 한 조직체의 성과와 업적을 전제로 하는 것은 성과와 업적이 제시될 뿐만 아니라 그것이 수용되기도 한다는 사실이다. 다시 말하면, 사회 발전에서 점점 줄어드는 조직체들은 그 예상되는 성과의 관점에서 고려되어야 한다는 것이다. 즉, 성과가 기능적인 면에서 조직체를 통하여 부각되지 않을 때 그 조직체는 사회조직에서 도태되는 것이다. '교회봉사' 의 영역을 두고 볼 때에 이것이 의미하는 바는 "다른 사람을 위하여 그냥 그 곳에 있음"이라는 교회적 의미와 사랑이 이제는 더 이상 교회봉사 자체의 성과기준이 될 수 없다는 것이다. 교회봉사의 성과기준은 그 행위 실천을 받아들이는 쪽인 사회적 상황의 조직에서 발전된다는 것이다. 교회봉사는 이런 사회성과적 의미에서 방법론적으로 방향을 잡은 사회사업의 규범에 적응해야 한다. 이럴 경우 교회봉사가 어쩌면 종교적 중심규범인 '사랑' 이라는 것의 신뢰를 떨어뜨리게 할지도 모른다.

이것이 의미하는 바는 신학적으로 분명하게 규명되어 온 '인간 위기 상태' 가 더 이상 신학과 교회의 규정이 아니라 이제는 인간의 기준에 의해 규정되는 것이다. 이렇게 인간기준에 의해 규정되어지고 요구되어지는 교회봉사의 실천은 전적으로 신학의 결정에 의존하는 '목회' 활동과는 전혀 같을 수 없게 된다. 왜냐하면 목회는 인간을 하나님 앞에서 철저히 죄된 존재라는 것에서 출발하는 신학적 규정에 근거하고 있기 때문이다.

그래서 '구원' 과 '복지' 는 오늘날 이해가 가능한 여러 가지 구조조건들하에서 서로 갈라지는 것이다. 교회의 교회봉사자가 인간세계의 경험으로 파악 가능한 인간상태를 변화시키면서 성공적으로 일을 수행하려고 한다면 신학자는 실제로 다음과 같이 말하게 된다. 하나님 앞에서 죄악이 제거되고 그로써 새로운 삶이 가능해질 때만이 인간을 고통

스럽게 하는 상태가 근본적으로 변화된다는 것을……. 여기서 '구원'
과 '목회'를 지향하는 두 교회봉사자들의 인간세계 '개발'의 의미는
분명히 차이를 드러내고 있다.

그러기 때문에 루만은 교회봉사와 목회, 그리고 도덕결의론[10] 등에
의해서 신학의 체면이 손상될 수 있다는 가능성에 대해서도 이야기하
고 있는 것이다.

이런 관점에서는 조직체의 차원에서 행하는 종교조직의 성과와 업적
이라는 것은 모든 조직 차원들을 포함하여 종교의 정체성을 위협하게
하는 것 같다. 그러나 기독교 종교의 탁월한 정체성을 안전하게 지켜
가는 것이 신학의 과제이다. 루만에 따르면, 신학에 있어서 종교조직은
자기 정체성과 비례한다는 것이다. 그러나 아주 분명히 신학은 그 한계
에 도달한다. 사실 신학은 전체 사회적 차원에서 종교가 행하는 기능을
숙고할 수는 있으나 교회봉사와 목회의 조직차원에서 이루어지는 것의
부분적인 특유성을 숙고하기는 분명히 어렵다. 루만은 그러나 이 양자
간의 상호 의존의 가능성을 관찰할 수는 있다고 생각한다.

말하자면, 교회봉사와 목회의 차원에서 일어나는 일이 완전히 신학
적으로, 그리고 종교적으로만 책임을 지우려는 요구에 이젠 더 이상 구
속받지 않는다는 사실을 관찰할 수 있다는 것이다. 그는 상이한 여러
차원들의 연결고리를 풀어내는 열쇠, 즉 종교조직 내에서의 일종의 조
직의 자율성을 찾아내고자 한다. 교회봉사와 목회는 각자 상대적 독립
을 유지하면서 다른 조직체들과 상호 연관을 맺으며 자신의 일들을 해
낼 수 있어야 한다는 것이다.

그의 분석에 따르면, 복음선포와 교회봉사간의 분열문제에 대해서

---

10. 철학적 윤리학 및 가톨릭 도덕론 등에서 쓰이는 윤리학의 한 부분으로써 실제 삶
   의 가능한 경우에 있어서 사회적 관례, 교회-성전의 율법 등에 비추어 양심의 문
   제나 도덕문제, 올바른 행위 등을 결정하고 해결하려는 것(역자주).

다음과 같이 정리한다. 이제 기독교적 이웃사랑의 조직체로서 이해되는 교회봉사는 다양한 사회적 조직 내에서 그 성과를 충분히 내놓을 수 있어야 한다는 필요성에 직면하고 있다. 그렇기 때문에 교회봉사는 사회사업이 오늘날 일반적으로 따르고 있는 그 규범을 그대로 따르고 있다. 교회봉사가 행하고 있는 일은 프로그램에 의해 방향이 설정된 것이어야 하고, 또한 방법론적으로도 책임 있게 진행되어야 한다. 그것은 다른 조직체들이 행하는 일과 같이 우선은 사회복지이다. 이러한 기독교 사회사업을 프로그램에 입각해서 보면 교회봉사가 행하는 일이 국내 선교 차원에서의 전도사업이어서는 안 된다는 것이다. 따라서 교회봉사는 그 구조상 복음을 입으로 전하는 과제를 동시에 떠맡을 수는 없다는 것이기도 하다. 사회복지사업으로서의 교회봉사는 인간을 해방시키는 복음을 전해 주는 일과 같은 것을 지향하지도 않으며 또한 교회봉사는 다음의 의미에서, 즉 개인적인 수용이 곧장 경험으로 실현되는 파트너 관계가 모든 개별적인 행위에서 이루어지는 이웃사랑의 실천을 하지도 않는다. 그러므로 현재의 조건들 아래에서 교회봉사와 복음전파간의 분열 내지 불일치는 바로 없어질 수 없는 것으로 표면화된다.

그럼에도 불구하고 이 쌍방간의 분열상태는 완화될 수 없는가? 만약 루만이 상이한 조직 차원들의 연결고리를 풀자고 제안한다면 그의 말은 옳은 것인가? 기독교적 삶, 교회봉사의 실천과 기독교적 사고인 복음선포와의 통일을 위해서 상이한 행동 차원들을 나란히 유지하려는 시도가 신학 내에서 최소한 행해질 필요는 없는가? 적어도 신학은 왜 교회봉사가 그 자체로서 복음전파일 수 없는가에 대한 질문에 설명을 해야 하지 않는가? 신학은 교회봉사 영역의 동역자가 그 필요한 것을 이루기 위한 보다 큰 자유공간을 갖도록 그 이유들을 이해할 수 있게 설명해 줄 수는 없는가? 이러한 질문들은 더욱 분명히 해명되어야 할 것들이다.

여기서 선결과제는 교회봉사 직무능력을 운운하기 이전에 교회봉사에 대한 신학적 해석을 시도하는 것이다.

4. 교회봉사의 신학-분열을 극복하기 위한 시도

신학토론에서 교회봉사와 교회 내지 신학간의 차이는 아주 명백하게 드러난다. 가령 요하네스 데겐(Johannens Degen)[11]은 교회와 교회봉사간의 분열을 다음과 같이 분명하게 말하고 있다. "교회봉사의 현재 상황은 사랑으로서의 교회봉사가 방법상으로는 적절히 이루어지기는 하지만 신앙에 대한 본질적인 관계에 있어서는 올바르게 자신의 의사를 전달할 수 없다는 사실에 의해 규정된다. 우리는 현재 실시되고 있는 교회봉사적인 실천과 그 실천의 미래적 발전에 대한 신학적인 기준을 거론해야 할 과제 앞에 당면해 있다."

이러한 교회봉사의 고립과 분열의 극복을 위한 신학적인 근원 설정들은 아주 다른 방식으로 시도되고 있다.

파울 필리피(Paul Philippi)[12]는 개신교 전통 내에서 이제까지 행해졌던 것보다 훨씬 더 분명하게 교회봉사의 근원을 그리스도의 성육신 사건 자체에서 찾아냄으로써 그 어려움을 극복할 수 있다고 생각한다. 그는 교회봉사를 그리스도 중심의 교회봉사로 이해하면서 다음과 같이 말한다. "그리스도 안에서 입증된 현재의 하나님 통치가 그의 교회를 자신의 영향권 내로 끌어들이며, 그리고 그 영향권 내에서 살고 있는 사람들을 그리스도에 부응하여 서로가 서로를 지향하는 생활형태 및 작용형태로 유도한다……." 그는 또한 교회봉사를 변증교리와 관련시켜 설명한다. 필리피가 교회봉사를 그리스도 중심적으로 이해하고 서술하는 방식은 믿음으로 의롭게 된 죄인들의 선한 믿음의 결과로 긍정

---

11. Johannes Degen : Diakonie im Widerspruch. In : Wissenschaft und Praxis in Kirche und Gesellschaft. 67. Jg. Göttingen, 1978, S. 252-259.
12. Paul Philippi : Christozentrische Diakonie. Stuttgart, 1975, S. 232.

적 설명을 하고 있는 종교개혁의 방법과 같다. 필리피는 분명히 조직신학 입장에서 자신의 논거를 펴고 있는데, 다시 말하면 그는 교회봉사에 대한 여러 현상들을 기독교적 전통과 연관지어 숙고하려고 시도하고 있다. 사랑의 실천행위는 기독교 신앙의 근본행위이며, 더 정확히 말하자면 예수 그리스도의 성육신에 그 뿌리를 두고 있다는 사실을 분명히 하려고 시도한다.

아른트 홀벡(Arnd Hollweg)[13]이 사회적 행위 안에서 신학적 방향설정에 대해 제시한 바 있는 숙고들 역시 동일한 입장에 있다.

예컨대 그는 다음과 같이 말하고 있다. "교회봉사의 실천은 사회적 참여 속에서 행해지는 것이며, 그리고 예수 그리스도 안에서 세계에 대한 사회적 활동으로 정의될 수 있을 것이다."

이 사회적 활동은 하나님이 우리를 도와 주는 관계 속에서만 행해지는 것이다. 이러한 발언은 교회봉사적 행위의 근거를 성서-기독교적 전통의 근본발언에 입각하여 설명하려는 변증적 형식을 보여 준다. 실천에서 통용되는 변증적 형식은 일반적인 것보다는 단순하다. 교회봉사 행위는 육체, 즉 물질적인 것들과 관련해서만이 아니라 전인적 인간을 대상으로 한다는 것이다.

교회봉사 행위에서 중요한 것은 인간의 구원과 복지이다. 달리 표현하면, 복음전파는 항상 말과 행동이 동시에 행해진다는 것이다. 이런 문구는 일련의 교회헌법에, 이를테면 1948년 7월 13일자의 독일 개신교회의 기본 법규에 도입되었다.

제 15조 1항에는 "독일 개신교총회(Evangelische Kirche in Deutschland EKD)와 그 소속교회는 그리스도의 사랑을 말과 행동으로 전파하라는 부르심을 받았다. 이 사랑은 교회의 모든 구성원이 가져야

---

13. Arnd Hollweg : Diakonie und Caritas. In : Ferdinand Klostermann Hrsg., Praktische Theologie heute, München/Mainz, 1974, S. 500-511.

하는 의무이며 교회의 디아콘(집사 : 봉사직) 직책에서 특별한 방식으로 구체화된다. 그에 따라서 교회봉사로 이어지는 선교사업은 교회의 존재 및 삶을 바깥으로 표현하는 것이다."라고 쓰여 있다.

이런 문구들의 관심은 교회봉사의 근거를 기독교 신앙의 핵심에서 찾아내려는 것이다. 교회봉사는 행해질 수도 행해지지 않을 수도 있는 그 어떤 부차적인 것이 아니라 기독교적 증언인 하나님의 말씀선포에 기본적으로 속하는 것이다.

그러나 이러한 개략적인 신학의 문구들은 구체적인 행동으로 옮겨질 때에만이 비로소 그 의미를 가지게 된다. 필리피는 "교회봉사가 신학적 연구의 주제가 될 때 비로소 교회봉사에 대한 근원이 충분히 설명된다."고 말하는 사람들의 진부한 해석을 지적하고 있는데 이는 어느 정도 타당한 것 같다.

테오도르 쇼오버(Theodor Schober)[14] 역시 교회규정과 교회헌법의 전반적인 문제를 언급하면서-교회헌법상 목사직은 복음전파의 독점권을 가진 유일한 직책으로 확정되어 있다-이와 비슷한 사례를 언급하고 있다.

교회봉사에 대한 이러한 일련의 기고들은 이론형성의 근본적인 차원 위에 비슷하게 놓여 있는데, 이 기고들은 하나같이 현재의 교회봉사 형태를 비판적으로 다루고 있다. 가령 유르겐 몰트만(Jürgen Moltmann)[15]의 짧은 글은 그에 대한 전형적인 본보기이다. 그가 그의 책에서 다루고 있는 것은 교회봉사와 사회복지 국가간의 관계이다. 사회복지 국가는 필연적으로 산업사회의 배경하에 있는데, 이 산업사회 구조는 빈곤의 고통을 유발시킨다. 여기서 교회봉사는 궁핍을 완화시

---

14. Theodor Schober : Diakonie als handelnde Kirche. epd-Dokumentation. Band 16. Bielefeld/Frankfurt, 1976, S. 16f.
15. Jürgen Moltmann : Zum theologischen Verständnis des diakonischen Auftrags heute. In : Diakonie. Stuttgart, 1976/Band 2.

켜 주는 병원의 기능으로서 이해될 수만은 없다. 오히려 중요한 것은 하나님의 왕국이 도래함을 고백하는 것이다. "세계는 하나님 왕국의 실험장이다." 혹은 "하나님의 왕국에 대한 희망이 없으면 교회봉사는 그 기독교적 사명을 상실하게 되며 실천과 이론에 있어서 사회국가가 행하는 봉사들의 한 부분이 될 뿐이다." 현대 산업사회가 근본적으로 개인주의적 고립현상을 가져오기 때문에 그에 따르면 교회봉사의 중요한 과제는 인간들 간의 새로운 형식의 공동체를 실현해 내는 일이다.

울리히 바하(Ulrich Bach)[16] 역시 1975년에 발표된 교회봉사의 직책에 대한 지침을 비판적으로 다루면서 교회봉사의 현재적 실천에 대한 비판적 대립상을 발전시키고 있다. 바하의 관심사는 교회봉사가 돕는 자의 심성을 전혀 고려하지 않는다는 것이다. 그의 신학적 초안은 그리스도의 몸-이는 에른스트 케제만(Ernst Käsemann)의 사고에 연결되어 진행된 것이다-에서는 하나의 작업 프로그램을 통하여 주는 자와 받는 자가 인식되는 것이 아니며 상황에 따라 참여하는 모든 사람들이 주는 자이자 동시에 받는 자라는 사실을 분명히 한다.

바하의 신학초안을 살펴보면 교회봉사 활동의 방법론이 또한 의문시되고 있다. 즉, 교회봉사는 그 구체적인 실행으로서의 진척이 거의 거론되지 않고 있다는 것이다. 이것은 몰트만의 신학초안에도 똑같이 적용이 된다. 이것은 데겐의 입장에서와 같이 위에서 언급한 두 신학초안에서 더욱 두드러지게 나타난다. 즉, 데겐은 교회봉사가 어떤 부작용에 대한 내용을 전혀 고려하지 않고 무비판적으로 국가, 사회의 정책 안으로 편입되는 것을 경고하고 있다. 이러한 측면에서 다루어진 데겐의 비판은 일단 올바르게 제기된 것이라고 지적되어야 한다. 교회봉사에서는 사회구조적 문제들이 개개인을 지향하여 다루어지고 있다는 루만의

---

16. Ulrich Bach : Diakonie-Ein Auftrag an Könner? In : Wissenschaft und Praxis in Kirche und Gesellschaft. 67. Jg. Göttingen, 1978, S. 242-251.

분석은 교회봉사적 행위의 정치적 차원이 충분히 고려되고 있는지 아닌지의 의문을 갖게 한다. 이것은 루만이 교회봉사에서 정치적 차원을 배제할 수 있는 하나의 조직을 유지해 주는 기능적인 것으로 이해할 때에야 비로소 정당하게 이야기될 수 있는 것이다.

여기서 교회봉사를 비판적으로 다루는 것은 신학적 전통의 여러 요소들이 현재 교회봉사의 실천이 비판될 정도로 존재하고 있다는 사실을 받아들여야 할 것을 전체적으로 강조하는 것이다.

물론 이 비판은 근본적 차원에 머물러 있다. 새로운 교회봉사 행위로 구체화시키는 일은 다소 암시되어 있을 뿐이다. 그런데 구체화라는 것이 신학에 의해 과연 행해질 수 있는 것인가? 신학은 기독교 종교적 조직의 근본적인 사전결정과 관련해서 뿐만 아니라 다른 사회적인 것과 관련해서도 그 종교적 조직을 숙고하고 있는가?

만약 신학이 사회조직체들 내에서 행위의 여러 조건들과 보다 강력하게 맞추어져 있다면 신학은 더 나아가서 교회봉사의 이론적 토대에 하나의 기여를 할 수 있었을 것이다. 루만은 이러한 행위를 결정행위로서 자격을 부여했다. 그에 따르면, 신학은 일종의 결정이론임에 틀림없을 것이다. 신학은 신학적으로 근거가 주어지는 결정이 조직화된 교회봉사의 행위적 차원에서 어떻게 이루어지는가 하는 과정을 기술해야 할 것이다. 바로 이 지점에서 신학 내의 새로운 발전이 주목을 끌 수 있다. 실천신학은 최근 몇 년 동안 점차적으로 행위의 학문으로 이해되었다. 따라서 실천신학은 교회, 곧 기독교 행동영역 내에서 결정의 근거가 어떻게 충분히 설명될 수 있는가 하는 의문에 전념한다. 이러한 목적을 위해서 실천신학은 행동목표를 정의하는 과정으로 성립되며, 그 과정은 다음의 단계들에서 진행될 수 있다 :

1. 관찰 가능한 현장상황과 실천내용인 봉사상황에 대한 비판을 정형화하는 것

2. 기대, 소망, 꿈, 이상향을 정형화하는 것
3. 제기된 발언을 기독교적 전승이라는 맥락에서 검토하고 확장하는 것
4. 사회적 타당성이라는 측면에서 검토하는 것
5. 행동목표를 정의하는 것
6. 행동목표를 실현시키는 데 필요한 조건들을 제시하고, 작업방법과 전략에 대한 근거를 설명하며 제시하는 것

   이러한 초안들의 형태 안에서 보면 신학과 교회봉사간에 다양하게 규정된 분열을 극복하는 일은 루만이 제기한 해결책, 즉 그 둘을 각각으로 해체하는 방향으로 추구할 필요는 없게 된다. 이는 복음전파와 교회봉사간의 분열이라는 문제를 오히려 더 심각하게 만들 뿐이기 때문이다. 물론 교회봉사의 조직체 행위를 결정행위로서 정당하게 평가하는 그런 형태의 신학적 작업은 필수적이다.
   결정행위는 근본적인 신학적 고찰을 대체하는 것이 아니라 다만 신학적 문제를 조직체 차원에서 새로이 형성하는 것이다. 그 때문에 교회봉사에 대해 이제까지 나온 조직신학적인 방향의 고찰들은 전체적으로 별 효과가 없다. 왜냐하면 그러한 고찰들은 조직체 행위의 조건들을 결정행위로서 주의하지 않기 때문이다. 그러한 개별성을 부여하고 인정하는 고찰들을 고려하는 것은 행동 지향적인 항목의 의미에서 실천신학적인 대목에서만 가능할 뿐이다.
   다음은 앞에서 제시된 6가지의 기초 초안들을 교회-기독교적 영향권의 사회사업 활동을 예를 들어 구체적으로 설명하여 보겠다.

5. 교회봉사의 실천목표 정의에 대한 실례
    -복음전파와 교회봉사간의 분열축소를 위해

"교회의 사회복지 활동인 교회봉사가 무엇을 수행해야 하는가?" 하는 것은 최소한의 대략적인 방침과 사고 속에서 발전되었다. 그래서 교회의 완전한 정체성으로서의 교회봉사직이 아니라 교회의 중간 차원인 총회, 노회, 시찰회 등의 교회봉사 직책에 의한 지침은 총회나 지역교회적인 차원을 보충하는 기능으로 보여지고 있다. 이러한 연관 속에서 봉사기관이나 상담소, 외국원조 혹은 환자들을 위한 휴양처와 같은 기관과 시설을 위한 신학적 지침은 교회의 입장에서는 언제나 교회의 부수적 대책으로 생각되어진다. 예를 들어, 헤센과 나사우에서는 총회본부의 업무를 다음과 같이 적고 있다. "주총회는 개교회 차원에서도, 감독/총회장직의 차원에서도 교회봉사의 활동을 고무시키고 수행한다. 교회 지도부는 개별원조, 집단활동, 공동체활동을 수행하며, 교회적, 교회봉사적, 그리고 사회적인 다른 시설들과의 연대를 맺으며 공공사회와 그 기관들에 대해 교회봉사와 해당자들의 이해관계를 대변한다." 이런 목표개념을 다루는 데 있어서의 어려움은 아래 사실에서 그 이유가 설명된다. 즉, 위의 목표개념은 일반적으로 최고의 것들을 정형화하면서도 지역적 상황을 전혀 고려하고 있지 않다. 물론 그것은 지역적인 것이 고려될 수도 없다는 사실 때문일 것이다. 그럼에도 불구하고 중요한 결정들을 위한 목표가 정의되어야 할 때는 바로 이 지역상황이야말로 그것을 위하여 중요한 것이다. 즉, 지역상황이 고려되어 우선권 설정이 필수적인 요소로 규정되어야만 그것은 구체화될 수 있는 것이기 때문이다. 지역상황이 의미하는 범위에서 보면 실제로 존재하는 문제의 영역만이 핵심이 아니라 해당 사역자의 능력도 문제가 된다는 것을 알 수 있다. 그 누구도 모든 것을 다 할 수는 없기 때문이다. 또한 봉사직의 재정적 장비 및 인력장비도 문제가 된다. 해당지역에서 실시되고 있는 사회사업의 지방자치단체 직책과 국가적 직책, 그리고 다른 자율적인 종사자들이 얼마나 포괄적으로, 그리고 중점적으로 어떤 활동을 하는가 하는 것이 다음으로 중요한 부분이다.

물론 지역상황은 우선권 설정에서 고려되어야 하는 여러 가지 요소들 중 하나의 요소일 뿐이다. 왜냐하면 그 모든 형식의 교회봉사 활동은 항상 교회봉사와 교회의 자기 이해와도 관계가 있기 때문이다.

교회의 지역적 영역에서 교회봉사 활동의 목표설정에 대한 결정은 다음에 대해서도 질문이 되어야 한다. 즉, 교회가 기존의 이 환경에서 어떻게 스스로를 이해하는가, 그리고 교회가 국가와 또 다른 기관들이나 단체들과의 관계에서 스스로를 어떻게 정의하며, 또한 어디에다 행동의 중점을 두는가 하는 등이다. 즉, 교회의 개별적인 행위가 항상 최우선이고 가장 중요한 것인지 아닌지, 그리고 인간공동체 안에서의 공동작업이 필요한 경우에는 그것이 교회의 개별적인 도움행위보다 앞설 수는 없는지 등을 해명하는 일이 중요하다.

말하자면, 이러한 개략적인 생각에도 불구하고 행동목표에 대한 정의가 직접적인 행동상황에서는 처리되어야 하는 과제로만 여전히 남아 있다면, 어떻게 이런 일이 행해질 수 있는지가 의심스럽다.

아래에서 하나의 가정적 시도를 해 볼 수 있겠다. 이 경우 교회의 한 봉사직책에 봉사하기 위하여 한 전문 사회사업가가 새로이 취임했다는 가정적 상황에서 출발하는 것이 좋을 듯하다.

작업의 목표설정 과정이 시작되기 전에 교회의 해당위원회나 위원들, 그리고 사회사업가인 참가자는 다음 사실에 서로 동의를 해야 한다. 즉, 행동목표의 결정이라는 것이 사회사업가만의 일이 아니라는 사실, 역시 사회사업가와 대교구의 감독 혹은 교회봉사를 담당하고 있는 목사 등의 일도 아니며, 오히려 그것은 교회구성원들을 대변하는 대의원으로서의 교회봉사 위원회나 해당 기관들의 일이며, 따라서 전체 교회의 일이라는 사실이다. 그렇게 될 때 하나의 요구가 제시되는데 이 요구는 신학적으로 그 근거가 설명되어야 하고 교회의 근본이해 속에 그 근원을 두고 있어야 한다는 것을 의미한다. 담당위원 등 교회지도부의 기능은-그리고 작업영역에 대한 행동목표의 결정이 그러한 하나의 기능인데-다만 전체 교회 내지 교회들에서 선발된 대의원으로서 책임져야 할 몫을 이행할 것뿐이다.

이 작업의 첫째 단계는 의식적인 해명단계로 시작될 수 있을 것이다.

부임 후 3개월쯤 되면 이 사회사업가는 교회봉사 위원회와 대화모임을 가질 수 있고, 이 대화를 통해 여러 과제들이 공동으로 자세히 결정될 것이다. 사회사업가는 이 대화모임 이전에 이미 사전작업을 행하고 난 후 대화를 갖게 되는데 이런 대화는 행동목표 정의에 대해 필자가 제안한 단계들을 지향할 수 있게 될 것이다. 그리고 개별적인 고찰들은 아래에서 하나하나 설명되어질 것이다.

사회사업가는 우선 행동영역에 대한 자신의 분석보고를 한다. 어디에 문제의 영역들이 있으며, 어떻게 그 문제들에 접근하며, 어떻게 문제의 해결을 시도할 것인가? 이 문제의 영역들이 누구에 의해 접근되며 문제의 해결이 서서히 진행될 것인가, 그렇다면 왜 서서히 진행되어야 하는가, 이 복지사업의 영역에서 이미 무슨 일이 진행되고 있으며, 어떻게 진행되고 있는가, 어떤 사업들이 무조건적으로 계속 진행되어야 하는가 등이다.

두 번째 단계에서는 상황분석에 근거한 복지사업의 유토피아적인 목표들이 만들어져야 할 것이다. 이 단계는 매우 중요하다. 왜냐하면 이 단계는 가능한 것과 가능하지 않은 것과의 차이를 우선 표현하기 때문이다. 이 시점에서 해당상황들에만 반응하는 사람들은 새로운 자극을 수용할 수 없다. 즉시 실현 가능한 것만 염두에 두는 사람은 본래의 고유한 가능성들을 과소평가한다. 이런 시점에서 아래와 같은 신학적인 자극들을 수용하는 것은 무엇보다 중요하다. 즉, 교회봉사가 동등한 사람들이, 동등한 가난한 자들에게 평등하게 도움을 주는 하나의 공동체로서 그리스도의 몸을 실현하는 어떤 것이 실제로 이루어질 수는 없을까(Ulrich Bach)? 교회봉사에서는 다가오는 하나님 나라에 대한 그리스도인들의 희망이 실제로 발언되고 상징화될 수 없을까? 교회봉사는 교회공동체가 그리스도인의 형상이 신뢰할 만한 것으로 증언되는 것에 대해 실제로 기여할 수는 없을까? 인간이 단지 빵만으로 살지 않는다는 것을 표현하는 교회봉사적 행위의 영역들이 있을 수는 없을까?

교회봉사직을 관리하는 혹은 지도하는 교회관리직이나 교회구조에서의 교회봉사 위원회가 이러한 문제설정들을 신학적으로 수용할 수 있도록 기독교 전통의 자극들을 가시적으로 만들어 주는 것은 신학자들의 임무이다.

세 번째 작업단계는 구체적인 행동목표를 넘어서서 유토피아와 희망, 그리고 신학적 자극들에 의한 공식화된 결과들과 분석의 결과들을 분명하게 함축한다. 그 주요한 문제는 이러하다 : 무엇이 구체적으로, 그리고 개별적으로 행해질 수 있는가?

가능한 것과 필요한 사업계획이 엄청나게 많다는 사실에 직면해서는 행동실천의 뚜렷한 강조점이 그리스도교적 전승의 전통 내에 놓여 있도록, 너무 사업적으로 발전되거나 그리스도교의 본질적인 요소들이 배제되지 않는 범위 내에서 활동하는 것이 중요하다.

이것은 봉사활동의 수행 자체 내에서 특별히 기독교적인 것이 무조건 인식되어야 한다는 것을 뜻하지는 않는다. 이는 문제시되는 활동의 영역들을 선택하는 일도 신학적으로 근거를 제시할 수 있다는 것을 뜻한다.

네 번째의 작업단계는 고안된 행동목표들을 다시 한번 하나하나 비판적으로 검토해 보아야 한다. 계획된 강조점 설정에 반하여 제시될 수 있는 성서-기독교적 전승의 근거들이 있는가? 상황은 적절히 고려되었고 또 동역자들 각자의 주관적인 이해관계들이 상황조건들을 벗어나지는 않았는가? 관련된 동역자들의 능력을 고려한 후에도 계획된 과제들은 추진될 수 있는가? 하는 것들이 그것이다.

다섯 번째의 성찰과정은 결국 목표실현에서 하나하나 적용된다. 방법상 어떻게 작업이 진행되어야 하는가? 어떤 재원 수단들이 자유롭게 사용되어야 하는가? 대략적인 조건들은 어디서 강화되어야 하는가?

이러한 전반적인 고찰과정은 구체적으로 한 영역에서 결정이 내려지도록 맞추어져 있다. 정확히 말하자면, 일반적으로 사회사업 이론의 영역에서 나온 고찰들과 같이 신학적 사고들이 이런 방식으로 논의될 수 있다는 것이다. 이 신학적인 고찰들은 책임 있는 사회사업 봉사자들이 경험 속에서 발견하는 것처럼 봉사하는 동역자들의 자질과 동기를 발견하게 해 준다.

이런 실천과정을 위한 구체적인 대화는 현재적으로는 책임 있는 교회의 담당위원회의 비공개회의에서만 실제로 진행이 가능하다. 여기서 얻어지는 결정은 이 결정에 간접적으로 참여하는 모든 사람들의 공동체, 즉 사회사업 현장과 교회들이 생각하는 문제해결과는 아주 무관하게 이 비공개회의에서 나타날 수도 있다. 그래서 만약 이런 대화가 보다 더 공개적으로 될수록 그러한 과정에서 기독교공동체적인 요구들이 더 많이 긍정적으로 실현될 수 있다.

이러한 공개성 이외에도 그 과정이 성공적이기 위해서는 적어도 두 가지의 다른 중요한 전제 조건들이 있다 : 신학자는 성서적, 그리고 교리적인 근본 진리로부터 곧바로 여러 행동방향들이 도출될 수 있다는 사실을 사고의 출발점으로 삼아서는 안 된다는 것이다. 오히려 신학자는 기꺼운 마음으로 사회적 행위의 현재적 조건들을 돌이켜 생각해 보고, 이 조건들과 그리스도교적인 전통이라는 동기를 중개해야 한다. 사회사업가는 또한 성서적, 기독교적 전승에서 나온 동기를 자신의 일에 대해 중요한 것으로 발견할 수 있어야 하며, 또 그 동기들이 자신의 일을 위해 성과를 거둘 수 있도록 최선을 다해야 한다.

신학자가 사회사업가가 되고 사회사업가가 신학자가 된다는 사실이 중요한 것이 아니라 양자간의 이러한 기꺼운 협동자세가 필수적인 것이다.

전술된 시도에서 신학과 교회봉사간의 분열문제가 다루어졌다. 교회의 사회복지 사업이 책임 맡은 위원회들을 통하여 비록 그 과정이 성공한다 하더라도 그것이 사회 사람들에게 전달되는 일은 대단히 어렵다는 사실을 분명히 알고 있어야 한다. 그러나 이러한 어려운 과정들이 예배에서 최소한의 상징적인 표현을 필요로 하는지 어떤지에 대해서 문제가 다시 제기된다.

즉, 교회의 사회사업가가 실행단계에서 예배의 형식을 통하여 사업에 대한 안내를 시도하면서, 교회 담당위원회와 함께 진행한 대화모임과 연관된 예배형식을 만들 수 있지 않을까? 그렇게 된다면 실천만으로 하게 되는 전달의 어려움 이상의 것을 얻을 수 있는데, 그것은 신학적 책임 속에서 내려진 결정들이 교회에서 떳떳하게 곧 하나님 앞에서 보고될 수 있지 않겠는가? 또한 일의 진행과정 가운데에서 발생 가능한 한계점들을 교회에 보고하며, 그것이 하나님의 뜻대로 이루어지도록 협조를 요구하는 계기를 마련할 수 있을 것이다.

우리는 불평과 부탁과 칭찬하는 일을 일상적으로 잘 표현할 수 있다. 만약 그러한 것이 행동영역의 구체성 속에서도 이루어진다면 더 좋을 것이다. 그렇게 되면 일상과 예배는 더 가까워질 것이다.

복음전파와 교회봉사간의 분열이 실제로 더 적어지려면 다음의 두 가지가 요구된다 :

－신학은 오늘날 교회봉사의 실천행위의 문제상황에 관여할 수 있어야 한다.

－오늘날의 교회봉사적 활동영역은 정확히 말해서 교회의 부탁과 청원, 그리고 불평과 칭찬 가운데 실제하고 있어야 한다.

위에서 서술되었던 교회의 사회사업가의 소개를 고려해서 언급된 사실은 하나의 본보기일 수 있다. 그 밖에도 많은 가능성들이 있으며, 그 가능성을 단지 활용하기만 하면 되는 것이다.

II
신학과 개발도상국 원조[1]

제3세계에 대한 개발도상국의 개발정책을 다루는 사람은 실무자로서 현장의 구체적인 상황들과 결정적인 요소들을 다양하고 적절하게 고려해야 할 중요한 상황에 늘 직면하여 있다. 이러한 상황에서 신학적인 고찰들은 자칫 그 의미를 잃어버릴 수도 있다. 이런 실무자들을 위하여 개발도상국 원조에 대한 과제가 교회 안에서 필수적이라는 관점에서 비교적 뚜렷하고 근본적인 신학적 의견일치가 있다면 좋을 것이다.

실천행동에 대한 직접적인 압박은 아니더라도 개발정책 문제를 다루는 사람들은 하나의 비슷한 압박상황에 놓이게 되는데, 개발을 이해하는 문제에 부딪치고, 또한 저개발을 위한 개발이론을 논의해야 하며, 더불어 세계경제 질서가 지닌 현 제도들을 처음부터 차근히 고려해야 하는 중압감이 그러하다. 특히 그들은 또 세계경제의 조종 가능성을 깊이 생각해 보아야 하며, 그에 해당하는 개념적인 사안들이 서로 평형을

---

1. Entwicklungshilfe : 개발도상국 원조는 앞 부분의 주 참조.

이루도록 해야 하는 과제에 직면하게 된다.

　경제학적으로 전망들이 복잡해졌기 때문에 교회에서 내놓은 저개발국들에 대한 개발정책 문제들을 해결하는 데 있어서 어떤 것도 접근방법으로 별로 효과를 거두지 못하고 있는 듯하다. 경제학적 전망에 따라 드러나는 복잡성은 다양성 속에 있는 현실을 전혀 포착하지 못하고 있기 때문이다. 사회적 상황은 보통 역사적 발전, 당대의 문화적 특징, 그리고 당시의 권력관계 등에 의해 결정되는데, 이러한 다양한 사회적 상황들이 현실 그대로 고려될 때에만 경제적인 전망의 다양성에 접근할 수 있다. 더불어서 각각의 개발도상국들의 상황도 역시 근본적으로 다르게 나타난다. 한 나라에서 성공적으로 이루어진 여러 개발조처들이 다른 나라에서는 저항에 부딪치거나 허사가 될 수도 있다. 그러나 개발도상국 원조의 가능성이 회의적이지만은 않다는 목소리들도 높다.[2] 이러한 수많은 현장적인 문제들에 직면할 때 신학적 성찰은 그 의미를 잃고 만다. 신학자는 이러한 현장을 위하여 자신의 직업상 여러 가지 행동 목표를 정의하거나 그때그때의 상황을 비판적으로 다루는 것이 별 도움이 되지 않는다고 생각할 수도 있다.

　그럼에도 불구하고 개발도상국에 대한 개발정책과 개발도상국 원조가 교회의 책임으로 받아들여질 때에는 언제나 신학상의 문제가 우선적으로 대두된다. 또한 이것이 실제상황과 직접적으로 연관이 될 때면 "도대체 이것이 아직도 교회가 해야 할 일인가?"라는 근본적인 질문이 제기되기도 한다. 다음의 생각들은 교회의 개발도상국 원조활동이라는 틀 내에서 신학의 기능을 조명해 보고자 하는 것이다. 그럴 경우 한편으로는 이러한 관계 내에서 신학이 정당하게, 적어도 하나의 기능을 하

---

2. Den Standpunkt von Brigitte Erler, u. a. in einem Streitgespräch mit Willy Brandt : Die Pleite der Entwicklungshilfe. In : Die Zeit, 8. November 1985, S. 33ff.

는가 하는 의문과 다른 한편으로는 교회 본질로부터 위임된 기능과 실제로 떠맡은 기능에 대한 실제를 다루고자 한다. 여기서는 결국 신학적으로 이 임무를 규정하는 데 하나의 가능한 시각을 제시하는 것이 중요하다.

1. 독일에서의 개발도상국 원조

19세기 말 이래로 독일교회와 아프리카, 아시아 지역간에 선교의 과제들이 대두되었다. 대부분 유럽국가들에서처럼 독일의 선교이해에서도 유럽의 식민주의에 근거한 확장과 산업에 대한 유럽 인식을 벗어나서는 그 전반적인 고찰이 불가능하다.

물론 개발도상국 원조의 출발이 그리스도교적 전통 자체에서 기인된 고유한 뿌리가 없었던 것은 아니지만 그 현실은 유럽의 식민주의 상황 안에서만 구체적으로 이해할 수 있다.

독일의 선교사역자들은 기존 교회 자체에서부터 비롯된 것이 아니었다. 오히려 그들은 선교적 소명을 받은 자율적인 선교기관들로부터 나왔다. 이러한 현상들은 오늘날에 이르기까지 교회적인 개발도상국 원조에서나 저개발 개발정책에서도 주목되는 사실이다. 1975년 이래로 세계선교에 대한 의무들이 교회의 직접적인 과제로 고려되었다. 여기에서도 역시 개별적인 선교기관들에 의한 원조들이 우선적인 기능을 했다. 독일 연방정부의 영역이나 서베를린의 개신교 선교본부(Evangelisches Missionswerk im Bereich der Bundesrepublik Deutschland und Berlin West : EMW)들에서도 이러한 현상은 마찬가지였다. 이 세계선교의 과제들을 통해서 교회기관들과 협의회들이 연합을 이루었다. 그 예로서 독일의 개혁자유교회협의회는 이 세계선교 과제의 영역을 위해서는 지역적인 다른 종파들 간의 선교본부들, 그리고 주총회 교회들과 연합하였다.

독일 개신교회의 개발도상국 원조는 이러한 전통적인 세계선교 사역에서부터 시작되어 계속적인 발전단계를 진행하는 하나의 새로운 출발점이 되었다. 이 세계선교와 연관된 개발도상국 원조는 1959년에 실시된 "세계를 위한 빵" 운동이 개신교 구조본부(Evangelisches Hilfswerk)로부터 실시되면서 시작되었다. "세계를 위한 빵" 운동은 특별히 독일교회가 1945년 이래로 미국교회로부터 받았던 도움들에 대한 세계를 향한 감사의 보답이며 다양한 교회 차원의 원조 실천행위 중 하나라고 할 수 있다. 이러한 경제적 원조는 1960년 이후 인력 원조운동인 해외직무들(Dienste in Übersee)을 통하여 더욱 보충되었다. 이 전문인력들의 투입은 개발도상국의 개발과정들을 가속화시키는 데 도움이 되어야만 했고, 그를 위하여 매년 새로운 그리스도적 동기가 주어진 젊은 동역자들이 훈련, 준비되었다.

독일교회의 개발도상국 원조는 1962년에 시작된 개신교 개발도상국 원조 중앙본부(Evangelische Zentralstelle für Entwicklungshilfe : EZE) 설치를 통하여 새로운 질적 향상 국면에 돌입했다. 그러나 개발도상국 원조의 새로운 질적 향상을 가져올 수 있었던 그 재원은 개발도상국 중앙본부의 것, 즉 교회의 재원이나 모금운동에 의해 만들어진 것이 아니라 독일 연방정부로부터 저개발국 개발정책 운동들을 위하여 교회들에게 허락된 것이라는 사실은 중요한 문제점을 내포하기도 한다. 이와는 달리 교회와 국가의 연합 차원의 국제원조의 형태를 지양하고 순수한 교회기구는 최근에 발족된 교회 개발직무(Kirchlicher Entwicklungsdienst : KED)가 있다.

독일 개신교 대총회는 1968년 스펜다우에서 열린 웁살라 세계교회협의회 연맹대회에서 관심사가 되었던—교회는 교회의 재원을 통해 교회의 개발도상국 원조업무를 수행해야 한다는 사실—것을 재확인했다. 교회의 개발도상국 원조를 위한 재원은 우선 전교회 예산의 2%에 해당하는 금액이 충족되어야 하고, 그것은 교회의 중앙조직에 의해 관리되어야 한다는 것이다. 이러한 스펜다우에서의 격려가 독일 개신교회를 사로잡았고, 거기에서 논의된 2% 계수에도 불구하고 독일 개신교 대총회에서는 오늘에 이르기까지 그 금액이 완전히 현실화되지는 않고 있다. 더욱이 그 2%의 금액은 1976년 이래 계속 감소 추세에 있는데 1976년에 1.8%, 1984년에 1.8%, 그리고 1985년에 1.7%, 1986년에 1.66% 정도를 각각 나타내고 있다. 이 금액은 1980년 독일 연방정부의 개발도상국 원조업무 총 금액의 약 30%에 지나지 않는 것이었다. 이에 반하여 "세계를 위한 빵" 운동을 통한 전국민적 모금액은 22.8%, 개신교 선교본부에서 4.6%, 그리고 개신교 개발도상국 원조 중앙본부(EZE)를 통한 국가 재정지원이 41.9%였다. 1980년 독일 개신교회들을 통하여 개발도상국 원조현장에서 쓰여진 금액의 총 액수는 2억 7천 4백 5십만 마르크(한화 약 1,372억 5천만 원)이다. 물론 이 재원들은 중앙조직으로 수금되지 않고 주총회 교회들에서 해외의 자매교회들에게 직접적으로 전해졌거나, 교회교구들이나 개교회들에 의해서 해외 자매교회들에게 직접 전달된 금액들은 포함시키지 않은 것이다.

이 EZE기구에 반해 개발도상국의 개발원조를 위한 순수교회 차원에서의 다양한 개발도상국 원조시설들은 교회 개발직무 공동체(Arbeitsgemeinschaft Kirchlicher Entwicklungsdienst : AG KED)로 연합, 총괄되었다. 그럼에도 불구하고 아직 한 지붕 아래의 다양한 국제원조의 기관들과 스텝들에 의한 긴장들이 완전히 해소된 것은 물론 아니다. 이 다양한 개발도상국 원조기관과 업무들은 자주 해외의 현지 파트너들에게 오해의 여지로 확산되기도 한다.

원조의 방법과 재원의 쓰임에 대한 질문에 있어서는 해외 현지의 현장을 위한 재원 자체와 독일의 개발도상국 원조에 연관된 대책들을 위한 재원이 그 주요한 질문영역에 속한다고 하겠다. 더욱이 이에 못지 않게 쓰이고 있는 재원은 스텝들을 위한 관리비용, 저개발 개발정책과 관련된 교육, 저널리즘, 그리고 홍보 등을 위해서도 중요한 것들이다.

또한 제3세계권의 개발업무를 위하여 직접적으로 도달되는 재원들은 매우 다양한 영역들에 분포되어 있다. 제3세계의 산업개발을 위해서는 교회의 개발원조에서는 거의 전무하다시피 한 상황이다. 그러나 농촌개발을 위한 대책영역이나, 농촌의 경제발전을 위한 프로젝트를 위해서는 그 재원들이 이용되고 있다. 그리고 교육과 통신을 위한 재정들도 인적 자원을 위한 전문인력들이나 현장의 인재양성을 위한 장학금 못지 않게 중요한 사항들이다. 개발도상국 원조에서 특별히 중요하게 다루어지는 사항들에는 건강복지 문제들, 이미 실시되고 있는 교회봉사 시설들에 대한 관심사들이다. 그리고 특히 신생교회 설립을 위한 업무조직을 정비하는 것에 대해서는 우선적으로 개발업무의 재정이 투여되었다.

무엇보다 교회의 전통적인 교회봉사 업무에 속하는 인간의 위급한 상황에 대한 것이나 개발도상국 원조의 영역에 대해서는 재정이 지속적으로 지급되었다. 특별히 유의할 것은 인권훼손의 현장에 대한 도움으로써 또한 재정이 투자되었다는 것이다. 이렇게 볼 때 독일교회에서는 에큐메니칼의 개발도상국 원조가 교회활동의 큰 부분으로서 실시되고 있는 것이다. 독일교회의 이러한 국제적인 원조는 개발위원들과 세계교회협의회의 교회원조들, 그리고 세계루터교연맹의 세계사업위원회 차원들에서 연합으로 이루어진 것이다. 이런 차원에서 교회의 개발사업에 관해 그 재정이 어떻게 분류되어 있는가 하는 것을 스스로 자문해 보면서 그 실제현황들을 살펴본다.

어떤 관점하에서 교회들이 자신들의 개교회 고유의 관리비용과 에큐메니칼 개발사업을 위해 중앙본부로 보내야 하는 재정으로 구분하여 결정하는가 하는 것이다. 또한 각각의 지역교회를 대표하는 주총회들, 교회교구들 등과 교회의 연합조직인 독일 개신교 대총회(EKD)가 그들의 제3세계에 대한 개발업무 활동들을 어떻게 상호 연관하여 실천하는가 하는 것이다.

교회의 개발도상국 원조와 연방정부의 재정원조 사이의 관계이해 :

개발도상국 원조가 국가의 자금으로 운영될 경우에 어떤 영역에서 교회의 개발업무에 종사하는 사람들이 국가의 법적 규정에서 자율적이지 못하게 되는가?

국가의 자금이 교회사업을 위하여 위탁된 연관관계에 대한 질문 :

교회의 구조적인 사역들이 이 경우에 어떤 의미를 갖는가? 개발도상국 원조를 받게 되는 현지에 있는 파트너교회들의 입장에서는 기존의 자기들의 교회봉사 기관이나 시설들에 대한 독일교회의 자금조달이 독립적이고 근본적 독일교회의 재정이 아닌 연방정부의 재정이라는 사실이 대개 역반응을 보이지는 않을까? 개발도상국 원조가 어떤 기준에 의해서 위기 상황에 대한 긴급원조와 장기 개발 프로그램을 위한 장기 원조로 결정되는가? 그리고 어디에 개발도상국 원조의 우선권이 놓여 있는가? 어떤 관점으로 개발도상국의 개발 원조 프로그램들이 계획되며 지역적 중요성은 어떻게 고려되고 있는가?

이런 질문들은 가정적인 대답들을 통해 그 해답을 얻을 수 있으며, 물론 이 대답을 위해서 신학적인 성찰이 최우선적인 역할을 하지는 않지만 그래도 신학적인 질문들이 직접적으로 눈에 드러나게 관련된다. 교회 개발도상국 원조 프로그램은 처음부터 끝까지 신학적인 재고들이 필수적인 것 같다. 특별히 재원들이 줄어들거나 교회적인 현황들에서 실천행위의 선취성에 대한 질문이 제기될 때나 기존 교회구조의 동의가 필요한 개발도상국 원조 프로그램을 결정할 때는 해당 사역자들의 신학적 배경이 필요하다.

2. 교회 개발도상국 원조에 대한 신학적 배경의 필연성

개발도상국 원조 프로그램을 결정하는 부분에서 실제로는 신학적인 관점이 미흡하다는 것을 쉽게 찾을 수 있다. 개발도상국 원조에 대한 회의론자들은 과연 신학이 실천적인 측면에서 어떤 기능을 할 수 있는지에 대한 의혹을 갖는다. 여기에서 시도하는 것은 신학의 과제를 확장시키고자 하는 의도라기보다는 오히려 신학의 과제를 생산하고 또한 가능한 인식하에서 그것의 한계를 말하고자 하는 것이다. 물론 그에 반해 다른 정황도 있다. 여기서는 신학적인 논쟁 속에서 생긴 필연적인 신학의 기능으로서 개발도상국 원조 프로그램의 근거를 서술하고 논의하고자 한다. 그러나 여기에는 여러 가지 다양한 변화의 형태들이 있을 수 있다.

제3세계권의 가난에 대한 그리스도인의 책임은 그리스도적-교회적 현장의 설명에서 잘 표현되어 있다. 즉, 제3세계의 가난은 그리스도인을 향한 상징적인 언어이며 그리스도인의 경험으로 이어지는 근본적인 교회의 과제로서 인식하고 있는 경우가 있다.

1983년 제6차 세계교회협의회 연맹대회의 자료집에 의하면 공동체 안에서의 삶-교회들에 대한 임무의 첫 부분에서 "우리는 정의와 평화에 대한 우리의 의무를 새로이 한다. 그것은 예수 그리스도가 인간의 전체적인 삶을 치유하셨고 우리들은 그것을 위하여 부르심을 받았으며, 그리고 모든 생명들을 섬기도록 부름받았다. 우리들은 하나님께서 주신 선한 것들로 죽음의 권세를 물리칠 수 있다. 부정과 불의는 하나님과 연합하는 거룩한 영적 선물을 거부하게 하며, 그리고 그리스도인들의 책임적 부분들을 거부한다……."[3] 그리스도교공동체는 예수와의 만남 속에서 형성되고 그 안에서 완전하고 총체적인 새로운 현실과 방향을 결정한다. 독일 개신교 대총회가 정리한 기념글[4]에서는 이에 준

---

3. Junge Kirche. Bremen, 44, 1983, S. 494.
4. Rat der EKD(Hrsg.) : Der Entwicklungsdienst der Kirche. Ein Beitrag für Frieden und Gerechtigkeit in der Welt. Gütersloh, 1973. 독일 대총회 기념글(Eine Denkschrift der Evangelischen Kirche in Deutschland)은 해

하는 그리스도인의 경험에 대한 귀납적 결과들을 보여 준다. "교회 개발도상국 원조업무는 세계의 정의와 평화를 실천하는 데 근거를 둔다."[5] 또 다른 문구에서는 "그리스도교는 하나님의 통치를 온 세계에 선포하고 그 통치 안에서 돕는 자로서의 임무를 부여받고 있다. 그리스도인들은 믿음 안에서 하나의 창조세계를 증거하며 사랑 안에서 가난한 자, 소외된 자, 혜택을 누리지 못한 자들 속에서 하나님을 만나며 소망 가운데 새로운 창조세계의 도래를 위해 세상으로 보내진 사람들이다. 또한 이를 위하여 사랑 안에서 이루어지는 복음선포와 믿음으로 인도되는 것과 섬기는 것은 하나의 통합과정이다"(기념글, S. 9).

여기서도 역시 그리스도교의 실천현장을 다시 한번 확인시켜 주고 있는데, 곧 독일 상황에서의 전형적인 문제를 곧바로 확인하며 촉구하는 것이다. 여기에는 복음선포와 섬김, 믿음과 사랑의 관계 등 삼위일체적인 사고가 분명히 드러나고 있다. 이와 반대로 이 기념글에서는 프로그램적인 설명에 있어서 신학적인 논쟁의 글들과 함께 작업이 되었다. 기념글 4번째 부분에서는 명백히 신학적인 관점들을 묘사하고 있다(pp. 49-53). 그러나 조직적-신학적인 관점들, 윤리적인 고찰들이 학문적으로 잘 요약되어 있으나 근본적인 실제배경들은 발전되지 못했다.

마다 대총회 지도부로부터 해당 연도에 가장 이슈가 되는 신학내용에 대한 토론과정을 소책자로 발간하는 것이다. 위에 언급된 1973년에 발간된 독일 대총회의 기념글은 '세계의 평화와 정의'에 관한 주제로 그 이후로 끊임없이 세계신학의 논쟁거리로 다루어지고 있는 내용이다. 이는 1983년 캐나다 뱅쿠버에서 개최되었던 세계교회협의회의 '예수 그리스도-세상의 생명'의 주제에서 더욱 심화되었고, 후에 세계개혁교회연맹과 세계교회협의회에서 심도 있게 다루어졌다. 그리고, 세계신학의 발전에서 또한 지속적으로 다루어지고 있는 신학 내용이기도 하다. 특별히 1989년 서울에서 개최되었던 제22차 세계개혁교회연맹 대회에서 '정의, 평화, 창조질서보전'에 이르도록 전세계적인 신학관건으로 떠올라 앞으로 더욱 구체적으로 다루어질 교회의 과제로 전망된다(역자주).

5. Junge Kirche, a.a.O., S. 494.

교회 개발도상국 원조의 과제에 대한 설명영역에서 신학적인 제기의 두 번째 방법은 가능한 한 앞서가는 진보적인 신학이론들의 학문적 요약이라는 것이다. 신학에 대한 깊은 고찰에서는 이미 증명된 대로 감당해야 할 갈등들이 발견될 수 있다는 사실이 그 세 번째 가능성이다.

에큐메니칼위원회에서의 반인종차별 프로그램에 대한 토론은 자주 신학적 차원에서 다루어졌고, 사건들에 대한 학술적 소개는 배경적인 논증과정을 통하여 추가되었다. 여기서 보게 되듯이 어떤 사실에 대하여 신학적으로 논쟁하게 되면 실제 정치적인 사실 사건들에 대한 정확한 분석과 이해는 자주 그 의미를 잃게 되기도 한다. 왜냐하면 프로그램의 정형화 차원에서나 신학적인 견해 또는 신학적인 논증이 시행되는 과정에서 어떤 갈등들이 나타나게 되면 신학적인 해결방법은 교회 개발도상국 원조를 포기할 수밖에 없다는 사실 때문이다. 그러한 이유 때문에 필연적인 과제는 신학적인 방법과 상황이 정확한 문제현장들을 설명하는 것이다. 이것은 우선적으로 다음과 같은 경우가 고려되어야 할 것이다. 분명한 신학적 근거에서 나오는 기능들이 실제상황에서 역할을 하는지 점검하는 것이다. 이와 같은 경우 신학의 기능은 독일 개신교 대총회의 기념글인 교회 개발도상국 원조업무에서 실례를 볼 수 있다. "개발도상국 원조의무에 대한 신학적 근거의 고찰은 그 현장상황을 교회에 설명해 주는 것뿐 아니라 이 의무에 대한 전반적인 이해에 도움을 준다. 그리스도교 신앙은 오늘날의 상황 속에서 개발정책에 참여하는 것으로서 확증된다. 그러므로 개발정책 참여의 부진은 교회에 대한 질책의 이유가 된다"(S. 50).

개발도상국 원조의 신학적 배경의 3가지 기능들이 아래의 글에서 증명된다;

신학적 배경은 개발도상국 원조 업무영역에 대한 ① 교회의 현위치를 명확히 설명하는 기능, 그리스도인의 실존으로서 ② 신앙인의 외형적 삶에 대한 깊은 인식을 설명하는 기능, 그리고 ③ 개발도상국 원조의 전반적인 상황설명의 기능이 그것이다. 달리 말해 그것은 신학의 종말론적-실천적 전망에 관한 것이며, 근본적-존재론적 전망에 관한 것이고(믿음에 관한 자의식), 또한 인도적-정치적 전망에 관한 것이다.

이 신학적인 논증과정은 개발도상국 원조의 의무가 그리스도교공동체의 전통적 의무와는 다른 새로운 의미를 알게 한다. 이 마지막의 세 번째의 상황설명의 기능에서는 세계를 위한 교회의 기능이 무엇인가를 스스로에게 질문하는 것과 같다. 이는 특별히 1961년 인도 뉴델리에서 있었던 제3차 세계교회협의회 연맹대회 이래로 에큐메니칼운동에 기여했던 내용과 일치하는 것이다. '스스로 변천하는 세계', 즉 식민주의로부터의 독립, 확장되어 가는 공산주의의 영향, 과학 기술적인 발전, 빈부의 격차, 인구팽창 등의 세계적 변화에 대하여 교회는 이를 교회에 대한 하나의 도전으로 인식하여 세계와의 연관관계에서 자기 기능을 계속 시도하고 있다.[6]

이런 에큐메니칼 현장에서 드러나는 세계적 변혁은 두드러지게 인간들의 불확실성들로 이어지고 있다. 인간들의 불확실성과 예측할 수 없는 미래적 전망은 즉각적으로 신학적인 종합 관찰이 필요, 요청되게 되었다. 1971년 뢰벤에서 있었던 '신앙과 직제'(Faith and Order) 위원회의 자체분석에서 에른스트 랑에(Ernst Lange)는 이와 관련하여 확언하기를 ; "1966년 제네바 회의를 통한 특별한 충격은 세계교회협의회 회원 교회들의 양적인 팽창에 반해 세계 현장에서 비판적으로 드러난, 놀랄 만한 사회윤리의 빈약성에 연관된 세계의 변화와 그에 상응하는 에큐메니칼 문제인식이었다. 이러한 에큐메니칼적 인식은 사람들이 교회 본래의 존재의미이기도 한 이 세계를 향한 수평적 의무와 하나님과의

---

6. 1966년 스위스 제네바에서 열린 교회와 사회에 관한 세계대회 : The World Conference on Chruch and Society, 그리고 제4차 세계교회협의회 연맹대회인 스웨덴 웁살라 총회 이후 교회와 사회의 연관이해에 대한 신학적 논쟁은 계속적으로 새로운 발전을 해왔다(역자주).

관계에 대한 수직적인 의무를 소홀히 하고 있다는 말인가? 이 질문 뒤에는 윤리적인 것에 대한 결핍현상이 숨겨져 있기는 하지만 고유의 신학기능에 대한 포기는 아니다. 교회가 실제로 세계에 대한 수평적 의무와 하나님과의 관계에 대한 수직적 의무를 지켜내는 것은 어려운 과제들이다. 즉, 교회의 의무가 하나님에 대한 그리스도교적 대화의 의무일 수도 있는 에큐메니칼운동 안에서 복음을 그들의 규범으로 하고 신학을 인간학의 관점에서 더 많은 해결책을 찾고 있는 것인가? 이 질문들을 통하여서 보면 신학의 분열적인 발전 가능성의 위험이 놓여 있다. 에큐메니칼 신학은 세계교회협의회 업무의 중심으로, 기구적으로, 그리고 역시 가시적으로 옮겨져야만 한다. 그러나 이것은 '신앙과 교회헌법'의 중요한 주제들이 에큐메니칼운동에 대한 관심을 끌게 하는 것만으로는 성공할 수 없다. 오히려 세계의 발전과 세계 속의 교회입장은 그 전통적인 신학과제들과 연관되는 곳에서 무엇이 요구되고 있는지를 인식하는 것이다……."[7] 랑에는 이 개발도상국 원조의 분석에서 신학의 기능을 확증하고 있다. 왜냐하면 이 새로운 신학기능에 대한 요구들은 세계 에큐메니칼협의회의 현장을 변화시키고, 무엇이 교회를 교회로 만들며 교회가 어떤 새로운 상황하에 놓여 있는가를 알게 한다. 이러한 과제로 나아가는 것이 신학의 과제이다. 신학적인 기능으로서 종말론적인 차원은 하나의 새로운 전망을 갖게 되는데 그것은 신학의 종말론적이고 근본적인 차원이다. 그것은 또한 교회의 존재 의미를 위한 것이며, 또한 교회에게 요구되어지는 인간의 일치를 위한 교회의 연대감 형성이기도 하다.

  교회의 직무를 향한 사회상황적 요구들의 수용 촉구는 교회를 위협하

---

7. Ernst Lange : Die ökumenische Utopie oder Was bewegt die ökumenische Bewegung? Am Beispiel Löwen 1971. Menscheneinheit-Kircheneinheit. Stuttgart, Berlin, 1972, S. 108.

는 것처럼 보일 수도 있다. 또한 교회가 하나님과 연관된 세계와 인간에 대한 것을 언어로 표현하는 것은 교회의 거룩한 권위가 박탈되는 것처럼 보인다. 교회의 정체성과 세계 역사의 현상태는 이와 같이 많은 부분에서 교회성의 박탈과 같은 현상을 그 특징처럼 나타낸다. 그러나 신학의 과제는 교회 고유역사의 수평선상에서, 그리고 다양한 현실적인 실제 관련영역에서 교회의 정체성을 날마다 새롭게 획득하는 일이다.

투르쯔 랜트로프(Trutz Rendtroff)는 이러한 신학의 대사회적 기능에 대한 관점하에서 교회 에큐메니칼위원회의 반인종차별주의 프로그램에 대한 갈등의 동기를 말하고 있다.[8] 프로그램에 대한 논쟁현황을 보면서 랜트로프는 "신학 에큐메니칼운동과 교회는 그들의 과제들과 갈등들을 명백히 볼 수 있도록 정의하고 설명해야 한다."고 지적한다. 그는 다음과 같이 계속하여 진술한다 ; "신학은 이러한 자기 기능에서 이론적으로 정형화시키고 표현해 내는 실제기능을 하고는 있지만 갈등들을 해소하는 역할에서는 너무도 미약하다. 그러나 신학의 이러한 기능을 희망사항으로만 바라보아서는 안 된다"(그의 책, S. 58).

만일 랜트로프의 지적이 에큐메니칼운동으로부터 분리된 신학의 연구와 실천적 프로그램에 대한 기본 형태에 관한 것이라면 이 주제는 근본적으로 다루어져야 한다. 여기서 그는 하나의 어려운 문제를 확인하고 있는데, "세계에 대한 신학적인 전망과 교회의 실천행위 사이에 있는 갈등을 가시화하는 것과 그것을 드러내어 작업하는 일"(S. 57)로서 신학의 기능에 대한 주장을 하고 있다. 이러한 그의 주장은 하나의 기본적인 형식을 만들기에는 충분치가 않다. 예컨대 에큐메니칼운동 자체에서 드러나는 사회적, 인도적, 정치적 문제들이나 현재 발생하는 갈등들

---

8. Trutz Rendtorff : Theologische Hintergründe ökumenischen Handelns- Am Beispiel der politischen Verantwortung der Kirchen. In : Alfred Burgsmüller(Hrsg.) : Zum politischen Auftrag der christlichen Gemeinde(Barmen Ⅱ).

을 전반적인 신학과의 공통성 유지를 위한 것으로 고려할 때 그렇다.
　이런 진단하에서 랜트로프는 에큐메니칼 이론형성의 지속적인 발전을 위하여 정치신학의 기여 가능성을 실험하고 그것을 실천과 관련하여 발전시켰다. 이것은 신학에 대한 비판적인 기능을 신학 안에서 함께 언급하는 것이다. 동시에 그것은 또 하나의 기능을 지적하고 있는데, 즉 신학은 하나의 실천의 장인 세계의 영역 안에서 세계교회적인 공통성에 기초해야 한다는 것이다. 신학의 기능은 종말론적, 실천적 이해를 촉구하며 실천적 방향과 그 전망을 그 자체에서 명백해지도록 하는 것이다. 랜트로프에 의해 관찰된 문제점은 종말론적인 승인과 적용이 신학에 곧바로 보존되어야만 한다는 사실이다. 랜트로프에 의해 드러난 두 가지 전망이 하나의 성향 안에서 융합되고 상호간에 일치될 수 있을지 어떨지는 계속되는 분석의 범위 내에서 연구될 것인데, 여기에는 의혹의 여지도 물론 있다.

3. 교회 개발도상국 원조와 그 실천현장들을 위한 신학적 유형들

　제3세계를 중심한 현장에서 나온 신학적 논증들은 다분히 현장분석과 신학의 기능영역에 의해 일방적으로 구성되어 있는 것을 발견할 수 있다.
　그에 반해 일반적인 신학논증의 형태는 근본주의적인 신학이해를 공공연하게 성취하려는 데 관심이 집중되어 있다. 이 근본주의 신학논증은 종말론적 신학의 이해를 통해서 교회의 개발도상국 원조실천이 교회에서 왜 필수적인 것인가를 이해시키기 위한 목적지향적인 시도를 한다. 신학을 통하여 교회의 충분한 승인이나 동의를 얻는다는 것은 이미 윤리적인 논증들을 근거로 하여 행위실천을 현장으로 끌어들이는 것이 가능하며 그 증거로서 인권에 관한 것이 있다.
　신학적 논증의 또 다른 유형은 교회의 기능들에 대한 표준과 그 방향성을 제시하고 가르쳐 주는데 그것은 최소한의 본질적인 방향지시이다. 신학논증의 시도는 이렇게 매상황마다 현장판단을 위한 기준이 되고 또한 새로운 현장을 개발시키며 실제로 그것을 돕고 승인하는 현장을 전망하게 되는 것이다. 신학적인 논증시도들은 자주 단정적인 것으로 되어 있다는 것이 이미 여러 사실들을 통해 확인되었다. 신학적인 논증의 시도들은 선조들의 신앙고백을 표현형식 안에서 확증하고, 그리고 그것을 기본적인 것으로 먼저 규정한다. 이러한 신학논증적 시도들이 분명한 신학적 논쟁을 거쳐서 발전되어 온 올바른 진행과정이라고 분명하게 말할 수는 없다. 그러나 그것들은 하나의 신학적인 제안을 내포하고는 있다. 여기에 대해서는 앞으로 충분한 토론과정을 통해서 주제를 정하고 그것에 근거하여 계속적인 토론을 할 수 있을 것이다. 또한 현장경험 분야에서 나온 신학논제들 가운데 교회가 재고할 수 있는 것들은 근본주의적인 관점에 비추어 현장의 뜻하는 바가 합법적일 때이다. 그래서 신학의 두 가지 기능영역의 분열이 나타날 수 있게 된다. 왜냐하면 근본주의적 방향으로 구성된 신학의 형태들은 정해진 규칙 안에서 아주 미미한 기준으로만 실천적 방향지시가 제시될 뿐이고, 또한 실천적 방향으로 발전된 신학형태는 근본주의적 신학의 동의에 의해서라기보다는 오히려 자기 상황적이고 단정적이기 때문이다.

근본주의 신학의 입장에서 제시된 실천적 신학의 형태가 어느 한 현장에서 받아들여진다면, 그것은 대개 일반적으로 구성된 경우이거나 엄격한 신학 기초구성으로부터 방향이 이탈된 규범들이다.

동시에 실천적인 방향성을 띠는 신학의 형태가 근본주의적인 신학의 방향으로 현장에서 무언가를 실천하고자 원한다면, 그것은 대개 일반적으로 하나의 특정한 사회적 연관시스템 안에서의 영역이나 그룹, 혹은 정치적 상황, 즉 사회주의, 서구 산업화하에서나 유럽 문화전통 등과 같은 하나의 특정한 문화적 상황하에서일 뿐이다.

그렇다면 과연 어떤 신학의 유형들이 개개의 교회 개발도상국 원조

현장들의 논증을 위하여 활용될 수 있는가?

1) 근본주의 신학을 근거한 신학의 형태

-기본적인 인간성과의 관계

서독교회들의 제3세계권의 개발도상국 원조를 위한 모금운동은 신학과 신앙의 고전적인 형태에서 출발한 "세계를 위한 빵" 운동을 통하여 이루어진다. 이러한 국제원조의 유형이 교회의 충분한 근본주의적 신학승인 안에서 이루어지고 있다는 것은 의외라는 생각이 든다.

음식을 얻는 것은 기본적인 인간권리이다. 음식을 배고픈 자들에게 나누어 주는 것은 기본적인 인간의 의무이다.

어디에서든지 그리스도교적인 전통의 신학기초들이 존재하면 "세계를 위한 빵"과 같은 실천유형들은 주기도문과 함께 "오늘날 우리에게 일용할 양식을 주옵시고"라고 고백할 수 있다. 그러나 역시 교회와 그리스도인을 향한 하나의 명령으로서 예수의 심판대에서의 말도 함께 기억하여야 한다 : "나는 배고픈 자였다. 그러나 너희들은 나를 먹이지 않았다……. 나는 배고픈 자였고, 그리고 너희들은 나를 먹여 주었다" (마 25 : 31-46).

여기에서는 인간적인 이웃공동체의 기초유형에 대하여 말하고 있다. 이것으로서 세계를 위한 빵은 포기할 수 없는 공동체적 인간성과 연관된 신학유형이 되었다. 그것은 고통당하는 개개인을 향하는 것과 연관된다. 그러나 이러한 연관은 도움의 행위가 공급자들의 고유한 동기에 의해 멈추어질 수 있다는 상황을 전혀 반영시키고 있지는 않다. 오히려 반대로 개별적인 고통을 당하는 자들의 관심사 안에서 이루어지는 질책들과 요구들이 지속적으로 그 기능을 하고 있는 것이다.

신학의 유형이 고통받는 자들의 관심사 안에서 이루어져야 한다는 전술된 내용이 근본주의적 신학유형의 취약점이다. 왜냐하면 이 신학의 유형이 한쪽의 관점을 부각시키고자 할 때는 다른 쪽의 논쟁이 포기되어야 하기 때문이다. 이 근본주의적 신학논쟁이 개별적인 필연성에 의해 다루어져야 한다면 어떤 방향으로 진행되어야 하는지에 대해서는 언급이 없다. 이러한 신학논증의 상황적 내용들은 교회와 연관된 기본 신학의 유형에서도 마찬가지이다.

-근본주의적 신학 승인에서의 삼위일체적, 그리스도교적, 종말론적인 신학의 정형화들

기독교 전통에 있어서 어떤 기독교적 상징이 개발도상국 원조를 신학적으로 논증하고 서술하는 데 대하여 전적으로 동의하는 근원이 되었는가 하는 질문은 지극히 당연한 것으로 여겨진다. 정확한 실험을 통하여 이루어진 상황적 현장에 대한 신학의 정형화는 하나의 상징 선택을 의미한다는 것을 알 수가 있다.

독일 개신교의 기념글에서 교회 개발도상국 원조업무는 삼위일체적 접근을 택한다 ; "삼위일체의 하나님에 대한 신앙은 교회의 근본적인 증언이다. 교회의 근본적인 증언은 개발도상국 원조 의무에 의하여 새로운 세계의 상황 안에서 창조, 화해, 그리고 새 세계의 신학적 의미를 알게 하는 새로운 빛으로 드러난다"(기념글, S. 50). 이 삼위일체적인 기념글의 문구는 박애적인 인간 삶의 상징을 위하여 그리스도교적 신학의 해석을 확장하는 것을 수용한다. 이럴 경우 세계의 상황은 창조행위와 관련하여 이해되어진다. 사랑은 행위의 동기와 의식에 의해서 확장되며, 소망은 정의를 위한 행위의 자극에서 기인한다. 신학논증이 분발하고 도달해야 할 범위는 이러한 세계 상황들과 함께 교회의 좁은 영역을 확장시키며, 그리스도인과 비그리스도인이 구별되는 것을 피하기 위해 노력하는 것이다.

이 기념글에서의 논쟁은 독일의 국교회적 상황과 일치한다. 즉, 국교회에서의 그리스도교 신학의 유형은 그리스도인과 비그리스도인, 그리고 교회와 세계 등과 같은 명확한 구분이 지워지는 개념이 다루어져야 할 때마다 언제든지 거기에는 근본주의적 신학의 내용이 일반적으로 기능을 하고 있다.

이 명확한 구분적 이해를 위해서 교회 역시 끊임없이 노력을 시행하여 왔다. 그리고 이것은 교회가 자기 정체성 이해를 위한 정확하고도 전형적인 관심 안에서 이루어졌다. 그래서 그리스도교적인 복음의 증언이 그리스도교 고유의 소유영역이며 그리스도교만이 독점 이행하여야 하는 그 무엇처럼 세계에 대하여 보이게 했다. 그러나 한 특별모임의 회의과정에서 그리스도교적인 기초 신학의 형태는 본래 구분이라는 개념 자체가 존재할 수 없는 에큐메니칼의 미래를 위한 변론이라는 내용이 채택되었다. 즉, 1982년 9월 독일 마인쯔에서 뱅쿠버 세계교회협의회 연맹대회 준비모임이 개최되었는데 그 내용은 에큐메니칼 모임에서 교회들이 잃어버린 에큐메니칼 의무에 대한 의식을 새롭게 시도하자는 것이었다. 여기서 뱅쿠버의 주요 주제였던 "예수 그리스도, 세계의 생명"과 연관하여 3가지의 기본 문구를 형성했다 ; 예수 그리스도-세계의 생명, 예수 그리스도의 선물로서의 생명은 그의 제자도 안에서의 생활이다. 예수 그리스도-세계의 생명, 이것은 전세계를 위한 하나의 무한한 희망의 선포이다. 첫 번째 문구의 해석에 의하면 그것은 다음과 같이 불린다. "하나님은 두려움과 폭력, 그리고 죽음이 승리의 개가를 올리지 못하게 하신다. 하나님은 예수 그리스도 안에서-모든 죽음으로 인해 일어나는 사건들에 대하여 저항하신다. 예수 그리스도는 사람들과 세계의 평화를 이루기 위해 삶의 현장, 곧 위협과 장애물 속으로 뛰어들어 위기 상황에서 돕는 자요, 친구가 되어 주신다."[9]

개신교회 청소년과 독일연방 가톨릭교회 청소년들의 공동연구로부

---

9. Mainzer ökumenische Erklärung. In : epd-Dokumentation. Frankfurt, 2/1983, S. 2.

터 나온 설명에도 역시 이러한 그리스도론적 논쟁이 나타난다.

그 첫 번째 부분에서 왜 우리는 세계의 경제와 관련을 맺어야 하는가 하는 것이 확립되었다 : "부활로부터 우리를 향하는 메시지는 우리들을 사랑의 실천자가 되게 하며 사람들을 위협하고 억압하는 상황을 부정하고 그로부터의 해방을 준다. 예수 그리스도의 통치는 인간을 차별화할 수 있는 경제적, 국가적인 통치와는 구분이 된다. 예수 그리스도의 구조적인 통치는 하나님이 사람에게 원하셨던 만큼의, 즉 사람이 더 이상 사람으로 존재할 수 없는 곳, 또한 사람을 하나의 생산과정처럼 규정하는 곳에서 이루어진다. 그러므로 예수 그리스도의 통치에 관한 선포는 인간을 위한 새로운 한 정당이며, 모든 인간관계에서의 인간화를 포용하는 것이다. 그래서 신학에 있어서 인간에 대한 억압과 경제적인 빈곤은 중요한 부분이다. 날로 더해 가는 자연환경의 파괴와 폭력, 그리고 군비확장들이 세계적인 발전의 예가 되고 있는 것들은 정의를 통한 평화나 하나님이 인간과 어떻게 화해하셨는가에 대해 상반되게 흘러가는 것이다."[10]

이 설명문건은 세계 경제질서의 변화에 대한 것이다. 여기서 인용된 문구들은 세계 경제질서와 연관한 신학적인 내용을 소개하고 있는 거의 유일한 문서이다. 이 문서의 내용은 가톨릭교회와 개신교회 상황 안에서 신학적으로 합법적인 승인을 취득하고 실천되어야 할 그리스도교 그룹들의 동의에 중점을 두고 구성되었다. 이 과정들에서 발견되는 논쟁구조의 취약점은 여기서도 명백해진다. 근본주의적인 신학 기초문구들에서도 경제, 정치적 요구들에 대해 단호하게 거절하지는 않고 있으나 그 요구들이 실제로 이루어지지는 않는다는 것이다. 이러한 이유 때문에 신학의 주체자나 그리스도교 그룹들의 특별한 동기에 대해서 하나의 실제적인 근거를 제안하고 그 근거들에 대한 방향제시를 추가해

---

10. Entwicklungspolitik. epd-Dokumentation. Frankfurt, 1983, Nr. 8/9e

야 할 필요성이 있다.

이러한 신학의 부가적 설명의 필요성과 함께 그리스도교적 의무로서 이런 중요하고 구체적인 입장을 취하려는 노력이 신학논쟁에서 두드러지게 나타난다.[11] 즉, 종말론적인 논증시도들이 그리스도론적인 것에 기초를 두고 신학을 전개하는 것이다. 위 두 신학논증의 시도를 통하여 세계 현장에서 경험된 에큐메니칼적인 반영과 제3세계에 대한 교회개발 정책에 대한 교회의 의무가 강하게 서술되었음을 알 수 있다. 이러한 방법의 토론형태는 독일 개신교 대총회의 개발도상국 원조와 연관한 교육과 저널리즘을 위한 대체적 계획(1980년 7월 11일 개정헌법)에서도 볼 수 있다. 그 기본적인 공언에 의하면 "교회는 그리스도의 공동체로서 전체적 인간의 수평선상에서 살아간다. 교회는 그 수평선상에서 우주적인 파송과 책임이 의무화되었다. 그러기 때문에 교회는 십자가에서의 치유복음과 부활하신 그리스도, 그리고 사회적인 생활 안에서 공동적인 참여로서 연합, 소속되어 있다. 하나님의 심판과 구원, 치유에 관한 메시지는 모든 인간을 향하여 행해진다. 그 메시지는 인간을 억압으로부터, 그리고 개별적인 생활형편의 우상화로부터의 해방이요, 개별적인 것으로서의 협력생활, 불이익을 당하는 자들을 위한 변호, 사회적 정의의 재생, 그리고 그들 모두를 향한 평화의 성취이다."

개발도상국 원조와 연관된 세계 현장은 그런 의미에 있어서 그리스도의 공동체이며 모든 인간성의 수평선 안에 있는 하나의 교회이다. 이러한 교회의 기능은 우주적 파송과 선교적 개발을 위한 공동참여로써 파악된다. 이 파송을 자극하는 것은 하나님의 심판행위와 구원과 치유의 메시지이다.

---

11. 이 내용과 연관하여서는 Klaus Nürnberger의 그리스도론적 논쟁형태에서 볼 수 있다. Klaus Nürnberger : Der Auftrag der Kirche in der Gesellschaft. In : ZEE. Gütersloh, 27/1983, S. 294-315, beson. S. 313-315.

구원과 치유의 메시지는 이제 사회적 정의를 위하여 자유로운 시작을 하게 한다. 이렇게 제시된 신학의 기초적인 유형은 그리스도론적인 신앙과 현장을 함께 보는 것과 공동체적인 근거에 대한 해석을 위해 노력한다. 에큐메니칼 경험으로부터 나온 신학형태의 수용은 하나의 개별적인 교회의 실천을 위해 얻어낸 승인이기는 하지만 독일 개신교 대총회에 대하여 이의를 제기하기도 한다. 어떤 실천을 위한 신학적 동의에 대한 열망-독일 개신교의 대총회나 주총회[12]의 에큐메니칼 운동을 향한-은 과제에 대한 관심으로 인식되고 확장되며 새로이 강조된다. 기독교의 고유한 선택상징들인 삼위일체 교리, 그리스도론, 종말론으로부터 독립된 신학의 논증시도들이나 신학적 행동지시들은 그 서두에서 자기들의 당위성을 주장하고 있다. 이러한 신학적 논증의 당위성 주장은 곧 그 문구들을 통하여 일반적으로 이해되어진 근본주의적인 신학의 행동지시들이 실천적으로 바뀌어질 수 있는가 하는 일깨움을 준다. 결국 어떠한 신학논증과 신학적 행동지시도 근본주의적 신학의 동의가 없으면 최소한의 신학기능도 할 수 없다는 사실을 알게 할 뿐이다.

아래에서 소개되는 실천 지향적인 신학의 논증들은 상황적이고 경험과 연관된 요소들이 의미를 만들어 낸다는 것을 증명하고 있다(마인쯔의 「신학해설」). 그럼에도 불구하고 이러한 문서자료들은 에큐메니칼 신학을 바탕으로 인지하고 있는 신학의 기본적 유형들에 대한 분명한 해석 없이 비교적 제멋대로 신학유형을 정의하고 있다는 인상이 짙다.

이런 이유들로 인해 질문으로 남을 수밖에 없는 것은 실천적인 신학의 유형들, 그리고 그 신학의 내용이 실천되는 것, 그리고 실천을 주장

---

12. 독일 개신교회는 대체로 연방구획으로 규정된 지방분포도에 따라 24개의 주총회들로 구성되어 있으며, 이 24개의 주총회들은 대총회(Evangelische Kirche in Deutschland : EKD)의 기구에서 연합을 이루고 있다. 주총회는 다시 교회교구(Kirchenbezirk : 시찰회와 비슷한 조직)와 개교회들로 조직, 구분되어 있다(역자주).

하는 것들이 교회 개발도상국 원조업무 영역 안에서 근본주의적 신학의 동의로 분명한 정의가 이루어져야 한다는 것이다.

2) 실천을 지향하는 논증의 시도들

실천을 지향하는 신학적인 논쟁의 유형들을 이해하기 위해서는 최소한 실천행위의 핵심이 되는 영역의 범위를 정해야 한다. 왜냐하면 논증의 시도는 하나의 실천영역의 필연성에 관한 기초이해만을 위한 것이 아니라 동시에 그 실천영역 안에서 구성된 목적을 이루어 내어야 하기 때문이다. 여기서 이해라는 것은 무엇을 위한 목적으로서 뿐만 아니라 '어떻게'라는 질문도 포함한다.

교회의 개발도상국 원조직무에 대한 독일 개신교 대총회 기념글은 현장을 위한 목적의 정의들이 많이 내포되어 있다. 기념글 본문에서는 네 번째 부분(Teil Ⅳ)에서만이 신학적 전망들이 미비하게 드러나 있을 뿐 그 이외의 선행된 세 부분들에서는 다른 내용들이 오히려 더 많이 다루어져 있다.

첫 번째와 두 번째 부분에서는 교회 역사적인 통찰들, 그리고 에큐메니칼의 고찰들(Teil Ⅰ, Ⅱ)이 각각 다루어져 있다. 또 세 번째 부분에서는 독일 개신교 대총회(EKD)의 개발도상국 원조업무(Teil Ⅲ)의 문제점들이 특별히 두드러지게 드러나 있다. 이렇게 세 부분에서는 필요 이상으로 광범위한 부분을 서술한 경향이 있다. 여기에서 에큐메니칼 운동 현장의 진행과정들과 경험들이 묘사되고 있는데 그것은 현장경험이 바탕이 된 목적 지향적인 통찰에서 정형화된 신학논증이다. 이러한 신학의 규준들은 비판적인 반영들과 종말론적인 신학기능이 실천되고 있는 현장들을 통하여 획득되어진다. 이렇게 함으로써 분명한 자각 속에서 만들어진 실천지향의 신학적 전망들은 계속되는 다른 세부적인 신학의 규범과 정의의 틀에서 벗어날 수 있다. 이러한 신학발전의 과정은 그러나 이미 말한 것처럼 근본주의적 신학의 승인을 통해 확립된 것이다.

즉, 삼위일체적 신학고찰을 이 부분에서 하나의 특별한 윤리적 영역과 또한 광범위한 사고의 진행을 통해 선교와 교회의 직무로 연관, 이해하여 토론되어지고 부가되어진다.

어쨌거나 기념글의 실천지향적인 부분은 이미 상황적이면서도 종말론적으로 논쟁되었다는 것이 확실하다.

기념글의 두 번째 부분에서 다루어질 에큐메니칼의 고찰에서 기억되는 것은 상황분석과 함께 시도된 목적 중심적 진술이다. 그것은 1976년 8월 다레스살렘에서 있었던 에큐메니칼협의회에 참석한 22명의 제3세계권 신학자들에 의해 발전된 것이다.[13] 여기서 작성된 문서는 제3세계권 교회의 신학적 과제와 더불어 만들어졌고 독일교회의 개발정책과는 상관이 없다. 제3세계의 상황에 근거한 기념글의 문구를 볼 때 두 영역 사이의 차이는 어렵게나마 극복될 것 같다. 이런 제3세계의 신학이 의미하는 바는 항상 사회적이고 정치적인 형태로서의 현장이다.[14] 이 진술도 물론 상황분석이 추가되어 있다. 즉, 3세계의 정치적, 사회적, 문화적, 인종적, 그리고 종교적 배경이 서술되어 있다는 것이다. 이 부분의 구성적인 요소는 저개발상황과 통치의 기계화에 관한 제시이다. 두 번째 부분인 역사적 고찰에서는 제3세계 국가들 사이에서의 교회의 역할과 그 실존에 관한 것이다. 이것은 선교신학의 연관 안에서 특별한 문제들이 거론되었다.[15] 3세계 신학자들로부터의 선교신학에 대한 기억은 이미 말한 바와 같이 개발도상국이 직면한 가난의 현상에 대해 관심을 갖고 비판적인 사회분석적 태도로 시작한다. 이 상황분석

---

13. Die Kirchen in der Dritten Welt und ihre theologische Aufgabe. In : Ökumenische Rundschau. Frankfurt, 26/1977, S. 211-222.
14. A.a.O., S. 189-195.
15. "선교사들은 그리스도교의 확장을 오직 유럽-아메리카 교회들의 구조인식의 개념 안에서만 이룰 수 있으며-그것은 물론 제국주의의 우월성의 영역에서-이해가 되는 것이다. 위의 책, S. 217.

의 영역 안에서 교회의 역할이 명확해지고 유럽-아메리카의 교회구조들과의 연관은 이 과정들 안에서 비판적으로 나열되며, 이를 통해 신학과 교회의 새로운 과제를 증명하려고 한다. 그래서 교회와 그리스도의 사랑은 오늘날의 현실 안에서 3세계의 비판적 역할을 통해 자각되어야만 한다는 것이다. 이는 교회가 인간의 위기나 경향을 이해시키고 가르치는 데 그쳐서는 안 되며, 오히려 예수 그리스도의 복음에 대한 열매가 없음을 반성하면서 새롭게 복음을 선포해야 한다는 것이다. "이 복음은 하나님이 우리 인간들의 위기상황 안에 말씀으로 오신 것이며, 그것을 통해 우리들에게 말씀한다는 사실이다. 예수는 자신을 억압 아래의 희생자들과 동일시하셨으며 죄악의 현실들을 적나라하게 지적하셨다. 예수는 그들을 죄에서 해방시켰으며 하나님과 함께 서로의 화해를 이루었고 그들에게 완전한 인간성을 회복해 주셨다. 그렇기 때문에 교회의 파송은 전인적 인간화에 대한 구체적인 실천인 것이다"(총회 기념글, S. 221).

이 문구들은 이미 선행되었던 비판적인 상황분석을 통하여 행동지시들을 제시하고 있다는 것이다. 억압자들의 드러내어짐, 해방의 실현을 위한 공동의 작업, 그리고 이것들은 신학과 교회의 현장을 위한 전반적인 목적이 되기 때문이다. 이 행동지향성은 우선적으로 그리스도교 신앙의 전인적 이해가 가장 중요한 핵심이기 때문에 명백한 주요 위치를 갖는 것만은 아니다. 다레스살렘에서의 신학적 발전은 위기에 직면한 3세계 신학자들 안에서 이루어진 동의이며 이것은 형세적인 것으로 에큐메니칼 논쟁에서 받아들여졌다. 그것은 억압받는 남자들과 여자들의 개별적인 삶의 경험으로부터의 신학의 인식이 에큐메니칼 논쟁에 기여가 되게 했으며(S. 211), 그 기여는 관심을 불러일으켰다. 여기서 문제가 된 것은 단순히 이러한 형세적 관심에 관하여 신학이 일단은 결정되는 것이다. 그럼에도 불구하고 신학의 객관적인 특성이 주장되고 있다는 것이다. 이 분석에서도 물론 관심의 의미가 명백하고 충분히 파악되지는 않는다. 만약에 이론적으로 정리된 상황분석들이 그들의 현실상황을 실상 그대로 표현하지 않고 오히려 그 실상을 이론적 전망하에서 상황에 따른 공공의 글로 표현되어지고 그 모습을 드러내게 될 때에 이 문제는 더욱 심각해진다.

그래서 3세계 신학자들의 입장에서 하나의 신학이론을 선택하는 것은 또 하나의 깊은 관심의 대상으로 여겨질 수 있다. 바로 이러한 실천지향적 이론신학의 불분명한 점 때문에 유럽신학은 실천현장을 둘러싸고 신학적 논쟁형태를 통하여 반박하는 것을 거부한다는 것을 명백히 한다. 왜냐하면 사회적 상황을 비판하는 논쟁 안에서는 근본적인 행위들을 위한 출발점이 현실상황 안에서 근본주의적 신학이해를 충분히 하고 난 후의 가능성들로 이루어지는 것만은 아니기 때문이다.

이러한 실천지향적인 신학의 입장은 교회로부터 심각하게 받아들여진 개발도상국 원조의무의 영역 안에서는 그 현장의 심각성 때문에 근본주의적 신학승인의 필연성이 일반적으로 포기되어질 수도 있는 신학 정형화과정을 짐작 가능케 한다. 더 정확히 말해서 교회의 현장은 승인을 위한 우선적인 발전이어서는 결코 안 되며, 오히려 최소한의 부가적인 경우로서 규칙들이 이루어질 수 있어야 한다는 것이다. 실천지향적인 신학의 정형화는 예를 들면 그들의 개발정책적인 행위들이 근본주의적 신학논쟁을 위해서만이 아니라 그보다 더 중요한 인권에 관한 과제들에 대한 것일 수도 있다는 것이다. 이러한 신학방법의 규범들은 동시적으로 장점을 가질 수도 있는데, 교회현장들에서부터 세계와 사회 속에서 형성된 인도적 이해를 성취할 수 있다는 것이다.

이러한 사실에서 단순하게 발전시켜 보면, 인간들의 인권사안에 대한 교회의 과제결정을 위하여서는 교회의 개발도상국 원조업무들에 관한 신학적인 승인의 정형화들보다는 실천 가능성에 대한 의미가 훨씬 크다는 것이다. 이런 점에서 1984년 12월 10일의 인간권리에 관한 독일의 일반 법조문 해설조항 25와 26을 특별히 유의해 볼 필요

가 있다.[16)]

이미 언급되고 확정된 법적인 문구들은 더 많은 비판적 가능성을 내포하고 있는데 그것은 교회 개발도상국 원조에서도 그러한 것들과 마찬가지로 아래와 같은 사실들이 공동적으로 인지되어야 한다는 것이다. 즉, 도움은 돕는 자들의 자유로운 결정 아래 항상 있다는 것이다. 신학의 근본주의적인 법조문은 인권사안의 목적 지향적인 실천에 있어서 이러한 장애들이 있음에도 불구하고 교회법을 구성한다. 그러나 그렇게 구성된 교회법은 도덕적으로 항의의 여지가 있는 세계공동체의 모든 구성원들에 대한 요구들에 관한 것이다. 신학 안에서 인권에 대한 논쟁은 다음과 같은 사실을 확증한다. 곧 신학의 인권논쟁은 개개의 상황에서마다 정치적이거나 사회적인 특성이 형성된다는 것이다.

서구의 전통들이 개개인의 개별적 권한을 국가권한보다 더 강하게 주장하는 동안, 마르크스-레닌주의는 사회주의 사회구조 안에서 실제적인 현실로서 인권문제에 더욱 관심을 가졌다. 그리고 아프리카, 아시아, 그리고 남아메리카의 나라들은 국민들과 나라들의 독립과 생활권에 대한 내용을 인권적 입장에서 중요한 것으로 강조했다.[17)]

마지막으로 신학적으로 다루어지는 인권사안들에 대한 기준이 이러한 이데올로기적 구분의 내용들에 의해서 다루어지는 것은 아니다. 역시 개발을 향한 신학적 기여가 계속 요구되는 것도 아니다. 앞에서 열거된 것들의 경우에서처럼 사안들이 매우 상이하다.[18)] 인간권리에 대

---

16. "누구에게나 자기와 자기 가족들의 보건과 복지를 위한 경제적 안정의 권리가 있다"(조항 25). "누구에게나 교육의 권리가 있다"(조항 26).
17. Die Menschenrechte im ökumenischen Gespräch. Beiträge der Kammer der Evangelischen Kirche in Deutschland für öffentliche Verantwortung. Gütersloh, 1979, S. 17.
18. Moltmann에게서 참조 : "그리스도교 교회의 신학적인 기여를 우리들은 근본주의적인 인간권리들의 근거 안에서, 하나님의 신권과 인간에 대하여, 인간화에 대하여, 그리고 그리스도교의 공동체에 관하여, 하나님의 통치와 현세, 그리고 그

한 교회 개발도상국 원조의 근거는 무엇보다도 자율적인 효력 범위를 율법과 복음의 두 통치의 차이로부터 루터교 전통의 차이 개념 안에서 이성적이고 합법적으로 드러내고 있다. 그러나 그것만으로는 충분한 근거를 마련하지 못한다. 1세계와 3세계간의 교회관계의 프로그램적 표현은 독일 연방국에 의해서 도움을 주는 자의 우선적 위치에서 제한되어 있다. 그리고 그 분석적이고 프로그램적인 내용들에 대한 이론적 표현들은 신학의 기초형태로 명백히 되돌아가게 된다. 이렇게 됨으로써 실천의 영역인 개발정책은 근본주의적 승인 안에서 상이한 그리스도교 신앙이 강조되고 있는 것으로 분명하여진다. 어쨌거나 이미 언급

의 미래를 말할 수 있다. 그리스도교의 신앙은 권리와 의무에 대한 것으로부터 자기의 삶 안에서 하나님과 함께, 그리고 하나님을 위하여 인간화를 이루어 나가야만 하는 것이며, 그러므로 다른 인간권리들을 위한 어떤 근거들도 제외시켜서는 안 된다." Jürgen Moltmann : Theologische Erklärungen zu den Menschenrechten. In : Jan Milic Lochmann/Jürgen Moltmann(Hrsg.) : Gottesrecht und Menschenrechten. Studien und Empfehlungen des Reformierten Weltbundes. Neukirchen-Vluyn, 1976, S. 45; Wolfgang Huber와 Heinz Eduard Tödt의 글 중에서 참조 : "인간의 권리들은 신학적인 우월성을 인정하는 문구들로부터 파생된 것이 아니다. 인권의 기원은 그리스도인들이 그들의 신앙의 기초로부터 역사적인 인간권리들의 과제들을 끌어내는 것에서 시작되는 것이다. 또한 인권에 대한 것은 그리스도교 그룹들과 교회들이 인간권리들의 현실화를 위하여 상호간의 논쟁 안에서 어떤 역할을 부여받아 감당할 수 있겠는가 하는 것이다." 방법론적으로 그것들은 신생되었던 유추와 차이의 모델로부터 다음과 같은 하나의 제안을 하는데, 즉 인권에 관한 것과 그리스도교 전통과의 일치를 찾고, 그리고 그 차이들을 찾아내는 작업을 동시에 한다. Wolfgang Huber/Heinz Eduard Tödt : Menschenrechten. Stuttgart/Berlin, 1977, S. 158 이하. 이 개별적인 방법들은 물론 상응하는 신학적인 사고의 전통으로 이어지며, 기능적인 입장들 아래에서 좀더 근본주의적인 승인과 실천의 중요성으로 각각 방향지워진 차이로 드러난다. 그럼에도 불구하고 인간권리들에 대한 방향성은 근본적으로 실천적인 것으로 지향하게 되어 있으며, 만약에 신학적인 논쟁에서 이러한 실천적인 상황이 더불어 다루어지게 된다면 이미 소개되어진 근본주의적 신학분석들의 연관 안에서 주어진 두 신학간의 논쟁 차이는 해결의 실마리를 찾을 수 있게 될 것이다.

된 사회적인 혹은 정치적인 것을 통해 그리스도교적 동질성의 위협은 특별한 인식으로가 아니라 새롭게 고려되어야만 한다.

점점 더 가시화되어 가는 세계의 실천현장들은 지금까지의 신학적 논증과 요구들을 통해서는 그 실천의 근거지침이 충분하고 명확하게 묘사되지 못했다는 것이다. 어쩌면 그것이 전혀 이루어지지 않았을 수도 있는데, 즉 올바른 현장을 위한 신학논쟁은 항상 그들의 정당한 근본주의적 신학근거들을 찾기 위한 논쟁들 속에 파묻혀 있게 되고 마는 것일 수도 있기 때문이다.

3) 개발도상국 원조와 저개발국 개발정책 영역 내에서의 교회실천을 위한 신학논증의 근본 요소들

이제까지의 개별분석은 통상적인 신학논증의 표본들이 가지는 몇몇 문제들을 제시하고자 한 것이었다. 실천영역으로서의 교회 개발도상국 원조가 그리스도교의 신학적 교리상 기본적인 동의를 얻고 있는 것으로 신학논증의 방향을 잡을 경우, 이 신학의 논증들은 지금까지 발견된 여러 신학의 근본주의적인 기본 공식으로부터 실천을 위한 충분한 기준들을 유추해 내기 어렵다. 반면에 신학논증 안에서 실천행동의 기준을 찾고자 할 경우에 생겨나는 신학의 논증형태는 상황에 따라 나타나거나 혹은 인간의 권리를 지향하는 항목의 틀거리 속에 그 근거를 강조하여 두고 있다. 이렇게 형성되는 신학논증들이 갖는 양자간의 어려움은 기독교의 중심적인 내용을 전달하는 데서 어려움을 겪게 된다. 왜냐하면 구원은 부활하신 그리스도에 대한 믿음의 경험을 통한 관계에서 이야기하고, 그리스도의 복음을 그렇게 해석하는 데 대한 장애를 갖게 되기 때문이다. 또한 하나의 신학논증 형태 안에서 신학의 실천적 관점과 그 실천적 관점을 승인해야 할 근본주의적인 신학적 관점 두 가지 다를 지향할 경우에는 이 두 가지 관점을 분명하게 서로 연관시킬 수 있는 통합된 신학항목이 나오지는 않는다. 그러나 여러 가지 문제점들을 거론하다 보면 해결의 실마리가 동시에 드러난다. 교회의 개발도상국 원조를 신학적으로 충분히 숙고해 보아야 한다면 그 성찰의 과정은 교회의 승인을 얻을 수 있는 기초 신학적 논리의 틀 속에 있어야 한다. 동시에 신학은 실천을 위한 관점들을 발전시켜야 하며 이 관점들에 의해 실천이 나아갈 길을 찾을 수 있어야 한다. 그러나 그것만으로는 교회적-기독교적 실천을 뒷받침하기 위한 절대적이고 필수적인 조건들이 충족되어지지는 않는다.

오히려 실천을 위한 신학의 조건들은 실천영역의 특별사안들에서, 그리고 그 영역의 상황에서 강력하게 발생한다. 이러한 사실은 특히 구원과 복지, 봉사와 증언, 사랑과 믿음간의 관계를 규정하는 것이 계속 절박한 신학의 주제가 되고 있는 독일교회의 상황에서도 분명하게 드러난다.

교회의 실천 그 자체가 가지는 경험들도 아마 여기에 반영될 것이다. 아마 독일교회의 상황에서는 교회의 사회활동과 교회의 복음전파가 서로 일치하지 않을 수 있고, 그래서 이러한 불일치가 교회에 대한 위협적인 것으로 느껴질 수 있다. 위에서 언급된 근본주의적인 신학과 실천지향적인 신학간의 두 조건이 각기 필수적인 기능을 지향하고 있다면 현재의 신학적 논증들이 무엇을 이루어 내지 못하는가에 대한 언급도 동시에 포함하고 있다. 현존의 신학적 논증들은 일반적으로 그것을 실천으로 옮기지는 못하고 다만 이미 행해진 실천을 성찰하고 비판하고 변화시킬 뿐이다. 신학논증들은 전반적으로 이미 행해진 것들을 비판적으로 검토한다. 그러나 실천은 신학적 성찰에 앞설 뿐만 아니라 자체에 대단한 역동성을 지니고 있어서 그에 따르는 이론적 숙고 없이도 이루어진다. 그런 점에서 보면 신학의 이론적인 논증들은 분명한 한계를 지니고 있다.

실천 자체는 이론보다 본질적으로 더 역동적인 생명력을 지니고 있다. 새로운 이론이 실천으로 옮겨질 경우에 이론은 실천의 수많은 중요한 요소들과 공동작업을 하면서 비로소 실행될 수 있는 기회를 갖게 된다. 신학적 논증들이 이론의 형식으로 실천들을 성찰하기 시작한다면 먼저 적절한 신학적 논증시도를 위한 또 다른 조건으로서 다음 사실을 지적할 수 있겠다. 즉, 실천의 현장에서 생기는 필수적인 현실관계에 대한 구체적인 이해가 신학적 논증을 시도하는 과제로 다루어져야 한다는 것이다. 그러므로 하나의 적절한 신학적인 근거를 이론적인 논증으로 형성하는 것이 신학의 계속적인 요건이라고 한다면 그것은 필연적으로 현실과의 연관을 다루는 것이고, 그리고 이미 드러났던 상황현실을 함께 수용하는 것을 의미하는 것이다. 그렇게 할 때 어떤 것이 교회-그리스도교상의 실천에 대한 신학적 성찰의 출발점인가에 대한 문제가 제기되고, 이러한 성찰의 모습 속에서 필수적이고도 이론적인 해명과정이 구체적으로 드러난다.

4. 에큐메니칼 경험을 통한 개발도상국 원조와 교회적 책임에 대한 신학적 고찰의 출발

1) 우선적인 내용들

다음에 열거되는 생각들은 신학적 성찰을 늘 앞서가고 있는 교회의 실천이 있기 때문에 가능하고 또한 교회가 그 실천과 연관되어 있다는 가정에서 출발한다. 예를 들어, 이 가정은 프리드리히 슐라이어마허(Friedrich Schleiermacher)가 신학을 '실증적' 학문으로 이해하면서부터이다. 다시 말해, 신학은 사변적으로 근거를 들 수 있는 학문이 아니라 교회의 경험적인 실천영역에 속하는 특정한 기능을 갖는 학문으로 이해하면서 고전적으로 표현된 그런 신학적 사고 전통에도 연결시킨다. 교회는 세상에 대한 하나의 기독교의 표현형식이다. 이 기독교라는 종교는 하나님에 대한 특정한 의미를 표현하는 것이기 때문에, 슐라이어마허는 다음과 같이 말하고 있다. "기독교 종교에서 받아들여지는 그런 의미에서의 신학이란 하나의 실증적 학문이다. 이 학문의 부분들은 특정한 신앙양식에 대한, 다시 말해 하나님에 대한 특정한 의미의 형상화에 대한 부분들이 공통적인 관계에 의해 전체에 연결되어 있을 뿐이다. 따라서 신학은 기독교와의 관계에 의한 기독교적인 부분들의 학문이다."[19] 하인리히 숄즈(Heinrich Scholz)는 그의 책 서문에서 신학은 비-사변적으로 논증된다는 사실에 주의를 환기시키고 다음과 같이 해설하고 있다. "'실증적' 학문이라는 표현은 슐라이어마허가 시사하는 바에 따르자면 하나의 긍정적인 의미를 지니고 있다. 또 그 실증적 표현은 신학이 그의 대상을 늘 곁에서 발견한다는 사실을 인정한다는 것이다. 즉, 신학의 근원이 되는 원칙은 어떤 주어진 것, 좀더 정확히 말하면-슐라이어마허가 주장하고 있듯이 혹은 그렇게 주장하고 있는 것처럼 보이듯이-외부로부터 주어진 그 어떤 것으로서 이것을 좀더 자세히 관찰해 보면 실천적인 과제로 드러난다는 사실을 의미한다."[20] 여기서 슐라이어마허를 언급한 것은 이러한 신학의 실천과의 연관관계 속에서 다만 과거 신학의 전통은 한번 짚고 넘어가자는 것뿐이다. 그러므로 슐라이어마허의 항목을 하나하나 해석하는 것은 여기에서 크게 중요하지 않다. 물론 신학의 포괄적인 경험관계를 분명하게 표현하는 것은 필요한 일이기는 하다.

사변적인 행동방식이라는 것이 가능하지 않듯이 신학이론을 경험적이고 귀납적으로 얻을 수만은 없다. 이러한 사실은 사회적 상황을 분석할 때에 생기는 신학적 사고유형의 예에서 이미 분명히 드러났다. 이러한 연관관계에서 폴 틸리히(Paul Tillich)의 판단은 주목할 만하다. 신학

---

19. Friedrich Schleiermacher : Kurze Darstellung des theologischen Studiums zum Behuf einleitender Vorlesungen. Kritische Ausgabe. Hrsg. Heinrich Scholz. Neudruck der dritten, Kritischen Ausgabe. Leipzig, 1910, S. 1.
20. A.a.O., S. XXVIf.

을 경험적-귀납적인 학문으로, 혹은 형이상학적-연역적 학문으로, 혹은 이 둘의 결합으로 보려는 시도는 결국 실패한다는 사실을 보여 줄 만한 증거들은 충분히 있다. 그러한 형태의 모든 신학에는 하나의 공통점이 있는데 바로 개인적 경험, 전통적 평가, 그리고 사적인 관여가 결정적 역할을 한다는 것이다. 이러한 점은 근본적인 신학에 기초한 사람들이 볼 때는 종종 숨겨져서 드러나지 않지만 다른 경험들과 개별적인 연관을 가지고 신학을 관찰하는 사람들이 볼 때에는 아주 분명하게 드러난다.

만약 저자가 신학논증을 경험적-귀납적 방법을 선택하여 서술했다면 우리는 저자가 자신의 재료를 어디서 얻을 것인가를 물어야 한다. 만약 저자가 자신의 재료를 모든 면으로부터, 가능한 모든 경험으로부터 취한다고 답을 한다면, 우리는 어떠한 현실개념이나 경험개념이 그의 신학에 경험적으로 바탕을 이루고 있는가를 물어야 한다. 그러나 어떤 대답이 나오든지 간에 선험적인 경험개념이 그 바탕에 깔려 있게 된다는 것을 떨칠 수는 없다.

그와 똑같은 것이 고전적 이상주의가 취했던 형이상학적-연역적 방법에도 적용된다.

관념주의적 신학에 있어서 궁극적인 원칙들이란 인간들과 관계되는 경험들을 무조건 이성적으로 표현하는 것이다. 이렇게 형이상학적으로 모든 것의 궁극적인 근거를 파고들어 가는 것처럼 신학의 원칙들은 이미 종교적인 의미를 동시에 지닌다. 신학의 그러한 원칙들로부터 파생되는 시스템은 그 원칙들 내에 있는 신비스런 신학에 의해 이미 규정되어 있다."[21] 틸리히는 신학적 사고의 전제조건을 표현하고 싶어하기 때문에 두 항목의 경계선에 위치하고 있다. 여기서 전제되는 것은 그가 기독교 전통이 가진 반복될 수 없는 유일무이함을 강조하고 있다는 것

---

21. Paul Tillich : Systematische Theologie. Bd. I. Stuttgart, 3/1956, S. 15f.

이다. 그러므로 그는 해석학적 영역에 대해서만 언급하는 것이 아니라 신학적 영역에 대해서도 거론하고 있는 것이다.

그는 "교회의 가장 본질적인 기능들 중의 하나인 교회의 신학적인 자기 이해를 완수하기 위해 기독교 교회의 한 구성원으로서 그 영역을 다루고 있다."[22]고 말한다. 기독교 교회의 구성원으로서 신학자의 위치와 교회 내에서의 그의 역할은 경험을 신학적으로 다루는 데 있어서 중요한 사항들이다. 틸리히는 계속해서 신학의 두 가지 기준을 들고 있다. "신학의 대상은 무조건 인간과 관계되는 것이다. 무조건 인간과 관계되는 어떤 대상을 다루는 언급만이 신학적이다."[23]

"무조건 인간과 관계되는 것이란 인간의 존재나 비존재에 대해 결정을 내리는 것이다. 인간의 존재나 비존재에 대해 결정을 내리는 그런 대상을 다루는 주장들만이 신학적이다."[24] 여기에 신학적인 관찰방식이 언급되어 있고 동시에 대상이 서술되어 있다.

그런데 이렇게 신학의 대상을 규정하면 신학적 영역의 한계가 비교적 좁아져 도대체 교회의 개발도상국 원조와 같은 실천영역들이 신학적 성찰의 대상이 될 수 있는지에 대한 의문이 제기될 수밖에 없다. 틸리히가 계속 어떤 방향으로 사고해 나가는지는 다음 글에서 볼 수 있다. "사회적 이념들과 사회적 행동들, 법안과 절차들, 정치적 프로그램과 정치적 결정들은 신학의 대상이 될 수 있다. 그러나 그것은 사회적, 법률적, 정치적 형태를 고려해서가 아니라 인간과 무조건적으로 관계되는 모든 것들의 형태를 통해서 실현시킬 수 있는 신학의 능력을 고려해야 하기 때문이다."[25] 만약 그때그때의 사회형태들을 다만 그 사회형태의 근본적인 문제들 위에서만 언급하고 원칙적인 차원에서는 그에

---

22. A.a.O., S. 17.
23. A.a.O., S. 19.
24. A.a.O., S. 21.
25. A.a.O., S. 21.

대한 비판적인 시각이나 방향을 이끌어 나가는 것만으로 신학적 과제가 진행되고 있다고 생각할 수도 있다. 만약 이러한 입장에서 본다면 사회적 실천을 앞에 두고 교회가 토론한다는 것이 틸리히처럼 그렇게 사회 정치적인 주안점을 잡는 것이 가능한지, 그리고 올바른 것인지는 의심스럽다. 이러한 의혹은 바로 사회적 실천을 구체적으로 형상화한다는 것이 결국은 근본적인 결정들을 표현하기 때문이라는 사실을 떠올리게 되면 틸리히의 자극은 받아들여질 수 있을 것이 된다. 어쨌든 그의 자극은 사회적, 정치적 실천을 성찰하는 가운데 특별히 신학적인 과제에 직면하라는 요구를 표현하고 있다.

만약 교회가 신학적으로 성찰하는 장소이고 교회의 자기 이해를 공동으로 정의하는 일이-슐라이어마허의 의미에서는 교회 지도부의 과제가-교회의 기능이 맞다면, 여기서는 도대체 어떤 교회를 말하는가 하는 문제가 제기된다. 그러한 교회는 신앙의 대상인 교회, 즉 말씀과 성례 가운데서 생기는 거룩한 성령의 공동체에서 출발해 보는 일도 생각해 볼 수 있을 것이다. 그런데 이 교회는 신앙의 대상이 되는 교회와 경험되었던 교회, 현존하는 교회 혹은 현재 경험되고 있는 교회에 있다는 것을 고려하고 있지 않은 듯하다. 신학자는 어떤 교회경험을 가지고 있으며 어떤 교회를 생각하고 있는가? 그가 자신의 교회, 다시 말해 직접 일상적인 여러 관계 속에서 그가 참여하고 있는 바로 자기 교회에 대해, 그리고 자기 교회를 위해 사고한다는 것은 분명한 일이다. 틸리히는 이러한 관점에서 개인의 경험, 전통적인 평가, 그리고 사적인 관여들이 신학에서 대단히 중요함을 시사하고 있다.[26]

여기서 지식사회학적으로 논증이 되든 혹은 역사-유물론적 논증형태가 주도적이든 간에 에큐메니칼상의 토론에서는 신학의 일관된 연관성이 지속적으로 언급된다. 이것은 바로 유럽-북미의 전통에 대한 제3세

---

26. A.a.O., S. 15f.

계 신학자들의 비난에서 확연히 볼 수 있다. 3세계의 신학자들은 일반적으로 신학이 사회에 뿌리를 내리고 있는 상황을 잘 인식하지 못하고 있다는 것을 주장하고 있다. 이것은 달리 말하면 신학적 사고가 경험상의 교회에 대하여서는 특정한 부분과 형태만을 관련시켜 이해하고 있다는 사실을 스스로가 간과하고 있다는 것이다. 그러나 신학이 구체적으로 진행된 교회의 실천을 직접 경험하면서 신학상의 논증이 벌어진다면 그 다음에는 교회의 어떤 실천에서부터 논증을 시작할 수 있는가가 결정되어야 한다. 즉, 이것은 북미적 의미에서의 기독교 종파들의 실천인가, 아니면 유럽적 의미에서의 국민교회(Volkskirche) 내지 국가교회(Staatskirche)의 실천인가? 혹은 여러 선교교회에 의해서 생긴 제3세계 교회의 실천인가, 아니면 독립적인 교회와 기독교의 기초공동체 혹은 바닥공동체들의 실천인가? 혹은 이것이 로마-가톨릭교회의 실천인가?

신학에서 경험의 장소는 임의로 선택될 수 없고 신학자는 자신의 역사적-사회적 출발점에 고정되어 있기는 하지만 그 출발점은 이론적으로 늘 새롭게 반영되어야 한다. 신학은 성찰해 보는 가운데 개개인이 새로운 여러 가지 경험에 접할 수 있으며 그 경험들을 의식적으로 쓸모 있게 만들 수 있게 된다. 그리고 또한 이 경험에 자신을 맡길 수 있으며, 그러므로 자기 자신의 일상 경험을 넘어서는 여러 다른 경험에 의한 가능성을 포착할 수 있다. 신학적 사고가 해석학적-신학적 영역 내에서 파악이 될 때, 바로 그때 이러한 전제조건을 밝히는 것은 신학적 이론형성 자체의 한 부분인 것이다.

2) 실천의 출발을 위한 에큐메니칼운동

신학적 성찰이 이론에 앞서 나가는 실천에 바탕을 두고 있다는 사실에서 출발한다면 행동영역의 신학적 논증을 시도하기 위해 가능한 출발점은 교회의 개발도상국 원조인 유럽과 북미교회들의 선교실천일 수 있다. 그러므로 교회의 개발도상국 원조활동의 특정한 관점은 선교단을 보내는 나라들의 실천적인 시각에서 제안되어진다. 예를 들어, 독일 교회에서는 실천적인 교회봉사와 전통적인 선교단의 복음전파간에 올바른 관계를 설정하기 위해 지속적으로 애쓰는 모습이 보인다. 한편으로는 전통적 선교이해와 연관되고, 다른 한편으로는 국교회의 고유한 근본주의 신학상황도 고려된다. 국교회의 상황에서는 사회-정치적인 실천행동이 교회의 복음전파 행위와는 어긋나는 조직과 시설들의 발전으로 보일 수도 있다. 그러기 때문에 국교회의 이해에 있어서 교회봉사는 바로 교회의 정체성을 위험하게 하는 것처럼 보일 수도 있다. 그러나 교회의 개발도상국 원조활동을 실천하고 있는 당사자들은 이와 다른 이해를 바탕하고 있다. 즉, 그들은 예수의 뜻을 이어받은 제자의식 속에서 가난한 이들과 일치된 교회를 위한 봉사직무의 요구에 바탕하고 있다는 것이다.[27] 이렇게 서로의 관점들이 다를 수 있는 교회의 파트너들 간의 지속적인 대화는 문제를 보는 시각에 변화를 가져온다. 이렇게 변화된 시각으로 유럽과 북미교회들은 종종 제3세계 교회와의 긴장 속에서 그들 본토 교회의 시각을 되돌아볼 수 있게 된다. 왜냐하면 봉사에 대한 시각의 차이는 종종 제1세계와 제3세계간의 시각 차이로 드러나는 것이기 때문이다. 그런데 제3세계의 파트너교회들이 스스로 전세계 기독교공동체에 속할 수 있는 상황을 마련하는 틀이 바로 이러한 긴장 속에서 이어질 수 있는 에큐메니칼 대회를 통해서이다. 이러한 시각차이와 대화의 가능성에 대한 경험에 비추어 보면 전지구공동체를 위한 기독교인들의 신학적 성찰의 출발점은 바로 에큐메니칼운동의 실천이라는 것 이외에 다른 방법이 없다. 개발도상국 원조는 현재 형성되어 가고 있는 세계 사회라는 틀 안에서 제3세계와 1세계간에 이루어지

---

27. Dokument der Kommission für Kirchlichen Entwicklungsdienst(CCPD) für den im August 1980 tagenden Zentralausschuss des Weltkirchenrates "Für eine mit den Armen solidarische Kirche." In : epd-Dokumentation 25a/1980. Frankfurt, 2. Juni 1980.

는데, 이 세계 사회의 사회적인 상호 의존도는 날로 증가하고 있다. 이러한 사실은 바로 역사에 대한, 그리고 에큐메니칼운동이 현재 갖고 있는 문제들에 대한 배경이 된다.

잠시 역사를 되돌아본다면 몇 가지 사실이 분명해질 수 있다. 제1차 대전 직전에 있었던 교회의 최초의 몇 가지 에큐메니칼 자극에 따라 (1910년 에딘버러의 세계선교대회, 1919년 미국에서의 교회평화연합, 1914년 국제 우정활동을 위한 세계연맹) 1차 대전이 끝난 후 20년대와 30년대 사이에 에큐메니칼 활동이 강화되었다. 그런데 당시의 여러 에큐메니칼의 기초적인 발단들은 제2차 세계대전으로 인해 갑자기 중단되었다. 그후 1948년 암스테르담에서 열린 에큐메니칼협의회의 제1차 연맹대회와 더불어 획기적인 새로운 출발이 시작되었다.[28] 에큐메니칼운동의 역사는 오랫동안 경제적인 상호 의존관계에 있는 유럽과 대서양의 기독교 국가들이 전쟁을 겪고 평화가 위협받는 상황을 직접 경험한 것과 대단히 밀접하게 연결되어 있다. 교회들은 유럽과 북대서양 지역 내에서 일어나는 전쟁분규를 점점 더 교회를 향한 하나의 직접적인 도전으로 체험하게 되었다. 따라서 에큐메니칼운동은 이에 반한 하나의 평화운동으로 이해될 수 있다. 교회와 교파간의 신학상의 의사소통이라는 문제들 때문에 이러한 일반적인 사회적 배경이 가려졌다 하더라도 아마도 에큐메니칼운동 내에서는 세계 평화라는 상황과의 관계가 늘 의식되었을 것이다.[29] 이렇게 전세계적 사회시스템 내의 변화들은 그 이후의 발전에 있어서도, 그리고 에큐메니칼운동에 대해서도 여전히 중

---

28. Hans-Martin Moderow/Matthias Sens(Hrsg.) : Orientierung Ökumene. Ein Handbuch.(Im Auftrag der Theologischen Studienabteilung beim Bund der Evangelischen Kirchen in der DDR) Berlin(DDR), 1979, S. 35ff.
29. Ernst Lange : Die ökumenische Utopie oder Was bewegt dieökumenische Bewegung? Stuttgart, 1972, S. 208.

요한 분기점이 되었다.

　1961년 인도 뉴델리에서 제3차 세계교회협의회 총회가 열렸던 에큐메니칼위원회의 회원구성의 변동은 동방정교회가 가입하고 아프리카 내지는 유럽 이외의 다른 회원(제3세계의) 교회들이 들어옴에 따라 실제 내용면에서도 크게 변화되었다. 이런 회원구성의 변화를 통하여 제3세계 내의 가난과 억압이 점차 교회의 의식 속으로 들어왔고, 에큐메니칼을 대표하는 기독교 교단들은 바로 이런 기회들을 통하여 세계 사회의 전반적인 문제에 직면하게 되었다. 1968년 웁살라에서 열린 총회 때에는 새로운 신학의 방향을 잡게 되고, 한동안 가장 중요한 부분으로 인류의 일치에 대한 맥락 안에서 교회의 연합에 대한 문제가 이제 교회토론의 내용과 대상이 되었다. 시간이 흐름에 따라 세계교회 안에서는 교회의 일치와 인간의 일치가 동일하다고 보는 관점이, 다르다고 보는 관점과 똑같은 정도로 인식되었다. 결국 이러한 여러 신학적 숙고들은 전 인류에게 약속되어 있는 하나님의 평화에 대한 생각으로 요약되었다. 1983년 뱅쿠버에서 열린 제6차 에큐메니칼 총회는 특히 이러한 경험의 역사 속에 위치하고 있고, 여기서 작성된 "공동체 내에서의 삶-교회에 보내는 메시지"라는 기록에는 다음과 같은 글이 실려 있다. "우리는 선교와 복음전도에 대한 우리의 의무를 새롭게 한다. 우리는 정의와 평화에 대한 우리의 참여를 새롭게 한다."[30] 실제경험을 배경으로 하는 에큐메니칼 교회는 그 스스로가 전인류의 운명과 묶여 있다는 것을 아는 교회이고 민족들 사이에서 위협을 받고 있는 평화에 직면해서는 민족교회, 국가교회와 교단과 종파들 간의 분열이 연합을 가로막는 도전임을 아는 교회이다. 즉, 에큐메니칼 교회는 북반구의 부유한 민족들과 남반구의 가난한 민족들 간의 차이를 그리스도 안에서 약속되고 시작된 하나님의 평화에 의거하여 참을 수 없는 것으로 인식하고 고백하는

---

30. Junge Kirche, 44/1983, S. 494.

교회이다.

신학적 성찰이 이러한 경험배경과 어떻게 관계되는가는 에른스트 랑에의 연구에서 찾아볼 수 있다. 랑에는 1971년 8월 2일에서 12일 사이 벨기에 뢰벤에서 "신앙과 교회헌법"을 위해 개최된 에큐메니칼협의회의 결과를 그의 경험에 비추어 다음과 같이 소개하고 있다.[31]

에큐메니칼운동에 대해 가정법 문장으로 고백하고 있는 다섯 번째 편지를 읽어 보면 랑에에게는 교회의 일치를 인류의 일치에 함께 연결시키는 사건이 바로 하나님의 평화임을 깨닫게 해 준다. 그 점에서 보면 평화라는 것이 그에게는 세속-정치적 의미에서도 중심이 되고 신학적인 동시에 정치적인 과제가 된다. "오늘날 미래를 위하여 결정적으로 부족한 것은 정치적 평화, 사회적 평화, 법적 평화, 또 사회제도의 발전 안에서 아주 실질적으로 이해되는 평화이다. 결국 개인적 삶과 집단적 삶의 실천으로서 평화는 아직은 부족하다. 오늘날 평화란 근본적인 인간화의 문제이다."

랑에는 다음과 같은 방식으로 그가 이해하고 있는 평화를 정확히 표현하고 있다 ;

"평화란 서로 다른 요구들, 논쟁거리가 될 만한 이해관계들, 일치될 수 없는 삶의 방식들, 그리고 세계관적 입장들이 대화를 통해 서로 연결되어 있는 인류의 배움과정이다. 한 인간의 성장과정이 경험하는 상황에 따라 다르게 나타나듯이 인간의 정체성도 역시 경험하는 상황과 그에 따른 대

---

31. Kurt Stalder/Gerhard Traxel/Günter Wagner : Einheit der Kirche-Einheit der Menschheit. In : Ökumenische Rundschau. 21/1972, S. 4-22. Konrad Raiser(Hrsg.) : Löwen 1971. Beiheft zur Ökumenischen Rundschau. Nr. 18/19. Stuttgart, 1971. Eine weitere Würdigung der Löwener Konferenz durch Edmund Schlink findet sich in Hanfried Krüger : Ökumenische Bewegung 1969-1972. Beiheft zur Ökumenischen Rundschau Nr. 28. Stuttgart, 1975, S. 110ff.

책에 따라 다른 것이다. 그래서 의견의 불일치는 건강한 인간이성과 사회적 이성을 고무시키며 상호 이해를 위한 소모임들이 기능을 하는 것이다. 지구라는 위성 안에서 인간은 인류를 '소모임'으로서, '지구촌'으로 생각해 볼 수 있고 또 조직해 볼 수 있다. 이미 그런 세계공동체를 조직하는데 필요한 기술적인 수단들은 인간들에게 주어져 있다. 지금까지는 오로지 전쟁만이 대중을 그토록 서로 접근하도록 만들었다. 그런데 그런 식으로 몰락할 수 있다는 위협은 우선 너무나 추상적이어서 위협 비슷한 효과도 주지 못하고 있다. 그러나 해가 갈수록 그런 위협은 보다 더 구체적으로 다가오고 있다. 평화는 경쟁, 즉 경기이며 양식화되어 있는 대결이다. 갈등을 행동으로 양식화시킬 수 있는 가능성은 모여 사는 동물들의 경우 종족 유지를 위한 삶의 형식들 중의 하나이다. 인간은 모여 사는 동물이다. 인간은 이미 잘 되어 있는 양식화라는 거대한 유산을 마음대로 하고 있다. 전쟁조차도 특정한 조건들 밑에서 양식화될 수 있는 것으로 판명되었다. 평화란 파멸 없이 세계적인 대결을 가능케 하는 하나의 양식의 복합체이다.

그런 관점에서 평화란 무력한 자들을 조직하는 기술로, 이 조직된 기술에 의해 세계의 권력을 둘러싼 대결들이 막히지 않고 계속해서 물 흐르듯이 흘러가는 것이다. 평화는 하나의 설계를 둘러싸고 공동의 미래를 향하여 발전해 나아가는 절충과 투쟁으로써 조직된 갈등이다."

여기서 랑에는 평화의 필연성에 대해서 뿐만 아니라 평화의 가능성에 대해서도 언급하고 있다. 그는 시설이나 제도의 힘을 또한 양식화된 경기규칙들의 힘으로 고려하고 있다.

그가 평화의 과정을 기술하고 있는 그 이면에는 공의회적인 만남에 대한 생각이 깔려 있다. 그러면서 그는 의식적으로 절충이라는 비유럽적인 경험배경에 의지하고 있다 : "절충을 중단하고 대화의 상대를 짓밟는 일이 더 이상 가능하지 않을 때, 즉 평화는 동의가 없이는 인간들이 벗어날 수 없는 모든 인간들의 결정으로서 절충의 기회를 갖는다" (S. 213).

랑에게 있어서는 신앙의 전통이 입증하고 있는 평화란 바로 인간들이 상상하고 있는 평화이해와 같은 것이다. 그러나 본질적인 평화는 사실 그 이상이다. 즉, 하나님의 평화란 인간들이 할 수 있고, 또 해야 하는 것과는 여전히 다른 어떤 것이다. 교회의 임무는 여기서 말하는 '그 이상'을 보호하고 지키는 것이다.

랑이 말하는 '그 이상'이란 넘치는 희망이다. 그는 교회가 이 넘치는 희망을 보호하고 있는 것으로 보고 있다 : "교회는 인간의 모든 계획들과 또한 인간의 가장 급진적인 계획 속에도 들어 있는 깊은 인간적 체념상태에 반대하고, 또 인간의 삶 중에 가장 분명한 깊은 체념의 시간으로서의 죽음에 반대하여 부활의 형상을 지키며, 인간들의 부조리와 불가피한 것으로부터 영원한 삶에 대한 형상을 지킨다.

교회는 또한 인간이 피할 수 없는 '죽음'을 둘러싸고 생겨날 수 있는 모든 형태의 경시하는 태도를 경고하고, 그리고 그에 반하여 죽음에서 어느 정도 먼 시간적 여유를 가진 것으로 이해될 수 있는 젊음, 생명력, 건강, 성, 힘, 이성을 과대평가하는 것을 역시 반대하고 있다. 이에 한 걸음 더 나아가 교회는 약한 사람, 병든 사람, 쓸모 없는 사람, 노쇠한 사람에게서 하나님의 힘이 완성된다는 것을 확증하며 이러한 모든 이해는 결국 종말론적인 가치관계로 인간세계가 전면 바뀔 수 있다는 사고를 지키고자 한다.

이렇게 함으로써 모든 인간들이 스스로가 성부 하나님으로부터의 동질체적인 성령의 능력 안에 있는 가치적 존재임을 발견케 하고자 한다. 또한 모든 것이 이제 그렇게 만들어질 수 있기 때문에 인간을 그에 대한 책임을 질 수 있는 존재로 간주한다. 교회는 또한 인간이 스스로에 대한 프로메테우스적인 과대평가에 반대하여 최후의 어린양의 심판이라는 위협, 즉 자기 삶의 모든 행위에 대해 인간 각자가 영원한 책임을 져야 한다는 위협을 지키고자 한다. 그러면서 교회는 한편으로 도저히 목표에 도달하지 못함으로 인하여 우울한 운명론에 빠져 버려서 다시는 재기할 엄두를 못내는 상황에 직면하는 스스로를 견제하고자 총체적인 종교성을 주장한다. 왜냐하면 교회는 한번도 자신을 통하여 하나님의 위임사건인 '전적 화해'가 완성된 목표에 이른 적이 없기 때문이다. 교회가 모든 것을 가능케 하시는 분이 하나님이라는 사실을 믿음으로 지키고 유지하고자 한다면 교회가 결코 목표에 이른 적이 없는 스스로를 종교적 확실성으로 공식화할 엄두는 내지 못할지라도 그 믿음에 대한 종교적 확실성은 분명하게 붙들고는 있어야 하기 때문이다. 즉, 교회의 모든 길은 하나님 안에서 결국 목표에 이르러야 하며 시지푸스의 끝없는 길도 목적지에 도달해야 한다.

이제 교회는 인간의 모든 프로젝트를 통한 집단 이기성이나 개개인의 은밀하고 치밀한 계획 안에 있는 이기심을 배제하고 인간 개개인의 영원한 가치와 하나님 앞에서 고통과 한숨의 눈물을 흘리는 인간실존의 영원한 가치를 지켜내어야 한다. 그리고 결국에는 다른 모든 사람의 행복을 희생시켜 자신의 행복을 이루는 사람이나 사회집단으로부터 추방되어 처벌받게 되는 범법자들에 대하여 개별적인 영원한 형벌을 기원하는 것이 아니라, 이제 교회는 모두가 모두를 올바르고 정당하게 대우하는 신약에서의 하나님의 계약을 지키는 교회가 되어야 한다.

교회가 기꺼이 하나님의 왕국에 대한 약속을 믿고 지키고 있는 것은 하나님의 왕국의 완성에 대한 희망이 있기 때문이다. 이러한 희망 없이 인간은 살 수 없고 인간은 자신의 프로젝트들과 그 프로젝트의 실현이 분명히 불완전하다는 것도 견딜 수 없어 한다. 인간의 비판과 자아 비판의 힘, 늘 새롭게 시작할 수 있는 힘은 이러한 희망에서 비롯된다. 다시 말해, "완성에 대한 이러한 필수적인 희망을 인간의 손에서 그냥 놓아두지 않고서는, 즉 희망의 충족을 하나님에게 맡기지 않고서는 인간은 꼭 필요한 것이 불완전하고 또 불완전한 것이 꼭 필요하다는 인식을 견딜 수 없는 것이다. 완성에 대한 희망 없이는 인간 자신의 실존과 인간화를 지향하는 저항과 복종간의 불안정한 균형을 찾지 못한다"(S.

216f).

 랑에는 성서적 평화에 대한 이러한 생각 덕분에 이 세상에서의 평화와 정의에 대한 생각이 지닌 유사점과 차이점을 찾아낼 수 있다고 본다. 평화는 인간들이 생각하는 그런 종류의 평화이며 동시에 교회가 지키고 있는 희망 안에서 그 진실성이 분명해지며 결국 그것은 인간이 할 수 있는 범위를 넘어서는 완성에 대한 하나님을 향한 희망이다. 그럼에도 불구하고 세계 평화는 바로 기독교인들과 교회들이 거부할 수 없는 현실적 과제요 프로젝트로서 남아 있다.

 랑에를 살펴봄으로써 어떻게 에큐메니칼 경험을 신학적으로 이해할 수 있는가가 분명해졌을 것이다. 신학적 발언은 에큐메니칼의 배경 없이는 생각할 수 없다. 신학적 발언은 에큐메니칼의 경험에 대한 신학상의 생각을 단순히 제시하는 것이 아니라 부족한 점을 확인하고 동시에 희망에 대해, 그리고 에큐메니칼적인 이상향에 대해, 에큐메니칼운동의 꿈에 대해 이야기하는 것이다.

 그런 경험을 바탕으로 성찰해 보면 교회의 개발도상국 원조라는 과제 영역은 여러 면에서 다르게 보여질 수 있다. 북쪽과 남쪽의 교회들이 서로 파트너 관계에서 만날 때 이것은 이제 전혀 교회의 부분적인 과제가 아니라 전우주적인 교회의 과제가 된다. 이러한 총체적인 만남은 교회의 에큐메니칼 운동성 가운데서 이루어지고, 바로 세계 사회의 연관들 속에서 틀림없이 구체화되고 기독교적 희망의 정신공동체로부터 생명을 얻는다. 그러한 만남은 하나님의 평화에 대해 포괄적인 증언의 한 부분이 된다.

 교회들은 에큐메니칼공동체로서 자신들을 서로 함께 연결해 주는 경험들, 새로운 행동에 대해 본질적인 경험들을 했었다. 가장 중요한 몇 가지의 경험들을 언급해 보면 다음과 같다 :

-영혼 안에서의 전인적인 삶의 경험

구원은 복지와 함께 생각되어야 하고, 구원이란 포괄적인 구원이며, 평화는 하나님의 평화로서 동시에 늘 사회적·정치적 평화이다.

-세계에 대한 봉사의 직무를 위탁받음에 대한 경험

교회와 신학이 '교회'와 '세계'를 필요성에 의해 구별한다 해도 세계의 인간화에 대한 교회의 공동책임이 없어지지는 않는다. 오히려 신앙공동체로서의 교회는 항상, 그리고 당연히 세계를 위한 교회이다. 교회는 하나님 나라의 미래를 위한 성도들의 공동체이다.

-갈등들에 참여하는 경험

교회는 봉사하는 교회로서 세계의 갈등을 피할 수 없다. 교회는 자신을 종교적인 것이라는 특별한 세계 속으로 한정시켜 안팎을 구분해 버릴 수 없다. 교회는 여러 갈등에 참여한다. 민족들, 문화들, 사회계층들, 그리고 계급들 간의 긴장은 교회 자체 내에서 영향을 끼치고 또 교회가 직면해야 하는 것이다.

-공의회적인 의사소통의 경험

교회는 여러 갈등을 해결함에 있어서 공의회적인 공동체임이 드러난다. 교회에서는 상호간의 대립이 어물쩡하게 넘어갈 필요가 없고, 상이한 이해관계들도 논의될 수 있고, 나쁜 행위들도 거론될 수 있다. 그럴 때 교회는 존재하고 있는 모순관계들을 생산적인 극복의 과정 속에서 해결할 수 있는 세계공동체를 위한 희망의 상징이 되는 것이다.

교회의 개발도상국 정책이라는 특별한 과제에 필요한 여러 관점들이 이러한 경험관계 속에서 나타나기 때문에 우리는 사회적 갈등의 양상이라는 범위 안에서 갈등과 공의회성의 경험을 계속 다룰 것이다.

3) 공의회적 갈등공동체로서의 에큐메니칼 교회

공의회적 교회라는 생각은 전체 기독교 내에서 혹은 기독교 문화권 내에서 기독교 전통의 상이한 해석들, 상이한 신앙체험들, 상이한 교리전통들을 다루는 문제와 종종 관계된다.

이는 확실히 중요한 시각이기는 하지만 물론 유일하게 가능한 시각도 아니며 가장 영향력 있는 시각도 결코 아닐 것이다.

비가톨릭교회 내에서 에큐메니칼운동의 출발점은 상이한 교리전통들을 인식하는 것이 분명하지만 기독교가 여러 민족교회와 국교회로 분열된 것도 에큐메니칼운동의 중요한 출발점이 되었다. 대륙에서 세기에 걸친 전쟁으로 인한 위협으로 기독교 신자들이 전선의 이쪽과 저쪽에 서 있었던 사실에 직면해서 에큐메니칼운동은 평화정책에 기여를 해야 한다는 과제를 직접적으로도 갖게 되는 계기가 되었다. 그러므로 에큐메니칼 교회는 국제적인 교회로 이해될 수 있고 바로 국가의 경계를 새로이 비추어 보고자 하는 교회의 의무로서 이해될 수도 있다. 개신교 교회주의들은 수백년 이상 국가교회라는 특징 속에서 교회의 기능을 국제적으로 방향을 설정한 것이 아니라 해당 지역국가에 맞춰 왔다. 개신교 교회주의는 그 국가구조와 더불어 그리스도교의 사회적인 통합기능에 기여해야 했다. 그러나 19세기에 독일에서 새롭게 생겨진 국민교회의 개념은 이러한 교회의 사회적/국가적인 기능을 신학적인 근거에 의해서 자각적인 반성이 필요하다는 것을 의식적으로 인식하였다. 이러한 교회에 대한 새로운 인식들이 생겨진 이후부터 교회는 비로소 국민교회라는 개념의 관계 속에서 이해되어질 수 있게 되었다. 즉, 그리스도교의 신학의 내용들이 민족과 사회조직의 국가통치 질서 속에서 획일적인 개념으로 동질 이해되어지는 것이 아니라 여러 상이한 것들과의 관계 속에서 생기는 것임을 자각하게 된 것이다. 즉, 교회는 기독교공동체로서 늘 동시에 하나의 언어공동체와 역사공동체에 연결되어 있고 그 공동체의 특성을 표현하며 또한 규범을 따르는 공동체를 가리킨다는 사실을 언급하고 있다.

이렇게 교회의 전통적인 역할과 기능들에 대한 비판적 검토는 독일에서는 나치즘 시대 이후에야 비로소 강하게 대두되어지기 시작했다. 예를 들어, 볼프강 트릴하스(Wolfgang Trillhaas)는 이렇게 말하고 있다 : "교회 내에서의 민족적 특성은 교회의 비순수성이 갖는 불가피한 요소다. 그러나 국교회 내에서는 모든 요소들이 이방인적 요소를 내포하고 있다."[32] 트릴하스는 국교회성을 비판적으로 말하면서 동시에 어떤 불가피한 요소에 대해 말하고 있다 ; 즉, 교회는 연관성 속에서 생긴 것이다. 그러므로 교회는 그때그때의 사회적, 정치적, 교회 생성배경과 영향배경에서 분리될 수 없다는 것이다. 이와 같은 과정들은 제3세계에서도 볼 수 있다. 식민지 시대가 끝나자 마자 아프리카와 아시아 지역의 기독교 교회들은 신흥국가 형성과정에 참여함으로써 그 교회들이 사회적 성향을 갖고 있음을 분명히 볼 수 있었다. 이러한 교회의 사회적 성향들의 요구는 대개 의식적으로 받아들여지며 신생국가에서는 식민지 교회사에 대한 역습적인 상황에 따른 새로운 민족교회로 옮겨져 가는 일이 시도되기도 한다.

기독교 신앙을 근본적으로 이해하는 데 대한 기본적인 긴장 속에는 국가적 연관과 또 이 관계의 상황적-문화적 결합들이 들어 있다는 사실은 신학자들만 인식하고 있는 것이 아니라 사회학자들도 그렇게 분석한 바 있다. 예를 들어, 위르겐 하버마스(Jürgen Habermas)는 다음과 같이 분명히 지적하고 있다 : "세계적으로 큰 종교들은 스스로가 일반적으로 혹은 전세계적으로 통용되어야 한다고 주장하고 있는데 그 가운데에서도 기독교가 아마 가장 완전하게 세세한 곳에 이르기까지 이성적, 합리적으로 그렇게 주장되어져 있는 듯하다. 기독교의 하나님은 유일하신 분이고, 그리고 영원하시며 진실하시며 완전한 정의의 신

---

32. Wolfgang Trillhaas : Ethik. 3. neubearbeitete und erweiterte Auflage. Berlin, 1970, S. 521.

이시며, 그리고 은혜로우시다. 이러한 하나님의 실존은 인간의 모든 구체적인 역할과 규범으로부터 자유로운 새 정체감을 형성케 해 준다. 이러한 새로운 자아는 완전히 개별적인 존재로 이해될 수 있다. 하나님 앞에서 불멸하는 영혼이라는 생각은 '개인은 영원한 가치를 지닌다.'고 하는 자유의 이념에 길을 열어 준다.…… 그래서 기독교의 종교 시스템에 연관되어 있는 국가는 더 이상 도시국가가 아니라 잠재적으로 모든 인간들이 속하는 신자들의 개교회이다 ; 왜냐하면 하나님의 계명은 보편적이기 때문이다."[33]

이러한 생각에서 살펴본다면 기독교 신앙은 국가적인 정체성 위에서 뚜렷해질 수 있는 것이 아니라 초국가적인, 즉 국가적으로 연결되어 있지 않은 사회체제, 즉 세계적인 하나의 개교회를 필요로 한다. 하버마스 생각의 출발점은 교회에 대한 기독교의 보편적 방향설정과 국가적 결합 사이에는 긴장이 생기는데, 이 긴장은 이데올로기에 대한 교육을 거쳐 해소된다는 것이다. 기독교 신앙은 상응하는 이데올로기의 교육에 의해 문화, 정치적인 부분 시스템들에까지 연결된다. 에큐메니칼 교회가 스스로를 공의회적 갈등공동체로 인식한다면 신앙의 보편적 요구를 어느 정도 국가적인 관계와의 갈등 속에서도 이루어내는 그런 이데올로기로 인식하고 그 방향으로 나아가는 첫걸음이 되는 것이다. 이것이 의미하는 바는 교회의 사회적 형태가 국가적, 문화적 개별성에 연결되는 것을 무시한다거나 없애야 한다는 것이 아니다. 만약 갈등들이 오래 지속되다가 결국 해결된다면 교회들 간에 의사소통을 가능케 하는 이해관계 상황들은 바로 이러한 사회적 연결과 더불어 생긴다는 것이다. 이는 있을 수 있는 이데올로기적인 연결, 가령 신학

---

33. Jürgen Habermas : Können komplexe Gesellschaften eine vernünftige Identität ausbilden? In : Jürgen Habermas/Dieter Henrich : Zwei Reden. Frankfurt, 1974, S. 37 이하.

적 인식과 사회적, 정치적 이해관계의 위상들을 연결하는 것이 교회 내적인 대화를 하는 모든 파트너에게 그때그때마다 받아들여진다는 사실을 전제로 한다.

유럽의 신학전통에서는 흑인신학의 조항들이 복음을 '이데올로기화' 하는 것은 대단히 정확하게 파악을 하면서 동시에 스스로가 이데올로기화 하는 것은 깨닫지 못하고 있다. 만약 비유럽권의 신학자들이 이러한 상태에 대해 언급하는 경우가 생기면 오히려 거부반응을 일으킬 것이다. 독일에 있는 많은 기독교 모임들 안에서 보통 행해지는 언급은 교회의 교회봉사를 통한 실천적 복음전파보다는 전통적인 복음선교가 우선한다고 주장하는 것을 본질적인 신학으로 표현하는 것 같다. 그러나 이러한 언급은 이데올로기적인 요소들을 가지고 있는데, 어쩌면 이 요소들은 그 나라의 고유한 국민교회적인 재원을 안전하게 지키려는 이해관계 때문에 교회편에서 정치적인 중립을 지키자는 그런 것들인지도 모른다. 물론 그런 계산이 있어서는 안 되지만 그런 비슷한 생각이 거의 무시될 수는 없을 정도의 역할을 교회가 무의식적으로는 하고 있을 수 있다. 추측컨대 교회의 개발도상국 원조는 국가의 이해관계도 고려하는 것 같다. 이러한 이해관계를 인식하는 것, 곧 새로운 행동전망을 획득한다는 관점 아래서 국가의 이해관계들을 비판적으로, 그리고 철저하게 다루어 보는 것이 공의회적인 교회공동체의 과제이다.

에큐메니칼 교회 내에서 이렇게 서로 상반되는 것들 간의 이해관계들로서는 먼저 국가적 교회주의 차원에서 다루어지게 된다. 그와 마찬가지로 계급모순들, 다시 말해 가장 넓은 의미에서 볼 때 교회에 영향을 주는 교회구성원들의 여러 가지 사회상황들도 교회의 계층적 개념 이해에 영향을 미친다. 과거로부터 이미 교회는 교회구성원들의 사회상황에서 생겨나는 갈등들을 피하는 데 놀라운 능력을 발전시켜 왔다. 이에 대한 예로는 미국에서 특별히 신분계층에 따라 진행된 종파형성이나 유럽 국가교회의 도태과정을 들 수 있는데, 유럽 국교회의 중심구조는 본질상 중산 시민층으로 이루어져 있다. 이런 관점에서 볼 때 "가난한 이들과 하나되는 교회를 위하여"라는 기록물은 다음과 같이 강하게 이러한 교회구조적 내용을 비판하고 있다 : "교회의 많은 구조들이 그때그때마다의 지배적인 사회구조들을 본딴 모습을 하고 있거나 혹은 최소한 사회적 격차를 재생산하고 있고 억압받는 집단들을 가장자리로 소외시키는 경향을 계속해서 띠어 왔다고 우리는 확실히 말할 수 있다. 이러한 교회구조들 가운데 몇몇 구조는 식민지 열강들에 의해 선교교회를 통한 신생교회 구조를 통하여 피정복 국가로 계속 수출되었다. 또 이러한 구조들의 상당수가 부분적으로는 오늘날도 교회에 위계적이며 권위적으로 조직되어 있다. 즉, 어떤 교회구조들은 다만 지위 높은 사회계층에게만 열려 있다. 이와 같이 교회구조들 안에서 소시민적인 세계관과 사회적 중산층의 가치 및 윤리적 규범들이 언급되고 있다. 대부분의 중앙집권적 교회제도는 가난한 이들이 자신들의 종교적 관점을 구체적으로 표현하려고 교회생활에 적극 참여하고, 또 아주 의미 있는 기여를 하고 있다는 사실을 실제로는 기꺼운 자세로 받아들이지 못하거나 수용하지 못하고 있다."[34]

교회가 스스로를 공의회적 갈등공동체로 이해한다면 교회는 이러한 교회의 계급 모순들을 조직적으로 배제시킬 것이 아니라 그것들을 생산적으로 끌어들여 해결할 수 있는 가능성을 모색해야 한다. 이는 유럽 및 아메리카 교회에 대한 요구이며 또한 선교교회에서 출발한 제3세계 교회들에 대한 요구이기도 하다. 후자인 제3세계의 교회에서는 새로운 중산층과 상류층들이 교회의 구조를 통하여 여타의 다른 집단들을 오히려 배제시키는 명백한 영향력을 부분적으로 행사하고 있는 실정이다.

"가난한 이들과 연대하는 교회"라는 프로그램은 가난한 이들을 신학

---

34. epd-Dokumentation, a.a.O., S. 6.

적으로 평가하는 면에서는 상당한 어려움을 내포하고 있지만 최소한 강조점은 올바르게 설정하고 있다. 이전에 존재하던 사회적 모순들이 교회 내에서 이제는 다루어져야 한다. 뿐만 아니라 한 걸음 더 나아가 교회는 교회의 구조를 통하여 각각의 경우에 가장 힘이 없는 이들을 위하면서 갈등들을 의식적으로 조정·해결해 나가는 가운데 그 모순들을 계속 다루어 내어야 한다. 공의회적 교회공동체라는 이념은 바로 이러한 문제제기와 갈등해결의 틀 안에서도 믿을 만한 것으로 입증되어야 한다.

공의회의 신학적인 관점은 총체적인 사회문제를 고려할 때 그 고유한 중요성과 의미를 획득하게 된다. 여기에서 핵심되는 사항은 기독교의 메시지 및 그에 의해 요구되는 실천을 세계 현장과의 연관 안에서 해석하는 것과 관련시켜 갈등들을 해결하는 것이다. 이러한 교회 실천적인 해석은 그 때마다의 문화적 상황에도 연관되어 있다. 또 그 해석은 해석자가 처해 있는 사회적 상황에 대한 그 무엇을 늘 반영한다. 이러한 사회실천을 위한 교회의 해석에서 우리는 해석의 역사, 즉 종교, 국교회 혹은 개개 기독교적 집단 내부에서 성서에 나타난 하나님의 메시지를 그 때마다 어떻게 해석해 왔느냐 하는 해석의 역사를 분명히 읽어낼 수 있는 기대 이상의 내용을 인식하게 되기도 한다.

개발도상국의 개발에 대한 책임을 신학적으로 고찰하는 데 중요한 관점들을 에큐메니칼 교회 내에서 갈등과 공의회가 갖는 이러한 역사적인 의미를 숙고하는 데서 얻어내고자 할 경우 다음과 같은 결과를 얻을 수 있겠다 ; 교회가 스스로를 에큐메니칼 교회로 이해할 때 책임져야 할 것이 있는데 그것은 바로 하나님의 평화가 실현될 수 있는 공간을 가능한 한 넓게 만들어 주어야 한다는 것이다. 여기서 중요한 것은 여러 대륙의 교회들을 서로 연결해 줄 수 있는 것은 교회 내부의 평화라는 측면이다. 이러한 평화는 여러 다른 교회들과 그 곳의 구성원들 사이에서 사회정의가 문제로 파악되지도 않고 다루어지지도 않을 때 위협을 받는다. 에큐메니칼 교회가 세계 평화의 한 부분으로 이해되어 지면 교회평화에 대한 사회적 정의의 의미는 그 해당상황의 절박함을 인식하는 정도에 따라 상당한 차이가 있다. 사회적 정의에 대한 기준에 영향을 주는 것들로는 여러 가지 문화적 전통, 상이한 사회적 상황들, 그리고 교회와 구성원들 간의 상이한 이해관계들이 있다. 사회적 평화는 인간들이 그들의 삶의 기회를 서로 균등하게 하고자 가난한 자와 부유한 자들 간의 격차를 없애려고 노력하는 그 시점에서 생겨난다. 이와 마찬가지로 교회가 자기에게 주어진 고유한 과제들을 신학적으로 숙고해 보려는 신학이론의 영역이나 신학토론의 현장들에서 함께 그 해결책을 찾아보려는 노력을 실천하면서 비교적 영향력이 적은 제3세계의 교회와 신학자들에게 동등한 발언 영향력을 주기 위해 노력하는 그 시점에서 교회의 에큐메니칼적 평화는 출발한다. 공의회적 교회는 개발과 개발정책의 영역에 대해, 정확히 말해서 교회가 책임지고 있는 개발도상국 원조활동에 대해 제기된 신학적 질문들 - 이는 해당자들 자신, 따라서 제3세계 신학자들이 제기하고 있는 문제들이다 - 이 충분히 영향력을 행사할 수 있도록 하는 데서 그 진가를 발휘할 것이다.[35]

5. 개발도상국 원조영역의 기준 모색을 위한 신학의 기여

우리는 개발도상국 원조의 실천을 대충 살펴보기만 해도 개발도상국 원조이론에 못지 않게 현장에서 고려될 수 있는 수많은 사회적, 정치적 요소들과 영향의 영역을 보게 된다. 이러한 전체 사실에 비추어서 다른

---

35. Klaus Nürnberger : Dependenztheorien in der Entwicklungsdebatte als Thema der theologischen Ethik. In : ZEE. 29/1985, S. 483-465; Hermann Sautter : Warum ist die Dritte Welt arm? - Die Dependenztheorie im Rückblick. In : EK. Stuttgart, 18/1985, S. 501-505.

여타의 실천영역에서와 마찬가지로 교회의 개발도상국 원조영역에서도 실천적 행동을 이론적으로 조정할 수 있는 가능성이 무엇 때문에 늘 제한받는가 하는 사실을 추측하여 알 수 있게 되었다. 우발성이라는 요소는 이러한 과장적 실제로부터 결코 과소평가될 수 없는 영향력을 지니고 있다. 실천문제를 이론적으로 접근하는 것이 한계가 있음을 처음부터 고려한다 하더라도 교회의 원조활동이 항상 책임 있는 행동이어야 한다면 그 행동기준들을 신학이론적으로 발전시켜야 한다는 과제는 여전히 교회의 몫이다.

행동영역의 복잡성과 다양성을 고려해 볼 때 근본주의적인 신학의 기본 교리들로부터 행동을 제시하는 문장들을 유추해 내는 정도에 머무르는 것으로 신학의 과제를 삼을 수는 없다. 그렇다고 실천을 위한 저개발 영역에 대한 이론을 강연하거나 새로운 세계 경제질서를 기획하는 것도 신학자의 과제는 아니다. 오히려 사회, 정치, 경제의 전문가들이 발전시킨 이론들에 대해 신학적인 의문을 제기하는 것이 어쩌면 신학자들의 진정한 신학과제일 수 있겠다. 혹 교회의 개발도상국 원조의 기본 관점이 신학이론을 지향한다고 해서 그 원조의 실천 에큐메니칼-공의회적인 기독교공동체의 평화원칙을 만족시킬 수 있는가? 세계 사회적인 약자들이 충분히 고려될 수 있는가?

이러한 질문 앞에서 신학자는 제시된 문제해결을 위한 여러 전략을 발전시키는 경제학 전문가들이 갖는 기능을 대신할 수 없다. 또한 신학자는 이러한 실제상황에서 뚜렷한 가능성이 있는 해결책을 가지고 이 문제를 중재할 수 있는 입장도 되지 못한다. 오히려 신학자의 역할이란 여러 대책을 제안하는 전문가들의 대화를 계속 이끌어 나가기 위해 자기가 생각하는 관점에 의거하여 비판적 질문을 제기하는 대화 상대자의 역할 같은 것이다. 그렇다면 교회 편에서 볼 때 신학의 어떤 기준들이 전문가들과의 대화에 도입될 수 있는가 하는 것이다.

다음은 이러한 질문의 두 번째 측면에 관한 것인데 만약 교회의 개발도상국 원조가 그 자체의 실천을 신학적 책임 안에서 돌이켜 본다고 할 때, 개발도상국에 대한 개발 정책적인 여러 조처들이 공동협력 차원에서 이루어지고 있는 교회 개발도상국 원조는 전체적으로 어디에 그 중점을 두고 진행할 수 있는가? 이러한 질문에 대한 답을 찾다 보면 에큐메니칼 교회가 가진 다양한 세계 경험들을 수용할 수 있을 것이다.

세계에 대한 교회의 공동책임이라는 측면에서 우리는 이에 대한 첫 번째의 시사점을 얻을 수 있다. 여기서 말하는 교회는 세계 사회내에 있는 세계 사회를 위한 교회이다. 이것은 바로 정치적으로 함께 만들어 나가는 실천행위에서도 공동책임이 이루어지는 일이다. 그래서 에큐메니칼 교회는 자신이 정치적이냐 아니냐 하는 선택의 가능성을 갖고 있지 않으며, 정치적으로 어떻게 참여하고 스스로를 어떻게 이해하느냐 하는 그런 다른 면에서의 선택 가능성만을 가지고 있을 뿐이다. 이 점에서 보면 교회의 개발도상국 원조는 제3세계 개발도상국 정치의 한 부분이며, 교회의 원조는 이러한 정치적 요구를 받아들여 충족시켜야만 한다. 이런 관점에서 보아 교회와 신학은 교회 개발도상국 원조의 여러 조처들은 그들이 가진 정치적 이해관계들에 대해 질문할 수 있어야 하며 자신이 초래하는 정치적 결과에 대해서도 측정되고 평가되어야 한다.

에큐메니칼 교회의 두 번째 경험은 전우주적 구원에 대한 것으로 집약된다. 종교는 피안을 지향하는 추상적 사건이 아니라 삶의 현실에 직접적인 관련을 맺고 있다. 전우주적 구원이라는 차원은 평화개념에서 가장 분명하게 드러난다. '개발'이라는 목표설정은 평화라는 개념을 가지고 측정할 수 있으며, 이럴 경우 개발 정책적인 영역에 적용해 가는 과정에서 전우주적인 원칙 – 바로 인간의 선한 삶이 갖는 우주성에 관련해서도 – 이 해석되어야 한다.

그래서 독일 개신교총회(EKD)의 개발관련 교육 및 저널리즘에 대한 대체적인 계획은 다음과 같다 : "'개발'이란 경제적인 성장을 의미하는 것이 아니라 사회정의를 실현하고 가난한 이들로 하여금 그들 삶의 다양한 조건들을 적극적으로, 그리고 활기차게 개선할 수 있게 해 주는 과정이며 삶을 위한 모든 영역을 포괄하는 과정으로서 이해된다." 이러한 조항은 실천적 행동뿐만 아니라 이론적 인식에 대해서도 중요하다. 우리는 종종 개발 정책적인 것에 너무 치중해 여러 경제적 연관관계들을 해당 문화의 전체 맥락으로부터 분리하여 사고해서는 안 된다. 경제적 변화들은 전체문화에, 가족과 집단의 생활환경에, 후세대의 사회와 이주형태와 모든 생활양식에 반작용을 미친다. 이런 점으로 미루어 볼 때 기독교 선교역사를 비판적으로 보는 것도 필요하다.

선교는 종종 그 지방의 토착문화에 돌이킬 수 없고 취소할 수 없을 정도로 극심하게 침해하여 삶의 환경을 완전히 바꾸어 놓기도 했다. 그러한 침해는 더 나은 새로운 문화적 가치표본을 위한 것으로서 유럽세계의 가치표본이 일반적으로 제시되었는데 그 진상의 실체는 아직 제대로 밝혀지지 않았다. 개발이 그대로 유럽화된다는 것을 의미해서는 안 되고 제3세계의 문화적 고유성이 보존되어야 한다면 개발은 완만하게 진행되어야 한다. 그럴 때에 교회의 개발원조를 통한 사회적 변화는 최소한 부분적으로나마 문화적인 전체 과정으로 자연스럽게 이해되어지고 수용되는 것이다.

에큐메니칼 교회의 공의회적 경험은 이렇게 한편으로는 기존의 이해관계 대립이라는 사실에서 나오고, 다른 한편으로는 대화를 통한 갈등해결을 목표로 하는 데 있다. 이러한 해결방식 안에서 대화의 참여자들이 똑같은 기회를 가지고 자신들의 관심을 표명할 수 있어야 한다. 교회의 구성원인 사람들은 그의 인격적 측면에서, 그리고 구성원들이 서로간에 절대적으로 동등한 가치를 갖고 있다는 의미에서 교회의 구성원이다. 교회구조를 이런 식으로 그 관점에 맞춘다는 것이 특히 상이한 조직형태들 속에 있는 세계 교회로서는 대단히 어렵다는 사실을 간과해서는 안 된다. 교회가 스스로의 이러한 모습에 대하여 지속적인 비판의식을 가지고 있어야 한다는 것은 교회의 유효한 과제로 늘 남게 되는 것이다. 그리고 여러 가지로 시행이 어려울 수 있다는 이유를 전제로 하더라도 인권과제들이 제기한 여러 가지 생각들을 수용하면서 개개인 및 민족들의 평등이라는 관점을 개발 정책적인 토론에 끌어들여 교회가 취할 행동방향을 잡아가는 일을 교회가 그만두어서는 안 된다.

이것이 의미하는 바는 교회개발 정책적인 여러 조처를 결정하는 것이 주는 측의 한쪽이 아니라 주는 측과 받는 측 양쪽이라는 사실을 인지하는 것이다. 동시에 이것이 의미하는 바는 개발도상국 원조조처들이 실제로 제3세계의 기회균등을 촉진하는지 아니면 방해하는지, 또 그 조처들이 가령 유럽이나 북미교회에 대한 제3세계 교회의 종속을 강화시키는지 아닌지를 살펴봄으로써 교회가 자신들의 개발도상국 원조에 따른 여러 조처들을 다시 한번 검증해 볼 수 있다는 것이다.

이러한 관점에서 교회가 재정적 지원을 해 줄 수 없는데도 불구하고 직무성과를 지향하여 교회의 담당자 구조를 확대한다는 등의 내용은 바람직하지 않다. 교회는 개발도상국 원조를 통하여 1세계 교회가 3세계 교회의 재정적 후원인이 된다 하더라도 그 개발원조의 결과가 해당 국가나 해당국 교회의 자율성이나 독립성이 침해를 받거나 기회균등이 강화되지 않고 오히려 약화될 때에는 비판적인 평가를 피할 수가 없다. 개발을 지향하는 행동이 갖는 이러한 결과적 판단기준을 볼 때 주는 쪽이 일방적으로 결정할 수 있는 것이 아니며 바로 여기에서 주는 쪽과 받는 쪽간의 대화가 간단하지 않다는 것이 드러난다.

에큐메니칼 토론과 개발 정책적인 토론에서는 제3세계의 개발도상국에서의 사회구조적 특성으로 경제적, 정치적, 문화적인 엘리트들의 생활환경과 사회적으로 힘이 없고 종종 착취당하는 서민계층, 즉 '가난한 이들' 간의 심한 격차를 자주 언급했다. 기회균등이라는 사고는 이러한 개발도상국 자체 문제 배경 앞에서도 깊이 생각되어야 한다.

그래서 신학은 기회균등이라는 차원에서 사회적으로 가장 힘이 없는 계층에 도움이 되고 그들의 이해관계에 맞게 설정된 개발도상국 원조 조처들을 여타의 다른 조처들에 비해 우선적인 것으로 간주할 수 있다. 이러한 에큐메니칼 신학의 관점은 교회위원회들이 국가적 혹은 국제적인 차원의 저개발 정책적인 초안을 비판적으로 자세히 검토할 때 - 그리고 이는 세계 사회 내에서 교회가 가지는 저개발 정책적인 공동책임의 한 부분이다 - 도입되어야 할 것이다.

기회균등은 무엇보다 먼저 사회적으로 실현되어야 하는 하나의 원칙이다. 사회적 기회균등은 경제적 발전을 바탕으로 해서 억지로 생겨나지 않으며 나름대로의 노력이 필요하다. 세계 경제의 위기상황에 대해 이론적인 해결 가능성을 모색해 보는 토론에서 교회측은 세계 사회의 약한 집단의 이해관계를 지속적으로 대변해야 한다.

위에서 언급한 신학의 관점들은 상황에 따라 어렵지 않게 확장될 수 있을 것이다. 여기서 다룬 것은 우선 몇 가지 방향을 시사하고자 한 것이다. 다음의 한 가지 사실은 여전히 주의해 볼 만하다 ; 즉, 여기서 얻은 기준들은 에큐메니칼 교회의 차원과 관계되지만 어떤 연역적인 증명을 말하는 것은 아니다. 이 기준들은 자신들이 속한 하나의 범주를 넘어설 때 생겨난다 ; 즉, 에큐메니칼 경험들은 신학적으로 농축되고, 그리고 당면한 실천과는 비판적인 관계를 맺는다. 당면한 실천영역에 대하여 신학적인 내용으로 극복시도를 비판적으로 철저히 다루는 가운데 행동이 지향하는 여러 방향들이 나타난다. 교회가 구체적인 개별상황에 처하여 무엇이 올바르고 필수적인 행동인가를 알고자 할 때는 이미 법제화된 상태와 교리적으로 규정되어진 하나의 영역을 넘어서는 것이 늘 새롭게 필요한 일이다.

Ⅲ

개교회와 기능적인 직무들

　교회들, 더 정확히 말하자면 기성조직의 교회들과 그를 둘러싸고 신생 발전하는 교회의 기능적인 직무[1]간의 관계규정은 흔히 교회 내외에서 문제성을 내포하는데, 이 문제는 교회의 기구들 및 단체들 안에서 대다수가 구체화되어 나타난다.

　다음과 같은 질문이나 확정적 표현은 이러한 전체 문제를 특징적으로 보여 준다 ; "도대체 무엇 때문에 교회의 고유업무 이외의 기능적인 직무가 교회에서 필요한가? 교회의 기능적 직무의 하나인 총회 중앙조직에서 작업하여 만들어 낸 것 중에서 개교회가 받아들일 것은 전혀 없거나 거의 없다." 이러한 발언이 모든 기능적인 직무에 똑같이 들어맞는 것은 아닌데, 왜냐하면 모든 사람들이 하나의 기능적인 직무를 하고 있는 교회의 중앙조직인 총회와 지역교회간의 거리감을 똑같은 정도로 느끼는 것은 아니기 때문이다. 그러나 기능적인 직무가 일반적으로 평

---

1. 교회 내에서나 혹은 교회 바깥에서 특수한 목적과 선교적, 혹은 사회적 과제들을 중심으로 이루어지는 기독교적 단체활동들을 일컫는다. 예로서는 청소년, 사회봉사 기구들, 실업인회, 산업선교 활동 등 다양하다 하겠다(역자주).

가되는 데 흔히 쓰이는 척도는 그것이 해당 지역교회의 복음사업에 어느 정도 도움이 되느냐 하는 것이다. 이때 여기에서 요구되고 있는 '교회에 대한 도움'이라는 개념이 적절하고 충분한 기준에 근거하여 중심문제로 다루어지고 있는지 어떤지는 이제 앞으로 다루어지게 될 것이다. 본서에서는 다음 네 가지 부분으로 나누어 설명하고자 한다.

1. 본 주제에 대한 역사적 고찰
2. 기능적인 직무에 대한 사회학적 분석
3. 신학적 문제들
4. 기능적인 직무와 지역교회의 관계를 조화시키는 문제에 대하여

1. 본 주제에 대한 역사적 고찰

교회가 직접적으로 실천하지 않는 교회의 여러 활동형태들은 늦어도 19세기 초부터 발생했다. 그것은 무엇보다도 교회의 교구활동만으로는 교회활동이 부족하다고 판단되었기 때문이다. 이러한 조짐은 이미 18세기에 경건주의적 흐름이 시작된 경건운동의 급격한 확산에서 그 가치가 드러났는데, 당시 교회를 통한 개인적 믿음과 기독교적 삶 일반에 부족했던 내용을 경건운동이 메워 내는 기능을 하였던 것이다. 즉, 그리스도인들이 성서연구를 중심으로 한 소모임들을 통해서 믿음으로 가득 찬 일상생활을 개개인이 책임지고 영위해 나아갈 수 있었다는 것이다. 또한 성서연구를 통한 경건의식의 발달은 그리스도인에게 주어진 사회적 책임을 기독교적 실존으로 이해하고 받아들이게 되었으며 개교회 평신도들의 정신적, 영적 협력 – 이는 신학적으로 평신도적 은사들로 이미 교회역사에서 요구된 협력인데 – 들이 강력하게 형성될 수 있었다.

이렇게 교회의 조직을 넘어서는 또 다른 교회의 기능적인 움직임들이 유럽지역을 너머 전세계로 확장되면서 비슷한 목표를 지향하는 혁

신적인 경건집단들이 꾸준히 발전하였다. 18~19세기 간의 약 100년의 세월을 훨씬 뛰어넘는 세월의 흐름에서도 꾸준히 발전되어 온 교회의 경건집단들의 형성과 그 기능적인 역할들은 오늘날 산업사회의 새로운 전제조건들 아래에서도 경건주의적 유산을 넉넉히 계승해 가고 있다고 보인다.

예를 들면, 1850년 남독일의 스투트가르트 도시에서는 청소년 단체들이 만들어졌다. 여기서 주된 것들은 청소년 성서연구 모임이나 청소년 선교모임 등이었다. 또 위태로운 지경에 이른 노동자들을 돌보아 주는 교회봉사 차원의 단체들이 도시들에서 계속하여 만들어졌는데, 이를테면 1832년 스위스의 바젤 시에서는 노동자, 노동자 견습생, 어린 소년들을 위한 주일교실 단체가 생겨났다. 그런 비슷한 단체가 조금 후에는 브레멘에서도 생겨났다. 개교회가 행하는 간병인 활동 역시 단체적으로 조직되기 시작했다. 1831년에는 아말리 지버킹(Amalie Sieveking)[2]이 함부르크에서 빈민, 병자 구호협회를 창설했다.[3]

산업사회로 변모해 가는 사회발전 과정에서 지역 개교회 자체가 담당하지 못하는 교회봉사적인 기능들이 사회적으로 필요, 요청되게 되었는데, 이는 몇 가지 예에서 분명하게 볼 수 있다. 산업사회에서 생기

---

2. Amalie Sieveking(1794-1859)은 1816년 6명의 가난한 소녀를 중심으로 학교를 설립했으며, 1831년 콜레라가 독일 전역에 퍼졌을 때 '가난한 자와 병든 자를 위한 여성단체'를 설립(1832)했다. 후에 Th. Fliedner 목사의 부름에 응하여 1836년 디아코니세 어머니 집의 초대 원장으로 '어머니' 역할을 했다. 그는 동시대의 기독병원 등의 책임을 떠맡기도 하는 등, 최초로 개신교 여성의 적극적인 활동을 교회 안팎에서 공적인 승인과 더불어 실천한 인물이다. 그녀는 가난을 동정으로 섬기는 것이 아니라 적절한 일자리를 마련해 주는 한편, 경건과 절제를 실천하고 자급자족의 길을 열어주는 것으로 이해하고 그것을 실천함으로써 플리드너와 비허른과는 다른 또 하나의 '사랑의 실천'을 제시한 여성이기도 하다(역자주).

3. Johannes Jürgensen : Vom Jünglingsverein zur Aktionsgruppe. Gütersloh, 1980, S. 10ff.

는 사회문제들은 교회 교구 차원에서는 신속하고 충분하게 다루어지지 못했다. 그 이유는 얼마든지 추측이 가능한데 아마도 다양하고 새롭게 드러나는 사회문제들이 교회 차원에서는 전혀 적절하고 신속하게 수용될 수 없었을 것이고, 교회의 직접적인 반응이 느린 이유 때문에 기독교적인 특성을 지닌 경건집단들에 의하여 교회운동 차원의 봉사조직들이 교회 안팎에서 신흥조직, 발전되어진 것 같다.

이렇게 신흥조직으로 구성되어지는 기독교적 기능적인 직무들이 기성 지역교회나 신흥교회들의 특성과 깊은 연관관계를 맺으면서도 19C 말과 20C 초가 되어서야 새로운 교회봉사적 관심으로 주목을 끌게 되었다. 이러한 두 조직들의 활동이 연합적인 관심으로 통합 발전되기는 사회의 발전에 따라 교회 차원의 자율단체들이 다양하고 신속하게 설립됨으로써 그 방대해지는 기독교적 운동을 교회조직이 주의 깊게 관찰한 결과였다고 할 수 있다. 기능적인 직무들은 비교적 자율적으로 모이는 가운데 조직되었고, 이 모임들의 특성에 따라 해당 직무들이 담당되었다(자율모델에 따른 해결방안).

1945년 이후 독일에서는 또 다른 하나의 조직적 해결방안이 지배적인 관심을 끌게 되는데, 즉 기능적인 다양한 직무들이 기독교적 기구와 단체들로서 하나의 총체적 조직으로 통합(통합모델에 따른 해결방안)된다는 사실이다. 나치즘 시대에서는 교회의 사회적 기능이 더 좁은 의미에서만 승인되어지는 종교적인 과제로 대단히 축소되고 제한되었다. 이러한 결과들이 또한 교회의 기능적 직무들이 자생되거나 창설되는 데에 한몫을 했다. 이렇게 창설되거나 신설되는 기독교적 기능직무들은 사회발전에 대한 신속한 발전과 더불어 대단한 전문성을 발휘하기도 한다. 특히 노동자와 청소년들을 위한 기능적 직무들의 다양한 발전은 특히 시사적이다.

통합모델과 자율모델이 가지는 장점이나 단점을 여기서 다 토론할 수는 없다. 분명한 것은 새로운 해결책이 장점만 갖고 있는 것은 아니라는 사실이다. 평신도들이 적극적으로 참여할 수 있고 교회의 기독성에 대한 공동책임을 인식하는 것은 통합적인 모델에서보다는 오히려 그보다 앞선 경건주의 운동 영향하에서 이루어진 자율모델에서 더욱 강하게 실현되었던 것 같다.

2. 교회의 기능적인 직무에 대한 사회학적 관점들

기능적인 직무들은 대개 전체 사회의 발전과 더불어 구조들 및 사회 문제에 대한 해결의 필연성들이 분화되어 가는 과정에서 단체들의 형태로 생겨났다. 이것은 우선 교회의 사회적 시스템과 사회의 다른 부분 시스템들이 어느 정도로 서로 맞물려 있을 수 있는가를 보여 준다.

교구적-지역적인 정통적 조직원칙을 지양하고 새로 생긴 기능적인 봉사조직들은 전체 사회의 분화에 좀더 강력하게 부응하는 제2의 조직원칙, 즉 기능상의 조직원칙을 만들어 냈다.[4] 그러나 이러한 하나의 특별한 기능을 지향하는 경우에 생겨진 조직상의 하위단위는 더 이상 일반적 차원에서 모든 주변관계를 다 받아들이지 못하며 오직 특별한 영역을 위해서만 역할을 하게 된다. 이러한 기능적 직무의 제한성은 전반적인 영역에서 영향을 줄 수 없는 대신에 그 해당 영역에 대해서는 책임적인 의무감을 갖게 된다. 이런 경우에 떠맡게 되는 과제범위는 공동생활상태가 특징인 인간집단에 대한 관할권에 의해, 혹은 특별한 활동양식에 의해 제한적으로 정의되어진다.

예를 들어, 봉사라는 것이 교육부문, 교회의 사회봉사, 상담, 저널리즘 등 활동에 따라서 혹은 민족선교, 세계선교라는 관할지역에 따라서, 혹은 공공 차원의 의지형성 부문에 따른 아카데미들이 교회의 협력에 따라서 서로 구별된다거나 활동형태에 따라 그 경계가 설정되는 것이

---

4. Niklas Luhmann : Funktion der Religion. Frankfurt, 1977, S. 272ff.

다. 가족활동, 여성활동, 남성활동, 청소년활동, 학생활동과 같은 부문들이나 노동자들, 농부들 혹은 기업가들에 대한 역할에 따라 이루어지는 교회 차원의 봉사, 이런 것들이 논의의 중요 대상으로 거론될 때는 인간집단 특유성이 경계로 설정된다. 이와 같은 주요 집단들 외에도 가령 병원목회라든지, 교도소목회, 군대목회와 같은 공공기관에 연관된 교회봉사들도 있다.

위에서 언급한 분류원칙으로 서로간의 경계선이 물론 명확하게 그어지지는 않는다. 그래서 경계를 설정한다는 것은 대단히 어렵다. 인간집단 특유의 분류는 대개 보다 오래된 것이고, 최근의 봉사들은 오히려 활동양식에 따라 분류되어 있다는 사실을 우리가 생각해 볼 때 특히 경계설정에 어려움이 많다.

가령 한편으로는 개신교 성인교육과 다른 한편으로는 여성활동, 남성활동, 혹은 청소년활동 사이에서 그러한 종류의 경계설정 문제, 또한 역사적으로 한계가 있는 경계설정 문제가 생긴다.

이렇게 세분화된 교회봉사는 어떠한 기능을 충족시키는가? 교회의 봉사는 대단히 복잡한 주변세계를 배경으로 해서 교회의 조직 시스템을 더욱 다양하게 한다. 이러한 현실적 상황을 고려해 볼 때 교회의 기능적인 직무봉사는 형식상으로 보면 이 복잡함을 보다 잘 극복하는 기능을 가진다. 이렇게 교회의 조직이 사회적 주변세계와 연관을 맺을 때 일은 보다 더 잘 해낼 수 있게 되며, 이는 시스템 유지 및 목적달성에도 도움이 된다.

이미 위에서 언급했던 조직체로서의 교회에 대한 기본이 되는 기능들은 다음 사실들에 의해 생긴다.

   a) 교회의 복음이 사회와의 상호 교류와 같은 목적달성을 위해 중요한 방법들과 전체 지식을 완성해 내고자 함으로써(다양한 원조활동의 제공)

   b) 사회의 여러 가지 활동들을 교회활동과 잘 조화시키고자 함으로

써 협의, 위원회활동을 하고자 할 때
  c) 기존의 지역교회 내에서, 그리고 이 지역교회를 보충하는 차원에서 장·단기적으로 필요한 그룹집단을 형성하는 형태로 이루어지는 집단형성과 독특한 개별적인 제안 등을 통해서
  d) 전체 사회적으로 중요성과 의미를 지니는 특수한 과제를 교회가 받아들임으로써(저널리즘, 교회봉사 등)

위에서 교회가 행동양식, 즉 인간집단 혹은 공공기관과 연관시켜 기능상의 직무들을 구분해 보았는데, 그 외에도 그 기능의 인식방법들 (a-d)이 각각 다르게 강조되어 있다는 사실을 통해 교회봉사들이 갖는 서로간의 특수한 차이점들이 드러난다.

기독교의 현존하는 전체 신학지식을 완성해 내고 안전하게 지켜내고자 할 때나 또 활동 (a)와 (b)를 잘 조화시킴으로 자신의 사회적 과제를 우선적으로 받아들이는 기독교의 단체들로 조직되어서 교회의 상부연맹이나 혹은 기성교회 조직과 비교될 수 있는 정도로 발전되었다. 그러나 그 기능과 역할에 있어서는 분명한 구별이 된다. 왜냐하면 현재의 교회조직적 조건하에서는 교회의 중앙관리기구의 제도에서나 교회공동체들 같은 기본 집단들이 기존의 그러한 기능적인 봉사들을 직접 담당하지는 못하기 때문이다. 물론 부분적으로는 기존 교회집단들에게도 참여권이 주어져 있기는 하다(예를 들어, 청소년 기구들의 범위 안에서는 대개 그러하다.). 이러한 방식은 분명히 잠재적으로 갈등이 생길 수 있다는 사실을 배제할 수 없다. 좀더 정확히 말하자면, 만약 교회의 기능적 직무를 갖는 집단이나 그룹이 기존의 관할권 내에 있는 교회 지도부나 교회 중앙행정부와는 다른 봉사실천 등에 대한 목표를 설정하게 될 경우 이 양 그룹들 간에 갈등의 잠재성이 두드러지게 된다는 것이다. 뿐만 아니라 양 그룹간의 갈등은 기능상의 직무그룹과 기존 교회구조들이 활동하는 활동영역과 봉사실천의 대상이 중첩될 경우에도 역시 첨예화되어 나타난다. 이럴 경우 교회의 기능적인 직무는 기존 교회구조

에 비해 그 과제 영역이 제한되고 다만 부분적인 자율권만이 인정되어 지는 하위 시스템으로 규정되어진다.

 만약 어떤 교회기능적인 직무를 목적으로 하는 기독교 집단이나 그룹들이 지향하는 생활규범이나 가치설정 및 내용들이 기존 교회의 구조나 조직들에서 우선시되고 중요하게 다루어지는 내용과 일치하지 않을 경우에도 이 갈등은 드러날 수 있다. 이런 경우 교회기능적 직무는 실천하는 그룹이나 집단들이 어떤 특정한 대상을 지향하고 적극적으로 추진할수록 이 긴장상태는 더욱 빠르게 전체 교회조직과 심지어는 지역교회의 하위조직들에까지 확장되어진다. 이러한 긴장은 기능적 직무가 의식적으로 어떤 특정소속 집단의 이해관계를 대변하는 쪽으로 과제가 기울어질수록 더욱 심해진다. 예를 들어, 주로 피고용인들의 이해관계를 함께 대변하고 그 대신 기업주와의 접촉은 소홀히 하는 노동세계에서의 교회봉사는 국교회의 시스템에서 모두를 위한 교회라는 기본구상을 강조해야 하는 입장에 서 있는 교회 중앙관리기구와 기존 교회 구조와의 관계에서 긴장상태에 놓이게 된다. 우리는 이러한 예에서 기능상의 직무가 의식적으로 갖고 있는 구조조직상의 자율성 내지는 부분적 자율성은 바로 외부와의 여러 갈등관계를 이해하는 데에서 부담을 덜어주는 쪽으로 작용할 수 있음을 알 수 있다.

 이러한 몇몇 분석을 통해서 우리는 교회의 기능상의 직무완성이 교회의 모든 형태에서 중요한 사실로 받아들여지고 있지는 않다는 것을 알 수 있다. 교회의 임무가 무엇인가를 규정하기 위한 근본이념상의 신학적 숙고는 전교회적 활동영역에서와 마찬가지로 이 기능적인 직무영역에서도 분명한 필요성을 보여 주고 있다.

 교회의 기능적인 직무는 사회복지 실현을 사회복지 국가와 교회봉사가 연합적으로 이루어 내고자 하는 국교회적인 교회유형을 표현하는 것으로 볼 수 있다. 국교회 구조에서 시민들 대부분은 교회공동체에 소속되어 있으면서 동시에 교회의 사회적 공동책임을 기독교적으로 잘 파악하고 있다. 기독교의 이러한 사회적 공동책임의 인식을, 다시 말해서 교회기능적인 직무가 사회 안에서 다양하게 존재해야 할 근본적인 동의를 동반하게 하는 것이다. 예를 들면, 동독상황에서는 사회주의 국가, 서독에서는 민주주의적 – 복수주의적 국가제도의 기본 동의에 의거해서 나름대로 확정된다.

그러므로 교회의 임무를 국교회적으로 규정하기 위해서는 교회봉사를 세분화시켜 사회의 분화 현상에 대응하는 것이 필요하다. 그러나 이에 반해 기존 교회공동체 차원의 신학조항에서는 다른 결과들이 나올 수 있다.

기존 교회공동체들의 신학적인 기본 구상에 따르면 말씀과 성만찬을 중심으로 모이고 그 안에서 세계에 봉사하도록 개개인을 훈련시키고 미래지향적인 교회를 이루어 나가는 것이 교회임무의 핵심으로 인지되어 있다. 여기에서 알 수 있는 것은 기존 교회공동체 차원의 이러한 활동은 전망할 수 있는 영역, 즉 일상적인 것, 비전문가라도 인지할 수 있는 것의 영역에 그 중점을 두고 있다. 교회공동체 차원의 신학조항이라는 틀 안에서는 정치적 차원에서 중요하게 취급되는 기존 각각의 모델들을 따라 수행하는 것이지, 교회공동체를 실험적으로 수술대 위에 올려놓게 되는 모험의 기능을 가진 각 현장상황들에 대한 총체적인 프로그램 형성을 지향하는 것은 아니다. 반면에 일반 대중은 교회에서 사회의 근본 문제들이 토론되고 구체적으로 정치적 형태를 갖출 때에 교회공동체 차원의 일에 관심을 갖게 되며, 논쟁과 갈등, 그리고 저항운동 등을 통해 활동을 한다. 이러한 구체적인 교회의 과제를 파악하기 위해서 기능적인 조직을 활성화하는 것은 상황에 따라, 또는 경우에 따라 그때그때마다 해당 기본 집단들에 의해 이루어진다.

서독교회들의 현재 상황은 동독의 변화된 상황에서와 마찬가지로 국교회의 틀로부터 조금도 벗어나지 못하고 있다. 교회의 정치적 협력을 인정하는 서독과 같은 국가제도에서는 교회기능적인 특성을 가진 사회

단체들에 따라서 일반 대중의 의지를 모아 가는데 이전의 국가와 교회가 연합으로 이루어진 국가교회 구조에서보다 교회가 독자적으로 일반 대중과 협력하는 것이 훨씬 더 쉬워졌다. 물론 교회가 대사회를 실천영역으로 인간의 자유와 기본권이라는 개념에 둘러싸여 있으면서 교회의 고유한 영적 영역을 보존해 내야 한다는 사실은 역시 크나큰 부담이 될 수 있다. 왜냐하면 복지실현을 이루어 내어야 할 목표지향과 교회의 고유성을 안전하게 유지해야 된다는 것은 자주, 그리고 쉽게 갈등상태에 빠져들 수 있기 때문이다. 국교회의 이러한 현재 상황은 문제상태를 더 악화시키는데 이는 교회가 더 이상 국가의 뒷조사를 받지 않는 사회기관에 속하기 때문이 아니라 오히려 교회 구성원들이 세속사회의 한 구성원으로도 활동을 계속하기 때문이다. 그래서 교회에 대한 관심이라는 것이 반드시 교회에 속할 필요는 없고 다만 속할 가능성만 있는 다른 일반 조직체들 중의 하나와 마찬가지라는 개념으로 정착된 것이다.

조직에 대한 개인적인 무관심, 교회의 경우에는 교회의 임무를 수용하는 관점에 대한 불만, 그리고 개인이나 사회를 위한 기능들의 부족들 때문에 경우에 따라서는 구성원들이 교회에서 탈퇴하기도 한다. 늘 그런 것은 아니지만 대단히 영향력 있는 구성원들이 교회를 탈퇴하는 경우 그 원인이 교회 지도부에 있다는 사실을 보고함으로써(비숍에게 보내는 편지 등) 자신들의 행동을 통해 교회에 영향력을 강화시키려고 한다. 탈퇴했다는 것은 그들을 알고 있는 사람들에게도 알려지게 된다. 그러나 교회를 탈퇴하는 경우뿐만 아니라 일반 대중에게서도 교회에 대한 명백한 비판의 목소리가 나오게 된다. 비판적인 입장을 표명함으로써 하나의 영향력이 행사되는 것이다. 이러한 비판과 영향력 행사는 초지역적인 매체에도, 또 지역적인 매체에도 적용된다. 물론 이러한 과정이 부정적으로만 기술되어서는 안 된다. 교회가 민주사회의 한 부분이라면 교회는 바로 이러한 매체에 의해 함께 만들어진 공공사회의 진행과정에 참여해야 한다. 이런 관점에서 교회나 특히 교회 지도부와 교회 중앙행정부 차원에서 공적으로 이루어지는 교회기능적 직무는 철저하게 교회 안팎으로부터 논의된 사회를 위한 중요한 과제여야 한다. 왜냐하면 그러한 기능적 직무들의 활동은 공적인 영역에서 교회를 대변하는 것이기 때문이다. 이 경우는 토론과정에서 교회 자체 내에서보다 광범위한 의견형성을 위한 노력이 있어야 한다. 교회의 토론은 또한 어떤 이해관계를 가진 집단이 교회에 압력을 행사하고자 하는 경우에 있을 수 있는 갈등들을 조정하기 위해서 중요하게 검토되어야 한다는 것이다.

여기서 더 자세히 규정할 수는 없지만 결정적인 갈등상황들 속에서는, 어쨌든 교회가 행하는 활동을 가름하는 기준으로서 복음에 대한 신의와 성실이라는 기준이 신자들의 수(數) 유지라는 기준보다는 더 중요하게 여겨져야 할 것이다. 이는 교회의 기존지도부와 기능상의 직무, 다시 말해 교회 차원의 개개 기구들과 단체들 간의 관계에 대해서 다음을 의미한다 : 교회는 공공연하게 논의되는 교회의 기능적인 직무의 활동범위에 대한 문제 속에서도 그것이 예수에 대한 성실과 신의를 지키면서 자신의 입장을 취하고자 할 경우에 전체 조직체로서의 교회는 그 기능적인 기구들과 단체들의 활동공간을 가능한 한 넓게 마련해 주어야 할 과제를 갖게 된다. 이는 교회가 여러 부분과 이유에서 당파성을 가지고 참여하려 하지 않거나 참여할 수 없을 경우에도 해당된다. 우리는 때때로 국교회의 실제 활동공간이 항상 충분히 이용되고 있지는 않는 듯한 인상을 받고 있다.

3. 기능적 직무에 대한 논증과 신학적 문제들

개신교 전통 내에서는 교회에 대한 근본적인 신학적 발언이 기본적으로 기존의 교회를 지향하고 있다. 그러므로 기능상의 직무를 신학적으로 논증하는 데는 특히 어려움이 따른다. 이를테면 아우구스부르크 신앙고백 제Ⅶ장에서는 이렇게 말하고 있다 : "복음을 순수하게 받아들이고 복음에 따라 성만찬을 거행하는 모든 신앙인들의 모임인 성스러운 기독교 교회는 항상 있어야 하고 존속해야 한다."

이러한 주장에 따르면 교회는 말씀과 성만찬을 중심으로 한 모임 가운데서 생긴다는 것인데, 그렇다면 이런 기독교 교회가 어디서 기존 조직교회와는 다르게 지속적인 방식으로 이루어지고 있는가?

만약 교회공동체가 말씀과 성만찬을 중심으로 이루어지는 것이 맞다면 여기서 목회자가 관리하는 지역교회의 인격적인 교회공동체들, 그리고 특별한 그리스도교공동체들, 선교과제를 갖는 교회단체들, 기초집단들과 같은 다른 모양을 갖는 기능적인 직무들도 교회로서 명명되는 것이 가능하다. 그러나 교회의 지배적인 형태는 말씀과 성만찬을 중심으로 모여 있는 지역적으로 결부된 기존의 교회공동체를 의미한다.

다음의 사실도 잘 알려진 전제이다 : 즉, 아우구스부르그의 신앙고백 제Ⅶ장의 의미에서 교회는 여러 가지 상황과 관련되어 생길 수 있는데, 가령 청년들의 여가시간에, 학술회의 동안에, 개신교 성인교육 세미나에서도 생길 수 있다는 것이다. 그러나 이렇게 생성되는 교회는 지속성을 갖지 못한다. 그러나 이런 지속성이야말로 바로 기존의 지역교회들의 특징이다.

아우구스부르그 신앙고백의 의미에서 교회를 정의해 본다면 지속적인 특성을 가진 하나의 교회를 만들어 나가는 것을 포기해야만 하는 교회의 기능적인 직무들이 신학적으로 정당한가 하는 문제 앞에 서게 될 것이다. 다시 말해서, 교회가 말씀과 성만찬의 위임받은 바를 충분히 완수하기 위해 존재해야 한다는 사실이 분명하게 전제되지 않고 있다는 것이다. 개신교 교회 헌법의 머리말을 읽어 보면 이와 같은 어려움을 해결하기 위해 제한된 사회적 집회장소에 연관되지 않는 복음전파 개념을 정리하려고 애쓴 흔적이 보인다. 예를 들면, 하노버 루터교 복음주의 총회 헌법에는 다음과 같은 말이 있다 : "복음을 전파하라는 예수 그리스도의 위임은 루터 복음주의 총회에 의무를 부여한다." 이 위임은 '교회 없이'도 이루어질 수가 있다. 이 위임은 지역적으로 조직된 지속성을 보증해 주는 교회들의 그러한 조직체에는 적어도 직접 연결되어 있지 않다. 어쩌면 이러한 문구는 이미 교회라는 것이 기존에 있었기 때문에 그리스도의 위임이 전반적으로 실현될 수 있다는 것을 확실히 하고 있는지 모른다. 그러나 사람이 모인 교회가 무조건 고유한 수취인으로 명명되지는 않는다. 복음이 입에서 입으로 전달되는 곳에서는 어디에서나 복음이 전파되는 것이다.

복음전파가 교회에 의해서만 비로소 가능하게 되는 것으로 생각했다면 위에서 시사된 여러 가지 내용의 어려움들을 피하게 된다. 그러나 우리가 교회를 사건으로서, 무언가 일어나는 일로서 바로 복음이 말해질 때 새롭게 생기는 그 무엇으로 이해한다면 이러한 이해방법도 생각해 낼 수 있다. 즉, 교회기능상의 직무라는 것도 복음전파에 일정한 기여를 한다면 신학적으로 충분히 정당한 교회로 여겨질 수 있을 것이다. 기능상의 직무가 '선교적'인 방향으로 행해질 때, 또 봉사현장에서 교회의 선교상의 구조를 돕는 기능을 만들어 낼 때 기능상의 직무는 복음에 대한 일정한 기여를 하는 것이 된다. 오늘날 교회는 전반적으로 흔히 선교교회로 이해된다. 1958년 6월 6일자 독일 루터교회연합(Verein Evang.-Luth. Kirche in Deutschland : VELKD) 총회의 22번째의 테제가 '선교교회'로 불리는 것이 한 좋은 예이다. 이러한 연관속에서 그 테제들을 다루는 것은 60년대 초반 이래로 교회의 실천적 활동에 비교적 강한 영향력을 행사해 왔다는 점에서 의미 있는 일이다.

처음 세 테제는 다음과 같이 작성되어 있다 :

> "1. 교회는 주님의 명령을 따라 성령의 도구로, 그리스도의 승천과 재림 가운데서 하나님 나라의 복음을 모든 사람들에게 증언할 임무가 있다. 교회가 이러한 사명을 기피한다면 그 즉시로 교회가 행하는 모든 행위는 그 의미를 잃게 될 것이다.

2. 그리스도가 보냄을 받은 분이면서 동시에 보내시는 분이듯이, 그의 교회 역시 전파의 결실인 동시에 도구인 것이다. 교회가 선교를 하고자 하는지 어떤지를 결정할 필요는 없으며 교회가 할 수 있는 일은 다만 스스로를 교회로 불리도록 하는 것, 다시 말해 교회가 전파되게 하는 일이다. 그러므로 이 선교활동에 참여하지 않으려는 교회봉사는 아무런 열매도 맺지 못한다. 바꾸어 말하면, 선교를 목표로 하는 여러 활동이 그리스도의 몸인 교회로부터 분리되어 행해진다면 아무런 전권도 갖지 못하는 것과 같다.
3. 교회의 전파는 하나님을 알지 못하면서 예수 그리스도 안에서 살고 있는 비기독교도들, 유태인, 그리고 이교도들 뿐만이 아니라 세례를 받았지만 소외되어 있거나 나태해져 있는 개교회의 구성원들에게도 해당된다."

이러한 기초 위에서 테제 21은 다음과 같이 주장하고 있다 : "산적한 민중/국민선교적 과제와 현대사회의 전문화 현상으로 인해 교회가 가진 여러 가능성이 모두 다 소모되어 버린 곳에서는 교회의 기능적 직무가 초교회적인 민중선교를 대신하여 도움을 주는 것이 필요하다. 여기에 덧붙여 요구되는 것은 교회는 민중선교의 근본 토대와 여러 방법을 늘 새롭게 차근차근 생각하고, 그리고 실천적으로 길을 안내하는 그런 제도여야 한다는 것이다. 예를 들면, 교회 차원에서 민중선교를 담당하는 직책들, 그리고 민중선교와 관련된 특수업무를 수행하는 봉사직들, 즉 청소년, 남녀, 부부와 가족, 노동세계와 시골세계, 학자들 세계 등의 중대사들은 하나님의 말씀 아래에서 해명될 필요가 있다는 것이다. 이 일에 봉사하는 것들은 교회의 특별한 기능적인 기구들, 개신교 아카데미들, 개신교 시민대학들, 교회 세미나 등이 있다. 이러한 다양한 교회 선교 활동은 초교회적으로, 그리고 협의회의 모임으로 사람들이 함께 모여 기도, 대화, 성경공부 등을 하는 것은 지금까지는 깊은 관계를 갖지 못했던 사람들이 복음을 새롭게 만날 수 있고, 개신교 생활공동체가 실현될 수 있는 특별한 기회들이다. 초교회적 민중선교는 활동력을 만들어 내고 활동집단을 형성하며 활동원조를 만들어 내는 데 특히 도움이 된다……"5)

이런 식으로 교회의 기능할당과 정당성 시도에서 생겨지는 문제점은 우선적으로 기능적인 직무의 실제적 과제들이 신학적으로 충분히 파악될 수 없다는 사실이다. 만약 선교와 복음전파라는 두 개념을 최대한 넓은 범위까지 확장하여 이해하지 않는다면, 기능상의 직무의 몇몇 활동영역뿐만 아니라 대부분의 활동영역이 복음전파나 선교라는 개념으로 그 정체성을 설명할 수 없다는 것이다.

이러한 상황에 접해서 하나의 가능한 실천대안은 기능적인 직무들의 활동을 제한하여 그 봉사들이 복음전파 임무 내지는, 더 좁혀 말한다면 선교임무에 알맞도록 규제하는 일일 것이다. 그러나 이러한 소극적인 실천대안을 선택하는 사람은 그럴 경우 현대사회 생활의 분화현상을 충분히 고려할 수 없다는 것을 또한 인정해야 한다.

여기서 선교적인 복음전파의 이해와 완전히 구분되어 별개의 문제로 제시된 교회의 기능적인 직무를 신학적으로 이해하고 또 그 봉사의 실천을 존중하고 정당화하려는 신학적 조항이 적절한지 어떤지도 문제가 될 수 있다.

예수 그리스도에 대한 증언이 기독교 교회의 무조건적인 과제라는 것이 사실이라고 할 때 항상 기독교적 실존 자체를 광범위한 삶으로 실천 수행해 내는 것을 함께 의미한다는 것은 논쟁의 여지가 없다. 예수 그리스도에 대한 증언이 삶의 실천을 통하여 전체적인 것으로 이루어진다는 이해에서 생각해 보면 복음전파라는 전통 신학적인 단순한 이해는 총체적인 복음전파에 대한 하나의 부분적 실천으로 여겨진다. 즉,

---

5. Missionarischer Gemeindeaufbau. Missionierende Gemeinde. Heft 1. Berlin/Hamburg, 1982, S. 58, 63f.

그것은 그리스도 안에서 일어났고 또 일어나고 있는 하나님의 구원을 선언적으로 알리는 것에 불과한 것이다.

특히, 독일교회에서 선교에 대한 이해는 언어사용에서는 최소한 그리스도 구원의 선언적 알림을 중요한 표현으로 이해하는 부분적인 복음전파 개념에 의거하여 규정되어 있다. 사람들이 선교를 말할 때 그것은 흔히 말씀전파를 의미하는데, 좀더 구체적인 의미에서는 어쩌면 복음전도를 의미한다. 기독교 교회의 전체 증언에 근거해서 이해할 때 단순한 복음선포를 주장하는 그런 사람들은 복음의 실천을 가장 제한해서 행하는 것이다.

선교개념의 부분적 내용을 적용한 복음전파를 고려해 볼 때 보다 더 중요한 것은 다음의 사실이다. 즉, 선교는 선교를 받는 대상이 자신을 부족한 자로, 즉 죄인으로 파악하게끔 인도하는 것이다. 선교는 다른 종교의 신자들, 소외된 사람들 혹은 1958년의 '선교교회' 강령들이 표현하고 있듯이 교회내의 '미온적인 죽은 구성원들'[6]에게도 해당된다. 이에 근거해서 본다면 선교는 일방적인 행위이며 계속 주기만 할 뿐 받아들이지는 않는 것이다. 이러한 의미에서의 선교는 전도를 그 목표로 하며 선교의 대상자가 회개하고 돌아오기를, 즉 그가 잘못된 길로 가고 있음을 깨닫게 하는 것을 목표로 한다. 이러한 복음선포의 개념은 특히 교회의 사회활동 및 기능적인 직무의 근본 요소로서 여겨지는 '선교적인 것'이라는 광의의 복음선포 개념은 불신될 수 있는 또 하나의 이유이다(교회 에큐메니칼위원회가 60년대에 행한 작업은 선교개념이 완전히 달리 파악될 수 있다는 사실, 더 자세히 말하자면 교회는 '다른 이들을 위한 교회'라는 생각을 보여 준다). 그러나 바로 이러한 선교이해의 차이들이 선교교회를 둘러싼 논쟁에서 잘 다루어지지 않는다는 것을 독일 복음루

---

6. A.a.O., S. 59 ; Hans Jochen Margull(Hrsg.) : Mission als Strukturprinzip. Genf, 1965.

터교 교회위원회의 "교회 구성원의 발전에 대하여 – 선교상 이중전략의 관점"[7]이라는 최근 연구문헌에서 읽을 수 있다.

'선교적인 것'이라는 교회의 기능적인 직무의 개념이 위에서 서술된 것과 같이 교회의 총체적인 위탁임무에서 완전히 제거될 수 없다고 한다면, 이 이상으로 기능적 직무가 교회에서 신학적으로 다루어져야 할 당위성을 달리 이야기할 수가 없다.

여기서 바로 에큐메니칼 토론에서 채택한 디트리히 본회퍼(Dietrich Bonhöffer)의 다음 문장이 이 상황을 위하여 가장 먼저 도움이 되는 것 같다 : "교회는 그것이 다른 이를 위해서 그 곳에 있을 때만 교회이다."[8] 본회퍼의 이 문구는 다양하게 민중선교적으로 해석되었다. 본회퍼가 이 문구에서 부여하고 있는 설명이 비교적 충분하지는 않지만, 직접적으로 그 글의 전체 맥락에서, 그리고 그의 사고의 맥락에서 드러나는 사실은 봉사의 교회를, 즉 전체적 실존의 형태로 나타나는 봉사의 교회를 의미한다는 것이다. 이것은 교회가 말씀전파의 형태로서만이 아니라 다른 사람들의 상황에 관계한다는 사실, 그리고 연대하는 교회이며 함께 살고, 함께 고통받고, 함께 기뻐하고, 다른 사람들과 함께 필요한 길을 찾는다는 사실에서도 그러하다.

이러한 교회에서 중요한 것은 다른 이들과 연대하는 봉사, 즉 삶을 찾고 있는 사람들과의 연대, 고통받는 사람들, 가난한 사람들, 사회로부터 주목받지 못하는 사람들, 아직도 길을 찾지 못한 사람들, 더 이상 쓸모 없다고 생각하는 사람들과의 연대가 이루어질 수 있는 많은 원조활동일 것이다.

본회퍼의 표현을 다시 한번 빌린다면 ; 교회와 그 모든 봉사활동은

---

7. In : Texte aus der VELKD. Nr. 21. Hannover, 1983.
8. Dietrich Bonhnöffer : Widerstand und Ergebung, München, 1982, S.261. Zur Interpretation dazu ; Ernst Lange : Kirche für andere. In : Kirche für die Welt. München, 1981, S. 55ff.

"그리스도로서, 교회로서 존재하는"⁹⁾ 것으로 이해될 수 있을 것이다. 여기서 보면 예수 그리스도의 뜻을 이어받아 봉사하는 연대적 존재가 중요하며 실천은 그 존재에 대해 늘 부차적인 것이다.

이렇게 생각해 보면 기능상의 직무에 대한 신학적 이해가 교회에 대한 그때그때의 전체 이해를 반영해 준다는 것을 알게 된다. 이것은 사실상 그런 것이고, 또한 그래야 하는 것이다. 중요한 사실은 교회봉사적-연대적인 교회는 바로 교회기능상의 직무에서도 지배가 아닌 섬기는 교회로 인식될 수 있다는 것이다.

4. 기능상의 직무와 지역교회간의 조화에 대한 문제

실제로 다른 이들과 연대하면서 봉사하는 사람은 다른 사람의 상황 때문에 자기 자신을 잃어버리는 위험에 빠지기도 한다. 그러나 이러한 위험상황에서 항상 그의 활동이 기독교적 출발 동기에서 새롭게 연결될 수 있다면 좋은 일이다. 이 기독교적 동기에 대해서는 아우구스부르그 신앙고백에서 정확하게 일깨워 준 말씀과 성만찬의 중심 의미를 강조하며 되새겨 보는 일일 것이다. 다른 이들과 함께 살고 다른 이들에게 봉사하는, 즉 교회봉사적-연대의 교회는 지역적인 특성들이 교회의 예배에서도 활발한 중심 역할로 모든 일이 진행된다. 이 교회들 내에서는 교회적 삶의 중심이 특히 분명하고 말씀과 성만찬을 중심으로 사람들이 모인다는 사실을 바탕으로 교회의 모든 일이 진행되기 때문

---

9. Dietrich Bonhöffer : Sanctorum communio. München, 1954, S. 93, 218f. Zur Interpretation dazu : Rudolf Weth : Theologische Ekklesiologie nach 1945 im kritischen Horizont des Barmer Bekenntnisses(Barmen III). In : Alfred Burgsmüller(Hrsg.) : Kirche als Gemeinde von Brüdern(Barmen III). Gütersloh, 1980, S. 170-222, besonders Teil A I, S. 187ff.

이다. 교회의 기능적인 직무는 언제든지 이러한 이론의 지역교회의 주요 업무를 도우면서 같이 꾸려 나가는 것이 그 일차적인 과제에 속한다. 기능상의 직무는 교구일을 지원하는 일종의 지원기능을 갖고 있다. 물론 이 과제는 바로 기능상의 직무의 영역에서 활동하는 사람들에 의해 항상 다시 의식적으로 새롭게 받아들여져야만 한다.

물론 다른 사항도 중요하다. 즉, 지역교회들은 하나의 기능적인 직무들을 실제로 활용해야 한다. 왜냐하면 이 기능적인 봉사는 지역적 차원에서 당장 존재하지 않거나 혹은 찾아볼 수 없는 그런 특별한 지식과 능력을 종종 갖추고 있기 때문이다. 그러나 바로 이런 기능직무의 전문가적 지식이 지역교회에 대하여 불안을 불러일으키는 요소가 될 수도 있다. 이러한 교회의 불안은 교회 자신이 가진 가능성에 한계가 있음을 어쩔 수 없이 인정해야 한다는 자각 속에서 생긴다. 지역교회 안팎에서 행해지는 기능적인 직무에 대한 교리의 비판은 경쟁심에서 돌출되는 불안에서, 또 아마도 전문가에 대한 불안에서도 생긴다는 인상을 우리는 종종 받게 된다. 물론 어떤 작업 분야에서 전문가가 아닌 사람이 비록 전문적인 규준에는 맞지 않는다 하더라도 훌륭하고도 필요한 어떤 일을 해낼 수 있다는 것은 여기서 논쟁의 여지가 없다. 마찬가지로 그 어떤 특정 작업영역에서 '문외한'이 실천하고 제공하는 여러 가능성들을 보충하는 데서 뿐만 아니라 그 가능성들을 계속 발전시키는 데도 전문가의 작업 역시 필요하다는 사실은 논쟁의 여지가 없을 것이다.

일반적으로 교회의 기능적인 직무는 충분히 신학적으로 기술되지 못하고 있고 지역교회의 관점에서 살펴보면 기능적인 봉사를 교회의 보조기능에만 한정시키고 있는 듯하다. 사회의 분화정도에 따라 기능상의 직무는 독자적인 여러 과제를 갖는데, 이 과제들은 지역교회 차원에서는 극복될 수 없으며 흔히 파악조차 될 수 없는 것들도 있다. 기능상의 직무의 과제에는 일반 사회의 진행과 함께 영향력을 행사해야 한다는 정치구조적인 것도 포함된다. 그런 점에서 기능상의 직무는 항상 정치적 기능, 청소년 정책적, 교육 정책적 및 사회 정책적 기능을 갖고 있기도 하다. 그 외에도 특별한 목표집단을 위한 특수한 봉사를 구성하는 것도 기능상의 직무의 몫이다. 노동자들이 일반 지역교회에서 교회생활에 참여하는 정도는 평균 이하라는 사실이 종종 교회의 불만의 대상이 된다. 그러나 노동자들은 교회의 구성원이고 때로 예배에 참석하며 자녀들을 성서강독에 보내거나 예배의식을 행함으로써 형식적이고 소극적인 참여를 하고 있다. 그들은 이례적인 교회참석 이상의 다른 방식으로 교회에 대한 적극적인 활동에는 많은 정도의 관심을 보이지 않는다. 아마도 여기에는 여러 가지 이유가 있을 것이다. 지역 교회공동체들이 현재의 이러한 노동자들의 소외상황이 현구조들 아래에서는 전혀 극복할 수 없는 것처럼 보인다. 그래서 노동자들만의 독자적인 교회형성과 활동형식들이 필요하다. 노동자들끼리의 특수한 교회를 형성한다는 점을 생각해 볼 때 앞서 말한 그 노동자들이 교회에 와 주기를 기다리지 않고 교회가 다가가서 그들의 삶에, 그들이 겪는 고통에서 정의를 찾아나서는 과정에 적극적으로 동참한다는 사실을 보여 주는 곳에서는 여러 가지 새로운 가능성이 보일 것이다.

결국 기능적인 직무의 과제영역은 전체 교회의 활동 차원에 대한, 말하자면 교회 지도부의 행위에 대한 연관관계로서 서술되어야 한다. 즉, 기능상의 직무는 교회 지도부를 위해 스탭 기능들을 떠맡을 수 있고, 필요한 지식을 이용하도록 제공해 주며, 여러 가지 문제를 지적해 줄 수 있고, 함께 노력하여 문제를 해결할 수 있도록 해 준다. 기능적인 직무가 그 일을 위해 충분하게만 활용된다면 이 일을 최소한 이루어 낼 수는 있을 것이다.

기능상의 직무가 무엇인가 하는 것이 리마-문서(Lima-Papier)[10]의

---

10. Taufe, Eucharistie und Amt. Konvergenzerklärungen der Kommission für Glauben und Kirchenverfassung des Ökumenischen Rates der Kirchen. Frankfurt/Paderborn, 1982.

몇몇 문장에서 분명하게 확정되어 있다. 교회봉사의 직책에 대해서는 다음과 같이 설명이 요약되어 있다. "교회봉사를 행하는 사람들은 세계의 봉사자로서 부름받았음을 교회에 명확히 보여 준다. 그들은 여러 사회 및 사람들의 수많은 요구사항을 들어주기 위해 그리스도의 이름으로 노력함으로써, 교회의 삶에서 예배와 봉사가 갖는 상호 의존관계를 명확히 해 준다"(31조). 이것은 교회의 초교회적 봉사와 관련해서 다음과 같은 사실을 의미할 수 있다. 교회봉사를 행하는 사람들은 세계를 섬기도록 부름받았음을 교회에 명확히 보여 줄 의무가 있다. 봉사자들은 예배와 세상을 섬기는 봉사가 갖는 밀접한 관계를 삶으로 보여 준다. 이렇게 자신을 이해하는 것이 교회봉사자들, 즉 기능적 직무종사자들의 최고의 중심과제이다. 많은 사람들은 그것이 설교의 과제라고 말할지도 모른다. 오늘날 선교교회는 다른 이를 위한 교회이어야 하기 때문에 이미 언급된 배경을 전제하고 말한다면 이 봉사적이고 연대적인 교회는 올바른 자기 과제를 실천하고 있는 것이다.

IV

교회봉사와 신학(테제들)

1) 교회봉사는 그 실천적인 면에서 그 때마다 사회적인 조건들에 의해서 결정된다. 그에 반하여 신학적인 고찰들은 그 반대의 상황으로 발전하고 있다.

2) 교회봉사 자체의 이해에 있어서 교회봉사는 하나의 교회이지 교회의 한 기능에 대해 일컫는 것은 아니다. 그러므로 교회는 교회봉사이다. 교회 스스로가 교회봉사를 포기할 수 있으며 교회가 자기 스스로에게 그러한 질문을 제기할 수 있겠는가? 교회는 동시에 성만찬이며, 그리스도교적 교제이고, 그러면서도 역시 항상 교회봉사이다. 이러한 정의로부터 경험적인 교회에 대한 다음과 같은 질문을 던질 수 있다. 참으로 교회가 실제적인 교회봉사 차원의 교회인가? 이와 연관하여 동시적으로 신학에 대하여 다음과 같은 질문이 제기될 수 있다. 과연 신학이 참으로 자기의 교회 존재에 대한 이론적인 반영의 영역 안에서 교회봉사적인 조명들을 충분히 설득력 있게 제시했는가?

3) 사람들이 교회봉사를 교회로부터 자율적이고 독립적인 교회 존재 차원으로서 이해하고 있는가? 교회봉사는 교회의 나머지 다른 두 차원인 성만찬과 성도의 교제와 어느 정도의 관련을 갖고 있는가? 그리고 교회봉사는 그 실천의 행위 안에서 위의 다른 두 차원을 근본적으로 한 어떤 해석을 통해서 판단을 받을 필요가 과연 있는가? 교회봉사는 그 자체가 교회로 이해되어야 하는 것이므로 부가되는 선교적 기능을 통하여 합법성을 얻을 필요는 없다.

4) 교회봉사 실천의 집행권은 교회의 전체 공동체의 차원에서와 그 공동체를 구성하는 차원에서 나란히 열거되어지는 복음증언과 성도의 교제와 같이 자율권과 독립성을 갖는다.

5) 오늘날의 교회봉사는 우주적인 의무 안에서 필연적인 것으로 일어나고 있다. 이는 인간적인 연대성을 위한 직무이며 인간권리의 불이익에 대하여, 억압에 대하여, 불법억류에 대하여 신앙에 근거하여 저항하는 것이다.

6) 교회봉사는 치유의 직무이며 그 치유의 직무는 인간의 그룹들과 계층들 간에 존재하는 인간 본연의 관심에 반대되는 것들을 폭로하며, 그 위기들을 해소할 수 있는 하나의 대안을 제시하여 주고 그것을 담당하는 것이다.

7) 교회봉사는 그리스도께서 시작하셨던 우주적이고 전인적인 치유에 대하여 확증하는 것이다. 전인적이라는 것은 그 치유가 개별적인 것과 하나님 사이의 새로운 관계성만을 의미하는 것이 아니라 오히려 이 관계 안에서 충만한 개별적 삶의 실천 또한 포함하는 것이다. 그러므로 사회적이고 정치적인 성과가 없는 치유가 생각될 수 없다는 것은 족히

인식할 수 있는 것이다.

  8) 교회봉사가 지향하는 것은 하나의 상이한 사회 안에서 다양한 실천의 차원들과 마찬가지로 조직적인 것들이 명백하게 드러난다. 교회봉사는 상응하는 관료주의와 함께 하나의 정치적인 단체가 되며, 직업적인 스텝으로서의 동역자를 필요로 한다. 이러한 사회·정치적인 실천요소들 때문에 교회봉사는 신학적인 문구들에서 이끌어 낼 수 없는 독특한 조건들 아래 놓여 있게 된다. 그럼에도 불구하고 교회봉사는 그 실천행위들을 신학적인 반영 안에서 늘 새롭게 고찰해야 한다.

  이 공식화된 교회봉사 신학의 테제들은 하나의 특정한 기준이 있는데, 그 기준은 상황에 따라 조직화된 행위들의 표준기호로서 고유한 조건들 아래에서 만들어진 것이다. 이렇게 계속 발전하게 되면 ; 교회의 교회봉사는 그의 조직화된 행위들이 그리스도교적 신학의 상징들을 통하여 선험 되는 것으로부터 존재하게 된다. 이러한 경험들 안에서 교회봉사는 그리스도 안에서 시작되었던 하나님의 평화를 명확하게 표현하는 것을 의미한다.

제 2 부

국교회 상황하에서의 교회봉사 현장

Ⅰ. 독일에서의 교회봉사
Ⅱ. 지역교회와 교도소교회
Ⅲ. 사회사업과 교회봉사
Ⅳ. 교회봉사에서의 신학자와 비신학자들의 공동참여
Ⅴ. 상담활동은 교회를 불신하도록 하는 것인가?
Ⅵ. 사회복지 국가의 실천영역에서 교회봉사의 자주성

I

독일에서의 교회봉사

　교회가 기존의 사회 시스템의 일부라는 사실은 다른 관계영역에서보다는 교회봉사의 활동영역에서 더 분명해진다. 이러한 이해의 틀거리를 위한 조건들은 상당부분이 교회봉사의 시스템을 통해 더불어 정의된다. 독일교회 상황은 그 형식적 측면에서 볼 때 이미 국가헌법에 의해 결정되어 있다. 즉, 독일의 기본법에 의하면 국가공동체의 특징은 사회연방국가이다(기본법 20조). 이러한 정의에 따르면, 국가를 단순히 대외 안보와 대내 법치평화를 책임져야 하는 기관으로만 이해할 수 없다. 라셀라는 단순한 법치국 의무만을 가지는 국가를 '야경국가'라고 말한 적이 있다.
　야경국가의 이해에 반해서 독일의 기본법을 이해하고 보면, 국가는 모든 계층과 모든 구성원들을 위해 사회적인 정의를 만들어 낼 의무를 가지고 있다. 이렇게 국가를 규정할 때 국민 각자가 사회정의를 위한 참여가 불가피한 가능성으로 규정되어진다.
　이러한 차원에서 관청에서 행하는 사회복지 사업은 새로운 것이 아니며, 이미 오랜 역사를 지니고 있다. 그것은 대부분 사회 자치단체나 자치단체들의 연합체의 손으로부터 관청으로 넘겨져 왔다. 금세기까지도 교회는 국가-자치단체의 사회복지 사업이라는 틀 안에서 공동활동을 하고 있다. 사회복지 사업에 관한 방침을 정하게 된 것은 기독교의 이웃 사랑이라는 기본법에서 나온 것이기도 하고, 공공의 안정이라는 국가적 관심에서 나온 것이기도 했다. 역사적인 사회의 발전사에서는 경제적 궁핍에 빠진 사람은 잠재적인 범법자였으며, 그런 사람은 공동체의 안전을 위협하는 것으로 이해하게 되었다. 그래서 사회범죄의 예방 차원에서도 그런 사람을 돌봐주어야 했고, 최소한도의 경비가 그들을 위해 사용되었다. 이러한 사회복지 국가를 지향하는 독일 연방국에서는 이러한 사회 공동관심사에서 이탈된 개인적인 안락한 삶을 영위하자는 선동은 결코 해서는 안 되었다. 오늘날도 수많은 빈민구제 활동들이 바로 이러한 생각 속에서 이루어지고 있다.

독일이 사회복지 국가원칙들을 마련한 것은 특히 가톨릭교회의 대사회에 대한 교리원칙들의 영향이었다. 그리고 인간의 권리와 책임을 부여하는 데 있어서도 공동체보다는 개인을, 큰 생활권보다는 작은 생활권을 우선시할 것을 주장하는 보충의 원칙이 특히 중요시되었다.[1] 빈민구제 원조를 고려해 볼 때, 자구행위를 위한 원조와 최소의 해당 사회단위에 의한 원조를 우선시하는 원칙이 거기서 생긴다. 국가의 법 제정은 가정, 자치단체, 민간단체들의 원조능력을 일차적으로 지원해 주어야 한다. 국가는 가정, 자치단체, 민간단체 등이 개개인 내지 소규모의 사회단위를 더 이상 충분히 도와 줄 수 없을 때 비로소 나름의 조처를 취할 수 있고, 동시에 그 때마다 소규모의 사회단위가 더욱 활성화될 수 있도록 재정적으로 지원해 줄 수 있는 방법이 모색되어야 한다. 가톨릭

---

1. Franz Klüber : Art. Sozial'ehre, katholische. In : Friedrich Karrenberg/Theodor Schober (Hrsg.) : Evangelisches Soziallexikon. Stuttgart, 7/1980, S. 1189ff.

교회의 대사회교리에서 보충의 원리가 개개인과 공동체의 관계 및 공동체들 간의 관계를 충분히 정의하고 있는지 어떤지 여기서 논의할 필요가 없겠다. 또한 독일에서보다 최근의 법 제정이 이러한 원칙들을 어느 정도 더 반영하고 있는가에 대해서도 논의할 필요는 없다고 본다.

국가를 '사회복지 국가'라는 의미에서 파악하는 이해방식은 특히 1961년의 독일 연방사회 복지법과 그 추가조항들에서 분명하게 모양새를 갖추었다. 여기서는 교회의 기능을 사회복지 국가라는 구조 속에서 언급하고 있고, 자율적인 복지연맹들의 기능 또한 언급하고 있다. 국가의 사회복지 원조는 공적인 임무(§9 BSHG)이지만, 교회와 민간단체의 사회사업은 그것들의 독립성이 분명히 인정된다(§10 BSHG). 국가의 사회복지 원조는 자율적인 복지연맹들 및 교회, 종교단체들과의 협상 및 동반자적 공동작업에서 생기며, 그럴 때 기독교적 담당자들이 포함된 자발적 담당자들이 우선시된다는 사실을 여기서 알 수 있다.

그러면 개교회 교회봉사는 국가질서의 틀 안에서 어떻게 발전하는가?

1. 인식의 몇 가지 보기들

상황 설명에 앞서 교회의 교회봉사가 갖는 문제점들에 대해 세 가지 사항이 먼저 언급되어야 한다. 여기에서 우리는 교회 정치적인 입장과 개교회 목사의 시각에서 본 신학적 숙고와 경험 등을 알 수 있다.

1981년 봄에 뷔텐베르그에서 열린 "선교적인 교회봉사를 위한 활동업무"라는 개신교 집회에서 "교회봉사는 절대로 세속적인 것이 아니다."라는 제목의 논문이 제출된 바 있다. 튀빙엔에 있는 알베르트 벵엘 하우스(Albercht-Bengel ; Haus)의 관장인 게하르트 마이어(Gerhard Maier)는 자신의 기고문에서, 교회봉사는 "이 세상의 회의 진행규칙"에 의해서가 아니라 다만 하나님으로부터 그 규범을 부여받는다고 강조한 바 있다.

마이어는 사회적 색채를 띤 규범들이 기독교적 권위를 대신하고 있다고 한탄하였다. 또 그는 교회봉사의 동역자, 공동협력자는 사회복지국가와는 근본적으로 다른 것임에도 불구하고 교회봉사는 교회라는 범위에서 거의 벗어나 있고, 교회봉사 제도들은 교회로부터 상당히 거리를 두고 있다고 하였다. 그는 교회봉사가 사회, 국가 혹은 정치-이념 시스템의 동반자가 아니며, 교회는 긴 안목으로 보아 교회봉사를 위한 국고금에서 벗어나야 하고 의식적으로 교회라는 작은 영역에서부터 교회봉사의 활동이 시작되어야 한다고 주장하고 있다. 그는 교회봉사가 공적인 기부금에서 독립을 할 때만이 "세상의 인가를 받게"[2] 된다고 했다.

교회의 교회봉사에 대한 두 번째 인식방법은 요하네스 데겐(Johannes Degen)에게서 찾아볼 수 있다.[3] 데겐은 교회봉사가 교회의 변두리로 추방되거나 교회에서 축출될 것이라고 분명히 말한다. 그러한 사실에 대해 결정적인 것은, "교회 고유의 폭넓은 교회봉사의 영역들이 국가 관청의 공적인 담당자 계층 안에서 표면적인 사회복지에 동화하게끔 하는" 사회 정치적인 현재의 "객관적인 강요들"이라고 한다. "'교회봉사의 평준화와 통합이 사회사업 및 사회교육의 공적인 모든 조처들로 진일보하고 있다.'는 사실이 교회의 지역교회적 근본 구조에 대해 어떤 도전을 주는지 독일과 사방진영의 교회는 거의 파악하지 못하고 있다."(S. 10f.)고 그는 덧붙인다.

세 번째 인식방법은 부라운슈바익(Braunschweig)에 있는 주총회 소속 교회 목사인 에크하르트 바이흘러(Eckehart Beichler) 박사의 시각에서 찾을 수 있다. 헬름스타트 교구의 상황을 고려하고서 바이흘러는

---

2. Vgl. idea-Spektrum Nr. 32 vom 3. Juni 1981.
3. Johannes Degen : Das anfassbare Evangelium-Überlegungen zur Gemeindediakonie zwischen Delegation und Basiskompetenz. In : Falkenburger Blätter. Oktober 1980, S. 8-20, Manuskriptdruck.

다음과 같이 확언하고 있다 : "교회의 교회봉사 중심이라 할 수 있는 교회봉사 위원회는 교회공동체가 실시하고 있는 일들 중에서 가장 중요한 역할을 하고 있다." 그의 경험에 따르면 개교회-교회봉사위원회들은 다음과 같은 주제영역을 다루고 있다 ;

- 교회 내부 차원의 방문봉사
- 교회봉사의 금고에서 나오는 재원을 적절하게 관리하는 일
- 사회적인 원조 및 보호가 필요한 경우들을 발견하여 상담하고 또 종종 중재하는 일 및 교회 내에서의 노인들에 대한 상담
- 교회봉사에 역점을 두고 여러 가지 행사를 개최하는 일
- 모금운동을 위한 조직의 구성
- 동역자적 관계의 보호, 육성
- 현대적 주거공동체 내에서의 의사소통 개선
- 가까운 주변 지역의 큰 교회봉사 시설을 위한 접촉관리 및 홍보 활동
- 교회 밖에서 사회사업을 담당하는 사람들과의 공동협력

마이어와 데겐은 아주 상이한 신학적 입장에서 출발하였으나, 교회봉사가 교회로부터 벗어나고 있다는 비슷한 분석을 하고 있다. 교회봉사에 관심 있는 교회 목사의 전망에서 볼 때, 교회활동에서 교회봉사를 강조하는 데 처음 두 입장에서 완전히 반대되는 인식방법을 암시하는 일련의 활동들을 접하게 된다. 분석가들의 상이한 관심과 입장에 따라 그들의 인식 역시 분명히 다르게 나타난다. 바로 그 때문에 상황에 대한 보다 상세한 분석이 필요한 것이다.[4]

---

4. Aus Anlass des Deutschen Pfarrertages 1982 veröffentlichte das Deutsche Pfarrerblatt eine Artikelserie zum Thema "Sozialer Staat-

2. 상황에 의한 전망들

교회봉사의 프로그램 차원에서 우선 언급할 수 있는 것은 '교회봉사직의 근본 원칙'이다. 이 원칙은 1975년 4월에 "독일 개신교 대총회(EKD)의 교회봉사 기관의 교회봉사회의"에서 통과되었다.[5] 이 원칙의 첫 부분은 다음과 같이 언급하고 있다 : "교회는 예수 그리스도의 복음에서 입증된 하나님의 사랑을 복음전파를 통해서, 또 교회의 존재와 활동을 통해서 이 세상에 전달할 임무를 지고 있다"(1.1). 이 원칙은 더 나아가서 분류된 교회의 직책, 즉 복음에 대한 책임을 함께 지고 있으며, 여러 가지 봉사활동 속에서 나름대로 발전해 나가는 것에 대해 적고 있다. 교회봉사는 "개교회가 사회 관계영역 속에 실제로 존재하는 것"으로 이해되고 있다. 그래서 봉사직은 복음에 부응하여 그렇게 실제의 봉사직에 대한 교육을 받는다. 교회봉사직은 교회의 모든 영역에서, 즉 개교회, 교회교구들, 주총회 교회들이 일을 펼쳐나가는 데 그에 따른 공간이 필요하다. 또한 인간의 복지에 기여하는 다른 그룹들과의 협력이 사회적 관계영역에서 시도되고 경주되어야 한다. 어떠한 교회봉사 활동 혹은 시설, 공동협력자 및 봉사가 존재하는지 혹은 어떤 것이 필요한지가 위의 그러한 측면에서 조사, 검토되어야 한다는 사실은 지역교회를 고려해 볼 때 흥미로운 일이다. 지역 차원에서 교회봉사의 공동협력자로 거론되는 사람들로는 간호사, 가정복지사(Familienpflegerin : 가정의 문제들을 돌보는 이들), 노인복지사(Altenpflegerin), 농촌복지사(Dorfhelferin), 교육사(Erzieherin ; 이들은 여러 교육의 분야별로 다시 세분화되어 있다. Sozialpädagoge : 사회교육가, Sozialarbeiter

---

diakonische Gemeinde" : Deutsches Pfarrerblatt. 82. 1982. S. 6ff. 여기서 하나의 좋은 교회봉사의 전반적인 통찰을 제공하고 있다.
5. Diakonie. 4. Stuttgart, 1975, S. 206ff.

: 사회사업가, Gemeindehelferin : 여성 목회보조사들, Diakon : 교회 유관기관 및 학교 등에서 교리수업, 교회교육 봉사에 종사함, Diakonisse : 개신교 수녀로서 다양한 봉사기관들에서 종사하며 공동체 생활을 한다.) 등이 있다.

프로그램의 실현을 위해서는 교회봉사 그룹들을 교육하는 것도 고무적이며, 전문직업의 교회봉사 활동전문가들이 있거나 살고 있을 때 함께 일하도록 초청되어지는 것들도 중요한 일이다. 더 나아가서 교회봉사 활동에 대한 교회집행부의 책임도 알릴 수 있고, 또 지역 차원에서 교회봉사 위원회를 만드는 것도 고무적이다.

여기서 한 가지 유념해야 할 것은 개인적인 측면이다. 직업적으로 활동하는 동역협력자들을 고려해 볼 때 그들의 전문적 권한이 특히 강조되어야 한다. 또한 한 걸음 더 나아가서 직업적인 동역협력자에게는 또한 교회의 전체 임무에 대한 이해가 전제되어 있어야 한다. 누군가가 교회 집행위원회의 임원이 되거나 집행부의 기능을 떠맡는다는 것은 교회의 모든 지시에 따를 준비자세를 갖추고 있어야 한다는 것이다.

교회봉사를 위해서는 직업적으로 활동하는 동역협력자들 외에도 자원봉사 협력자들이 있다. 여기서 확실히 할 수 있는 말은 다음과 같다 : "교회의 임무는 많은 교회 소속원들이 교회의 모든 요구사항을 충족시키는 데 적극적으로 참여할 수 있도록, 교회의 활동을 세분화하는 것이다. 동역협력자들과 동역협력자 집단들이 독자적으로 활동할 수 있도록 교회 구성원들의 협력을 고려해서 활동영역이 조직되어야 한다." '교회봉사직의 근본 원칙'은 그 마지막 부분에서 예배와 교회봉사 간의 관계를 특별히 다루고 있다. 그 원칙은 다음의 명제를 보여 준다 : "예배는 교회의 현실을 대변한다. 그러기 때문에 교회의 교회봉사 역시 예배 속에 드러나게 되는 것이다." 다만 어떤 모양으로 예배와 교회봉사의 연관을 이루어 낼 것이냐에 대해서는 다양하고도 다른 구체적인 제안들이 나오게 된다. 전체적으로 보아 눈에 띄는 사실은, 이 두 연관관계는 구조적으로 기능조직화되어 간다는 사실들이다. 이러한 사실은 가령 교회를 이끄는 위원회가 갖는 교회봉사의 책임을 언급하는 데서 드러나기도 한다. 그러한 요구는 또한 동역협력 상태에 대한 숙고에서도 드러난다. 직업적으로 종사하는 활동가들은 자원봉사자들보다 직업기능적 분류에 있어서 우위에 있다. 직업적으로 일하는 종사자들은 우선 전문적 지식이 있는 전문가들이며, 봉사그룹 내에서는 그들의 전문적인 협력이 절대적으로 필요하다. 이들의 협력은 특히 일반적인 평신도 차원의 교회봉사 및 교회내 교회봉사의 인적 상황에 대한 전문적인 요구를 고려해 볼 때, 곧바로 실제상황이 반영되어 나름의 목표를 설정하게 되는 것이다.

'교회봉사직의 근본 원칙'이 신학적 기본 교리를 전제로 제시된다면 이는 별로 놀랄 일이 아니다. 그럴 경우 당연히 교회봉사는 교회가 갖는 전체 임무의 통합부분으로서 파악된다. 그리고 교회의 다른 프로그램의 원칙들이 교회봉사, 특히 교회내의 교회봉사에 대한 신학적 배경을 어느 정도로 고려하고 있는가 하는 것은 눈여겨볼 일이다. "교회봉사적 교회"[6]라는 주제에 대한 '선교봉사 작업공동체'의 한 연구 보고서는 교회 내의 교회봉사에 대한 신학적 논거를 자세하게 다루고 있다. 테오도르 쇼버(Theodor Schober)가 펴낸 「교회봉사 관련영역으로서의 사회」라는 책에서 특별히 하인즈 귄터 가쉐(Heinz-Günther Gasche)가 쓴 글인 "교회에 친근한 교회봉사"에도 똑같은 신학적 논거들이 적용되고 있다.[7] 교회봉사쪽에서는 신학적으로 인정받고자 하는

---

6. Gerhard Köhnlein : Studienbriefe. Diakonie. D1. Hrsg. von der Arbeitsgemeinschaft Missionarische Dienste. Beilage in : Das missionarische Wort. Zeitschrift für Verkündigung und Gemeindeaufbau. Heft 4/81.
7. Theodor Schober(Hrsg.) : Gesellschaft als Wirkungsfeld der Diakonie. Stuttgart, 1981, S. 150-156.

면이 강하게 나타난다. 이러한 사실은 다른 시각에서 본다면, 가령 마이어가 제안한 바 있는 복음적인 요구들을 증명해 주는 것이 될 것이다. 교회에서 행하는 교회봉사 차원의 활동은 사실 그것의 자기 정체성이 위협받는 처지에 있다. 바로 그 때문에 신학적으로 인정받는 일이 필요하고 동시에 고유한 자기 정체성 확보도 필요한 것이다. 교회봉사의 직접적인 활동 차원에서 이러한 어려움은 또다시 인식될 수 있다.[8]

복음을 위해 '사리사욕을 버리고' 오로지 인간 삶의 문제를 더 잘 해결하는 데 기여하는 그러한 교회의 행위를 교회봉사다운 것이라고 이해하고 있는 지역교회가 행하는 교회봉사 실천의 대부분은 교회봉사의 전통적인 영역을 넘어서서 교회봉사가 요구하는 자격을 갖추게 된다고 할 수 있다. 교회가 이러한 의미에서 인간답게 사는 것을 위한 해결책을 중요하게 여길 때는 교회의 오랜 전통적인 활동들인 교회의 노인복지, 더 나아가서 장년들의 그룹활동들은 가장 교회봉사다운 것이 될 것이다. 예를 들면, 개방적인 청소년 그룹활동은 분명 교회봉사적 특징을 갖는다. 청소년들은 이 그룹 안에서 자치적인 형식을 통하여 서로 화합할 수 있는 가능성을 갖고 있다. 여기서 사회교육자의 근본적인 임무는 현상태를 질서 있게 유지하는 것이다. 그리고 청소년들이 대화 상대자 혹은 상담자를 필요로 할 때, 사회교육자는 언제든지 그 요청에 응할 수 있도록 준비되어 있다. 전술한 교회공동체적 활동을 기준해서 보면, 독일의 교회공동체에서는 개방적인 청소년활동이 비교적 드물다. 독일 교회공동체의 청소년활동은 개별적인 교육방법에 집중되어 있고, 또 많은 교회 집행부원들의 의견에 의하면 그러한 청소년활동은 복음전파에는 별로 기여한 바 없다고 한다. 그런 점에서 보면, 교회의 청소년활동은 이

---

8. In diesem Zusammenhang ist auch auf den Literaturbericht zum Thema Diakonie zu verweisen : Johannen Degen : Wem bin ich Nächster-wie bin ich Nächster? In : Pastoraltheologie. 71. Göttingen, 1982, S. 198-215.

미 확인된 바대로 그 합법성을 인정받아야 할 처지에 놓여 있다.

　잘 드러나지는 않지만 교회가 행하는 또 하나의 교회봉사 활동영역으로서 공동체활동이 있다. 공동체적 활동이 특히 발달된 교회로는 신개발지역 내지는 도시 내의 개발지역에 있는 교회공동체들이 있다. 이러한 지역의 교회공동체에 참여하는 교회봉사자들은 해당 주거지역의 구조문제 해결을 위해 의도적으로 이 주거지역에서의 실제생활로 참여하고 있다. 그들은 지역의 사회 간접시설 확충을 위해 애쓰고 있다. 그들은 부분적으로 개발 프로젝트로 인해 위협을 받고 있는 세입자들을 위해 노력하고 있다. 지역 내의 여러 단체들 및 당국들과의 협력을 모색하는 통합적 시각은 이러한 지역공동체적인 교회활동들을 위하여 대단히 중요하다. 또 한편으로 이러한 활동들은 또한 그 자체 내에 갈등을 내포하고 있는 것들이 발견된다. 이 지역의 공동체적인 활동에 참여하고 있는 교회봉사자들은 당국에 저항하며 지역민들의 이해관계를 의식적으로 대변하고 있기 때문이다. 사회의 약자편에 서는 것은 이러한 참여활동의 중요한 동기이며, 또한 신학적 근거도 갖고 있다. 여기서 교회봉사는 이러한 관계 속에서 구조적 교회봉사로서 이해된다. 교회봉사가 지향하는 행동목표는 해당 거주지역의 사회적 구조를 인간적으로 변화시키는 것이다.[9]

　교회공동체가 이렇게 사회의 주변영역을 하나의 도전으로 인지할 때 교회적인 교회봉사가 생긴다. 결국 일련의 경우들을 보면 교회봉사 시설들이 교회공동체의 소속원들의 계층 내에서 창설되었다는 사실을 알게 해준다. 이러한 관계에서 종종 본보기로 거론되는 것이 'München

---

9. Vgl. zu Zielen und zur Methodik von Gemeinwesenarbeit : Albrecht-Sigbert Seippel : Handbuch aktivierender Gemeinwesenarbeit. Gelnhausen, 1976. Ferner : Heinrich Grosse : Kirchengemeinde im kommunalen Umfeld. In : Handbuch der Praktischen Theologie. Bd. 3. Gütersloh, 1983.

– Hasenbergl' 모델이다.

　1960년 이후 건설된 뮌헨의 대단지 거주 지역에서는 개신교 교회가 이 신개발지역의 사회문제를 해결하기 위해 뛰어들었다. 교회가 활동을 시작하면서부터 공익단체들이 생겨났고, 이 단체들은 수많은 사회시설물을 개발하고 발전시켰다 : 정신지체자들을 위한 사립 특수학교, 장애자 숙소, 그들을 위한 보호장치를 갖춘 작업장, 청소년 실업의 극복을 위한 프로젝트, 자원봉사 상담자를 갖춘 사회상담센터, 가정상담, 부부상담, 교육상담, 사회생활에서 비롯된 정신병을 치료하기 위한 봉사활동 등등. 물론 여기에도 절대적인 예외가 있다는 사실이 문제이다. 그러나 몇몇 훌륭한 병행조항들도 있다. 어떤 교회는 노약자보호소를 이끌어 갈 지도적 직무를 떠맡을 단체를 설립하기도 한다. 지금까지는 지역교회 소속의 노인들이 주거지로부터 상당히 멀리 떨어진 양로 보호시설로 가야만 했다는 사실을 직면하고 그러한 보호시설을 설립하게 된 것이다. 주거지로부터 떨어진 노인요양소로 수용되는 것은 그 즉시 기존의 사회적 접촉이 급속히 단절되게 되었고, 이러한 사실로 인해 보호를 필요로 하는 사람들은 심리적 고립감을 겪기도 했던 것이다.

　또 한 가지 예로는 북부 독일의 대도시에서 새로 만들어진 교회가 설립한 시설을 들 수 있다 : 그 유치원에는 대단히 많은 언어발달 장애아들이 있었는데 교회의 지도부에서 발기를 하였고, 교회공동체에서 언어교정 유치원을 이끌어 가기로 하였다. 교회공동체가 그러한 과제를 떠맡게 된 것은, 사회적 주변에서 관찰되는 위협적 생활환경이 기독교 활동에 대한 도전으로 여겨졌다는 사실이다. 그 외에도 대단히 우연한 다른 요소들에서 이러한 기독교 활동을 위한 영향을 주기도 했다. 만약 어떤 개인의(목사들) 주도적인 역할이 없다면 그와 같은 활동은 나타날 수 없다는 것이다.

　이러한 관계에서 볼 때 목사의 역할은 특별하다고 할 수 있다. 그들은 문제를 인식할 수 있는 뛰어난 능력뿐만 아니라, 이러한 과제를 해결해야 할 필요성에 대해 다른 사람들에게 설득시킬 수 있는 뛰어난 능력 역시 갖고 있어야 한다. 목사들은 교회, 당국, 지역, 그리고 국가 당국과의 논의를 진행시켜 나가는 지속적인 과정을 충분히 감당해 낼 수 있는 능력을 가지고 있어야 하며, 이 과정에서 그와 같은 대단위 프로젝트가 진행될 수 있도록 자금원이 확실히 제공되어야 한다. 만약 주총회와 국가 차원의 막대한 보조가 없다면 그와 같은 과제를 실천에 옮긴다는 것은 감히 생각도 할 수 없다. 지역교회 차원에서 새로운 교회봉사 시설물이 만들어진다면, 자신들의 신학적 능력을 넘어서서 사회에서 행해지는 경영이 갖는 카리스마적 능력을 갖춘 목사들이 일반적으로 자신의 이러한 직업에 임하게 된다. 지역교회에서 행하는 교회봉사 역시 교회에서 전문적으로 활동하는 사람들의 능력에 상당히 의존하는 경향이 있다.

지역교회 차원에서 행해지는 교회봉사 활동은 일반 평신도에게서도 시작된다. 이런 관점에서 볼 때, 무엇보다도 교회 내의 여성집단들에서 나타나는 변화들이 주목할 만하다. 대외적으로는 이러한 변화가 별로 대단해 보이지 않지만, 교회가 일반 평신도의 교회여야 한다는 목표에 비추어 볼 때 그것은 훨씬 더 중요하게 인식되는 것이다. 독일의 전체 교회에서 지난 몇 년 사이에 교회봉사의 과제에 헌신적으로 봉사하는 여성집단들이 생겨났다. 이 여성집단들은 대체로 직업이 없는 여성들로 구성되어 있다. 이 여성들은 자신의 아이들이 다 성장하고 난 후 무언가 의미 있는 새로운 일거리를 찾게 된다. 그들이 떠맡는 과제는 예를 들면 다음과 같다 : 재가 노인들의 집안살림 돕기, 양로원, 병원 혹은 교도소 방문, 외국 어린이들이 하는 숙제 돕기, 아이들을 잠시 자신의 집에서 돌봐주기 등등.[10] 이러한 개별적인 집단활동은 종종 이미 겪

---

10. Ingrid Lukatis/Anna-Barbara Nass : Fantasie für sich und andere. Gelnhausen/Berlin/Stein, 1981, S. 44.

은 자신들의 삶의 경험들을 반성적으로 고찰해 보는 일에 비중을 두고 있으며, 전문가들이 이러한 자원봉사자들을 위한 상담 및 조언을 위해 초대된다. 교회봉사 과제를 인식해 나가는 과정에서 동시에 발견되는 것은 그 때마다의 삶의 단계에 어울리는 자기 정체성을 갖는 일이다.

지금까지 서술된 교회 내의 교회봉사에 대한 단초들은 단초라고 하기에는 오히려 세부적으로 지적한 면이 있다. 이 단초들은 개별적인 설립과정과 그 때마다의 사회적 주변영역이 필요로 하는 상태에 따른 것이다. 일반적인 교회의 실태를 살펴본다면 이러한 단초들이 결코 전형적인 것은 아니다. 특히 여기서 서로 다른 두 개의 발전방향이 문제영역을 결정짓는다. 즉, 교회영향권이 사회사업을 확장시켜 나아가고 있다는 것, 그리고 사회적 봉사시설들을 새로 설립하는 것 등.

지난 20년 동안 독일의 교회에서는 공적인 사회사업을 위한 교회봉사 직책들이 생겼다. 이 봉사직책들은 대체로 교회구역 차원에 머물러 있다. 대부분의 경우 하나의 교회구역을 책임지고 있거나, 지방 지역의 경우에는 몇 개의 교회구역을 담당하고 있는 교회 사회사업가가 그 직책들을 차지하고 있다. 그가 갖는 활동영역은 비교적 고정되어 있지 않기 때문에 비중을 다양하게 두는 것이 가능하다. 다양한 것 중에서 어떤 것을 비중 있는 것으로 결정하려 할 때, 그것은 특히 어머니/부부/가정이라는 영역, 곧 가정문제라는 영역에 주안점을 두고 있다. 이 가정문제를 위한 교회봉사의 실천방법에 있어서는 개개 의뢰인에 대한 상담이 지배적이다. 교회의 다른 동역협력자와 교회에서 자원봉사 활동을 하는 사람들의 상담 또한 중요한 영역이며, 행정 과제 역시 사소한 것은 아니라고 덧붙여 말할 수 있다.[11]

교회 차원에서 사회사업에 필요한 봉사직책을 만들어 내고 교육시키

---

11. Ingrid Lukatis/Ulrich Wesenick(Hrsg.) : Diakonie-Aussenseite der Kirche. Gelnhausen/Berlin/Stein, 1980, inbes. S. 77ff.

는 것은 필요한 것으로 인식되는데, 그 이유는 사회 전문교육을 받은 전문가들이 점점 더 이러한 사회 차원 영역에서 종사하기로 결정하기 때문이다. 사회 전문교육에 의한 인력의 확충은 동시에 사회사업의 모든 척도나 조처의 완성을 위한 국가적 대책들이 결국 관료화되는 결과를 가져왔기 때문이다. 이런 점에서 보면 사회사업가의 전문가적 지식은 개개 집단들 혹은 사회조직들과의 교류라는 점에서 전문지식일 뿐만 아니라, 사회행정의 전체 영역과 사회입법의 관점에서의 전문지식이기도 하다. 사회사업 조직의 확장 및 국가가 질서를 정하는 사회행정의 확장은 사회사업을 전문화시키는 데 유리한 조건을 만들어 주기도 하고 또 그것을 요구하기도 한다.

상담봉사 영역에서도 상응하는 발전이 있지만 여기서 더 자세하게 논하지는 않겠다. 지난 몇 년 사이에 전문가적 지식이 대단히 중요해져서 그 결과 전문화가 불가피해졌고, 이 전문화는 전문가적 지식의 생산에 다시금 영향을 주었다. 이렇게 해서 결국 비전문가들이 점차적으로 그들에게 맡겨진 과제를 전문가들에게 위임하게 되었다. 그리하여 목사 스스로도 교회의 사회사업가나 상담소를 찾아가게 되었고, 도움을 구하는 사람들은 때때로 직접 그러한 시설을 찾아가기도 하였다. 이에 반해 비전문가들은 자기 자신을 명백한 평신도로서 교회봉사에 동역 협력할 수 있다는 마음가짐이 현저히 줄어들었다. 전반적으로 볼 때 교회봉사 활동이 교회공동체를 벗어나 전문적인 사회기능화로 발전하는 것은 사실은 그와 같은 사회발전 경향과 관계가 있다.

서독에서 행해지는 교회 차원의 교회봉사 상황에서 특이하게 나타나는 하나의 발전방식은 사회복지 시설들의 창설이다.[12] 니더작센 주에서 이러한 사회시설들이 설립된 것은 1976년 여름 이후 니더작센의 사

---

12. Vgl. Peter von Tiling : Diakoniestationen. In : Zeitschrift für evangelisches Kirchenrecht. 26. Tübingen, 1981, S. 310-326.

회부 장관의 추천에 의해서이며, 동시에 상응하는 광범위한 국가적 각종 진흥책들에 의해서이기도 하다. 이러한 관계 속에서 교회의 교회봉사 상황, 예컨대 교회공동체의 전통적인 자매시설들(디아코니센 자매들에 의한 사회복지 시설들 ; 병원, 양로원, 유치원, 요양원 등)은 국가적 목표 원칙에 부응하지 않았기 때문에 더 이상 발전하지 못했다는 사실은 중요한 의미를 갖는다. 중요한 국가적 목표 중 하나는 병자들이나 노인들을 더 이상 시설수용하지 않고 유동적으로 할 수 있는 봉사활동들, 즉 재가병자 간호, 노약자 간호, 가족 간호 등을 총괄 지원하는 것이었다. 이러한 방식으로 그 이전부터 진행되어 왔던 기독교적 병간인들(이들은 디아콘/디아코닌, 그리고 Krankenpflege : 병간인의 직업적인 명칭으로 교회, 교회교구들, 그 외의 교회봉사 기관들에 속해 있으면서 재가노인이나 재가병자들을 방문하고 구완하는 평신도 차원의 여성 자원봉사자들)의 활동영역에서는 이러한 국가적 전문화의 발전이 자주 시간에 쫓겨 여기저기를 쫓아다녀야 하는 전문직업인 봉사자들보다 교회봉사자들이 더 큰 성과를 내었다. 이런 점에 비추어서 전문직업인들의 규칙적인 근무시간과 바쁠 때 서로 대신 일을 봐주는 일 등이 보다 큰 조직단체에서는 국가적 사회관리의 개념이해에 의거해 보다 잘 이루어져야 한다는 것이 인지된다.

이러한 사실 이외에도 재정적 목표 또한 거론되었다. 이리저리 이동하며 일하는 자원 병간인활동의 확충을 통해, 사회상담과 사회교육 분야, 그리고 건강증진 및 건강 예방분야, 사회개발 등에서 지출되는 비용이 절감되는 효과를 가져왔다는 것이다. 이러한 기독교 시민의 자발적인 활동을 고려하여 지역교회가 이러한 자발적인 봉사기구나 조직을 설립할 수 있도록 해야 한다. 전반적으로 볼 때 사람들은 일상적인 건강증진을 희망한다. 지역공동체 내에 사는 사람들이 하는 전체적 원조와 프로젝트에 근거하여 이웃에 대한 원조 역시 이러한 연관관계에서 중요한 목표설정 원칙이 될 수 있다. 니더작센 주에서는 교회들이 이러한 새로운 발전방식을 목표로 삼았다. 지역교회들이 사회복지와 교회봉사의 시설들 설립에 공동으로 참여했고, 자신들이 보유한 인적 자원을 제공하였다. 독일 적십자사 혹은 노동자 복지사업단체, 자유 복지사업연맹 등과의 협력은 교회가 거의 거절할 수 없는 중요한 부분이다. 왜냐하면 나름의 여러 장점들이 손에 들어오기 때문이다. 그럼에도 불구하고 이런 식으로 계속 발전해 나가는 것은 기독교 정체성의 위험이 따른다. 예를 들면, 새로운 사회시설들을 위해 공동으로 실천해야 하는 기독교적 내용들이 거절당했고, 새로운 기독교 기능적인 직무담당연맹은 그후 새롭게 설립되지 않았다고 한다. 기존의 사회복지 기관들에서 자원봉사로 일하는 기독교의 동역협력자들은 전통적인 고용, 계층 – 이 경우 가령 교회 혹은 교회조직 – 의 직무감독과 행정적이고 국가적인 직무감독을 받아야만 한다. 또한 이러한 공공기관의 고용주에게는 해당 영역에서 필요한 동역협력자를 활용하는 것이 확실히 보장되어야만 그러한 복지기관들을 유지, 운영할 수가 있다. 그렇다면 이러한 공공기관의 고용주들은 교회의 자원봉사들이나 동역협력자가 상담활동 및 전반적인 직무에 관해 논의할 때 그들이 좀더 자유롭게 봉사활동에 참여할 수 있는 기회들이 부여해 주어야 할 것이다. 그러나 이렇게 한정적으로 기독교적인 동기를 보호받는다는 것이 실제로 교회봉사의 자기 정체성에 얼마나 위협을 막아 줄 수 있는지는 아직 확인된 바 없다. 대부분의 경우에는 회의적인 시각을 가질 수밖에 없다.

하노버의 주총회교회 지역권에서 교회봉사와 사회복지 시설들의 발전에 대한 첫 연구조사 결과에 따르면 초창기의 상황은 다음과 같다고 한다 : "우리가 행한 연구에서 교회봉사나 교회의 사회복지 시설들의 관할영역은 거주자 32,000명을 대상으로 봉사하는 반면 전통적인 기독교 자매시설들의 대상 거주자는 16,000명으로 구조적 시설봉사의 대상범위가 훨씬 더 많다. 이러한 사실은 특히 시골지역에서는 평균적으로 한 시설당 4,000명의 거주자를 대상으로 봉사하는 기독교 자매

시설에 비하여 무려 28,000명의 거주자를 대상으로 교회봉사 시설/사회복지 시설이 봉사하게 된다. 그러나 다른 한편 매우 바쁜 병간인 인력이 한 사람당 떠맡는 거주자의 숫자는 새로 신설된 시설들에서는 현저하게 적다는 사실이 드러난다. 교회봉사/사회복지 시설들은 한 사람당 평균 5,000명의 거주자와 상담활동을 하는 데 비해, 전통적인 기독교 자매시설들은 9,000명을 상담한다."

이러한 사실이 교회봉사의 문제점에 대해 말해 주는 것은 무엇인가? 새로운 교회 사회복지 시설들은 대체로 개별지역 교회를 능가하는 담당영역을 갖고 있다. 이러한 사실은 결과적으로 간호사가 시설의 전체 영역 이상으로 환자들을 상담할 수밖에 없게 된다. 간호사 이외에 다른 전문 인력들이 가족 간호 및 노약자 간호를 위해 함께 활동한다면, 간호사는 전체 영역 이외 사람들을 돌볼 수 있다.

여기서 한 간호사가 다른 전문인력과 협동적으로 넓은 영역을 총괄하게 된다는 사실은 간호사가 넓은 지역에서 병자 간호를 위한 전문가로 등장한다는 것과 일치하는 것이다. 그러기 때문에 기능적인 접촉이 증가하는 반면에 동시에 비전문가적인 자원봉사자들에 의한 인성적 접촉은 현저히 줄어들게 된다. 이에 반해 교회 자매들(디아콘/디아코닌과는 달리 교회 자매 교육과정을 이수한 후 개교회에 소속하여 전반적인 병간인 활동을 중심으로 소속교회 교회봉사 업무를 전담하는 직업여성)의 상대적인 상설성은 기능적인 간호사의 역할에 반해 다양한 측면의 면담수용을 가능하게 했다. 병간인을 위한 간호인력의 전문적인 면담은 그 면담 시스템을 기능화로 발전시킨다. 그렇게 되면 간호사 외에 다른 전문가들이 세분화되어 등장하게 된다. 이러한 전문기능의 과정은 먼저 그들의 인간적 역량이나 능력을 고려하기보다는 그들의 전문적 자격을 묻는다는 사실이다. 그러므로 그들의 개인적 동기유발, 예를 들면 기독교적 동기유발 등은 그러한 구조 시스템에서는 어쩔 수 없이 뒤로 밀려나게 된다.

이러한 예에서 발견되는 사실은 교회 차원의 교회봉사를 사회복지 국가적 조처 안으로 끼워 넣는 일이 유동적으로 이동 발전되어 실시되면서 병자 간호의 활동능력을 국가 차원의 목표라는 점에서 개선시켜 주는 것이 사실이기는 하다. 그러나 동시에 교회봉사를 교회와 동일시 할 수 있는 측면에서는 뒷전으로 밀려나 버리게 된다는 사실이다. 그렇게 되면 전면적인 사회복지를 행한다는 명분으로 교회를 이용하는 것이 교회 정체성 면에서 실제로는 하나의 문제가 되는 것이다.

3. 문제점 정리

교회 차원에서 행하는 교회봉사의 세부적인 항목을 제외시켜 놓고 본다면, 전체적 사회사업의 발전이 갖는 경향은 다음과 같다 :

A. 다른 영역들에서와 마찬가지로 교회 차원에서 하는 대사회적 활동은 강화되었고, 인력의 전문화가 수반되었다는 것이다. 이러한 전문화 현상은 사회관료주의를 교육한 결과이며, 또한 전문지식을 기독성과 구별시킨 결과이기도 하다. 전문가들은 점점 더 중요성이 부각되지만 일반 평신도들의 자원봉사나 동역 협력이라는 측면을 고려해 볼 때는 오히려 그리스도적 동기를 잃어버리게 하는 결과가 되었다.

B. 교회 차원에서 행하는 교회봉사는 국가에서 관리, 조종하는 전면적인 사회복지로 통합되고 있다. 그러한 교회봉사는 국가에서 제공하는 재정지원에 의존하게 되며, 특별히 사회적 활동의 전체 영역 개발을 위한 개발기준에서 구속을 받게 된다. 그래서 전반적인 사회복지 영역의 활성화를 위하여 교회재원이 제한받게 된다는 것은 결국 사회복지의 그리스도교적 모델을 진흥, 촉진시킬 수 있는 가능성을 축소시켜 버린다.

C. 사회상담 및 사회교육 분야의 전체 영역 속으로 교회봉사를 소속

시키는 것은 결국 교회의 능력 손실이라는 결과를 초래하게 되었다. 이러한 상황적 발전으로 보아 교회봉사가 곧 교회의 활동이라고 말할 수 없게 되었다.

4. 이론적 새 조항들과 전망들

사회과학적 분석과 방법에 의해 발전된 사회상담 등의 분야에서 현재 두드러지게 나타나는 일련의 조항들이 있는데, 그것들은 언급해 볼 가치가 있다. 추측컨대 그것들은 향후의 활동을 함께 결정하게 될 조항들이다. 이러한 점을 고려하여 여기서 세 가지 관찰사항을 거론하고자 한다 :

- 이웃에 대한 생각이 새롭게 살아나기 시작하고 있다. 사회과학의 연구결과는, 인간은 거주 지역 내에서 자신의 발전과 공동체의 발전에 관심을 갖고 있다고 한다 ; 라이머 그로네마이어(Reimer Gronemeyer)는 다음과 같이 주장한 바 있다 : "인근 지역/거주 지역에서의 인간적 관계에 대한 욕구와 필요성은 간과될 수 없다는 사실이다. 단순히 개인적인 것은 기형적인 것이다."[13]

- 직업이 갖는 역할을 극단적으로 전문화시키는 것은 바로 사회상담 및 사회교육 분야에서 점점 더 문제성을 띠게 된다. 인간들이 전문성에 대한 것보다는 오히려 다방면으로 관심을 갖는 경향이 두드러지게 나타난다. 수년 동안 한 가족의 세대를 따라 진료하는 지역의 가정주치의 제도나 혹은 소속된 개교회의 목사 등과 같은 전통적인 직업역할을 통한

---

13. Reimer Gronemeyer/Hans-Eckehard Bahr(Hrsg.) : Nachbarschaft im Neubaublock. Weinheim/Basel, 1977, S. 59.

사회상담과 사회교육의 모델은 심리학 및 심리학적 직업역할 분야에서 새로운 발전을 위한 자극제로서 새로운 기능을 하기도 한다.[14]

- 일반 평신도와 같은 비전문가의 능력이 새로이 발견되기도 한다. 이반 일리히(Ivan Illich)는, 우리는 전문가들의 거대한 집단이 갖는 엄청난 - 다른 사람을 재기불능으로 만들어 버릴 정도의 - 지배력에 자신을 맡기지 말고 '후천적 직업품성'을 발전시켜 나아가자고 촉구한 바 있다.[15]

그와 같은 사고에 힘입어 교회봉사를 위한 새로운 전망들이 개발되어야 할 것이다. 이러한 일은 사회복지 국가에서나 교회 차원에서 행하는 구조조직적인 교회봉사가 그 나름의 고유한 독자성을 새로이 확보하지 못한다면 불가능하다. 사회의 분업적 발전에 따라 교회봉사가 사회복지의 전반적 원칙 안으로 편입되는 것이 완전히 취소될 수는 없겠지만, 어느 정도 축소될 수는 있다. 이러한 관점에서 중요한 과제는 바로 전문가들에 대응하여 평신도 자원봉사자를 강화시키는 일이다. 교회봉사 실천현장은 그리스도인들이 자신이 갖고 있는 능력을 시험해 볼 수 있는 좋은 연습장이다. 이에 대해 전문가들은 그리스도교 자원봉사자들이 개인적으로 실천하는 봉사의 경험을 확장시킬 수 있으며, 또한 이미 존재하는 능력을 새로이 발견하는 데 도움을 줄 수도 있다. 이러한 사실은 전문가인 당사자들에게도 마찬가지로 또한 적용된다. 교회 차원에서 행하는 교회봉사는 도움받는 이들이 그 자신 스스로를 도울 수 있는 가능성들이 인지되도록 훨씬 더 강력하게 기여를 해야 한다. 돌본다는 것은 공급과 도움을 의미하는 것이지 일방적으로 행해지

---

14. Vgl. Karl-Fritz Daiber : Neue Leitbildentwicklung : Gemeinde als Handlungsfeld. Lutherische Monatshefte. 21. Hannover, 1982, S. 268f.
15. Vgl. J. Degen, Das anfassbare Evangelium, a.a.O., S. 13.

는 것을 의미하는 것은 아니다. 교회가 행하는 교회봉사는 사회의 구조적 측면을 간과해서는 안 된다. 고통은 사회와 주변환경의 구조에서 또한 지역의 주변환경 구조에서 발생한다. 즉, 도시가 어떻게 건설되고 주택이 어떤 위치에 있는가 하는 것과 관계가 없을 수 없다는 것이다.

지금까지 강조하며 이야기해 온 것은 서양의 경험에서 나온 것들이며 또한 서양의 상황을 말하는 것이다. 다음의 사항은 확실히 동독과 서독의 상황에 비슷하게 적용된다. 교회에서 실시되는 교회봉사가 필요로 하는 것은 그것이 예배 속으로 파고들어 가야 한다는 것이다. 이것은 예배에 참석하러 오는 사람들과의 교류에서 시작되며, 또 이러한 예배에서 무엇을 언급하는가에 대한 질문에서 계속 드러난다. 예배에서 그리스도공동체의 치유에 대해 무언가를 감지할 수나 있는가? 혹은 예배를 통하여 우리는 함께 살고 있는 다른 사람들에 대한 사회적 공동책임에 대해 무언가를 인식할 수나 있는가? 어떤 교회가 갖고 있는 교회봉사의 능력은 교회봉사 위원회의 조직에서보다는 오히려 예배라는 그 중심적인 표현양식에서 말씀과 삶의 통일이 상징적으로 나타날 수 있느냐 하는 사실과 더 깊이 관련되어 있다고 보인다.

II

지역교회와 교도소교회

독일의 교회봉사 기관에서 범법자에 대한 원조를 위해 '개신교 회의'에서 작성된 구상은 '기독교적 교회'에 대한 분명한 기대감을 나타내고 있다 : "사회적 원조를 위한 제안은 교회봉사 상담시설에 의해서 단독으로 실현될 수는 없다. 교회공동체는 교회봉사 활동을 위해 스스로 문을 개방해야 한다. 왜냐하면 다만 개방된 교회공동체 안에서만 교회봉사, 곧 실천적인 사랑과 원조가 실현될 수 있기 때문이다"(행 6 : 1 이하). 이러한 의미에서 개교회의 교회봉사가 그 나름의 신뢰성을 가지려면 편지, 방문, 그리고 원조대상의 그룹 등을 만나고 또한 범법자를 위해 자유시간, 주택, 일자리 등을 제공해야 한다.[1] '기독교 개교회'에 대한 이러한 높은 기대감 이면에는 교회에 대한 부족한 점들이 보고되어 있다. 교회봉사 차원에서 원조에 대한 제한된 요소들을 서술하면서 호르스트 자이베르트(Horst Seibert)는 " '교회'에서 부족한 면, 예컨대

---

1. Horst Seibert : Diakonie-Hilfehandeln Jesu und soziale Arbeit des Diakonschen Werkes. Gütersloh, 1983, S. 139.

출옥자들을 다시 받아들일 수 있는 수용적인 교회구조"에 대해 언급하고 있다. 동시에 그는 시설교회(기관교회, 교도소교회 등)라는 주제에 대해 다음과 같이 언급하고 있다 : "'시설교회'는 그 편에서 보면 절연체적 성질을 지닌 처벌이론의 반영이며, 그런 점에서 드러나는 사실은 그것이 바람직한 교회기능을 가질 수 없다는 것이다."[2] 이것이 교회의 가장 두드러진 문제점이다. 한편으로는 기독교 교회에 대한 신학적 기대감이 있고, 다른 한편으로는 부족한 부분을 확인하여 곧바로 교회에 부족한 면을 언급하게 된다. 여기서 문제는 이러한 지적들이 개인적이고 독단적인 평가인가 혹은 이러한 사실이 교도소에서 활동하는 목사가 계속적으로 관계하는 현실에 대해 무언가를 실제로 반영해 주는가에 대한 것이다.

1. 경험적 분석을 통한 지역교회와 교도소 상담목회간의 관계

아래에서 언급하는 사항들은 설문조사를 통해 드러난 사실에 근거하고 있다. 이 설문조사는 1984년 4월 하노버의 복음주의 루터교 주총회의 목회사회학 소위원회와 독일 서베를린에서 교도소목회에 참여하고 있는 개신교 목사회의에서 공동으로 실시한 것이다. 교도소에서 직업적으로 또는 겸임으로 활동하는 교회봉사자들에 대한 질의가 서면으로 약 270장이 발송되었는데 그 질의서 중에서 112장, 즉 41%가 응답했다.

주총회의 경우 다음과 같이 집계되었다 : 하노버에서 답장이 온 질의서는 17장이고, 브라운슈바이크에서 1장, 올덴부르크에서 1장, 샤움부르크-링페에서 1장, 노르델비인에서 9장, 베스트팔렌에서 12장, 라인란트에서 14장, 하센-나사우에서 7장, 쿠어헤센-발덱에서 4장, 팔츠

---

2. A.a.O., S. 147.

에서 3장, 바덴에서 6장, 뷔르템베르크에서 5장, 바이에른에서 17장, 서베를린에서 5장, 기재하지 않은 것이 2장 등이다.

이중에 되돌아온 105장의 질의서가 평가에 포함되었다. 많은 교도소 중에서 단지 8%만이 시골지역에 위치해 있고, 20%는 소도시에, 30%는 중도시에, 42%는 대도시에 있는 것으로 파악되었다. 절반 이상의 교도소에서 직업적인 전문 상담봉사자는 찾아볼 수 없었다. 이들 전문 직업인 상담가 52명 중에서 절반 이상(52%)이 주총회 교회에 의해 고용되었고, 42%는 해당 연방주에 의해, 6%는 해당 교회교구, 또는 지역교구, 그리고 대교구에 의해 고용되었다. 교도소에서 겸임으로 활동하는 44명 중 57%는 교도소 근처에 있는 지역교회 목사들이다.

사실 교도소 주변의 종교적 특성은 대체로 국교회적이다. 교도소 주변에 개신교 중에서도 경건주의적 색채를 지니는 감리교나 장로교 등의 자유교회 그룹들은 그 곳의 지역에서 단지 예외적인 경우에만 분명한 역할을 하고 있다(상담응답자의 8%). 교회에 대한 사회비판적인 그룹이 교도소 일에 관여하는 것의 중요성은 충분히 인식되지만, 많은 지역들에서는 그런 집단이 제 역할을 못하는 경우가 있다. 사회비판적 시각으로 교회활동에 참여하는 교회그룹의 상당 숫자가 시설 주변에 있다는 것은 이 시설들이 도시지역에 위치해 있다는 사실과 관계가 있는 것 같다.

교도소의 상담봉사자들이 지역교회의 위원회활동에도 참여하게 될 때, 교도소와 지역교회간에 상호 관계적 상담을 제공하는 일이 비로소 제도화될 것이다. 이런 점에서 볼 때 목사회의는 기대에 부응하는 중요한 역할을 감당하게 된다. 질문을 받은 유급 상담봉사자 중의 81%가 목사회의 구성원인 목사들이다. 목사회의 구성원이 아닌 사람들 중 상당수의 견해는 교회봉사자와 교회의 다른 동역협력자들 역시 교도소 상담봉사자가 갖는 기능을 인식하고 있다는 것이다. 교도소 상담봉사가 주된 직업인 봉사자의 48%가 교회교구 총회의 구성원인 반면에, 해당 지역교회 집행부의 구성원은 17%(즉, 질문을 받은 사람들 중 9명)에 불과하다. 연합단체 대표로 선출된 봉사자의 수는 더 적다(총 5명에 불과하다). 그 외의 다른 교회위원회에서는 37%가 그들의 직책상 이미 구성원이 된 사람들이다. 교회위원회에서는 교도소 상담봉사에 지역교회가 규칙적인 공동협력을 통해 제도적으로 맞물려 나가도록 대책을 마련하는 것도 생각해 보아야 할 일이다. 그러나 전체적으로 보면 사정은 그렇지 못하다. 확실한 것은 목사회의가 교도소에 관한 정보를 제공하고 계속해서 관계를 유지하도록 한다는 것이다. 그러나 그것은 결국 목사라는 특수직업군에 한정되는 교도소 실태에 관한 인지 가능성이다. 그런 미미한 가능성 때문에 교회와 교도소시설의 관계가 제대로 된다고 볼 수는 없다. 가령 서베를린의 주총회에는 교도소 상담봉사자들의 독자적인 회의가 개최되고 있다.

교도소 상담봉사자들이 속한 해당 지역교회는 다양한 차원 - 먼저 지역 교회공동체의 차원에서, 다음은 해당 지역교구 혹은 대도시는 연합지역교구의 차원에서 조직된다. 이와 같이 다양한 차원의 접촉들은 일단 교도소 - 목사에 의해서 창출될 수 있다. 그 이외의 교회집단이 교도소 상담봉사자와 함께 공동작업할 수 있는 가능성도 있다. 더 나아가서 교회연합체가 만들어질 수도 있다 ; 교회연합체는 1933년까지 교회에서 행하는 재소자 원조 및 출옥자 원조에 상당한 기여를 했다. 마지막으로 교회의 개별적인 구성원 등이 교도소 상담봉사자를 원조할 수 있으며 재정적 지원이 주어질 가능성도 있다. 그 외에 여기서 하나하나 개별적으로 파악되지 않은 다른 가능성도 물론 있다.

교도소 상담봉사자와 지역교회 목사간의 공동작업 내지 연대작업의 차원에서 지역교회 접촉이 잘되고 있는 것은 아니다. 질문받은 사람 중 60% 이상이 지역교회의 위원회에서 자신의 교도소활동에 대해 드물게 보고하거나 혹은 전혀 보고하지 않고 있으며, 지역교회에서 예배를 드리는 경우는 드물거나 전혀 없다고 보고하고 있다. 지역교회 목사가 감옥에서 가끔 예배를 드리거나 혹은 전혀 드리지 않는 경우는 거의 3/4 정도에 달한다. 그러나 질문받은 모든 사람들이 대답한 것은 아니다 ; 이것은 지역교회의 목사이면서 동시에 교도소에서 겸임으로 활동하는 사람들이 여기서 제대로 역할을 하지 못한다는 사실과 관련 있다. 교회 집단이 교도소 상담봉사자와 연대하여 일하는 경우는 드물어서 1/4 정도에 지나지 않는다. 교도소가 있는 지역에 존재하는 교회의 집단은 교도소의 예배에서 공동작업할 때 내지는 구금자를 위한 접촉집단으로서 가장 중요성을 가진다. 지역교회가 있는 영역에서 교회연합체가 교도소를 위한 상담활동을 하고 있는 경우는 아주 드물며(5%), 그 반면에 개별교회 구성원들이 교도소 상담봉사자들을 지원하고 있다 - 덧붙여 말하면, 거의 절반 정도되는 경우에 지역교회가 교도소 상담봉사를 재정적으로 후원하지만, 둘의 관계가 좋아지는 경우가 없었다는 사실이 놀라운 일이다. 어쨌든 질문받은 사람 중 55%는 자신들의 활동에 지역교회의 재정적 지원을 받은 경우가 드물거나 완전히 없다고 진술하고 있다.

교회교구 차원에서도 비슷한 현상이 나타난다. 교도소 상담봉사자가 접촉의 필요를 인식하고 요청하는 경우에 기회가 주어지는 범위 내에서 교회들과 접촉하는 것이 어느 정도 정착되어 있다. 이러한 현상은 교도소예배에서 교회교구의 교회목사와의 공동작업 활동에도 비슷하게 적용된다. 교도소 상담봉사자와 연대하여 활동하는 교회집단 현상이 지역교회 차원에서보다는 약간 더 자주 나타난다(32%). 여기에서도 예배라는 공동활동이 우선적 역할을 한다. 연합체에서도 그와 같은 현상이 지역교회적 차원에서보다는 약간 더 자주 언급된다. 그런데 질문받은 사람들 중 90% 이상이, 교도소 상담을 지원하는 교회 차원의 연합체가 교회교구 영역에는 존재하지 않는다고 진술하고 있다. 교회교구 출신의 교회 구성원들의 참여는 해당 지역교회의 구성원들에 의한 지원보다 미약하다. 여기서는 지역적으로 가까이 위치해 있다는 것이 중요한 것 같다. 교도소가 속한 해당 교회교구의 재정적 원조 또한 결코 확실하지 않다. 질문받은 사람들 중 절반 이상이, 교회교구가 교도소 상담봉사를 지원해 주는 경우는 드물거나 전혀 없다고 진술하고 있다.

일반적으로 지역교회의 집합체인 연합교구 차원에서는 그래도 해당 교회교구보다 나은 편이다. 이러한 현상은 접촉 가능성에도 적용되며 재정적 지원에 대해서도 적용된다. 그럼에도 불구하고 연합 교회교구가 있는 경우에도 70%가 교도소 상담봉사를 지원하는 경우가 드물거나 전혀 없다는 것이다.

지역교회 차원의 활동과 교도소 상담봉사를 연결할 수 있는 또 하나의 가능성은, 교도소 상담봉사자가 재소자의 출신교회 목사와의 접촉을 수용한다는 사실에 바탕을 두고 있다. 질문서가 보여 주는 것은 이러한 사실이 보다 적은 수의 경우에만 인식된다는 사실이다. 교도소 상담봉사자가 출신교회의 목사들에게 어떤 교회구성원이 체포되어 있다는 사실을 알려 주는 경우는 28%이다. 그런데 일반적으로 여기서 문제는 기회가 주어질 때 아주 가끔씩만 접촉한다는 사실이다. 이러한 사실은 출옥을 하게 될 경우에는 해당 교회 목사에게 통보해 주는 것에도 적용되며, 해당 교회 차원의 집단이 접촉을 시도해 올 때도 적용된다. 지배적인 원인은 출신교회가 교도소 상담봉사자의 시야에 들어오지 않는다는 점이다. 그러나 재소자들과의 개별적인 접촉은 잦은 편이다. 이런 사실은 질문을 받은 교도소 상담봉사자의 3/4 이상에서 발견된다. 한편으로는 교도소 상담봉사자의 활동부분에 재소자 가족의 도움이 필요할 때는 안에서 일반적으로 해당 출신교회에 의존하지 않고 가족과 함께 일을 할 수도 있다.

설문지를 분석하면서 눈에 띄는 것은, 자유교회 소속의 교회나 그와 비슷한 단체가 교도소 상담봉사자와 접촉한다는 사실이다. 교도소 상담자의 1/3 이상이 자유교회 소속의 교회와는 아무런 접촉을 갖지 않고 있지만, 질문받은 사람들 중 45%는 자주 혹은 적어도 가끔씩은 접촉을 갖고 있다는 것으로 드러났다. 이것이 의미하는 바는, 자유교회 소속 교회와의 접촉이 해당 교도소가 있는 주총회 소속의 교회와의 접촉보다 더 좋다는 사실이다. 독일의 모든 주총회를 고려해 볼 때 자유교회 소속 교회는 비교적 접촉이 잘되고 있는 편이다. 질문받은 사람들은 매우 자주 침례교, 자유교회 소속의 장로교회, 감리교회, 구세군 등을 언급하고 있으며, 또한 기드온 집단 역시 자주 언급된다. 우리는 접촉방법을 재소자들의 예배의 공동참여에 두고 있지만 독자적으로 예배가 행해지는 경우도 있다. 마찬가지로 출옥자와 재소자를 위한 기독교와의 면담기회들은 교도소의 상담봉사자와의 연대작업의 가능성으로서 거론될 수 있다. 결과적으로 재소자를 위한 교회봉사 활동은 적어도 자유교회 소속교회들에 있어서는 기본적인 행동강령이 되고 있는 것을 알 수 있다.

 추측컨대 이러한 사실은 교도소와의 연합활동이 자유교회들에게서는 더 성서적이라는 신앙인식과 관계가 있는 것 같다. 어쨌든 이 사실이 보여 주는 것은, 교회 차원의 활동 중에서 어떤 면에 더 비중을 두느냐가 교도소 상담봉사와 지역교회간의 결합을 강화시킬 수 있다는 것이다. 이것은 1977년의 형 집행법이 자원하여 봉사하는 상담조력자들을 교도소 상담봉사에 공식적으로 포함시킬 것을 고려한다는 점에서 더욱 그렇다.

 교회봉사 본부(Diakonisches Werk)의 부서들은 교회에서 행하는 전문적인 혹은 전문적으로 상담을 해주는 재소자 원조를 인식하고는 있다. 그 봉사부서에 있는 사람들과 재소자들과의 만남에 대해 무슨 말을 할 수 있는가? 질문받은 사람들 중 2/3가 그들은 교회봉사 본부의 담당 동역협력자들과 최소한 가끔씩은 접촉을 갖는다고 진술하고 있다. 재소자의 출신교회를 담당하고 있는 교회봉사 본부센터(이 기구는 대총회 차원의 중앙본부와 각 주총회마다 개별적인 본부를 갖고 있다.)의 공동협력자들과의 접촉은 매우 개별적이며 드물다. 질문받은 사람들 중 1/3 정도만이 이런 관계 속에서의 잦은 접촉에 대해 말하지만 일반적인 경우 지역교회와의 접촉보다는 아주 높은 편이다. 자이베르트는 1982년 범죄자 원조기구에서 직업적으로 활동하는 교회봉사 동역협력자의 수가 130에서 140명에 이르는 것으로 파악하고 있다. 또한 550명에 달하는 교회봉사 본부센터나 교회교구들 – 혹은 지역교구 기관들 소속의 봉사자들이 돌아다니면서 출옥자를 상담한다는 사실을 보고하였다.[3] 전반적으로 볼 때 교회들은 교도소 상담활동을 전문직업적인 교회봉사 활동으로 체계화하고 싶어하는 사실을 확인할 수 있다. 지역교회들이 교회봉사 본부의 부서들을 넘어서서 교도소와의 직접적인 접촉집단으로서 보다 더 강력하게 활동할 수 있는지 없는지는 여전히 의문으로 남아 있다.

상황에 대한 전체 평가는 다음의 질문을 통해 이루어졌다 : "당신은 지역사회가 교도소 상담봉사 활동에 대해 어느 정도 관심이 있다고 봅니까?" 상황에 대한 전체 평가는 오히려 부정적이다. 17%는 분명하게 "전혀 아니오."에 답을 했고, 봉사자의 절반 이상의 견해에 의하면 교회 내에서 교도소 상담봉사가 고려되는 정도가 미약하다는 것이다. 그와는 반대로 다만 15%만이 교도소 상담봉사가 분명히 고려된다는 견해를 갖고 있다.

이런 상황에 대한 설명으로서 수많은 이유들이 거론된다. 부분적으로는 그 이유들이 지역적 상황에서 나오기도 하며 과중한 재정부담의 문제, 지역교회 목사의 개인적 관심의 정도에서 비롯되기도 한다. 교도소 자체 상황도 역시 거론된다 : 교도소에 수용된 사람들, 특히 그 중에

---

3. Horst Seibert : Randgruppen – Diakonie. Provokation für Kirche und Gesellschaft. In : Deutsches Pfarrerblatt. Neustadt, 1982, Nr. 82, S. 207 – 211.

서도 잦은 외국인들의 재소/출옥의 반복내용이 자주 언급된다. 또한 교도소 내지는 형 집행의 문제들에 대한 정보가 부족하다는 사실은 이구동성으로 거론하는 이유이다. 질문을 받은 상담자들의 평가에 의하면 아주 중요한 요인은 범죄 피의자에 대한 선입견에서 비롯되며, 동시에 재소자들을 만나면서 갖는 불안감에서 비롯된다고 본다. 이는 국교회적인 교회에서 징벌의 필요성이 사회에서와 마찬가지로 동일하게 존재한다는 - 이것은 일반적으로 사회 내에서 그러한 것과 같다 - 사실에서 출발하고 있다.[4] 지역교회와 봉사자간의 연대작업이 부족한 이유를 언급하면서 '시민의식'이라는 요인 역시 거론된다. 재소자들이 압도적으로 하층 출신들이 많은 반면에, 교회공동체들은 중산층이 모인 집단이다. 마지막으로, 교도소 목사는 관청의 공무원이거나 비슷한 지위에 있으며 주총회의 교회성으로부터도 자유롭다는 사실이 언급되기도 한다. 그러한 이유들로 결국 교도소와 교회조직 내에서의 상호 작용이 어쩔수 없이 후퇴하게 되고, 시기적으로 영향을 주기도 하는 개인의 건의를 통해서만 그 상호 작용이 어느 정도 보완될 수 있게 된다.

질문받은 사람들이 응답한 이유들은 그것에 대해 이미 언급한 바 있지만 지역교회가 교도소 상담으로부터 멀어진다는 사실은 경험적인 연구를 통해 증명되었고, 또 부분적으로는 그 이유들이 이론적으로 쉽게 설명될 수 있기 때문에 신빙성이 있는 응답으로 여겨진다. 질문받은 사람들의 다양한 진술과 언급에서 밝혀진 내용을 보면 국교회 상황이 이러한 관계에서 보면 특히 비중을 가진다. 마찬가지로 편견이라는 개념으로 시사되어 있는 사회심리학적 요인들도 비중을 가진다.

또한 질문의 범위 내에서 교회의 의무적 - 입장들에 대해서도 질문이

---

4. 이러한 입장은 교회의 신실한 교인들에게서도 별 변동이 없다는 사실이 Fritz Sperle의 실험을 통하여서 입증되었다. Fritz Sperle : Der Vollzug der Freiheitsstrafe als Problem von Theologie und Kirchlicher Praxis in Geschichte und Gegenwart. Heidelberger Dissertation. 1975, S. 130ff.

나왔다 ; 교도소 상담봉사자들은 지역교회와의 연대작업을 어떻게 생각하고 있는가? 교도소 상담봉사자의 활동을 지역교회의 활동 안으로 완전히 통합한다는 생각은 오히려 거절당한다. 그 반면에 질문받은 사람들 중 3/4 정도는 이따금씩의 활동을 통한 교도소와 교회간의 접촉, 다시 말해 예배에의 참여 혹은 교회집단들에서의 교도소 상담활동들에 대한 보고의 기회 등을 분명히 원하고 있다. 약간 적은 수(질문 받은 사람들 중의 2/3)가 교도소 상담봉사자가 활동을 함께할 교회집단이 있다면 좋을 것이라고 한다.

교도소 상담봉사와 교회교구간의 관계를 고려하여 나온 결과들은 완전히 적절하다고 하겠다. 이것은 지역교회가 교도소 상담활동에 직접적으로 참여하는 대신 가능한 파트너 교회로서 지원해 주기를 원하는 것 같다. 지역교회와의 접촉이 자유로운 건의형태로나 또한 선택의 가능성이 있는 방법으로 더 강력하게 유지된다는 사실을 알 수 있다. 즉, 교회공동체 및 상담봉사자의 관심이 고려되어야 한다는 사실은 생각해 볼 수 있을 것이다. 상대 교회와 상응하는 교회집단과의 접촉에 대한 동의는, 교도소가 있는 지역교회와 비교해 볼 때 조금 높게 평가되지만 상대 교회와의 접촉은 지역교회와의 협력의 가능성 인식에서 시행될 수 있다. 지역교회와의 연대작업에 대한 진흥, 발전은 질문받은 봉사자들의 의견에 의하면 특별히 정보교환의 문제이며 개인적 접촉의 문제이기도 하다. 교도소 상담봉사자들은 이러한 식으로 지역교회 구성원들이 재소자들에 대한 관심과 동기를 유발시킬 수 있다고 보며, 분명히 이러한 관계에서 지역교회의 위원회 안으로 확고하게 편입되는 것 역시 도움이 되는 것으로 드러난다고 한다.

연구의 결과 도입부에서 제기한 문제는 전반적으로 타당한 것으로 드러난다 : 분명히 지역교회와의 접촉은 희망할 만한 것으로 여겨진다. 여기서 교도소가 위치해 있는 지역교회가 떠오르기도 하고, 상대 교회인 교도소교회가 떠오르기도 하고, 또한 교회교구가 생각되기도 한다.

조직의 크기가 커짐에 따라 연합교회 교구와의 거리감도 커지므로, 직접 체험할 수 있는 범위가 작은 주변영역으로 방향을 돌려야 한다. 원하는 것이 있다는 말은 부족한 것이 그 건너편에 존재한다는 것이다. 적은 숫자의 봉사자들이 상응하는 적절한 접촉을 하고 있기 때문에 자유교회 소속의 교회의 필요성 인식과 교회봉사 본부센터와의 접촉들 역시 오히려 긍정적으로 평가되어야 한다.

보충해서 알고 있어야 할 것은 교도소 상담봉사자 쪽에서는 기독교 특수공동체 내지 종교단체들과 이따금씩 접촉을 한다는 사실이다(질문 받은 사람들 중 7%가 특수공동체와 12%는 비기독교 종교공동체와 자주, 그리고 가끔씩 접촉을 가진다.). 상담봉사자는 교도소 내에서 종교가 갖는 대표적 기능을 명백히 위임받고 있다. 이것은 기본법 및 형 집행법에 근거를 두고 있는 법률적 환경조건에 부응하는 사실이다.

통계학적 세부분석에서 결국 다양한 요인들이 연구되었는데, 이 요인들은 교도소 정신상담 봉사와 지역교회 조직간의 관계에 아마도 영향을 줄 수 있을 것이다. 한편 여기서 문제가 된 것은 봉사자가 지역교회 안으로 어느 정도로 편입되느냐 하는 것이며, 다른 한편 개교회 주변환경의 신앙관이 영향을 주는 요인으로서 분석되었다. 특히 다음 사실 때문에도 후자가 추천되었다 : 그것은 다른 교회와 비교해 볼 때 봉사자들과 자유교회 소속교회들과 잦은 접촉을 고려할 때 자유교회들의 경건의 형태나 신앙관이 협력관계를 가능하게 했다는 사실 때문이다. 전문적인 직무에 대한 봉사와 교회 소속기관에 대한 봉사의 관계에 대한 토론에서 이 두 봉사형태가 갖는 연대감이 부족하다고 지적한다. 이런 관계에 대한 하나의 현상이 나타나는데 직무상 두 가지 기능을 겸임하는 교회 목사가 이런 일을 관심 있게 보아야 한다는 것이다. 지금까지의 관찰에서 부족한 것은 이러한 식으로 가장 먼저 다루어질 수 있다는 명제 사고방식을 따른다면 교도소 상담봉사와 지역교회의 관계를 고려해 볼 수 있게 된다. 즉, 출발점이 되어야 하는 것은 교도소 상담봉사가 겸직의 개교회 목사를 통해서 인식되는 경우 지역교회에서 행하는 공동체활동과의 연결은 다른 경우들에서보다는 훨씬 더 강력하다는 것이다.

　분석의 결과 이러한 추측은 다만 상황에 따라서만 맞다는 사실이 드러난다. 예를 들면, 교도소 상담봉사자와 연대활동을 하는 교회집단은 겸직으로 활동하는 교도소 상담봉사자 위원회가 여타의 다른 위원회보다 결코 더 자주 형성되지는 않는다. 여타의 다른 교도소 상담봉사자에게 있어서 본질적으로 다른 점은 겸직으로 활동하는 사람들이 지역교회의 위원회에서 분명하고 보다 더 강력하게 보고하고 있다는 사실뿐이다. 지역교회의 예배와 설교계획안으로 교도소 존재의 편입은 이러한 경우 자명하다. 왜냐하면 지역교회 목사가 동시에 교도소 정신 상담 봉사자이기 때문이다. 지역교회와 교도소의 봉사자간의 결합, 즉 목사의 봉사직무의 임무에서 그러한 결합을 넘어서 겸직으로 활동하는 봉사자의 경우에는 아마도 지역교회로부터의 교도소-봉사활동의 보다 강력한 재정적 지원이 확정될 수 있을 것이다. 그런 연유로 전체적으로 보면 교도소 상담봉사자에 있어 겸직으로 인식된 봉사임무는 바로 목사의 일인 것 같다. 물론 이러한 일이 교회에서 지속적으로 소급적 효과를 거둘 때의 경우이다. 이와 비슷한 관점으로 두 번째 연구결과를 분석해 본다. 여기서는 전문직업으로 활동하는 교도소 상담봉사자들이 지역교회 위원회에서 구성원 자격을 갖고 있는지 어떤지에 따라 구별된다. 이렇게 교도소 상담봉사자들의 교회위원회 활동 안으로의 편입에 대한 관심은 아마도 지역교회와의 협동을 강화시킨다는 추측에 기인하는 것이다. 이런 유대관계에 대한 분석결과는 하나의 사실을 일깨워 주는데 교회교구 위원회에서의 구성원이 교도소 상담봉사와 지역교회간의 긴밀한 결합에 별 효과를 주지 못하고 있다는 사실이다. 봉사자가 교도소 근처에 있는 교회공동체 집행부의 임원이라면 그 영향이 보다 클 것이다. 교도소 상담봉사자들이 교회공동체 집행부의 임원일 경우에는 지역교회의 위원회에서 강력하게 자신들의 활동 작업에 대해 보고하고 있다. 그들은 또한 지역교회의 예배에 적극 참여하기도 한다. 그러나 이미 언급한 것처럼 지역 목사가 교도소에서도 예배를 드리는지 어떤지 하는 질문에서는 언급할 만한 뚜렷한 내용이 없다. 이러한 사실은 교도소 상담봉사와 연대활동을 하는 교회집단을 고려해 보더라도 비슷한 상황이다. 교도소 봉사자를 지역교회의 위원회 안으로 포함시킬 때 일반적으로 나타나는 현상은 기껏해야 그 봉사자가 비중 있는 보고를 하며 그것을 설교 속에 포함시킨다는 것이다. 더 이상의 수준은 아니다.

이러한 결과에서 보면 다음 사실은 놀랄 일이 못된다 : 봉사자가 갖는 직책상의 차이 역시 교도소 상담봉사와 지역교회간의 관계에 영향을 크게 주지 못하고 있다는 사실이다. 해당 연방주에 의해 고용된 봉사자와 해당 주총회에 의해 고용된 봉사자는, 지역교회와의 연결 역시 비슷한 현상으로 해석된다.

교회교구 차원에서 고용된 3명의 봉사자와 지역교회와의 유대관계는 조금 나은 편이다. 그러나 이런 적은 숫자로는 교회 지도층에 대하여 영향력 있는 신뢰할 만한 결론을 끌어내기 어렵다. 결과적으로 드러난 사실은 제도적 조건의 강화로부터(겸직상태의 교도소 상담봉사의 강화된 인식을 통해서든, 지역교회 위원회로의 봉사자의 편입을 통해서든, 지도담당층의 변화를 통해서든) 교도소의 봉사자와 교회간의 관계의 근본적인 개선이 기대될 수는 없다는 것이다. 그렇다면 지역교회 주변의 종교적 특성이 과연 교도소 상담봉사와의 관계에 있어서 강력한 영향을 주고 있는가? 먼저 여기서 분석의 결과는 상당히 제한된 범위 내에서 이끌어 냈다는 것을 전제로 한다 : 주변환경에 대한 평가는 인적 요인에 의한 것이 아니라 봉사자의 평가에 근거한 것이다. 개별분석에서 먼저 자신들이 일하고 있는 교도소 주변의 환경을 복음주의적-경건주의적으로 판단하고 있는 응답자들의 진술은 그러한 경건한 집단구성원들이 자신들의 교도소 환경에 대한 미미한 정도로 수용하는 대립상태에 대해 이야기하고 있다. 복음주의적-경건주의 집단들이 분명한 역할을 하고 있는 그러한 지역교회에서는 교도소 봉사자의 활동을 지원해 주는 교회집단이 결코 많지 않다는 결과가 나와 있다. 마찬가지로 그러한 해당 지역교회 공동체 혹은 교회교구가 더 많이 재정을 지원해 주지도 않는다. 경건주의적-복음주의적인 특성을 지닌 환경에서 교도소 상담 봉사 활동을 지원해 주는 그러한 교회집단이 교회교구 내에 있을 경우는, 그런 일은 하나의 가장 분명한 차이점인데, 다른 경우보다는 교도소의 예배로 공동체 원조활동을 집중적으로 전개할 것이다. 복음주의적-경건주의로 방향을 정한다고 해도 이 경우에 봉사자와의 연대활동이라는 과제를 보다 잘 수행할 것 같지는 않다. 그러나 그렇게 방향을 정하는 것이 지배적이면, 아마도 예배상의 공동활동이라는 테두리 안에서 그에 상응하여 중요성을 강조할 것이다.

사회비판적 교회그룹들, 즉 사회의식이 강하게 표현되는 평화활동 그룹, 앰네스티-인터내셔널-그룹 등등이 다른 곳에서 보다 더 분명히 등장하는 그러한 교회적 환경의 영향을 우리가 연구한다고 해도 상황 일반에 대한 그 어떤 차이도 나타나지 않는다. 교도소-목사와의 연대활동을 고려해 볼 때 사회적 관심은 직접적인 형태로는 효과를 나타내지 않는 것 같다. 이 집단들의 목표설정에서 우리는 근본적으로 하나의 고무적인 모습을 기대할 수 있었겠지만, 사실은 그렇지 못하다. 이와 관련해서 자유교회 소속교회가 교도소의 봉사자와 상대적으로 많은 접촉을 시도하고 있다는 사실은 다시 한번 상기되어야 한다. 어떤 신학적 배경은 여기서 재소자를 위한 봉사활동과의 연대활동에 크게 영향을 주지는 못한다. 주총회 차원의 교회에서 이것이 성공할 가능성은 희박하다. 개별집단-그것이 경건주의적-복음주의의 한 집단이든 혹은 사회비판적인 집단이든-을 특징지우는 힘이 전체적으로 약하거나, 혹은 재소자를 위한 참가도가 두 경우에 있어 강령구조 안에 충분히 자리잡지 못하고 있다. 그래서 결국 다음의 의문이 제기된다 : 즉, 기독교 교회공동체가 사회적 한계, 곧 교도소와 같은 특수상황의 한계를 뛰어넘는 교회공동체라는 점에서 기독교공동체는 그것을 어떻게 입증해야 하는지가 문제로 남는다.

2. 교회공동체의 신학적 개념

신학적으로 볼 때는 시설 중심의 교회봉사와 기존의 교회공동체, 교도소 안에 있는 교회와 '자유로운 상태에 있는' 교회공동체간에는 전혀 차이가 없다. 교회공동체는 하나의 공동체이며, 교회공동체는 교회이고, 교회는 공동체이다. 이러한 사실은 지역교회와 교도소 안에서의 상담봉사의 관계를 토론하는 데 있어서 신학적 반영이 아무런 영향도 미치지 않는 것처럼 보일 수 있다. 그러나 아마 사정은 다를 수도 있다. 그렇다면 교회공동체란 무엇인가?

아우구스부르그의 신앙고백 제7조에 따르면, 교회공동체란 "모든 신자들의 모임이며, 이 신자들에게 복음이 순수하게 설교되고 복음에 따른 성만찬이 행해지는 곳이다."라는 것이다. 그러나 복음의 설교, 성만찬의 제공 등은 설교의식을 통해 이루어진다. 성직은 거룩한 직무이며 성령을 통해서 모든 일이 수행된다는 정당성을 부여받고 있다. 교회와 교회공동체간에는 그 어떤 근본적인 차이도 존재하지 않는다. 에클레시아라는 개념은 신학적 차원에서 보면 전체 교회에 대해서도 쓰이고 개별성을 띤 공동체에 대해서도 쓰인다는 사실에서 출발하면, 변증적인 말씀이 설교와 성만찬에서 보일 수 있고 들릴 수 있는 곳에서 교회공동체가 형성된다. 공동체의 원래 형식은 예배이며, 예배는 공동체를 구성하는 기본이다. 말씀이 선포되는 과정에서 공동체가 형성되며, 그럴 때 공동체는 사건으로서 나타난다. 공동체는 사람들에게 해방을 가져다 주고 그들을 격려할 때라야 공동체인 것이다. 이로써 교도소 안에서의 교회공동체가 어떤 의미를 가져야 하는지 분명해질 것이다 : 그것은 위로와 격려의 말씀을 듣고 위로를 받는 사람들의 모임이다. 많은 사람들이 그 말씀을 심리학적으로 해명하려고 하겠지만 그 말씀은 심리학적 차원 이상의 경험을 갖게 한다 : 교도소의 예배에서는 침묵 가운데 하나가 될 때 그 곳에 교회공동체가 존재하는 것처럼 보인다. 그것은 아마도 한순간 동안만 가능할 것이다. 그러나 인간이 행하는 의식들이 뒤바뀔 때도 공동체는 존재할 것이다. 본질적으로 보면, 교도소 밖의 교회공동체에 적용되는 것이 전혀 다른 것도 더 나은 것도 아니다. 이러한 내용을 사람들이 듣고 당황해서 잠시 동안이라도 믿음을 갖는 사건이 된다면 교회공동체가 형성되는 것이다. 교회공동체 안에서는 아마도 개인적 차원은 때때로 뒷전으로 물러나야 할 것이며, 예배를 드리는 가운데 공동의 역사 속에 어떤 벽과 그 어떤 창살도 느끼지 못하는 공동경험을 하게 되는데, 곧 해방의 역사라는 차원으로 이해하게 될 것이다.

   이 해방의 역사는 예수 그리스도와 함께 시작되었고, 그것은 하나님의 왕국을 약속해 주며, 하나님의 왕국으로 이어진다. 이러한 공동의 역사를 상징적으로 보여 주는 것들로는 주기도문, 신앙고백, 신구약, 이스라엘 역사에 대한 상기, 막힌 벽을 뛰어넘는 중보의 기도 등이 있다. 각각의 공동체 사이에서 공통경험을 하게 하는 것이 예배에서 보다 강하게 강조된다면 좋을 것이다. 아마도 우리는 교도소 예배 중에 중보의 기도를 하면서 지역교회 공동체를 생각해야 할 것이며, 역시 지역교회 공동체에서는 중보의 기도를 하면서 교도소에 있는 공동체를 생각해야 할 것이다. 해당 공동체 집단은 규칙적으로 이 중보의 기도에 참석해야 할 것이다. 종종 그것은 의식을 변화시키는 작은 일들이 될 것이다. 변증적인 신앙의 설교가 공동체 형성에 중요한 기본이 되고, 그 신앙이 다시 예수 안에 기반을 둔 구원을 제공한다면, 교회는 차별이 없는 평등한 공동체가 되는 것이다 : 그들 모두가 죄를 범하였으매 하나님의 영광에 이르지 못하더니, 기독교 신앙은 하나님 앞에서 모든 인간이 평등하다는 것에 기반을 두고 있다. 개신교적으로 말하면 다음과 같다 : 하나님 앞에서 평등하다는 것은 하나님 앞에서는 죄인과 의인이 모두 동등하다는 것이다. 복음전파에서 평등이 발생되며 인간들 사이에 존재하는 불평등이 사라지게 된다. 이는 실제의 사회상황과 연관지어 볼 때 복음의 전파라는 것이 추상적이기 때문에 가능한 것이다. 추측컨대 여기서 말하는 추상성이란 생산적인 추상성이며, 또한 공격적인 추상성, 즉 사회적 불평등을 올바르고 제대로 이해하여, 계속하여 허용하지 않는 추상성일 것이다. 교도소 담벽의 뒤에, 그리고 앞에 있는 공동체들의 상호 협력에도 이러한 방향에서 현재의 신학적 고찰들이 계속 추진되어 나가야 할 것이다.

1934년에 결정된 바머 신학선언 3조에서 다음과 같이 규정하고 있다 : "기독교교회는 형제자매의 공동체이며 예수 그리스도는 성령을 통한 말씀과 성만찬 속에서 주로서 현재 활동하고 계신다. 기독교교회는 세상 속에서 죄에 빠질 유혹이 있지만 신앙 또한 갖고 있으며, 질서를 갖고 있듯이 복음을 갖고 있다. 그리고 교회는 은혜를 입은 죄인들의 모임이기 때문에 다음의 사실을 입증해 내야 하는데 그것은 기독교교회는 오직 주님의 것이며, 그분이 나타나시기를 기대하면서 다만 그분의 위로와 가르침을 양식 삼아 살고 있고, 살고 싶어한다는 사실을 기억하는 것이다." 여기서는 수직적인 측면이 계속 강조되어 나타나고 있다 : 주님은 성령을 통해 말씀과 성만찬 속에서 역사하신다. 그러나 기독교교회는 형제와 자매들의 교회로서 보다 더 명확히 규정된다. 믿음은 복종에서 드러나며, 복음은 질서라는 형태로 나타난다. 복음이 만들어 내는 평등은 복음전파라는 행위의 평등만이 아니라, 한 분이신 주님 안에 존재하는 그러한 사람들의 평등이기도 하다. 이러한 평등은 공동체의 형제자매애의 질서 속에서 구체화되어야 한다. 기본적 구성에 있어서 교회공동체는 사회형태로 이해할 수 있다. 그러나 그 형태는 기존의 사회에 하나 더 추가하는 것이 아니라, 사회적 형태를 초월하는 종교적 기관이라는 형태이다. 그렇다면 교도소의 담벽 속에 있는 재소자들의 공동체는 어떤 공동체인가? 이 공동체는 말씀을 듣고 성만찬에 참여함으로써 이루어진다. 그러나 그 공동체는 범죄를 행한 이전 삶의 결과에 머물러 있다. 또한 특정기관이라는 형식적 공동체, 교도소 구조 조직으로부터 하나의 하부구조인 비형식적인 모임 사이에 있는 제3의 공동체이다. 그 공동체는 십자가에 못박혀 고통받으신 그리스도의 지배를 통해 인간에 대한 인간의 지배가 지양되어야 하는 그러한 곳이다. 그렇다면 지역교회 공동체는 어떻게 설명될 수 있는가? 이것 역시 제3의 공동체이다. 이 공동체는 전체 사회에서 중요한 역할을 하는 종교기관으로서 하나님 나라의 관계 속에 있는 약속의 교회와 바람직한 시민적 생활을 지향하는 세속적 교회 사이에 있는 제3의 공동체이다. 이 공동체는 형제자매들의 공동체이며, 그리스도의 지배 속에서 이루어지는 가시화된 질서이다. 형제애로 짜인 질서 속에서 교도소의 담을 넘는 것이 바로 이 공동체이다. 그런데 이러한 공동체가 실제로 존재하는가? 이 공동체는 교도소의 담 이 편에도 저 편에도 없다. 그러나 우리가 그런 공동체를 지향한다면 그에 상응하는 활동을 해야 하지 않겠는가?

  지난 20년 간에 걸쳐 신학적 사고의 여러 발전들 중에서 가톨릭교회만큼 그렇게 집중적으로 공동체를 숙고한 곳은 거의 없었다. 그렇게 숙고하게 된 동기는 수십 년을 거슬러 올라가야 찾을 수 있다. 그것은 제2차 바티칸공의회에서 공동명의로 제기되었던 것이다. 교회는 하나님의 백성(Volk)으로서 이해된다. 성만찬을 행함에 있어서 그 성직자들의 위계질서로 구원을 관리하는 그런 곳에는 교회가 존재하지 않는다. 교회는 신자들 개인의 삶이 충만해지는 공동체이다.

  이러한 신학적 고찰을 통하여 회중/민중이라는 기존의 개념이 새롭게 생명력을 갖게 되었다. 교회는 지역공동체에서 형성된다. 이러한 지역공동체들에서는 "그리스도의 복음이 전파됨으로써 신자들이 모이고,

또 성찬의 신비로운 경험이 그 곳에서 시작되는데, 이는 '주님의 살과 피를 통하여 전체 형제애와 자매애가 연결되기를' 바라는 마음에서 비롯된다. 모든 성찬대의 공동사회에서는 감독의 성스러운 직무권하에서 그 사랑의 상징과 그 '신비스러운 몸의 통일체'(이것이 없으면 구원이 있을 수 없다.)의 상징이 나타난다. 이 공동체들이 흔히 작고 가난하고 혹은 다른 종교영역에 있다 하더라도, 이 공동체들에는 그리스도가 현존해 계시며, 원래 하나인 가톨릭의, 그리고 그분의 힘을 통해 사도의 성스러운 교회가 하나된다.[5] 이 공의회의 고백을 수용한 후부터는 기독교공동체에서 개인상호간의 관계들이 강조되었고 신약성서에서 그 근거를 찾아내었다(Gerhard Lohfink : 「예수는 어떤 공동체를 원하셨는가?」, Freiburg, 1982). 부분적으로 보면 공동체를 형제자매 공동체로 이해하는 것은 대단히 중요하다. 비인의 한 목사인 파울 베스(Paul Wess)는 다음과 같이 언급한 바 있다 : "교회가 갖는 신학적이고 직접적인 근거와 교회의 내적 본질은 기독교인들이 서로에 대해 갖는 신실한 사랑이며, 이 사랑을 통하여 그들은 형제자매가 된다. 그렇게 형성된 공동체는 오직 하나의 목표에 이르는 수단임과 동시에 하나님의 왕국과 거룩한 공동체를 앞서 실현해 내는 것으로서 그 가치를 지니고 있다. 최종적인 근거는 살아 계신 하나님이신데, 그분은 관계 자체이시다."[6] 하나님의 백성이 형제자매 공동체에서 실제로 이루어지는 경우 이 공동체는 은폐될 수 없다. 형제자매 공동체는 가시적으로 구체화되어야 하며, 적지 않은 가톨릭 신학자들의 생각은 그렇게 되어야 한다고 믿고 있다. 이것이 개별 가톨릭 신학자들과 사회상담자들이 교도소에서 그 곳에

---

5. Hermann Wieh : Das Gemeindeverständnis des Konzils und der Synode. In : Hubert Frankemölle (Hrsg.) : Kirche von unten. Alternative Gemeinden. München/Mainz, 1981, S. 63.
6. Paul Weß : Ihr seid Geschwister. Maniz, 1983, S. 35.

어울리는 공동체를 만들어 보려고 노력했던 이유이다.[7] 클로스터만(F. Klostermann)은 다음과 같이 보고하고 있다 : "오스트리아의 큰 교도소 스타인에는 아마추어 신학자이자 사회상담가가 일하고 있는데, 그는 그 교도소를 기독교적 공동체로 이해하고 있다. 또한 여덟 명의 성인 재소자와 세 명의 청소년 재소자들이 살고 있는 뷔류즈부르그에 있는 에브라 교도소에서는 '과감한 공동체'를 하나 세웠는데, 이 교도소에는 종교적이고 사회적인 성향을 지닌 사람들이 그들 자신의 변화와 재소자인 동료의 인간화 작업을 위해 애쓰고 있다. 상호 분배의 표현으로서 재소자를 포함한 모든 사람이 자기 순수입의 1/10을 공동체의 과제를 위해 내놓는다."[8]

이렇게 볼 때 형제자매 공동체라는 구상은 실현될 수 있는 것 같고, 재소자와 사회봉사요원들 사이의 개인적이고 형제·자매애의 상호 협동이 얼마든지 가능할 것 같다. 그것은 아마 다음과 같은 시설/기관 교회공동체여야 할 것이다 : 이 공동체는 재소자라는 목표집단만을 대상하는 것이 아니라 포용성을 가지고 이 일을 수행하는 사람들도 포함시켜야 한다 : 다시 말해서 심리학자들, 사회상담자들, 업무를 맡고 있는 사람들, 책임관리자 등, 또는 공동체가 이러한 연관관계 속에서 한번 완전히 다르게 - 보통 지역공동체의 성격으로 생각되어야 할 것이다. 그렇게 하려면 한 지역에 살고 있는 모든 사람들이 공동으로 하나의 공동체를 만들어야 할 것이고, 또 그렇게 되면 교도소의 담 뒤편의 부분 공동체와 지역의 전체공동체가 존재하게 될 것이다. 그렇게 하기 위하여 조직적으로 교환작업을 진행시켜야 한다. 즉, 밖에 있는 형제자매들이 죄값을 치르고 있는 교도소의 사람들을 자신의 공동체 안으로 끌어

---

7. Ferdinand Klostermann : Gemeindemodelle und ihr legitimer Ort. In : Diakonia. Freiburg, 1981, Nr. 12, S. 5-21.
8. A.a.O., S. 16.

들이려고 노력해야 할 것이고, 그 반대되는 일도 일어나야 할 것이다. 또한 그렇게 실천되려면 교도소에 있는 목사는 국가 공무원으로서만이 아니라 지역목사일 때 가능할 것이다.

이러한 구상을 주장하며 이상적인 것을 생각하는 것은 때때로 좋은 일이다. 비현실적인 것이 구상될 때에만 현실은 변화될 수 있다. 그러나 다른 것 역시 중요하다. 개신교의 전통에서는 가시적 교회와 비가시적 교회 사이의 근본적인 차이가 확고하게 굳어져 있다. 교회는 신앙되는 교회이고 또한 신앙되는 공동체이며, 신앙은 현실에 반하는 희망으로서 나타난다. "왜 형제·자매의 교회를 믿지 않는가?" 하는 질문을 통해 주어진 현실적 상태에 대한 차이점이 보일 수 있게 된다. 긴장이 지속적이어서 차이가 해소되지 않는다면 좋은 일이다. 형제·자매적 공동체의 이론에서는 바로 형제·자매애라는 표현이 생산적이라는 사실이 암시된다. 형제·자매는 다양하며 우리는 형제·자매를 간단히 취사선택할 수가 없다.

교도소의 안과 밖에 있는 공동체들의 상호 협력관계를 꾀하려 할 때, 공동체에 속해야 하는 사람들의 차이에 대해 유념해야 한다. 이 차이를 그냥 지나쳐 버리는 것은 좋지 않다. 범법자와의 연대는 죄짓지 않고 고통받는 사람들과의 연대와 간단히 비교될 수는 없다. 범법자들은 희생자를 만든다. 기독교공동체가 범법자와 희생자 사이의 화해를 위해 노력한다면 이럴 때 그 진가가 드러나는 것이다. 이는 법률위반이라는 추상적인 원칙보다 더 큰 중요성을 지닌다. 사회가 지향하는 평화는 법이 지향하는 평화와의 관계가 포기될 수 없는 것으로의 내용이다.[9] 그런데 범법자들은 단순히 범법자일 뿐만 아니라 동시에 희생자이기도

---

9. Rainer Albertz : Täter und Opfer im Alten Testament. In : ZEE. 28/1984, S. 140-166 ; Klaus Sessar : Das Verhältnis von Täter und Opfer in der Strafrechtspflege. Ebd., S. 167-186.

하다. 기독교공동체가 형제자매 공동체로서 존속할 수 있는 것은, 범법자집단과 희생집단으로 간단히 나누어 버리는 속단을 배격하고 그들을 하나의 공동체로 만드는 구체적 실천으로 가시화할 수 있다. 그러나 바로 여기에 어려움이 있다. 중산층이 주류를 이루는 시민 교회공동체가 재소자들에 대한 편견을 어떻게 극복할 수 있는가? 죄인의 '염소 투영도'의 메카니즘이 어떻게 해소될 수 있는가? 교단으로서, 형제자매 공동체로서 공동체에 그냥 간단하게 요구할 수만은 없지만, 아마도 그 공동체를 믿을 수도 있을 것이고 우리는 그러한 공동체를 소망할 수도 있다. 또 그러한 소망 역시 실제로 존재하며 현실을 변화시킨다. 그러면 이제 가능한 방법을 어떻게 모색해야 하는가?

3. 교도소 담벽 안팎에 있는 공동체들이 하나의 공동체로 나아가는 데 따르는 장애들

교도소 담 안팎의 두 공동체가 전혀 다르지 않다는 근본주의적 신학의 배경은 이 두 교회들 사이의 공동체 형성을 위한 이야기를 시작할 수 있는 충분한 근거가 된다. 장소와 시간을 막론하고 모든 기독교인들은 형제·자매의 공동체 형성을 희망한다. 물론 이런 근거 위에 기존의 교회가 있는 것은 두말할 필요가 없다. 그러나 그것은 명분상의 근거이지 실제로는 그렇지가 못하다. 여기에 입각하여 어떤 점이 결여되어 있는지를 밝혀 낼 때 그것을 해결할 대안의 가능성도 찾을 수 있을 것이다. 이런 사실은, '시설/기관/특수 교회공동체'가 실제 처하고 있는 상황이나 국교회 내의 일반교회가 처해 있는 상황을 되돌아보게 한다. 국교회 구조의 경우는 시설교회보다 활동영역이 사실상 크기 때문에 활동의 영역을 되짚어 보아야 한다. 이런 관점에서 다음과 같은 질문이 제기될 수 있다 : 어떤 요인들이 국교회 교회공동체 형성의 조건이 되는가? 무엇이 교도소 안의 교회와 하나의 공동체를 이루는 데 있어서 장애요소가 되는가? 그 요인들이 완벽하게 분석될 수는 없지만 몇 가지를 제시할 수가 있다.

1) 교회는 개별공동체로부터 형성되는데, 국교회의 교회들은 이런 교회의 고유한 접촉시스템의 결손부분에 대해 언급해야 한다. 교회들은 교인들의 지역조직인데 그 조직규모의 방대함 때문에 공동체적 능력에는 한계가 있게 된다. 그러나 신앙으로 형성된 공동체는 작은 집단들로 구성되어 있으며 이 집단에서는 모두가 서로에 대해 잘 알고 있다. 국교회는 개교회 공동체의 능력을 키우기 위해서 이러한 작은 집단들을 양육해야 한다. 그러한 작은 집단에 비기독교인이 참여할 수 있는가? 신앙관이 달라도 괜찮은가? 그리스도교 집단들은 다른 사람들, 즉 그들의 방식을 수용할 수 없는 사람들, 기독교적 생활지침에 관심이 없는 사람들에 대해 어느 정도 개방적인가? 이러한 질문들은 공동체적 능력이 있는 교회 역시 국교회와 마찬가지로 한계가 있다는 것을 시사한다.

이러한 현실을 무비판적으로 받아들인다면 교회가 완전히 신앙의 대상으로 정착되는 사회형태라는 사실을 발견하지는 못할 것이다.

2) 지역교회 조직에서 활동하는 기독교인들 중 예를 들어 종교활동을 하는 사람, 사회적으로 활동하는 사람, 정치적으로 활동하는 사람은 대개 중산층에 속하는 사람들이다. 그러므로 이 중산층이 기독교공동체의 생활양식, 교제양식, 활동양식 등을 우선적으로 규정짓게 된다. 이 중산층은 스스로를 국교회적 교회로서, 동시에 시민공동체로서 자기를 표현한다. 이러한 사실은 다양한 측면에서 관찰될 수 있다 : 책임수행, 업적, 포기 등을 둘러싼 교회 구성원들의 우선적인 가치설정들에서 관찰될 수 있다. 생활 의식방법과 표현형식은 이것들이 공동체 집단들의 형태에서도 나타나는 것과 마찬가지로 대단히 중요하다 : 중산층 사람들은 자신들이 소속한 공동체 집단들에서 편안함을 느껴야 하며, 술집의 하층문

화가(중산층에 속하지 못하는 계층을 지칭) 교회공동체 집단을 특징짓지는 않는다. 예배 그 자체는 상당부분 시민적인 특징을 가지고 있다 : 설교에 대한 수준 높은 평가는 중세 초기 도시 시민문화의 발달과 더불어 시작된다. 전체 예배는 하나의 목표집단을 지향하는데, 이 목표집단은 종교적 상징에 근거하여 자기의 정체성을 확인하려 한다. 그것은 성찰하는 자세에서 확인하고 언어로 표현하는데 정체성을 이렇게 정의내리는 것은 본질적으로 보면 집단의 일이 아니라 개인의 일이다. 그 개인은 삶의 현장 속에서 집단에 대립함으로써 자신을 확인하며 스스로 시민의 주체로 정의내린다. 기독교공동체 안에서는 시민적 예의범절이라는 것이 옹호되고 장려되며, 그 대화형식은 시민계층 특히 교양 있는 시민계층의 대화형식과 유사성이 있는데, 바로 목사들이 이 교양 시민계층 출신이기 때문이다. 그러기 때문에 다른 계층 출신의 구성원들이 그러한 교회공동체 안에서 종종 이질감을 느끼는 것은 우연이 아니다 ; 그들은 스스로 낯설게 느끼고 있다. 반대의 경우에는 바로 시민공동체가 그들에게 방어적인 반응을 보인다. 예를 들면, 하층 출신의 젊은이 문화들을 선호하는 개방적인 청소년활동은 기독교의 교회들 안에서는 자주 강력한 반대에 부딪친다. 이러한 교회들이 노동자들을 통합하고 끌어안을 수 있는 능력은 아주 미약할 뿐이다. 실제로 누군가가 노동자의 교회를 원한다면, 가톨릭의 노동자 목사인 파울 쇼벨(Paul Schobel)의 의견에 따라, 우선 노동자의 교회를 교회공동체 밖에 따로 세워야 한다는 것이다. 그렇게 할 때에만 노동자는 유사한 계층집단에서 자신을 당당한 구성원으로 느끼며 목소리를 낼 수 있게 된다는 것이다.[10]

교도소에서 일하는 목사들은 자주 다음과 같은 경험, 즉 재소자들과

---

10. Paul Schobel : Dem Fliessband ausgeliefert. Ein Seelsorger erfährt die Arbeitswelt. München/Mainz, 1981, S. 142 ; zum Gesamtproblem neuerdings : Gerhard Wegner : Alltägliche Distanz. Hannover, 1988.

지역교회 공동체의 구성원들 간의 대화에서 그 한계를 뛰어넘어 공동체를 형성해 낼 수 있는 표현형식이 나타나지 않는다는 경험, 또 종종 재소자들이 모두 받아들여지지 않는다는 경험을 말한다. 이는 기독교 교회들이 시민적인 방향설정과 교인의 신앙방향을 그렇게 설정했기 때문이다. 범죄자들 대부분이 하층 출신인데 그런 계층간의 차이가 나름대로 영향을 미치는 것 같다. '신앙'이 사회적 울타리를 극복할 수 있는 가능성은 분명 한계가 있지만 그럼에도 위의 사실은 여전히 생각해 볼 가치가 있다.

3) 정의를 구현하기 위해 흠과 티가 없는 자가 죄지은 사람들을 대신해서 고통을 받는 그리스도의 속죄적 죽음에 대한 신학적 가르침은 이미 속죄와 화해가 이루어졌다고 생각하기 때문에 범법자들과 준법자들이 근본적, 신학적으로 동등하다는 것을 말하는 것은 아니다. 그 가르침은 결국 절대적인 처벌이론은 상대적 우위를 가진다는 것을 말해 준다.[11] 정의를 어기는 사람은 범죄자가 되는 것을 통해 속죄받는다. 이러한 견해는 바로 그리스도론에 근거를 두고 있고 평신도 신학에서 중요하다. 그러나 전문 신학자들도 그러한 견해를 대변하고 있기는 하다. 사형이 헌법에 의해 공식적으로 폐지된 후에도 신학적으로는 사형제도가 합법화되어 인정받았다는 사실을 잊어서는 안 된다. 형벌에 대한 보복기능이 바로 교회소속의 사람들에게서 수용되느냐 그렇지 않느냐 하는 것은 복수를 하겠다는 욕구와 그에 따르는 생각들에 달려 있다기보다는 속죄라는 사고에 달려 있다 : 이 세상의 정의가 하나님의 질서의지에 그 바탕을 두면 둘수록 속죄는 더욱더 필요한 것이다. 재소자들이

---

11. Alberto Bondolfi : Straftheorien und Strafrechtsbegründungen : Schwierigkeiten einer ethischen Neubesinnung. In : ZEE. 27/1983, S. 375-390.

교회와 더불어 하나의 공동체를 만들어 보려고 노력하는 경우, 그리고 그러할 때 교회봉사적 관계를 넘어서야 한다면 형벌과 속죄에 대한 신학적 생각들도 교회 안에서 바뀌어져야 한다. 재소자들과 함께 갖는 '선한 의지의 만남'(Good-Will-Begegnung)은 법과 정의, 형벌과 속죄 등에 대한 기준의 근본적 해석을 변화시킬 수 없는데, 여기에서 필요한 것은 공개적인 토론이며 교회 안에서의 새롭고 확실한 신학적 의견을 주장하는 것이다.

4) 통신매체에 의해 인간의 의사소통 공동체가 확산됨에 따라 사회구성원들은 꾸준히 사회에 대하여 많은 요구를 하게 되고, 기독교공동체의 구성원들은 교회봉사에 대한 요구를 하게 된다. 원칙적으로 한다면 모든 기독교인들은 모든 것을 위해 참여해야 한다 : 즉, 남아메리카에서 고문받는 사람들을 위해, 아프리카의 기아상태에 있는 사람들을 위해, 소련의 정치적 공민권이 박탈된 사람들을 위해, 남아프리카의 정치적 공민권이 박탈된 다수민족의 흑인들을 위해, 그리고 그들뿐만 아니라 자국민들, 곧 약물중독자들, 노숙자들, 망명보호를 갈구하는 사람들, 장애자들, 그리고 재소자들을 위해 모든 기독교인들은 활동을 해야 한다. 수많은 활동에 참여해야 한다고 생각하면 우리는 그것이 요구하는 바가 너무 지나치게 많다고 판단하여 모든 곳에 참여하지 않을 '자유'를 원하기도 한다. 이는 모든 개별공동체와 기독교공동체가 활용할 수 있는 가능성이 제한되어 있고, 따라서 어디에 우선순위를 두어야 하는가를 결정하는 것이 분명 필요하다는 사실과 관계가 있다. 지역교회공동체의 담당영역 안에 교도소가 있는 경우, 이 교회는 하나의 우선적인 과제를 갖는다. 즉, 담 안에 있는 교도소교회와 밖에 있는 교회들 간에 공동체를 만들려고 시도하는 것이다. 만약 이 지역교회의 목사가 이러한 과제에 관여할 준비가 되어 있지 않다면 그는 목회장소를 잘못 선택한 것이며, 그 교회는 그들의 교회상황에 맞지 않은 목사를 선택한

것이다.

5) 지역교회 공동체와 기관/시설 교회 사이의 갈등은 국교회적 신앙관에서 나오는 구조적 문제임과 동시에 형 집행의 구조적 문제 때문이기도 하다. 교도소는 전체 사회에서 '하나의 기관'이라고 할 수 있는데 시민의 생활이 이루어지는 곳으로부터 격리시키기 위해 만든 것이다. 이러한 격리라는 현실 때문에 교도소 안의 생활은 불투명하고 낯설고 섬뜩하기까지 한 곳이다. 물론 낯설음은 지속적인 체류로 극복되기도 한다. 이 같은 현상은 재소자들에게도 적용된다. 재소자들은 지역의 시민공동체가 아니기 때문에 소위 국내의 국외자가 된다. 그들과 아무런 방해 없이 대화하는 것 자체가 불가능하기 때문에 그들은 두려운 이방인들이 되어 버린다. 이러한 사실 이외에도 재소자들은 그들의 공적인 역할 때문에 탈개인화된다는 사실을 기억해야 된다. 개인의 운명, 삶 속에서 개인의 관계들, 개인을 좌절하게 만드는 상황들과 개인을 단념하게 만드는 조건들, 이러한 것들은 '재소자'라는 사실 때문에 묻혀 버린다.

재소자가 범법자라는 것을 감안할 때 그들은 새로운 또 하나의 다른 개별자가 된다. 그런 재소자가 공법 차원에서 처리되기 때문에 계속하여 새로운 형태로 나타난다. 재소자로서 범법자는 살인자, 강도, 도둑이 갖고 있는 어떤 특성을 갖고 있다. 재소자와의 만남에서 그들의 운명에 대한 보고 등은 범법자를 다시 하나의 일반적인 개인으로 만들 수 있다는 점에서 그들과의 만남이 교회 안에서 얼마나 중요한가를 인식시켜 준다. 교도소 안에 있는 사람들을 상투적으로 또는 고정관념을 가지고 보는 것은 교회들과의 만남을 어렵게 한다. 물론 처음에 재소자들과의 긍정적인 경험을 한 사람도 후에 실망하여 더 심한 고정관념 속으로 그들을 밀어넣을 수도 있다. 그래서 교도소 안팎의 교회공동체가 서로 만나게 하려고 시도하는 관계자들은 오랫동안의 상담을 통해 서로를 이해하며 함께 행동할 준비가 필요하다. 교도소 바깥에 있는 교회내의 상담가-즉, 사회적-기독교적 직무권한이 있는 상담가들에게도 질문을 던져 보았다.

6) 사회적 및 개인적 삶이 구조적으로 조건지워져 있다는 통찰, 즉 개개인이 그 삶에 대해 책임을 져야 하지만 실제로는 개인이 완전히 책임질 수는 없다는 통찰은 구조의 변화를 요구하는 데 필요하다. 그런데 이 구조적 변화는 종종 아주 많은 시간이 걸려야만이 실현될 수 있다. 바로 이 점 때문에 참여한 사람들은 개인적으로 체념하게 되며 우리는 이제 형 집행 같은 어려운 문제에 더 이상 관계하지 않는다. 그 반면에 우리가 상기해야 할 것은 그리스도가 시작한 인간공동체라는 생각 때문에 구조적 차원에서 행해지는 지루한 변화의 양상을 시야에서 놓치지 않을 수 있고 개개인과 그의 운명에 관심을 쏟을 수도 있는 것이다.

7) 사회사업의 관리, 행정이 전문성을 띠게 되고 국가에서 그것을 규제한다면, 사회적 원조라는 영역에서 요구되는 교회의 공동활동을 염두에 두고 볼 때 보통 평신도들은 용기를 잃게 된다. 그러나 동시에 다음 사실에서 출발해야 할 것이다 : 개인적인 삶의 경력들에서 살펴보면 사람들은 "아마추어적으로 치유받든지" 혹은 "전문적으로 치유받든지" 양 경우에서 모두 실제적인 도움을 받는다는 것이다. 실제로 이러한 관점에서 평신도 차원의 봉사는 아직 상당부분 그리스도교적 책임과 의무에서 행해질 수 있다는 사실이다. 평신도 조력자 역시 그에 상응하는 정도로는 직무권한을 갖추어야 하는데 최소한 어느 정도로는 전문적 지식을 갖추고 그 고유한 한계를 평가할 수 있어야 한다. 교도소 밖과 안에 있는 교회가 교회봉사의 작업을 수행해 나감에 있어서도 자기 실현을 해내는 경우, "자유로운 사람들"의 공동체 쪽에서는 그와 같은 일이 최소한 그러한 책임 안에서 행해져야 한다. 그러므로 평신도

조력자들을 적절하게 교육하는 일은 필요한 것이다. 동시에 이런 일이 기독교교회에서는 아직 다양하게 행해지지는 않지만 현재 교회공동체 구성원들이 갖고 있는 전문적 직무권한에 의존할 수도 있다. 여성들 중에서는 이러한 일에 종사하고 있지는 않지만 사회봉사 직업을 위한 전문교육을 받은 사람들이 적지 않다. 그런 점에서 보면 교회 안에서 자원봉사직으로 공동활동을 하는 것은 새로운 가치를 갖게 된다.[12]

'교도소교회'와 지역의 교회공동체간의 관계를 변화시킬 수 있는 조처들은 그와 같은 활동조건들을 고려해 보아야 한다. 상호 연대의 영역 안에서 부족한 부분들이 관찰된다고 해서 기독교공동체 형태가 잘못된 것이라고 할 수는 없다. 이 부족한 부분의 탓을 일방적으로 국교회에만 돌릴 수는 없다. 일반 사회적인 조건들이 첨가되며, 이 조건들은 변화되기 어렵다. 더욱이 다음 사실의 언급은 여전히 우리의 주의를 끈다 ; 교회의 모든 사회적 형식은 그 나름의 독특한 장점과 단점을 갖고 있다는 사실이다. 비록 우리가 일단 사실을 감안한다 하더라도 다시 간과되어서는 안 된다 : 교도소 담벽 안에 있는 교도소 교회들, 그리고 교회공동체는 교도소에서 행해지고 있는 상담봉사와 같은 활동에 참여하는 정도는 너무 미약하다. 기독교교회는 재소자들이 사회에서 배척받는 것을 기정 사실로 받아들이고 있음에도 불구하고 기독교인들이 자신들의 사회적 위치에 얽매이지 않고 형제자매 공동체를 실제로 만들어 내려는 노력은 바로 교회의 희망적인 미래의 모습을 그러한 공동체가 나

---

12. Vgl. zum Problem der Aus-und Weiterbildung ehrenamtlicher Mitarbeiter in der Strafrechtspflege den Beitrag von Helga Hansi : Begründung und Zielsetzung der Aus-und Weiterbildung ehrenamtlicher Mitarbeiter in der Strafrechtspflege. In : Freiwillige Mitarbeit in der Straffälligenhilfe und professionelle Sozialarbeit. Festschrift zum hundertjährigen Jubiläum der Niedersächsischen Gesellschaft für Straffälligenbetreuung und Bewährungshilfe e. V. Landesverband. Hannover, 1980, S. 53-65.

타내 주기 때문이다. 그리고 또한 현재의 미약한 실천을 점검해 주어야 하는 비판적 기준을 동시에 나타내 주기 때문이다. 물론 현재의 실천이 유토피아적 형태 안으로 중단 없이 그대로 넘어갈 수 있으리라는 의미에서 그런 것은 아니다. 그러나 아마도 설득력 있는 활동의 자극들은 이상적인 목표 아래서 성장한다는 의미에서는 그럴지도 모른다.

4. 가능한 조처들

하나님 나라의 미래와 교회가 현재 행하고 있는 실천 사이에는 상당한 간격이 있기 때문에 미래가 있다는 것을 믿는다는 것이 모든 활동 차원에 대해 갖는 상징적 선취작업이 된다. 그런 미래를 믿는 믿음의 이유 때문에 예배행위가 기독교의 전체 영역에서 아주 중요하게 여겨진다. 여기서는 먼저 교회가 구체적인 활동으로 공동체를 실현해야 하며 물론 여기에서 신앙의 대상이 되는 교회가 표현될 수 있고 또 표현되어야 한다. 상징적으로 이루어진 이러한 교회의 본질적인 요소는 환자나 죄인을 위한 중보기도이다. 교도소 근처에 있는 지역교회는 교도소 교회나 공동체를 위해 기도해 줄 과제를 갖는다. 교도소 예배에서는 지역교회를 위한 기도가 확고히 자리잡아야 한다.

또 그 이상으로 서로 나눌 수 있는 정보가 필요하며 교회집단들 간의 상호 방문, 교도소 목사와 지역 목사간의 교환설교 등도 필요하다.

교회들의 공동체가 예배의 영역에서 무언가가 실천되는 경우는 만남에 대한 가능성이 달라지는 결과를 갖게 된다. 교회들 간의 공동체를 예배의 차원에서 실현해 냄으로써 두 공동체들의 근본적인 동등성이 표현된다는 사실을 우리는 주지해야 하며 이것은 중요한 사실이다. 예배라는 것이 희망적이고 실제적인 교회들의 공동체를 나타내는 것이라면, 거기에서부터 우리는 희망을 가질 수 있다. 그러나 이것은 다만 단편적이고 실험적인, 그리고 예시적인 접근 조처에만 관계할 뿐이다. 사회복지 국가의 프로그램에서는 약자를 위한 원조는 실현 가능한 권리이다. 여기에서부터 모든 사람에게 해당하는 보완적인 프로그램을 개발할 필요성이 생긴다. 교회가 하는 활동은 이러한 원리원칙에 의해 무조건 좌우될 필요는 없다.

단편적인 일만 진행되어도 현실은 변화될 수 있다. 신앙의 대상인 교회가 이곳 혹은 저곳에서 구체화되면 그 교회는 현실이 되기 시작한다.

교도소에서 일하는 목사들이 1984년 트리어에서 열린 자신들의 전국 연방회의에서 교회/공동체의 차원에서 교도소 담벽을 극복하려는 여러 시도들에 대해 언급하면서 제안한 내용은 대단한 주목을 끄는 것은 아니었다. 여러 시도들은 개인적 차원에서 행해졌고 또한 실패가 따르기도 하였는데, 이러한 시도들은 모델로서 인식될 필요가 있다.

베를린을 중심한 5개 도시에서 나온 5가지 상황이 보고되었다. 눈에 띄는 사실은 교회들 간의 공동체를 모색하는 경우에는 어디에서나 교도소 내의 상담 목사의 발의와 주도적인 시도가 근본적으로 함께 작용하고 있다는 것이다. 이 자극들은 외부로부터 오는 것이 아니라 교도소 담벽 안에 있는 교도소공동체로부터 오는 것이며, 다시 말해서 그 해당 목사로부터 나오는 것이다. 교도소 안에서의 상황을 고려해 보면 이것은 충분히 이해된다. 그러나 교회공동체에서는 이러한 노력들이 별로 인식되지 않고 있다. 또 눈에 띄는 사실은 재소자들을 방문하는 것, 즉 말하자면 교도소 담벽 안의 교회공동체를 방문하는 것을 담벽 밖에 있는 교회가 스스럼없이 받아들이지 않는다는 것이다. 편견과 불안과 무지가 큰 영향을 미쳤음에 틀림이 없다. 그 다음에는 교회들 쪽에서 발의한 경우이다. 그러나 그들이 내놓은 요구사항 목록들은 별다른 의미를 가지지 못한다. 보고된 실험들이 일관성 있게 보여 주는 사실은 다음과 같다 : 어떤 당사자들이 자기 스스로를 표현해 낼 수 있도록 교도소-목사들이 여러 가지 가능성을 만들어 낸다는 사실이다. 물론 이것이 행해지는 방식은 확실히 다양하지만, 그러나 그것들은 일치하는 경향이 있다. 목사가 단지 교도소 담벽 안에 있는 교회들의 대변자만은 아니다. 이 교회는 스스로 발언을 하게 되며 이러한 방식으로 기독교 공동체 경험을 하게 된다. 이 보고들이 보여 주는 한결같은 경향은 교도소 담벽의 안과 밖에 있는 공동체들이 서로 만나는 데 예배가 특별한 의미와 중요성을 갖는다는 것이다. 재소자들은 공동체 안에서 예배를 이루어냈고, 지역교회와 함께 예배를 드렸고, 예배를 통해 가능성, 즉 자신들의 문제에 대해서도 거론할 수 있는 가능성을 발견하였던 것이다. 단지 상징에 불과한 것이 아니라 그 자체 내의 결합이 나타난 것과 같다. 그러나 그것은 상호 의사소통이 어려운 영역에서는 대단한 의미와 중요성을 갖는다.

그러한 상호간의 공동체 형성은 교도소-목사들이 행하는 개별적인 시도의 특징이다. 그럼에도 불구하고 다양한 성향들이 분명 존재한다. 예를 들면, 움란트의 지역 교회공동체에서는 그 교회 출신의 구성원들을 교도소 상담봉사자를 도와 주는 자원봉사자로 끌어들이려는 시도가 있다. 교도소 상담봉사의 영역에서는 일종의 '접대개념'에 대한 인식이 중요하다 : 즉, 그 곳에 있는 가능한 한 많은 사람들이 도움을 받을 수 있도록 교도소 안에서 일하는 목사를 도와 주되, 자신도 재능을 갖추고 있어야 한다. 교회는 필요한 곳에서 과제를 받아들인다는 점에서 그 진실함이 드러난다(Sieburg 지역의 경우).

공동으로 연대하여-그래서 다른 사람들을 대리하여-밖으로 나아가기 위해, 그리고 '자유' 상태에 있는 교회공동체에서 재소자들의 상황에 대한 정보를 알려 주기 위해 협동적으로 활동하는 곳에서는 작업의 구조는 비슷하지만, 그러나 작업의 방향은 반대이다(Attendorn 지역의 경우). 바로 이 예에서 드러나는 것은 받아들여진 과제가 공동체 형성에 얼마나 기여할 것인가 하는 것인데, 이 경우 재소자집단 내부에서 그 과제는 공동체를 만드는 데 기여한다.

위의 두 보고내용에서는 교회공동체가 될 수 있는 가능성들을 보여

주고 있다 : 한 경우에는 하루 동안의 그 공동체의 일상을 다루고 있다. 한 무리의 재소자들이 '자유로운 상태에 있는' 어떤 개교회공동체/그리스도인의 공동체를 방문한다. 거기서 사람들은 함께 예배를 드리고 대화하는 가운데 서로를 만나게 되고 서로에게서 배울 수 있다는 사실을 깨닫게 된다. 그리하여 '선행의 흐름'이 상호간에 교차된다.

다른 경우에서는 교도소 담벽의 안과 밖에 있는 두 교회의 공동체를 실현하는 데 계속하여 노력을 경주하고 있다. 재소자들은 언제나 일정한 간격을 두고 지역의 교회를 방문한다. 공동으로 예배를 드리고 계속하여 대화를 해 나간다(Berlin의 경우). 그런데 이러한 예는 여전히 실천적 활동이 얼마나 방해받기 쉬운가를 보여 주고 있다. 이러한 활동의 실천은 참여한 목사와 해당 교회의 장로들의 호의와 친절에 의존해 있다. 이런 교류활동은 꼭 필요한 것이거나 불가피한 것이라고는 생각하지 않는다. 좀더 구체적으로 시도하여 기독교 교회에서만이 아니라 모든 곳에서, 즉 '선한 의지'의 인간들이 있는 곳이면 어디든지 재소자들을 수용하는 공동체가 만들어져야 할 것이다. 재소자들과 공동체들의 이러한 만남에서 인간적 차원을 획득하게 된다. 이러한 작업을 진행하면서 발견되는 것은 가끔씩 기독교공동체에서보다는 기독교적인 색채가 분명치 않은 집단들에서 재소자들과의 공동체가 더 쉽게 이루어진다는 사실이다. 예를 들어, 어떤 개방적인 청소년센터의 봉사활동을 통하여 청소년 재소자들은 교회공동체들과의 만남 안에서 보다 인격적으로 대우받고 있음을 느낀다고 한다. 사회학적으로 보면 놀라운 일이 아니지만 신학적으로는 그래도 의아스러운 일이며 이런 현실은 다시 국교회가 갖고 있는 가능성의 한계를 상기시킨다. 덧붙여 말하면, 이러한 시도(Hameln의 경우)의 특징은 당사자에게 용기를 주어 스스로 자신을 되돌아볼 수 있도록 하는 것이며, 행위의 주체자가 되게 하며, 돌봄을 받는 사람일 뿐만 아니라 동반자이기도 하다는 것을 알게 하는 것이다. 동반자는 그 무엇을 내놓아야 하며, 패배하더라도 무언가를 주는 사람이며, 좌절하더라도 무언가를 다른 사람들에게 말해 주어야 하는 그런 사람이다. 서로의 접촉 연대가 필요하고 그래서 두 교회들의 공동체가 형성되지만 중요한 것은 목사가 그 임무를 담당해야 한다는 것이다.

교도소 상담봉사를 겸직하고 있는 한 여목사는 이렇게 쓰고 있다 : "나는 절반은 청소년 교도소에서 일을 하고 나머지 절반은 목사로서 20km 떨어진 교회에서 일을 하는데 그 곳에서는 노인복지와 여성복지의 과제를 맡고 있다. 이렇듯 상이한 목회적 과제는 파트너 교회와 같은 것이다. 나는 매번 방문할 때마다 자주 교도소에 대해 이야기를 한다. 또한 재소자들에게는 노인과 여성 복지에 대해 이야기를 한다. 내가 이 두 공동체들의 연합공동체를 지향하는 경험은 다음과 같이 이루어지고 있다 : 여성 복지는 두 달에서 세 달 간격으로 모여서 운동을 하고 난 후 뒷풀이를 하기 위해 과자를 굽고, 몇몇 여성은 나를 따라 교도소에 간다. 교회구성원들이 교도소에 대한 관심과 참여가 모든 면에서 상당히 늘고 있다. 즉, 재판, 감옥, 재소자들의 실업 등과 관계 있는 모든 것에 대해서 말이다"(Ute Vos, Ottweiler).

이 이야기의 첫 번째 조처, 즉 여성모임에서 과자 굽기 같은 일상적인 역할에서부터 인식의 형태가 바뀌고, 더 나아가서 다른 사람을 위한 새로운 감수성과 수용성이 생기며, 교회들의 공동체가 적으나마 이루어지기 시작한다. 이와 같이 교회들이 이상적인 공동체를 만들려고 할 때 공동체의 본질이 서로 교환된다는 사실을 인정하는 것에서부터 시작해야 한다. 교회들이 재소자들과 접촉하면서 그들은 무언가를 배워야 한다는 사실을 발견하게 된다. 교회들은 단순히 주는 자일 뿐만 아니라 재소자들과의 만남을 통해서 또한 받는 자이기도 하다. 그리하여 '선행의 흐름'이라는 일방적인 성향이 없어져 버린다. 그러나 이러한 경험을 한다고 해도 재소자들이 '시민적 자유'가 보장되는 사회에서는 중심이 아니라 여전히 주변에 머물게 되며, 그들은 어쩔 수 없이 다른 사람들의 도움에 의존하고 있다는 사실을 인정해야 한다.

그들은 교회들에게 무언가를 주어야 하지만 그들이 사회 속에 처한 상황을 보면 여전히 약자로 머물고 있다. 그리고 이것은 그들이 이 사회의 희생자이기 때문에 그런 것이 아니라, 자신의 책임으로부터 벗어나 다른 길을 가고자 했기 때문에 그런 것이다. 재소자는 자신을 단순히 희생자라고 생각한다면 이 같은 만남을 진지하게 받아들이지 않게 된다. 재소자는 책임 있게 행동하는 개체인 것이다. 그러나 책임 있는 개체로서 그가 사회적 고립상태에서 자신의 운명을 극복할 수는 없기 때문에 다른 사람의 도움이 필요하다는 점이다. 바로 이것을 재소자 자신들이 느끼고 있는 바이다. 누군가가 자신이 기독교교회의 구성원이라는 명확한 의식이 있는 사람들은 다음의 세 가지 과제를 갖는다.

- **교도소 담벽 안에 있는 교회 구성원들을 위한 개인적 변호의 인식**

교도소 담벽 안에 있는 교회 구성원들이 자신을 잊지 않고 생각해 주는 사람들이 있다는 사실과 자신들의 운명에 관심을 갖고 들어줄 수 있는 사람들이 있다는 사실을 발견할 수 있게 해 주는 것이다. 여기서 중요한 것은 재소자들이 새롭게 하나의 신뢰감을 갖게 하는 것이며 이것이야말로 기본적인 이웃 사랑의 실천이다. 그렇게 하는 데에 전문적인 능력이 필요하지 않다. 개인적인 직무능력에 속하는 것이라면 아마 기독교적 직무능력이 이를 위하여 필요할 것이다. 그런데 이 능력은 자기 스스로가 누구인가를 인식할 수 있는 능력과 관계가 있다. 재소자들과의 교류에서 자신의 고유한 욕구, 소망, 희망, 그리고 실망 등이 분명한 역할을 한다. 재소자들과의 접촉이라는 과제를 받아들인 사람은 자신이 왜 이런 일을 하는가에 대해 분명히 설명할 수 있어야 한다. 여기에 답변할 수 있을 때 다른 사람들에게 이르는 길은 방해받지 않고 열려 있게 된다.[13]

---

13. Helga Hansi, a.a.O., S. 56ff.

－사회적 변호의 주장

이제 막 출옥한 재소자들은 일반 시민생활로 돌아올 때 그들을 도와주는 담당부서에 의존하게 된다. 일자리를 찾는 일은 종종 오래 걸리고 전체적으로 보아 어려운 것으로 나타난다. 많은 경우 살아갈 집을 찾는 일도 그러하다. 때로는 자립을 위한 원조단체가 필요하지만 교회봉사의 교회집단들이 여기서 무조건적으로 도움을 줄 수 있는 것은 아니다. 출감자는 자신의 과거로부터 자신을 지켜줄 익명의 기능이 필요할 때가 있다. 교회봉사 본부의 여러 봉사부서들이 여기서 그런 일들을 가능하게 하는 제3의 장소가 될 수 있다. 그런 점에서 보면 교회에 직접 연결되어 있지 않은 범죄자 원조공간도 존재하는 것이다. 이런 경우에 고도의 사회복지가 이루어지는 국가에서 무엇보다도 전문적인 지식이 요구된다. 주업으로 활동하는 사람들만이 전문적 지식을 갖추고 있는 것이 아니며 자원봉사 등을 하는 사람들도 여기에 참여할 수 있는 것이다. 덧붙여 말하자면, 평신도들도 전문지식을 갖추는 것이 － 다시 말해 공식적인 교육과정을 받을 경우에 － 언제나처럼 생각해 볼 수 있고 또 가능한 일이다. 이를 위한 충분한 경험들이 우리들 앞에 놓여 있다. 바로 교회봉사 활동영역에서 전문지식의 한계와 특별한 지식의 한계가 극복되어야 한다. 어디에도 얽매어 있지 않은 자유로운 상담봉사 협력자들, 즉 재소자 원조라는 보다 넓은 의미에서의 공동협력자들은 이러한 관계에서 중요한 과제를 갖는다.[14]

－정치적 변호의 인식

---

14. Peter Brandt : Die evangelische Strafgefangenenseelsorge. Göttingen, 1985, S. 329f. ; Horst-Peter Schubert : Die organisierte Straffälligenhilfe als Kooperationspartner der Pfarrer an den Justizvollzugsanstalten. In : Kirchenkanzlei der EKD(Hrsg.) : Seelsorge in Justizvollzugsanstalten. Gütersloh, 1979, S. 31ff.

재소자들은 자신들의 고유한 단체적 힘을 만들 수 있는 가능성이 제한되어 있는데 그들에게는 그렇게 할 정당성이 없기 때문이다. 그들은 "자유로운 사람들"의 단체의 힘에 의존한다. 최근 몇 년 동안 형 집행법 분야에서 중요한 건의들이 현실화되었다. 그럼에도 불구하고 형 집행에 따르는 문제들은 여전히 대단하다. 이러한 관계를 염두에 두고서 두 가지를 언급해 보자 : 전체적인 사회관점에서 한 기관으로서의 검사는 해당 사건을 다루고 형을 집행해야 한다는 목표를 세운다. 그러나 문제는 형 집행 이후의 출옥상황에서 나타나는 국면은 특히 문제가 많다. 여기에서는 재소자들을 사회로의 편입을 도와 주는 정도가 엄격한 법 집행에 비해 충분하지 못하다. 이런 문제들은 구조적 변화들이 정치적으로 수행되어 구체화될 때에만 다루어질 수 있다. 1826년 테오도르 플리드너(Thedor Fliedner)가 설립한 "라인 – 베스트팔렌 교도소사회"의 활동이 이러한 구조적 – 정치적 구성요소를 완전히 갖추고 있었다. 여기서는 개개 재소자를 위한 도움이나 개별적인 교도소 내의 활동만을 다루지 않고 근본적인 목표들이 정립되었는데, 이들 목표는 형 집행에 대한 목표관념을 숙고하기 위해 정치적 여론도 필요하였다고 한다. "이 단체가 하는 일은 교도소에 있을 때나 출옥 후에 재소자들에게 미치는 유익한 영향은 키워 나가고, 좋지 않은 영향은 제거함으로써 재소자들을 도덕적으로 개선시키는 것인데, 이는 국가에서 정해 놓은 경계선 안에서 이루어지는 일이다."[15] 알다시피 뷔허른이 교회의 실행위원과 최고자문위원으로서 행했던 이러한 국가적 활동은 프로이센에 있는 교도소 제도의 개혁에 상당한 기여를 한 것이었다. 이 예에서도 보이듯이 기독교교회와 개인에 대한 변호의 책임을 인식하는 것은 그 자체 내

---

15. Albert Krebs의 인용에서 : "Gefängnisgesellschaften" und "Anstaltsbeiräte". Eine geschichtliche Betrachtung. In : Freiwillige Mitarbeit……, a.a.O., S. 105 – 120, S. 111.

에 영향을 미칠 수 있는 정치적 차원을 내포하고 있는 것이다.

플리드너와 뷔허른 이후로 이 활동영역에서 과제는 많이 바뀌었고 그 상황은 그 이전의 상태 그대로 남아 있다. 교도소 담벽의 안과 밖에 있는 교회들 사이의 공동체는 개인적 상호 협력에서 뿐만 아니라 사회적, 정치적 변호 속에서도 실현된다. 그런데 이러한 기능을 떠맡는다고 해서 '자유로운 상태에 있는' 인간이 실제로 재소자들의 상황에 관계하는 경우 재소자들은 도움을 주는 자일 뿐만 아니라, 오히려 스스로를 받는 자로서 인식하게 된다는 사실을 잊어서는 안 된다. 교도소 담벽 안에 있는 사람들이 무언가를 계속하여 질문하여 온다는 것은 교회에 대한 계속적인 실천을 위한 도전을 나타내고 있는 것이다. 또 교도소 목사가 다음과 같이 말하고 있는 것도 잊어서는 안 된다 : "공동체가 무엇인가? 기독교도들에게 있어 공동체란 무엇인가? 나는 국교회 차원의 일반적인 상황에서보다는 오히려 교도소에서 그리스도의 공동체를 체험했다." 이러한 주장을 부끄럽게 생각하지는 않지만 그것은 아마도 숙고해 볼 만한 가치는 있을 것이다.

Ⅲ

사회사업과 교회봉사
―두 관계의 갈등에 대한 언급―

　우리는 교회봉사와 사회사업간의 관계를 어렵지 않게 말할 수는 있다. 그러나 그렇게 하자면 그들 사이의 관계에 있어서 분명히 설명되어야 하는 것은 파트너들이 상대적으로 바뀌어질 수 있다는 것을 전제해야 하는 것이다. 아마도 이러한 상황은 '사회사업' 활동영역에 해당하는 것이지 교회봉사가 무엇인가에 대한 질문은 확실히 아닐 것이다. 교회봉사는 그 기관이나 제도화된 교회의 사회사업 그 이상이기 때문에 그렇다. 교회봉사는 교회실존(Kirche-Sein)의 근본 차원으로 이해될 수 있으며, 또한 기독교 실존의 근본 차원으로도 파악될 수 있다. 기독교 신앙이 일상 세계의 모습을 획득하는 곳에는 실제로 그 속에서 하나가 다른 하나를 규정한 운동으로서 교회봉사에 대해 언급되어야만 한다. 비록 사회발달의 위급성에 따라서는 교회봉사가 제도와 구조적인 문제들로 어쩔 수 없이 우선적으로 대두되지만 제도화 이면에 있는 개별적인 기독교인과 마찬가지로 기독교공동체의 자기 이해의 근본 표명을 완전히 약화시켜서는 안 된다.
　이러한 '관계 얽힘'의 개념 또한 상호 관련성이 어느 정도 하나의 문화적인 연관 속으로, 서구의 전통으로, 특히 자신의 나라 역사에서 무엇보다도 지난 150년 동안의 교회봉사와 사회사업의 역사로 합해지는가를 암시하고 있다. 그러기 때문에 두 관계의 얽힘을 통하여 그들의 관계를 각각 구분하여 다르게 설명하는 것이 아주 적합한 것임을 추측할 수 있다. 제도화된 교회봉사는 독일에서 100년 이상 '국내선교'라는 이름으로 존재해 왔다. 선교와 교회봉사간의 밀접한 관계는 비록 그것이 실천적인 면이 아니라, 실천을 위한 요구사항들에 관한 것이라 하더라도 지금까지 계속되고 있다. 여기에는 몇 개의 문제들이 있다. 그러나 이 문제로 들어가기 전에 먼저 교회봉사와 사회사업의 상호성이 이루어지는 사회의 영역은 적어도 몇 가지 윤곽 속에서 특징지어져야만 한다.

1. 문제 본질의 배경들
- 사회적 성과공동체를 지향하는 교회봉사의 발전

교회봉사는 제도화되어 있기는 하지만 근본적으로 독일 연방공화국에서 제도화되어 있는 교회봉사와는 아주 다르다는 것을 발견할 수 있다. 예를 들면, 기독교공동체는 하나의 교회로서 형성될 수 있는 것이기 때문이다. 교회는 기독교의 신앙을 의식적으로 실천하는 곳이다. 이러한 교회적 교회봉사는 직접적으로 교회에 속하는 영역에 관련된 것일 수도 있다. 교회봉사는 교회의 신자가 일반적인 사회제도를 통해서 그들이 갖고 있는 문제를 해결할 수 없을 때 특별한 도움을 필요로 하게 되는데 이때 교회봉사는 그들을 돕는 개인적인 보조수단일 수도 있다. 그런 보조는 확실히 종교적인 삶의 현장과 관련해서 수행되는데 그 도움의 형태는 종교적인 삶의 해석을 통하여 개인이 전체 속에 들어오게 하는 것이다. 그런 종류의 교회봉사는 전체 사회와 관련된 것이 아니며, 그런 경우 기독교공동체는 사회로부터 상당히 독립된 것으로 이해된다.

그러나 그와 같은 종류의 교회봉사는 연방공화국과 서베를린의 교회의 현실에서 볼 때는 하나의 허구에 불과하다. 사실상 연방공화국에서의 교회 복지사업은 사회보조의 공적인 부분이며 그러면서도 사회사업을 담당하는 사람보다는 자율적으로 이 공적 업무에 참여한다는 것에 우선권이 있다.

60년대 이후 복지사업의 형성은 독일에서는 전혀 새로운 발전이 아니다. 이미 19세기부터 시작된 복지사업은 바이마르 공화국에서 상당한 발전을 이루게 된다.[1] 그 당시 사회민주주의 정당에 의한 사회복지사업의 활성화를 위해서 제기된 목회자 단체의 탈종파성에 대한 요구는 받아들여지지 않았다. 오히려 기독교 복지사업 단체는 계속적으로 자유롭게 다원화되어 갔으며, 이때 전반적으로 교회의 역할이 강화되었다는 것이 중요한 사실이다.

공적인 사회보조 시스템으로 교회가 편입된 것은 '사회정책'으로서, 더 정확히 하자면 공동체의 형태를 드러내는 정치적 동의의 범위 내에서 이루어진 것이다. 즉, 교회봉사의 사회적 발전이 사회 정치적으로 함께 영향을 미치는 것으로서, 그리고 교회와 사회의 협력 차원에서의 정치적 영향의 가능성을 보장한다. 이 범주 내에서 급격한 체계변화적인 선택은 가능하지 않았다.

사회복지적으로 발전하는 전체 사회의 발전에 대해 교회가 전체 사회 시스템으로 편입되는 것은 팽창하는 교회봉사의 요구가 점차로 과중해지는 것을 의미한다. 복지를 지향하는 사회국가적 척도의 확장은 당연히 그 가치척도를 담당하는 사람들의 활동범위의 확장에까지 이르

---

1. Vgl. als kurzen Überblick : Hanns Eyferth : Geschichte : Von der Armenpflege zum Sozialstaat. In : Hanns Eyferth/Hans-Uwe Otto/Hans Thiersch(Hrsg.) : Handbuch zur Sozialarbeit/Sozialpädagogik. Neuwied/Darmstadt, 1984, S. 430-438.

며, 이것은 교회봉사 시설 기관들의 영역에서는 단계적으로 자주 해낼 수 없는 인력의 폭발적인 증가를 의미하기도 한다.[2] 사회복지에 대한 국가적 척도확장의 과정은 교회와의 사이에서 내적인 상이성을 동반했고 교회봉사 시설들의 인력 또한 변화되었기 때문이다. 여기서 수많은 전문인들이 요구되며 이처럼 사회 전문인들의 필요성은 넓은 의미에서 사회복지 직업을 위한 교육과정 내의 발전을 통해 강화되었다.[3] 사회복지에 있어서의 전문화를 지향하는 발전형태는 확실히 전문적인 요구를 통해 주어지고 실행되며 사회직업의 자율성의 강조는 교육 학술화의 결과를 가져왔다. 이것으로서 사회의 발전이 묘사되고 사회의 발전은 제도화된 교회봉사에서 전체적인 것으로 작용하며 심지어 국가적으로 보장된 사회적 성과체계를 지향하는 교회봉사 편입의 결과를 낳는 것이다.

이러한 교회봉사의 사회성과 지향적인 발전은 교회적인 프로필과 관련시켜 볼 때 갈등의 잠재성을 갖는다. 왜냐하면 예수의 제자의식 속에서 이루어져야 하는 기독교적 공동체의 보조행위라는 의미에서 이해되는 교회봉사 프로그램의 실현은 이 프로그램과 동일시되는 그리스도교적인 인간성과 친밀하게 연결되어 있는 것이기 때문이다. 이러한 내용은 19세기의 교회봉사 단체에서는 디아코니세 자매들의 활동에서도 말할 것 없이 실행 가능한 것이었다. 그 시기에는 하나의 봉사그룹에 참

---

2. 자세한 수적 통계는 Erich Beyreuther : Geschichte der Diakonie und Inneren Mission in der Neuzeit. Berlin, 3/1983, S. 243ff.
3. Ingeborg Blauert는 1960년과 1971년 사이의 사회사업가들과 사회교육자들에 대한 교육의 극단적인 발전을 이야기하고 있다 : Ingeborg Blauert : Von den Kursen des Kapellenvereins zur Evangelischen Akademie für Sozialarbeit 1904 – 1971. In : Achtzig Jahre kirchliche Sozialarbeiterausbildung. Ein Beitrag zur Geschichte der Wohlfahrtspflege. Festschrift Evangelische Fachhochschule Berlin. Berlin/Bonn, 1984, S. 51 – 160, 특히 S. 144.

여한 동역자들이 한 가지의 교회봉사의 목적을 실현하고 성취하는 차원에서 모든 일들을 시작할 수 있는 제한된 과제가 받아들여졌기 때문이다. 그러나 특별히 60년대를 중심으로 사회복지를 위한 인력의 요구가 높으면 높을수록 교회적인 교회봉사의 목적과 명확한 자기 정체성을 제시할 수 있는 교회의 봉사실천을 이루어 낼 수 있는 가능성이 점차 감소되었다. 더불어 전문화의 과정은 하나의 부가적인 요소를 형성하며 특정한 자리들을 위해서는 전문적인 힘이 불가피하게 되었다. 사회적인 전체 발전의 틀 속에서 전문화에 대한 요구는 점점 강렬해지고 기독교적인 특성의 참여에 대한 질문은 불가피하게 후퇴되어야만 했다. 이 모든 것은 특히 19세기의 교회봉사에서 내려오는 기준으로 볼 때 교회봉사 행위의 프로필이 많이 손상된 것이다.

 결론적으로 사회복지를 지향하는 국가의 특성과 사회의 발전과정에서 사회사업적인 과제의 팽창과 전문화의 요구들은 불가피해졌고 교회의 고유한 실천으로서 교회봉사의 정체성에 대한 손상은 자명한 사실로 드러나는 현상이 뚜렷해졌다 : 그러면 교회봉사는 사회사업, 아무튼 교회 담당 영역 속에서 이루어지고 있는 사회사업과는 무엇이 다른가? 교회 실천영역에 종사하는 사회사업의 직책 담당자로서 한 사회사업가는 그 이외의 임의의 다른 복지사업 단체나 공적인 사회사업가와는 다르게 일해야 하는 것인가? 결국 사회사업은 직업적인 기준에 근거해야만 하지 않는가? 이러한 질문들로 확장된 상호간의 문제영역은 교회봉사와 사회사업간의 특수한 관계설정에서 다시 첨예화된다.[4]

---

 4. 과거와 현재에 있어서 어떤 교회봉사의 능력문제들이 실제적으로 존재하는가를 Horst Seibert는 제시하고 있는데, 미래적인 전망에 의하면 교회봉사의 최우선적인 문제는 교회봉사의 능력발휘라고 말한다. Manfred Schick/Horst Seibert/Yorick Spiegel : Diakonie und Sozialstaat. Gütersloh, 1986, S. 418f.

2. 교회봉사의 중심개념과 성과 위주의 교회봉사간의 갈등

교회봉사나 사회사업의 개념은 본질적인 형태뿐만 아니라 구조 조직적인 프로그램과도 밀접한 관련이 있다. 그러나 오늘날에는 두 개념 모두가 통용되는 적용방식을 보면 비교적 다르게 나타난다. 이것은 교회봉사의 개념으로 볼 때 너무나 놀라운 것이다. 교회봉사의 봉사직무 개념은 신약의 전통에서 비롯되는데 이것은 나사렛 예수의 활동과 생애에서 찾을 수 있다. 그리스도는 디아코노스(Diakonos)이며 그의 삶 자체가 봉사하는 것이다. 그러기 때문에 교회직책들을 디아코니(Diakonie), 즉 봉사직무로 표기할 수 있는 것이다. '교회봉사'(디아코니)라는 개념이 프로그램에 적용된 것은 뷔허른(Wichern)이 처음 시작하였는데 일반적인 용어로는 사용되지 않았다. 제도화된 디아코니는 '국내선교'라는 개념으로 도입되었다. 19세기 이후부터는 교회봉사를 디아코니세(Diakonesse)와 디아콘(Diakon)의 두 봉사직책 속에서 그 본질적인 정체성을 소개하고 있다. 특히, 병든 자와 노약자들을 섬세하고 개인적인 돌봄으로 도와 주고 목양하는 디아코니세 자매들은 그 위상을 나타내며 교회봉사를 대표하는 사람들이 되었다.

1945년 이후까지는 이렇게 디아코니세 자매활동과 연관된 교회봉사의 개념이 교회의 사회사업 또는 기독교의 이웃 사랑 실천사업 등의 전반적인 영역에서 사용되지는 않았다. 50년대 이후 처음으로 교회봉사의 개념이 교회의 봉사실천 전반내용으로 이해하고 수용되었다. 그러나 이러한 전체 교회적인 개념의 수용이 아직 에큐메니칼 활동 차원에서는 주장되지는 않았다. 독일교회에서 교회봉사의 개념에 대한 수용은 교회봉사의 실현과정과 밀접하게 연관되어 있다. 국가사회주의(Nationalsozialismus)의 종국 이후 교회봉사 개념은 더 이상 19세기의 기독교 디아코니세 자매들의 활동과 전통에 직접 연결시키지 않고 의도적으로 그 당시에 발생한 교회과제로서 교회의 프로그램적인 활동으로만 파악하기 시작했다. 그것은 국제 국내선교와 마찬가지로 청소년을 위한 일에서도 적용되었다. 이러한 광범위한 교회봉사 개념의 수용에 따라 다른 사회사업 조직들과 비교해서 기독교의 고유성은 교회봉사 실천에서 인식되어지는 교회성 강조에서 찾게 되었다. 예를 들어, 하인즈 바그너(Heinz Wagner)는 50년대 후반에 언급하기를 "현재의 교회봉사는 확실히 성서적인 기초에서 경건을 근거로, 그리고 종말론적인 전달에서 그의 '교회성'을 표명한다. 교회봉사는 거룩성 안에서 부활하고 모든 고난의 끝을 준비하시는 주를 기다리며 그리스도의 자비를 입증하는 것이다"(Kaiserswerth의 기본법의 새로운 규정에서 추가, 1953).[5]

이렇게 이해된 교회봉사에서의 기독성은 그리스도의 자비를 표명하면서 그 자체는 교회의 복음선포 직무에서 그 몫을 한다. 뷔허른에 의해서 발전된 바와 같이 국내선교의 가장 오래된 개념과의 전통 연관성은 여기서 분명하게 나타나며 그것은 프로그램적인 차원에서 오늘날까지 유효하다. 테오도르 쇼우버는 다음과 같이 강조하고 있다. "국내선교의 주위원회 일의 실행에서는 교회봉사의 과제(모든 장애자들, 노약자, 병든 자, 무주택자, 걸인, 불량자, 범죄자, 도덕적 불량자, 중독자 ; 유년교육, 청소년과 가족보조, 외국인을 위한 사회보조 ; 상이한 부분에 대한 상담)뿐만 아니라 자연과 복지에 대한 책임적인 자세도 포함된다. 또한 내국과 외국에서의 인권과 이생과 저생에 대한 양자택일적 삶의 형태에 대한 자각, 세계의 굶주리는 이들과 형제·자매애의 나눔을 고려하는 교회와 그룹의 의식형성에서 목양적-민중선교(교회봉사-선교의 교회건설, 편지와 전화상의 목회들, 복음선포, 여가선용을 통한 교회봉사, 민중선교의 문헌 등등)의 과제들이 포함된다. 그것은 교회봉사를 통하여 동시에 복음의 선포가 이루어지는 것이다. 왜냐하면 그리스도의 피를 통한 증거인

---

5. Heinz Wagner : Diakonie. RGG. 2. Bd. Tübingen, 3/1958, Sp. 166.

성만찬, 섬김/봉사, 그리고 기도(Martyria, Diakonia, Liturgia)는 분리할 수 없는 것이기 때문이다. 만약 그 점에 대해 회의적이라면 교회봉사는 교회봉사이기를 포기하는 것이며, 대치 가능한 복지사업의 돌봄 형태로 될 것이다.[6] 정확히 이러한 봉사와 증거의 일치가 교회봉사의 프로그램 개념에 중심이 되었다. 교회봉사는 교회의 과제로서 정체성이 요구되기 때문에 교회의 사회사업은 교회봉사(Diakonie)로 명명된다.

교회봉사 개념의 출현과 거의 비슷한 시기에 또한 사회사업의 개념이 교회의 사회적인 행위에 대한 프로그램적인 방향설정의 기능과 함께 독일의 전문용어 속에 등장한다. 예를 들어, 50년대 중반기 이후 나타난 사회학의 중형사전에는 '사회사업'에 관한 어떠한 항목도 없으나 1962년에 쓰여진 사전에서는 '복지사업'(Fürsorge)이라는 항목이 나타난다. 그것은 바이마르 공화국의 상황과 연결되는 초기 연방공화국의 토론 입장을 제시하는 데서부터 사회사업의 개념 출현을 언급한다.

사회복지 사업의 이론에서는 그 개념이 세계관적 그룹의 복지사업과는 분명한 구분을 가진다. 언급된 항목은 복지 지향적인 사회사업 활동을 할 때 다음과 같은 긴장이 발생한다고 언급한다. "만약에 돕는 자가 분명한 세계관을 가지고 공동체에서 일하면 도움을 받는 사람들은 의존관계에 있기 때문에 그런 관계를 이용하여 그들에게 자신의 세계관을 강요하는 위험에 빠질 수 있게 된다. 그것은 복지사업이 다른 의도들을 위한 수단으로 이용되고 그 고유한 가치를 잃어버리게 되는 것을 뜻한다. 즉, 그 반대의 입장으로 전도됨을 의미하는 것이다. 그 때문에 실천에 있어서, 예를 들어 복지 지향적인 것과 목회 지향적인 노력의 세심한 구분이 필요하다."[7] 개별적인 관심을 갖고 공동체 구성원들을

---

6. Theodor Schober : Diakonisches Werk. In:Staatslexikon. Bd. 2. Freiburg, 1986, Sp. 39.
7. Gerd. Weises : Fürsorge. In : HDSW. 4. Bd. Göttingen, 1965, S. 166.

돌보는 복지사업을 위해서는 기관이나 사회단체들의 재정보조나 장려도가 낮다는 말은 독특한 의미를 갖는다.[8] 목회는 공동체 구성원을 위한 개별적인 염려의 차원에서 이해되는 것만은 아니다. 기독교의 종교적인 영역은 목회적인 행위로부터 나온 정의에 따라 엄격히 구분된다. 다만 이러한 목회적 구분을 통해서만이 복지는 그 자체가 가치를 얻게 된다. 그러나 여기서 삶을 단면적으로 나누는 문제는 다루지 않겠다. 이러한 연관 속에서 본질적인 것은 우선 하나의 "이데올로기 비판적" 요소가 복지이론과 연결된다는 것이다 : 복지는 이데올로기 전달과 연결되어서는 안 된다.

 사회사업 개념의 수용은 이러한 경향을 강화한다. 형식상 그 개념의 사용 근저에는 앵글로색슨족과 진지한 의사소통을 어떻게 하는가 하는 관심이 깔려 있다. 이것은 1930년대에 특히 미국에서 이론적이며 실천적인 사회학들이 학문적인 원칙으로 전개되기 시작했기 때문에 독일의 토론에서는 중요했다. 앵글로색슨족들의 이론과 실천적 사회학의 개념을 수용한다는 것은 목회적인 장래 발전이 사회사업적이며 사회교육적인 활동을 지향하여 꾸준히 학문화되어야 한다는 관심의 표명과 일치하는 것이다. 이렇게 사회사업이 자체의 학문화에 대한 요구로 발전한다는 것은 더 나아가서는 그 자체의 자율성에 관한 요구의 증가를 의미하는 것과도 일치한다. 만약에 사회사업이 하나의 학문으로 자리잡으려 한다면 그것은 학문 고유의 발전기준과 표준하에 놓이게 된다. 그것은 국가나 기독교 종교공동체의 법규로부터 일차적으로 간단히 추론해낼 수 있는 것이 아니다. 사회사업의 학문성 요구는 종교적이면서 이후에는 국가의 후견적 기능으로서의 자기 정체성에 반대하는 자율성 요구를 내포한다. 이러한 이유들 때문에 사회사업 영역에서의 전문화를 위한 노력들이 불가피하게 시도되는데 이때 전문화는 그 직업적인 능

---

8. G. Weises, a.a.O.

력의 표준들과 상황윤리와 마찬가지로 상대적으로 자율적이고, 본질적으로 직무자들의 공동체 자체에 의해 규정된 결정 속에서 직업이 확립되는 과정으로 이해된다.

두 개념의 역사적 정립과정을 종합해 보면 개념 속에 표명된 프로그램적인 차원에서 교회봉사와 사회사업간의 상반되는 관계의 경향이 나타난다. 교회봉사는 사회행위에 있어서 그의 독특한 종교성을 나타내는 중심개념이다. 반면에 사회사업은 프로그램 개념으로 이해할 수 있는데 그것은 직업적, 사회적 활동의 자율성에 학문적인 기초를 두게 되며, 이 기초는 외부와 교회조직의 관심과 독립적으로 이루어져야 함을 강조한다. 이러한 시점에서 사회적인 보조행위로서의 사회사업과 종교적 방향으로서의 목회가 그 실질적인 실천 내용면에 있어서 분리되어야 한다는 것은 당연히 그 배경이 되고 있다.

3. 신학적 관점으로부터의 관계규정들

교회봉사와 사회사업의 상호 관련성은 실천적인 면에서와 마찬가지로 이론적인 면에서도 현대사회 안에서는 불가피하다. 실천적 - 실용적인 이유에서 활동영역과 심지어 제도화된 교회봉사의 영역에서 책임을 지는 활동영역에 대한 관계규정의 필연성이 생긴다. 교회의 교회봉사사업을 교회의 위탁으로부터 분리하는 것에 불만을 가지는 사람과 교회가 해야 하는 일을 다른 사회적 부분들에서 연관하여 실천하는 사람은 교회봉사와 사회사업이 배치되는 것을 실천적 - 신학적 문제에서 해결해야만 한다. 그리고 그 양자간의 관계를 더 확실하게 연구함으로써 정해야 하는 과제가 생긴다. 사회사업을 세계관적인 관심으로부터 분리하는 것이 실제로 가능한가? 아마도 사회사업 역시 그 실천적인 활동이 항상 규준에 의해 조정되지는 않을 것이다. 사회사업은 어떠한 기준과 규칙들에 의해 활동하며 그 기준의 발전은 문화적 전통과 관계가 없는가? 윤리적 기준들은 종교적으로 유추할 수 있는 실존해석에 근거하지 않는가?

관계규정의 필연성에 대한 이러한 질문은 앞으로 논의되어지는 모델들에 대한 질문 속에서 구체화된다. 이 경우 추상적-이론적 관계규정이 아닌 직업적, 실천적인, 혹은 삶의 실천적인 질문이 먼저 대두된다 : 어떻게, 그리고 어떤 조건들 하에서 학문적 기초가 갖추어진 사회사업과 교회봉사적 행위가 하나로 형성될 수 있는가? 이러한 물음에 대한 첫 번째 대답과 동시에 교회봉사와 사회사업간의 관계규정의 첫째 모델은 다음과 같은 가정에서 출발한다 : 사회사업은 그것을 담당하고 실천하는 사람들의 '기독교적인 동기'를 통한 교회봉사 행위의 한 형태이다. 전문적인 차원에서는 교회봉사의 사회사업과 일반적인 사회사업은 구분되지 않으며 다만 상황에 따라 전문적인 요구하에 놓여 있음을 의미한다. 이 양자간의 구별은 직업에 대한 개인적인 관심이나 도움을 필요로 하는 이들을 도우면서 만나는 행위에 대한 근거가 어디에 기인하고 있는가 하는 내적인 특수성 속에 있다. 기독교적인 동기, 말하자면 예수의 제자도를 실천하는 행위로서 사람을 만나는 것은 단순한 직업적 보조행위의 수행과는 다르며 그 고유한 기독교적 특징에 의해서 실천되어지는 것이다. 이런 차원에서 단순히 타인을 도운다는 사회사업의 행위가 기독교적인 행위로 동일시될 수 없으며, 행위의 동기는 개인의 내면성에 속한 것이며 그 실천의 현장에서 최우선적인 질문의 내용이 되며 최대의 관심사로 표명된다. 이와 같은 기본적인 이해 아래에서 실천형태의 측면에서 종교 중립적인 사회사업이 가능해질 수 있게 되며, 또한 교회의 사회사업은 그 종교적 방향설정에 상당히 사적인 것이 되어 사회기능 속으로 동화되어지기도 한다.

어떻게 사회사업이 교회봉사가 되는가 하는 질문에 대한 대답의 두 번째 모델은 적어도 기독교적인 동기가 사회보조 행위의 수행에 관련된 차원들을 형성하는 데 영향을 미친다는 것이다. 만일 수행해야 될 사회봉사에 대한 일이 개인적인 이웃관계와 인격적으로 관련되어 있으면 이때 사회사업은 교회봉사의 활동내용을 수행하는 것이 된다. 왜냐하면 사회사업은 본질적으로 개별적이고 사적인 상황의 변화를 목적으로 실천되는 것은 아니기 때문이다. 사회사업의 실천형태에서 이러한 인격적이고 사적인 차원을 지향하는 사람들의 기대는 자주 교회봉사에 대한 사회적 기대로 이해할 수 있는데, 말하자면 복음주의 신앙고백적 차원에서 세워진 기독병원에 대한 기대가 그 한 예가 될 것이다. 신앙을 기초로 하는 기독병원들은 하나의 사회사업 목적에 부합하는 국가의 보조기능을 갖는다. 그러나 대부분의 사람들이 기독병원에 대한 기대는 그러한 국가적인 조처에 대한 성공여부의 관심에 집중되어 있는 것은 아니다. 오히려 그들의 기독병원에 대한 기대는 지극히 사적이고 인격적인 것에 중점을 두고 있다. 환자들의 기대는 기독병원들이 더 인간적이며 수용할 수 있는 환자는 다른 병원에 비해 좀 적어야 하고, 그리고 집중적이고 세심한 간병을 받을 수 있는 것에 있다. 그들은 그 병원에서 환자이기 이전에 인간이며 고객임과 동시에 형제자매로서 대우 받고 싶어한다. 국가복지의 보조행위로서의 전문성에 대한 요구는 물론 의문의 여지가 없다. 그러나 이러한 기독병원에서의 봉사실천은 분명히 이런 관점에서 예수의 제자도 행위에 대한 기대와 실천으로 이루어지는 또 다른 하나의 전문성이 본질적으로 배려되어진 것이다.

모든 일에 있어서 이론적이고 학문적인 전문성만을 요구하게 된다면 이러한 기독교적인 관계설정은 문제가 될 수도 있다. 왜냐하면 특별히 사회사업적인 전문성과 직업적인 활동은 항상 그때그때의 고유한 능력의 한계를 주목하며 이러한 능력의 틀 속에서 행동하는 것과 관계가 있기 때문이다. 그렇게 되면 전문적인 사회사업 활동 안에서 그 활동과 더불어, 그리고 활동 안에서 개인적이고 인격적인 배려의 여지가 있는지 의문을 제기할 수밖에 없다. 이러한 질문을 통하여 얻어지는 것은 결국 좋은 사회사업이라는 것이 근본적으로 실천담당자가 기독교적인 동기에서 벗어날 수 없는 인생관이나 세계관적인 관점에 의해 개인적인 배려를 하고 있다는 내용을 의미하는 것임을 간과해서는 안 된다.

　세 번째 모델은 교회봉사의 행위로 이해되는 사회사업이 교회봉사적 실천으로의 편입을 통해 하나의 내용적인 변화를 겪는 데서 출발한다. 그것은 '기독교적인' 사회사업이 하나의 특별한 형태가 있음을 인정하는 것이다. 이와 관련하여서는 인간상의 의미가 자주 언급된다. 기독교적인 사회사업은 하나의 기독교적인 인간상에 의해 방향지워져 있다. 이 경우 사회사업은 기본 가정의 신학적 기초를 통해 다른 하나의 교회봉사의 행위가 된다. 이러한 기본 가정 가운데 하나는 인간을 신학적으로 보아 그 정체성을 하나님 앞에 마주 서 있는 것으로 인식하는 데서 얻어진다. 그 외에 다르게 규정되어지는 인간의 정체성에 대해서는 단호히 거부된다. 이러한 논제로부터 복지와 구원은 분리될 수 없고 일치된다. 즉, 돌봄과 목회, 복음선포와 실천적인 도움 사이의 일치를 이끌어 낸다. 이러한 모델은 상이한 모양으로 변형될 수 있지만 그것은 결국 종교적인 차원으로 편입되게 된다. 그것은 '인간의 전체성'에 관한 사고가 전반적으로 그 모델에 들어 있게 된다. 어쨌든 교회봉사로서의 사회사업은 곧 그 일의 수행에 있어서 기독교적인 것과 동일시할 수 있으며 또한 그래야만 한다.

　마지막에 언급된 모델의 양자택일성은 개별적으로 문제가 될 수 있지만 기독교적 삶의 방향설정과 기독교적 이웃 사랑의 개념이 일의 내용 밑바닥에 있다는 데서 출발한다는 것은 이 모델에서 긍정적으로 고무될 수 있는 것이다. 기독교적인 사회사업의 실천행위를 하나의 작업적인 일에 대한 동기영역으로 돌려 버리거나 단순히 그것을 사회사업 행위수행에 관계된 것으로 일축해 버리는 사람이 있다. 그러한 사람은 인간에 대한 근본 가정이 기독교적으로 전제하지 않을 때는 사회사업이 단지 규준에 의해 실천하는 하나의 단순한 행동학이라는 것을 모르고 있는 것이다. 사회사업은 기독교 정신에 입각한 규준들과 그것에 입각한 인간학과의 선한 경쟁으로부터 출발되어야 한다. 그런 이유 때문에 둘 사이에는 명백한 대화가 필요로 하는데 그것은 사회사업 영역이나 기독교 신학에서도 쉽게 연역될 수 있는 분명한 근본 안이 없으므로 간단하지만은 않다. 신학적인 관점으로 말한다면 기독교의 사회사업은 분명히 기독교적 인간학만으로도 규정할 수는 없다. 소위 기독교적인 인간상은 어떤 실천행위에 대하여 작용될 따름이지 행동 자체를 유발하는 것은 아니다. 그러나 기독교적 인간학은 인간성과 관련하여 인간이란 무엇인가에 관한 모든 토론에서 확실한 선험적 내용들로 받아들여진다.

이렇게 볼 때 특별히 교회봉사 행위로서의 사회사업은 철저하게 고유한 신학적 고찰을 피할 수 없게 되었다. 이미 언급되었듯이 그것은 단순히 신학적 원칙들 중 하나를 취급한 것은 아니지만 기본 전제, 즉 인간학의 근본 안들은 다음과 같은 토론에서 항상 다루어져야 한다. 신학은 묻는 자의 역할도 아니며 마지막 해답을 주는 자의 역할도 아니다. 그것은 오히려 학문으로서 사회사업에 기초한 인간학적인 전제들과 중재를 통해서 고유한 인간학의 해답을 찾는 것이다.

올바른 판단이라면 사회학, 특히 실천적 방향을 가진 사회학을 통한 인간학적인 토론은 두 가지 점에서 본질적인 동기를 가진다. 첫째로, 이성적 능력과 선한 마음을 가지고 의미 있는 일을 하고자 하는 인간의 능력을 기대하는 계몽적인 전통이 그 속에 있다. 오늘날의 사회사업은 여러 가지 점에서 인간에 대한 기본적 신뢰로 존재한다. 사회학에서의 인간학을 구성하는 두 번째 동기는 개인은 사회적인 조건에 영향을 받는다는 것을 인식하는 것이다. 분명 인간은 단순한 사회적 산물은 아니며 경제적인 조건들의 산물도 아니다. 그럼에도 불구하고 인간은 그러한 사회적인 상황들에 의존하여 발전한다. 한 사람을 이해한다는 것은 그가 어떤 사회적 배경에서 살고 있는가를 파악하는 것과 관계가 있으며, 한 인간의 존엄성이 보장되는 삶을 지향한다는 것은 그가 가진 사회적 조건들을 변화시킨다는 것과 관계가 있다.

이러한 두 관점들은 기독교적인 인간학에서 보게 되면 그 자체로부터 인지의 지평을 확대하는 데 어려운 입장을 취하고 있기 때문에 더욱 강조할 수 있는 것이다. 죄와 은총의 교리는 실천적인 관점에서는 오히려 비관적인 인간학으로 종종 비추어지고, 이를 근거한 강력한 조치들은 자율성의 능력을 가진 교육보다 더 신뢰되어 왔다. 그래서 근본주의적인 신학전통에서 하나님과의 개별적인 관계의 일차적 중요성은 인간 존재의 사회적 요소를 배후로 몰아내는 경향이 있다.

그것으로부터 언급되어야 하는 점은 다음과 같다 : 교회봉사의 책임 속에서 이루어지는 사회사업은 실제로 근본적이며 신학적인 명백한 과정을 요구하는데 그것은 학문적인 사회사업과 그 인간학이 신학적인 인간학에 대해 질문할 수 있는 열려진 토론의 토대 위에서 이루어져야 한다는 것이다. 신학적인 인간학이나 인간의 경험들은, 말하자면 현대의 종교와 삶, 종교와 실천적인 도움간의 분리가 실제로 인간실존의 조건들에 상응하고 있는가라는 질문으로 집약된다. 이러한 질문은 물론 인간실존을 위한 인간들의 변함없는 고통과 제한들에 대하여 연관하고 있는 것이다.

4. 다원화의 교회와 사회 안에서의 사회사업과 교회봉사

지금까지 교회봉사와 사회사업간의 관계해결을 위한 시도는 사회사업이 어떻게 교회봉사로 되어지는가 하는 질문에서 제시하려고 했다. 그 해결의 시도들은 교회봉사적 – 교회의 사회사업과 사회사업간의 차이를 일반적으로 부인하고 기독교적인 것을 동기의 영역으로 전이하는 것으로부터 출발하였다. 이 출발은 목회와 기독교적인 사회사업이 교회봉사의 틀 속에서 일치를 이루고, 구원과 복지의 일치가 그 속에서 실현 가능한 총체적인 사회사업의 요구에까지 이르게 하는 것이다. 그러기 위해서 교회봉사의 실천인 교회의 사회사업은 신학적으로 검토되고 증명되어야만 한다. 그러기 위해서는 신학적인 근거가 절대적인 우선권을 가지고 제압을 해야 하는 것을 의미하는 것이 아니라 오히려 학문으로서의 사회사업의 고유한 특성을 인정하고 신학과 그 고유의 사상적 배경과 영향사에 대한 질문을 던지며 인간의 근본 문제들을 분석 해결하는 데 신학이 중요한 몫을 담당하는 것을 표명하는 것이다.[9] 이런 문제를 해결하기 위해서는 교육의 차원에서뿐만 아니라 사회사업적인, 그리고 사회교육학적인 교회봉사 행위의 틀 속에서도 대화의 제도화가 필요함을 인식하고 있다.[10]

그러나 아직도 이러한 쌍방간의 문제를 해결하려는 시도들은 많은 제한이 있음을 지적하고 있다. 특별히 교회적인 문맥에서와 마찬가지로 문화적인 문맥, 그리고 처음부터 언급한 그 상이한 관련의 얽힘은 어떠한 종류의 단일해결이라는 것이 있을 수 없기 때문에 제한된 의미로 말할 수 있겠다. 교회는 교회봉사의 현장으로서 기독교적인 신념들과 고도로 다양하게 변형된 기독교적인 전통과 동일 이해가 가능하다. 이로써 교회는 고도의 다양한 가능성의 삶을 형성케 하는 다원적인 현상이다. 교회의 교회봉사 현장은 동시에 하나의 사회이며, 그 다원적인

---

9. Horst Seibert가 수용한 것과 같이 신학과 사회사업간에 대화가 학문-이론적인 해설을 통하여 이루어질 수 있을 것인지 어떤지에 대해서는 의심스럽다. 여기서 중요한 것은 대화윤리의 발전에 관한 것으로 여겨지는데, 그것은 선취요구를 방어하는 것이다. 학문-이론적인 창설에 대한 요구는 Horst Seibert에 의해 여러번 이루어졌다. In : Horst Seibert : Die diakonische Begründung evangelischer Sozialarbeit. In : Soziale Arbeit. Berlin, 1986, Nr. 35, S. 219.

10. 이 점에서는 특별히 개신교 전문대학(evangelischen Fachhochschulen)의 사회사업과 사회교육학에서의 역할이 확증되고 있다. Vgl. Dieter Peter Weber : Zur Notwendigkeit und Lage evangelischer Fachhochschulen heute. In : Soziale Arbeit. 35/1986, S. 206, insbesondere die Schlusspassage, S. 214.

사회는 상이한 가치의 설정들을 허용할 뿐만 아니라 그것의 충돌 가운데서 그 특유의 역동성을 갖는다. 그 속에서 개인과 개별그룹의 종교적인 방향설정은 전적으로 사적인 것으로가 아니라 상대적인 관용이 만남의 가능성을 규정하는 차원에서 유지되어야만 한다. 교회봉사는 교회를 통한 봉사실천으로, 더 정확히 하나의 종교적인 큰 조직으로서, 복지단체의 모습 속에서의 다원화된 사회에서와 같이 교회의 내적인 다원주의에도 관련된다. 그 점에서 명백히 19세기의 디아코니세의 일체적인 교회봉사와는 구분된다. 그래서 교회봉사 기관들은 개인적인 직업으로 사회사업에 종사하는 동역자들처럼 교회봉사와 그들이 실천해야 하는 사회사업과의 관계를 상당히 다르게 규정하고 – 그들이 묘사하는 것 이상으로 – 있다. 이러한 상이성에 비추어 교회봉사 행위를 분명하게 인지하도록 윤곽을 드러내게 하는 데는 어려움이 따르며, 현재 독일에서 교회봉사의 활동에 대한 약점도 일조를 한다. 그럼에도 불구하고 이런 상황 속에 있는 강점을 간과해서는 안 된다 : 이런 상황에서 오히려 하나의 가능성은 다원주의로부터 획득되어지는 다양성과 풍부함이다. 그것은 아마 교회 안에서 다원화된 현상들을 발견하면서부터 얻어지는 것이다. 다원화의 상황 안에서 교회봉사는 사회사업을 통한 교회의 담당영역에서뿐만 아니라 기독교인들이 – 어떤 직업적인 위치에서든 – 늘 이웃에 대한 관심과 책임을 가지고 일하는 모든 현장에서 다원화된 삶의 양식을 통한 것으로도 인식될 수 있고 적용시킬 수 있는 것이기 때문이다. 그리고 또한 이웃에 대한 책임의식은 교회와 교회적인 삶의 방향설정의 한계에서 멈추거나 도외시되지 않아야 한다. 서양의 인본주의는 기독교의 종교적 전통에 있으며 그 고유성을 강조하는 곳, 기독교적 – 유대주의적인 전래를 근본적으로 나타내는 역사 속에 자리잡고 있는 곳에서도 남아 있는 것이다.

IV

교회봉사에서의 신학자와 비신학자들의 공동참여

1. 서 문

　신학자와 비신학자들 간의 공동참여에 대한 질문은 이것이 일반적으로 교회와 신학에서의 경우와는 달리 교회봉사에서는 본질적으로 더욱 강력하게 제시된다. 학문으로서의 신학은 고유의 문제들, 텍스트 해석, 기독교 교리의 역사적인 연구, 신앙과 전통의 체계적 연구 혹은 교회생활의 다양한 표현형태 등에 기여할 수 있다. 교회공동체의 삶은 교회실천이 전래된 형태, 곧 예배와 설교, 목회와 교리문답에 그 중점을 두고 있다. 물론 여기서 그 상황 또한 더욱 복잡해진다는 것은 모두가 의식하고 있을 것이다. 목사가 원한다면 가끔 교회봉사의 관리직에 종사하는 전문인들(교회나 교회시설들의 경영관리 책임을 맡은 전문인들), 사회사업의 종사자와 함께 일하게 된다. 유치원에서 일하는 교사들은 몇 년 전보다 신학으로부터 훨씬 더 독립적으로 발전된 교육의 능력을 가지고 있다. 학문적인 신학에도 이러한 사항은 상응하여 적용된다. 실천신학도, 사회윤리도 결국은 사회학자, 심리학자, 정치학자 혹은 경제학자들과의 대화를 피할 수 없게 되었다. 교회의 신학적 – 학문적 실천의 영역에서 양자택일로서 항상 생각할 수 있는 것이 교회봉사 활동영역에서는 가능하지 않으며, 오히려 비신학적인 전문인과의 공동작업은 더 이상 피할 수 없게 되었다. 물론 여기서 제기되는 문제는 새로운 것이 아니며 그것은 다만 학문의 실천화를 통해 그 기능이 강화되었고 배가 된 것이다. 이러한 문제들은 교회봉사의 시설과 기관들의 영역에서는 더 긴 역사를 가지고 있다. 교회봉사의 기원으로 볼 수 있는 기독병원들에서는 오래 전부터 지도층에 있게 되는 신학자들과 시설이나 기관의 경영관리직이나 특수 전문영역에 종사하는 전문인들과의 특수한 협동과제가 설정되어 있다. 이렇게 상하 조직적으로 교회봉사가 공동작업으로 실시되던 초기에는 함께 협동으로 일하는 전문가들에게 기독교적인 동기가 구속력이 있었기 때문에 상이한 문제들이 그렇게 과중한 것으로 표현되지 않았다. 또한 각계의 전문인들에게 맡겨진 행위의 영역들 내에서도 기독교적인 동의는 항상 본질적인 것으로 작용했고, 또 작용 가능한 것이기 때문에 구체적인 문제가 되는 것은 아니었다. 물론 오래 전부터 개별적인 행위의 영역들이 신학적인 목적개념으로부터 '분리' 되는 것을 종종 볼 수 있는데 그것은 전문의학적인 행위의 독자성과 의학적인 병원의 성과, 그리고 그것으로 교회봉사 실천의 동일성이 지금보다 더욱 강하게 이루어지게 될 때이다. 이럴 때 돕는 행위는 교회봉사 행위로서, 그리고 기독교적 – 교회의 행위로서 동일시될 수 있어야 한다. 이때 신학적인 기능으로서 이러한 기능의 서술은 교회봉사의 관리에 대한 문제점의 한 부분에 관한 것임을 지적한다.

 신학은 본질적인 요소에서 보면 교회관리의 실천이다. 전통 유래의 교회실천에 따라서 볼 때 비신학자들은 신학자들이 우선적으로 맡고 있었던 관리기능들에 대하여 어떻게 참여할 수 있었겠는가?

2. 문제제기의 명료화

교회봉사에 대해 이야기되는 것은 우선 인간이 하나님의 의지로 혹은 예수의 제자도에 입각하여 서로를 돕고 배려하는 가운데 형성되는 기독교적인 신앙의 근본 수행만을 의미하는 것은 아니다. 교회봉사 안에서는 이러한 관점에서 조직된 교회와 일반적인 기독교적 책임 속에서의 도움행위도 함께 이해되어야 한다. 그렇게 될 때 상이한 모델들이 상황의 임의성을 피하는 형태로 존재함을 암시한다. 조직적인 행위는 사회적인 삶을 '주재하는' 하나의 상이한 조직 시스템의 문맥 가운데, 그리고 발전된 산업사회 속에서 이루어진다. 조직화된 교회봉사와 근본적인 교회봉사는 구분할 수 있으며, 마찬가지로 조직화된 교회봉사는 근본적인 교회봉사의 형성을 통해 가능하게 되는 곳에서 유지되어야만 한다.

실천영역의 기능에 대해서 질문이 제기되고자 하면 관련영역이 주어져야만 한다. 이러한 것은 교회봉사의 신학적 기능들을 고려할 경우 어떻게 기술될 수 있겠는가? 우선 무엇이 신학이며 무엇이 신학이 아닌가 하는 질문이 충분히 시사되어야 한다. 신학은 간단히 신앙이 아니며 신앙에 대한 하나의 성찰의 형태이다. 그러므로 여기서 토의되는 주제 전부는 성찰의 과정인 신앙의 성찰과 관련된다. 이러한 의미에서 신학은 간단히 학문적인 신학이 아니다. 학문적인 신학은 이러한 성찰과정의 특정한 형태, 즉 현재 학문전통의 소개 시스템에 관계하는 성찰의 과정을 방법론적으로 책임지는 형태이다. 그것은 처음부터 신학의 형태, 즉 학문적으로 증명하지 않거나 증명할 필요도 없는 것에 대한 숙고의 형상들이 있다는 점에서도 출발할 수 있다.

믿음에 대한 성찰의 형태로서 신학은 적어도 두 가지 기능을 충족시킨다 ; 신앙인의 성찰 속에서 자기 확신의 기능이 그 하나이다. 이러한 의미에서 신학은 정체성 확립의 과정에 있어서 사회역할들의 상위성에서처럼 전기에서 고유한 자존성을 탐색하는 가운데 이루어진다. 신학은 이런 관점에서 - 이것은 거듭 강조할 수 있는데 - 학문적인 신학의 일일 뿐만 아니라 기독교인이 그의 역할과 직업적 행위영역의 맥락 속에서 기독교적 존재를 성찰한다면 이것이 곧 기독교인의 일이 되는 것이다.

두 번째로, 신학은 기독교적 공동체 자체로서도 교회의 자기 확신의 기능을 가진다. 이런 측면에서는 교회의 본질에 대한 질문이 중심역할을 수행한다. 교회는 어떻게 교회일 수 있으며 그 기본적 조건 하에서는 어떠한가? 이러한 의미에서 신학은 그 고유의 역사에 대한 정확성과 계약확언과 미래의 기독교공동체에 대한 신뢰에 관해서 질문하게 된다. 과거와 미래에 비해 현재의 조건들 하에서 교회는 어떤 것인가? 이러한 질문이 제기되는 곳에서 기독교인들은 신학에 관여하고 있는 것이다. 기독교공동체는 예전부터 영적 직무의 관리자들이 종교개혁 이후에도 학문적으로 교육받은 신학자들에게 이러한 기능을 맡겼다. 그러나 이러한 기능을 인식하는 것은 사실은 신학자만의 일이 아니며 기독교교회의 일이다. 루터는 세례의 의미를 명시하면서 그 점을 새로이 지적했는데 이것은 제사장직으로서의 소명인 것이다. 여기서 만인제사장직은 확실히 더 많은 것을 포괄하나 이 점도 분명히 포함하고 있다. 그래서 교회 - 존재 이유에 대한 책임적인 연구는 모든 기독교인들의 공통된 과제이다.[1] 이때 교회의 나아갈 길에 대한 숙고는 근본 문제의 제기에 제한되어서는 안 되며, 반대로 교회는 구체적인 상황들 속에 존재해야 한다. 신학적인 연구는 그의 고유한 실천적 본질에서 이루어져야 한다.

---

1. Vgl. die kurze Zusammenfassung von Luthers Lehre vom allgemeinen Priestertum bei Christof Bäumler : Kommunikative Gemeindepraxis, München, 1984, S. 30 - 33.

신학의 세 번째 기능은 위의 두 가지 기능에 이미 포함되어 있는 견해들을 강조하는 것이다. 신학은 다른 경쟁적인 세계에 관한 개요들을 조정하는 믿음의 성찰형태이다. 신학이 학문적인 의미에서는 대학의 주요 학문 가운데 자리잡고 있으며 그 자리를 오늘날까지 유지해 온 것은 우연이 아니다. 또한 신학은 그 때마다 문화에 대한 하나의 역할을 담당했으며 학문의 시스템 속에서도 그의 형태를 가진다. 그러나 신학은 대학으로부터 독립하여 기독교인들의 상황에 따른 특별한 소명행위에 부응하는 자기의 기능을 함께 인식해야만 한다. 기독교인들은 이러한 사실을 분명히 인지해야 하는데 그것은 기독교적 실존이 항상 문화와 결부되어 그 맥락 속에 자리잡고 있기 때문이다. 기독교적 실존이 문화와 결부되어 있다는 사실은 결국 기독교의 신학적 기능에 관한 일이 전문인이나 평신도, 그리고 신학자 모두에게 공통적인 책임이 부여되어 있다는 의미가 된다. 그렇다면 교회봉사의 특수한 신학적 기능에 대해 이야기한다는 것은 무엇을 의미하는가? 그것은 조직화된 교회봉사의 영역에서 활동하는 사람은 기독교인으로서의 존재 혹은 인간존재 속에서 생길 수 있는 문제를 또한 전반적으로 지니고 있는 것을 볼 수 있다 : 만약 내가 누군가를 돕는다면 나는 누구인가? 이기주의와 이타주의가 하나의 역할을 수행하며 무엇을 받아들이고 어떻게 동역관계의 동등함 속에서 다른 사람을 만나는가?

일반적으로 교회봉사의 경험으로부터 교회에 대해 다음과 같은 질의들이 나오게 된다 ; 교회는 어떻게 교회봉사의 능력을 가질 수 있으며 현재의 조건 아래에서 그 형태를 어떻게 현실화시킬 수 있는가? 다시 질문하면, 하나의 교회봉사 시설이 어떻게 교회의 형태일 수 있는가 하는 것이다. 교회봉사의 기구는 자율적인 하나의 복지기관일 뿐만 아니라 하나의 교회일 수도 있으며, 또한 조직화된 교회봉사 직무의 형태 속에서 어떻게 기독교적인 신앙이 인식될 수 있는가? 결국 교회봉사의 경험들로부터 발전된 문제제기는 전체 사회-문화적인 의미가 된다.

예를 들어, 죽음의 문제에 있어서 인간의 죽음에 대한 질문은 교회만의 것일 수가 없다는 것이다. 여기서는 전체 문화의 차원과 근본적 차원의 가치 지향 설정이 중요하다. 또한 세계 기아문제는 고찰되어야 할 질문으로서 제기되고 인본적인 연대성의 문제는 아주 일반적인 것이 된다. 이러한 문제에 대해 관여하든 하지 않든 간에 이것은 인간문화의 본질적인 요소들을 결정짓는 것과 같다.

언급된 예들은 교회봉사에서 뿐만 아니라 조직화된 교회봉사의 영역에서도 신학적으로 본질적인 문제들이 제기되어 밀려옴을 예시한다. 교회봉사에 종사하는 사람들은 그들이 가지고 있는 정보들을 통해 다른 어느 곳에서 가능한 것보다 더 빠르고 분명하게 사태를 인식하는 기회를 가지게 되는 이유가 거기에 있다.

3. 비신학자들의 신학적 기능참여에 대한 신학적 근거의 문제

최근의 신학토론은 루터의 진술을 토대로 하는 만인제사장직과 바울의 은사교리(특히 로마서 12장 혹은 고린도 전서 12장)를 바탕으로 모든 신앙인들이 동등하며, 동시에 동역해야 하는 기독교인의 책임에 대한 것으로 진행되고 있다. 가톨릭 신학은 두 번째 바티칸종교회의 이후로부터 교회는 제사장직 수행을 부여받은 하나님의 백성으로서 파악한다. 물론 그 곳에서는 교황과 제사장의 주기능을 명백히 주장한다. 또한 루터교의 논의도 부분적으로는 말씀선포직을 교회 내의 다른 직무들로부터 명백히 구분해 왔다.[2]

에큐메니칼 차원에서의 노력은 교회가 존재하게 되는 구성요소로 직책들을 제시하는데 그것이 가르침의 주요점이라고 규정한다.[3] 이것은

---

2. Vgl. Heinz Brunotte : Das Amt der Verkündigung und das Priestertum aller Gläubigen. Berlin, 1962, etwa S. 30ff.

신학적인 이론형성이 직책에 일차적으로 의미를 부여한다. 그러나 이러한 과정에도 불구하고 교회의 경영 관리 책임에 있어서는 비신학자들의 참여가 프로테스탄트에서는 일반적으로 논쟁의 여지가 없으나 가톨릭과 동방정교회의 전통에서는 이들의 참여가 오히려 함께 논의되는 것으로 해석될 수 있음을 의미한다. 이런 교회는 교리전통으로부터 독립하여 실천적 수행들에서 교회의 '일반인'인 평신도에게 큰 의미를 부여할 수 있다. 이런 점에서 신학적인 전문가들과 안수받은 성직자들 간의 구별이 물론 지적될 수 있다. 신교의 전통에서는 안수받은 성직자는 대개 교육을 받은 신학자인데 그것은 근본적으로 그렇게 해야만 하는 것은 아니다. 신학을 통한 전문직업과 안수받은 교회직무간의 역사적인 긴밀성은, 바로 교회봉사의 신학적 전문능력과 기능을 가진 비신학자들이 교회직무의 참여문제를 위한 신학적 규정 안에서 이루어졌다. 실제적으로 교회의 규정은 안수받은 신학자일 때, 신학적 전문가의 관리책임에 있어서 모든 다른 교회의 구성원들보다 더 큰 비중을 두고 있다. 그 혼자만이 – 예외는 있지만 – 예배에서 말씀선포의 권리를 가진다. 비록 실제로 현재 사회의 조건하에서는 공적인 설교에 더 이상 동일한 의미를 부여하지 않는다 해도 설교는 여전히 특정한 방법으로 확실히 영향을 주며 그 영향은 계속 전달된다. 만약 비신학자들이 그들 스스로를 판단하여 교회의 경영 관리과정에서 목사와 좀더 동등한 참여에 대하여 적극적 관심을 갖게 되면 성직자들만이 갖게 되는 이 설교의 기능이 자주 방해의 요소로 나타난다.

바울의 은사교리는 교회 내에서 직무의 동등성을 주장하는 것으로 유도되고 있다. 이것은 설교직 수행이 포기되어야 한다는 것을 의미하

---

3. Taufe, Eucharistie und Amt. Konvergenzerklärung der Kommission für Glauben und Kirchenverfassung des ökumenischen Rates der Kirchen. Frankfurt am Main/Paderborn, 1982.

는 것은 물론 아니다. 이 설교의 직책은 교회공동체의 일치성을 보호하는 데서 그 본질적인 기능을 가진다. 이것은 정당함이 인정되는 복음설교의 수행에서 이루어진다. 따라서 교회의 일치성은 그의 역사적인 관점에서와 마찬가지로 에큐메니칼적으로 현재화되어지는 관점 가운데 유지되는 것이 시도되어야만 한다. 그러나 교회 일치성을 위해서 복음설교의 직무는 교회에서 그 기능을 둘러싼 많은 직무들 가운데 하나인 것이다. 그리고 교회일치를 위하여 교회관리의 책임은 모든 소속원이 공동으로 떠맡게 된다. 그래서 오늘날 설교직의 인식은 예전보다 더 교회공동체의 구성원들과 다른 전문능력자들과의 신학적인 대화에 의존해 있게 된다.

4. 교회봉사에서의 비신학자들의 역할에 대한 신학적 근거

다음과 같은 언급은 이미 중요한 문제를 내포하고 있다 : 목사가 아닌 사람은 비신학자이다. 모든 그리스도교 동역자들의 다양한 능력들은 '하나의' 차별적인 특징, 즉 비신학자라는 특징에 제한된다는 것은 당장 알 수 있다. 동시에 이러한 특징은 부족함, 즉 신학자가 '아니다'라는 것으로 성격지워진다. 그것은 어떤 능력보다는 오히려 능력이 아닌 것에 대하여 이야기된다. 그에 맞서기 위해 비신학자들의 전문능력을 말한다면 최소한 교회 내에서는 상이한 전문능력간의 차이점들이 경시해도 좋은 것처럼 보인다. 이러한 이야기 방식은 신학적으로 전형적인 것은 물론 아니다. 이러한 방식은 다만 예전의 평신도 개념이 현재에는 자주 비신학자의 개념으로 대치된 것으로 보이기 때문이다. 그러나 일반 평신도 입장에서 말해 보면 의학자에게는 의학자와 비의학적인 일반인이 있으며, 법률가에는 법률가와 비법률적인 일반인이 있다. 더구나 사회학 이론은 목사들을 그런 여러 종류의 직업군에 포함시키면서 하나의 전문직업으로 규정한다. '직업인' 이라는 것은 그들의 활동이 공적으로 전문성이 인정되는 전문인들이다. 다양한 전문인들은 상당한 정도로 해당 상황에서 일하고 위기를 중재하며 그들의 업무, 특히 조직에의 접근을 시도한다. 그들은 전문인의 지식으로 가능한 고유의 표준들을 발전시켜 가면서 자율성을 가지고 행동한다. 여기에서 통제는 내면화된 직업윤리에 따라서 어쨌든 상대적인 동료의 통제를 통해 우선적으로 이루어진다. 직업은 일반적으로 사회의 기본적인 것, 즉 권리, 건강, 그리고 개인적이며 공동적인 의미설정의 상징적인 형태들을 관리한다. 그리고 이러한 사실들은 사회의 직업변화 시스템에서 파악할 수 있다. 예전의 사회형태들에서는 종교가 특별히 인정된 전체적 공동의 의미설정이었다면 오늘날에는 다른 것이 더 부가되었다. 그것은 현재 심리학자들이 하고 있는 일의 전체 영역이라고 할 수 있다. 전형적인 직업분류에 근거해서 보면 현대 사회에서 심리치료자/정신요법사가 전문적인 직업군으로 조직된 것은 우연한 일이 아니다.

조직화된 교회봉사에서의 동역은 한편으로는 전형적인 직업대표자들(특히 의사들), 다른 한편으로는 새로운 직업의 대표자들(무엇보다 심리학자들)과 함께 일해야만 하는 것으로 특징지어진다. 이러한 전문인 그룹의 높은 자율성 요구는 직업에 있어서 전형적인 것이다. 그들의 기본적인 연관그룹은 '동료사회'이다. 이들의 관료적인 교회조직으로의 편입은 교회봉사의 시설에서와 마찬가지로 처음부터 갈등을 내포하고 있다. 기독병원 내에서는 이러한 것들이 의학적인 직업의 독립에 관한 것인데 이 때에 개별자의 자율성은 일반적으로 동료적인 계급제도로 인해 제한된다. 그러나 어쨌든 신학자 또는 신학적 요직 인사는 의학자들에게 있어서는 역시 비의학자이며 문외한일 뿐이다. 의학자는 동일한 선상에서 고유한 직업분야 가운데서 비신학자이다. 이러한 문제는 각양 직업의 대표자들이 신학적 과정에 참여하고 자율성이 존중된다면 해결 가능성이 있는 문제들이다. 유일하게 참여 가능한 형태는 논쟁적인 토론의 장이라고 할 수 있다.

직업이론에서 오늘날 소위 유사한-직업들이 역시 하나의 역할을 수행한다[4] : "유사-직업 내지 중간-직업은 보통 부분적으로, 그리고 불완전하게 사회적 메카니즘을 통하여 일반 대중과 사회에 대해 하나의 고유한 능력을 수행하는 사회적 형성물로서 특징지어진다. 일반적으로 중간-직업들은 지식의 상이성으로 인해 전형적인 직업들로부터 계속 형성되고, 그러면서도 그에 따르는 자율성을 갖지 못하고 있다. 더욱이 이들은 전형적인 직업인들과 같은 지위에까지 이르지 못하면서도 자율성이 요구되는 그런 직업군이다. 여기에는 교사 내지 교육담당자, 사회사업가, 그리고 사회교육학자, 간호사들과 같은 직업의 그룹이 이에 해당된다. 그리고 그들은 전형적인 직업들과 마찬가지로 사회의 중심적인 기본 가치관이 같기 때문에 그 일을 통하여 결속된다. 사회에 퍼져있는 종교기능 중에서 기독교적인 신앙을 바탕을 둔 경쟁적 의식은 그들이 하는 일의 초안작업에서 지속적으로 작용한다. 그러나 신학적으로 문제가 제기되는 것은 그러한 종류의 경쟁들을 고려해야만 하는 것이다.

하나의 또 다른 직업의 그룹은 우리 사회에서 뿐만 아니라 교회봉사의 동역자 중 '기술적인 전문인들'로 정리되어야 하는 전문인들이 있다. 좁은 의미에서는 기술적인 직업의 대표자에 관한 것으로 경제와 경영관리의 전문인들이 이에 해당된다. 오히려 그들의 전문적인 기술의 방식과 그에게 맡겨진 조직적인 진행에 따르는 문제와 가치경쟁에서 유사-직업적인 경우보다 강도가 약하다.

모든 명명된 직업그룹화의 전문능력은 전문인 지식, 과정과 방법에 대한 지식, 암시들, 사회적으로 인정되고 혹은 효율성을 통해 일반적으

---

4. Bernd Dewe/Hans-Uwe Otto : Professionalisierung In : Hanns Eyferth/Hans-Uwe Otto/Hans Thiersch(Hrsg.) : Handbuch zur Sozialarbeit/Sozialpädagogik. Neuwied, 1983, S. 775-807, hier : S. 783.

로 증명되도록 하는 방식에서 이루어지는 하나의 목록으로 이루어진다. 명명된 그룹화의 어떠한 대표자도 다만 전문인이거나 혹은 그의 지식의 목록들이 규정된 교육을 통하여 이루어진 하나의 직업대표자만은 아니다. 상황에 따른 직업실천의 이행현장에서는 오히려 다른 전문인들과의 연관에 의해 관리되는 다른 전문지식의 목록이 획득되어진다. 즉, 인간적인 처리의 영역에서의 경영과 지식 등등. 더 나아가서 지식의 개념으로는 충분히 서술할 수 없는 오히려 삶의 경험과 직업의 경험 형태들을 서술하는 능력들이 교육된다. 이 모든 것 또한 직업적인 능력의 한 부분일 수 있으나 이러한 현상들로 인해서 제한될 필요는 없다. 교회지도층의 신학자들은 직업실천의 과정에서 상당히 높은 법적 자격을 얻는다. 반대로 교회기관들에서 종사하는 개별적인 전문지식을 가진 비신학적인 동역자들에게는 점차 하나의 신학적인 능력이 발전하는 것을 볼 수 있다.

신학적인 문제제기, 그 문제의 중재, 그에 따른 신학전문가들과의 접촉을 통해서 적합한 신학능력이 길러진다. 그러므로 비신학자들은 실제로 신학적인 수업을 받지는 않았지만 결코 신학적인 전문능력을 신학자들과의 접촉 등의 간접적 경험에서 놓치지 않는다는 것이다. 결국 항상 믿음이 성찰되는 곳에서는 신학이 형성된다는 점에서 출발할 수 있게 된다. 비신학자는 성찰하는 기독교인으로서 이미 신학자인 것이다. 그는 공적인 강의를 통하여 훈련/교육된 신학자는 아니지만 그의 개인적인 신학은 평신도의 신학을 대표하며, 그렇다고 해서 근본적으로 전문인들의 신학에 미치지 못하는 것은 아니다. 그런 신학은 신앙생활과 실천행위를 조정하는 것이다. 그런 점에서 평신도의 신학은 때로는 전문적인 신학자의 신학보다 삶에 훨씬 더 가까운 것일 수 있다.

5. 비신학자들의 참여과정들에서의 몇 가지 장애들

지금까지의 고려들은 신학자들과 다른 직업대표자들이 교회봉사의 신학적인 기능에 대해 서로 의사소통하기를 시도하고 이를 공통적으로 인식할 때 이미 생각할 수 있는 몇 가지 어려움들을 함축적으로 보여주었다. 참여에 대해 이야기되는 곳에서는 그 때마다 참여하는 사람의 개인적인 상황에 의존해 있다. 동시에 이것은 개별적으로 관계 있는 파트너의 역할에 의존하는 의사소통의 행위들이 중요하게 된다. 또한 의사소통은 본질적으로 득과 실이 있으며, 그로부터 의사소통의 기회를 판단할 수 있다.[5]

이러한 관점에서 당연히 신학자들의 위치가 어려워진다는 것을 지적하게 된다. 그는 목사로서 실로 전체 사회적인 차원에서 상당히 명망을 누리고 있으며 높은 직업의 위치가 여러 면으로 유지된다. 그럼에도 불구하고 전문인 지식의 평가에서는 분명히 불안정함들이 있다. 설교나 예배에서의 복음선포를 위해 좋은 것(아마도 설교자로서의 목회자적 권위의식 같은)은 실천과정의 계획에서는 오래 전부터 충분한 자격은 아니었지만 그럼에도 불구하고 실천과정과 관련된 조직적인 행위의 영역에서는 실제보다 훨씬 중요한 것으로 취급되어져 왔다. 그러나 실제적으로는 사회, 경제, 그리고 또한 자연과학의 학문적인 방법론으로부터 유도되는 과정들이 그보다 더욱 강하게 영향을 끼치고 있다.

이러한 사회변천은 일반적으로 사회에서 관찰할 수 있는 종교의 불안정한 요소들을 통하여 계속적으로 신학자의 위치를 약화시키는 결과가 된다. 이것은 신학자에게 상당한 영향을 끼치는데 그것은 자주 인정

---

5. Vgl. die Betonung dieser Perspektive bei Reinhard Neubauer : Perspektiven der Zusammenarbeit von theologischen und nichttheologischen Fachleuten in der Diakonie. In : Theodor Schober/Horst Seibert(Hrsg.) : Theologie-Prägung und Deutung der kirchlichen Diakonie. Handbücher für Zeugnis und Dienst der Kirche. Bd. VI. Stuttgart, 1882, S. 161-167.

에 대한 욕구를 강화하는 방향으로나 혹은 자기 가치에 대한 손실의 지각형태로 나타난다 ; 고유한 위치의 기회들은 더 이상 충분한 것으로 인식되지 않는다. 그것은 동시에 비신학자들과의 대화에서 나타나는데 신학적 위치의 우선권은 전혀 인정되지 않으며 직무의 권위가 다만 기능적인 혹은 개인적인 권위의 형태에서 유지될 수 있을 뿐이다. 비신학적 동역자들과의 관계에서 특히 그 때마다의 직업 내지 직업군의 명확성 때문에 유도되는 몇 가지의 요소들이 의사소통의 과정을 규정한다. 이와 관련하여 우선적으로 자율성 욕구가 거론될 수 있다. 만약 그것이 제도적으로 보장되고 동시에 하나의 개인적인 순응의 과정에서 내면화되었다면 이 점은 더욱 중요하게 된다. 원칙적인 질문에 대한 신학자들과의 대화들은 통제의 관심에 대해 쉽게 의심할 수 있으며, 그것은 고유한 자율성의 위협으로 받아들여질 수 있다. 이와 같은 종류의 요소들은 신학자와 다른 동역자들 사이에서 위치의 상이성이 파트너적인 관계에 영향을 미친다면 하나의 높은 의미를 획득하게 된다.

명명된 문제의 영역들은 – 만약 전문능력을 가진 비신학자들이 교회봉사의 신학적인 기능에 대한 참여에 힘쓰면 – 다양한 요소들이 고려되어야만 한다는 것을 의미한다. 그에 대한 작업은 다만 부분적으로 여러 원칙들을 포괄하는 방법론의 숙고를 통해 가능하다. 더욱 중요한 것은 조직들의 행위영역에서, 또한 윤리적인 관점에서 보아야 하며 본질적으로 파트너들의 참여과정에서 서로 어떻게 인식하며 어떠한 근본 태도를 가지고 서로 만나는가 하는 것이다.

6. 독일의 국교회 구조 안에서의 교회봉사

독일에서 뿐만 아니라 비교 가능한 다른 사회에서 볼 때 교회봉사가 조직화되어 실천되고 있는 조건들에서 교회봉사가 국교회 상황의 조건들에 관여하고 있다는 것을 알게 된다. 이러한 사실은 국교회 속의 교회봉사가 국교회 이상으로 기독교적일 수 없음을 의미한다. 이를 다르게 표현하면, 불가피하게 국교회로 특징지어진 기독교적 다원주의는 교회봉사의 시설기관들에서도 역시 특징지어진 요소이지만 동역자들의 개별적인 기독교적 동기가 일치된 것에서 출발이 될 수 없다는 것이다. 지난 20년 동안 교회봉사 시설들의 동역자들이 증가하고 있는 것을 보면 이 표현은 오히려 현실에 비해 미약한 표현일 수 있다.[6]

만약 조직화된 교회봉사를 함께 규정하는 국교회적 상황으로부터 출발하면 교회는 교회봉사의 신학적인 기능에 전혀 참여시키고 싶지 않은(교회봉사학을 신학적으로 다루지 않는 자기 전공학문 중심의 심리학, 사회복지학, 사회학 등등) 전문인들이 교회봉사의 기관에서 일하고 있다는 양자택일성에 대한 자신의 입장이 고려되어야만 한다. 마찬가지로 이미 공언되어진 평신도 신학이 신학자들의 초점에서는 다만 기독교적 전통의 흔적 정도로 인지되고 있다는 점도 고려되어야 한다. 결국 한편으로는 비신학자들의 기독교적 실존과 다른 한편으로는 전문인들의 의식적인 행위의 상이성을 가정할 때 교회봉사는 기독교의 정체성 형성을 위해 불가피한 중재는 시도하지 못하고 있다. 그리고 또한 그러한 것을 수행해 낼 수도 없다는 것을 알면서도 기독교적 신앙을 지속할 수 있다고 생각하는 의식적인 기독교인이 있다는 가능성도 고려되어야만 한다. 여기서는 다만 몇 가지의 관점들만 시사되었으며 여기서 공언된 문제들은 여러 방식으로 실제상황에서 전개될 것이다.

7. 문제의 종결 : 비신학자들의 은사

전문능력을 가진 비신학자들이 신학적인 기능에 참여해야만 한다는

---

6. Erich Beyreuther : Geschichte der Diakonie und Inneren Mission in der Neuzeit. 3. erweiterte Auflage, Berlin, 1983, S. 243ff.

것은 이미 문제일 수 없다. 그러한 참여과정에서 교회는 그들 은사의 다양성 속에서 하나의 형상을 획득할 수 있다. 비신학자들의 참여가 시도되는 곳에서는 어쨌든 그가 전문인으로서, 동시에 기독교인으로서 실행해 내야만 하는 일들에 대한 높은 존경이 요구된다. 진정한 의사소통이 이루어지는 교회는 실천에 대한 숙고에서 크리스토프 보이믈러(Christof Bäumler)는 바울의 은사교리를 지적하면서 바울의 주장에 따라 봉사하는 교회의 세 가지 규정을 강조한다 ; 각각 하나님께 받은 자기의 은사(고전 7 : 7)를 서로 같이하여 돌아보라!(고전 12 : 25) 그리고 그리스도를 경외함으로 피차 복종하라!(엡 5 : 21)[7] 이것은 신학자와 비신학자들 간의 신학적인 대화가 한 기관의 계급적으로 규정된 관료주의적 조직에서 이행될 뿐만 아니라 오히려 하나의 동등한 의사소통을 가능하게 하는 제3의 장소가 마련되어야 한다는 것을 의미한다. 이러한 의사소통의 과정에서 인간은 서로 상이한 은사들과 만나게 된다 ; 신앙의 성찰과정들을 위해 하나의 방법론적인 훈련을 소유한 신학자와 전문지식을 가진 비신학적인 전문인, 즉 그들은 전문 지식을 통해 신앙의 숙고를 위하여 하나의 특수한 기여를 할 수 있다. 이들은 또한 신앙의 숙고에서 뿐만 아니라 교회행위의 목적들에 대해서 성찰적인 규정을 위해서도 기여할 수 있다. 학문적인 차원에서 비신학자들의 은사는 지금까지도 충분한 형태에 이르지는 못하고 있으며 모든 원칙을 포함하는 작업의 방법론으로도 발전하지는 못했다. 그럼에도 불구하고 실천적인 계획들의 차원에서는 모든 원칙을 포함하는 관찰의 방식이 이들의 참여를 통하여 시도되고 있다. 확실히 개별적으로는 명백하지 않는 계획작업은 해석학적인 순환에 맞물린 방책의 틀 속에서 진행된다. 여러 가지 상이한 원칙으로부터 나타나는 관점들을 공동으로 고찰하는 것은 신학적인 관점뿐만 아니라 다른 전문학문들의 관점에도 포함되는

---

7. Ch. Bäumler, a.a.O., S. 28.

하나의 판단기준을 형성하게 한다.

비신학자들은 그들의 전문능력을 넘어서서 신학적인 기능들에 대한 인식과 교회봉사의 신학적인 기능들의 파악과정에서 평신도 신학의 은사를 대표한다. 전문신학자들은 언제나 개별적인 자신의 주장이 아닌 전체 교회의 의사소통이 공동체 속에 머무는 것에 익숙해져야 한다. 그것은 신학자가 일반적으로 신학을 수정해야만 한다는 것이거나 반대로 전문신학자는 '평신도'의 신학적인 견해에 의해 수정이 불가피하다는 것과 같은 정도의 내용을 의미하는 것은 아니다.

이러한 고찰들과 더불어 마지막으로 다루어져야 할 은사에 대한 이해는 복지국가 정책과 조직 아래 놓여 있게 되는 국교회적 은사이다. 신학자들은 정책과 조직구조들 안에서 확실히 하나의 기독교적인 기능과 역할을 감당하고 있는 비신학자들의 은사권위를 철저히 교회 혹은 기독교의 시녀로 자주 취급하기도 한다. 그럼에도 불구하고 이러한 비신학자들의 직무는 현상황에서 더 이상 포기될 수 없는 것이다. 이들의 직무는 물론 설교와 같이 기독교적 신앙의 상징들과 명백하게 일치될 수 없으며, 교회 내부에 대하여 직접적인 정통성을 인정받기 어려울 수도 있다. 그러나 그들은 현실을 인지하고 사람들이 그들의 문제들을 어떻게 풀어나가기를 원하는지에 대한 구체적인 삶의 암시들을 지속적으로 수행해 나간다. 만약 해방적인 복음이 계속적으로 이야기되기를 원하는 이러한 교회는 비신학자들의 평신도적 은사의 기능들을 통해 밖으로부터 인식된 관점들에 귀기울여야 한다. 이것은 신앙에 대한 고찰에서 아주 일반적으로 적용되는 것이며, 과제와 목적들과 자기 이해를 위한 교회봉사에 대한 숙고를 위해서도 동시에 유효한 점이다.

V

상담활동은 교회를 불신하도록 하는 것인가?
―상담활동에 대한 교회사회학적인 고찰―

　만약 교회의 상담활동이 실제로 교회를 불신하도록 한다고 여기면 곧장 다음과 같은 질문이 제기될 것이다 ; 누가, 그리고 무엇이 그런 선입견을 갖게 하며, 그 선입견은 어떤 것인가 하는 질문에서 다음과 같은 가능성들이 있을 수 있다 ; 교회상담의 일은 상담전문가들의 관점에서 본다면 교회를 불신하게 한다. 이러한 경우 교회의 입장에서 교회의 상담활동은 직업적인 표준에서 판단되어서는 안 된다는 점이 받아들여져야 할 것이다. 넓은 의미에서 교회가 이미 심리사회적인 상담의 영역에 관여하고 있다면 그것은 입증되어야 한다는 상황 속에서 시작했을 수 있다. 목회/목양자로서 목사가 심리학적인 아마추어로 의심받는다는 것은 쉽게 상상이 되는 일이다. 그러나 이러한 판단에는 종교적인 제도로서 교회에 대한 불신이 이미 선행되어질 수 있을 것이다. 이는 상담전문가 그룹들이 교회활동을 그들의 기준에 따라 판단했을 것이기 때문이다.
　두 번째의 가능성을 말한다면 상담활동은 교회 그 자체로부터 불신하도록 한다. 정확히 말해서, 상담활동은 그것을 수행하는 엘리트의 안목에서 교회를 불신하도록 하는 것이다. 다음과 같은 비난이 있을 수 있는데 ; 상담활동은 선교적이기에는 너무 미비하다는 것이다. 교회에서 하고 있는 상담활동은 다른 상담활동가들과 충분하게 구분되지 않고 있다. 상담의 일과 교회를 완전히 동일시할 수는 없다. 여기서 교회는 제한적이며 명확히 파악할 수 있는 행위 시스템이라는 것이 전제된다. 둘의 역할이 명확하지 않다는 것은 확실히 기능장애적이라고 할 수 있다. 전반적으로 그러한 판단은 교회의 실천이 성서적-기독교적 전통 가운데 근거를 둔 것이라야만 한다는 생각에서 비롯되는 것 같다. 일방적으로 첨예화시켜 표현한다면 ; 만약 상담활동이 그리스도의 말씀선포에 대한 실천에 관여한다면 그것은 교회를 불신하도록 하지는 않는다는 것이다.

두 가지의 관찰 가능성은 주제를 계속 다루는 데 있어서 중요한 것이며, 곧장 그것들 사이의 긴장이 문제제기에 핵심을 표현한다는 것은 상당한 의미가 있다.

목회적 돌봄이 교회적인 실천요소이어야만 한다는 것은 신학자들에 의해 논쟁의 여지가 없다. 교회봉사에 대해서도 마찬가지다. 이것은 심지어 교회의 기본 기능으로 교회헌법에 근거를 두고 있고 주의 말씀선포는 언행에서 이루어진다. 이러한 사실 때문에 실제적인 실천에 대해서는 아무것도 구체적으로 이야기되지 않는다. 아는 바와 같이 규준적인 진술들과 삶의 수행들 간에는 현저한 불일치성이 존재할 수 있다. 루만의 종교사회학적인 언급에서 그는 선포와 목회적 돌봄과 교회봉사를 두 개의 상이한 시스템 차원에 배열하기 때문에 한편으로는 선포의 실천과 다른 한편으로는 목회적 돌봄은 교회봉사에서 분명한 차이점이 드러난다. 그 기능의 수행에서 사회 시스템의 최후의 토대를 위한 상징들이 형성되고 사회 시스템의 주변 세계에서 전체 세계로 관계하는 근본 종교기능과는 반대로 목회/목양과 교회봉사의 성과들은 차별화되어 현대적인 발전을 이루어 온 사회조직들의 관계영역 가운데 놓여 있다.

현대 교회가 주제로 삼고 있는 것은 자연과학 기술과의 관계에서 빚어질 수 있는 사회적 위기에 대한 것이다. 또 다른 주제는 전반적으로 군사력 조정이라는 전망과 같은 세계의 미래에 관한 것이다.

목회와 교회봉사 :
- 루만에게 있어서 더 정확한 개념규정들은 여기서 생략될 수 있다.
- 그러나 종교의 기본적인 역할을 구분할 수는 없으며 그 역할 자체는 고유한 행위조건들이다.

종교의 기본적인 역할은 사회적 상황에서 다른 부분의 시스템들, 말하자면 국가, 자치단체들, 또한 경제에 대해 부분 시스템인 교회가 가져오는 성과들을 일컫는다. 그것이 관련영역의 파트너들로부터 분리, 이해된다면 그 성과들은 유효하게 된다. 교회와 사회상황을 분리 이해하는 자들은 종교의 기능에 갈등을 일으키는 분리조건들을 설정한다. 루만은 표현하기를 : "사회관계들이 분업을 통한 차별화의 증가에서 직무들의 성과는 종교의 기능에 대한 갈등을 초래한다. 이러한 종교기능에 대한 갈등은 교회직무들이 성과 위주의 업적을 위해 생소한 방향설정들에 대한 복종이 요구될 때 그렇게 된다."[1] 그것은 교회의 사회분업 등을 교회적인 상황으로부터 분리 이해하는 자들이 상응하는 성과들을 얻기 위하여 경제적으로 더 많이 그 사업에 지불하면 할수록 분명하게 드러난다. 국가의 보조금은, 예를 들어 특정한 국가적인 사회문제 부담에 대한 해결 충족과 결부되어 있으며, 그것은 교회봉사의 시설/기관 설비들의 성과적 실천에서 명백하게 볼 수 있게 한다. 전체 사회적으로 유효한 규준들이 교회봉사의 시설/기관들에서도 역시 하나의 역할을 수행하고 있다. 이것은 사회적인 지식이 상응하는 전문인들에 의해 관리되는 것들이 또한 교회의 상담활동의 직업화에 함께 작용한다는 것

---

1. Niklas Luhmann : Funktion der Religion. Frankfurt, 1977, S. 59.

을 의미한다.

　이로써 루만은 처음에 지시했던 문제를 공통된 이론에 집약시키고 있는데, 즉 사회의 조직화된 하위 시스템들을 도입함으로써 하나의 시스템 차원들의 차별적 기능이 한편에서는 전체 사회를 지향하는 결론에 도달하는 것이다. 목회와 교회봉사 활동영역은 지금까지 알지 못했던 외부 규준 아래에 이런 형태로 놓이기 때문에 교회의 종교적인 근본 기능에 대한 명백한 긴장에 이르게 된다는 것이다. 교회의 일상용어로 표현하자면 ; 교회의 상담활동과 교회봉사는 선교적인 신앙을 강화하도록 일깨워 주는 힘이 결여되어 있는 것처럼 적어도 일의 실천수행에서 주변적인 구조조직의 기능들을 인하여 밀려나 있는 것처럼 보인다.

　물론 이것은 아주 간단한 것이며 여기서 언급되어진 긴장과 갈등의 어려움들은 다만 목회와 교회봉사가 사회적 성과에 끌어들여진 비종교적인 기대의 영역에 근거를 둔 것으로 보아야 할 것이다. 더욱 중대한 것은 종교 시스템 자체 내에서 자기 정체성의 재형성들이다. 그것은 근대적인 발전 가운데 사회 상이성의 경향에서 또한 종교적인 상징의 상이성이라는 결과를 초래한다. 심지어 많은 사람들이 여전히 우리 사회 속에서 종교를 기독교적인 교회, 특히 큰 교회들과 연관시켜 이해한다. 그럼에도 불구하고 전래된 기독교적-교회적 상징어는 인간의-또한 사회의-종교적인 문제성을 더 이상 혹은 적어도 궁극적으로 파악할 수 있는 것처럼 보이지 않는다. 하나의 보기가 이미 제시되었는데 ; 평화는 본질적으로 새로운 종교적인 해결의 개념이 된다. 물론 그것은 공식적인 면과 본질적인 차원을 제시했다. 개별적으로 또는 그룹의 차원에서 그것은 고유한 종교적인 상징들이 형성되고 교회적-기독교적 전래의 순응에 상당히 선택적으로 이루어진다. 사회조직에 어느 정도 연관된 교회의 전문인 구성원들만이 그들의 종교적인 삶의 문제성을 알맞게 표현하는 능력을 가진다. 이것은 상담의 실천에 있어서 종교적인 문제제기에 접근해 있는 곳, 개인적인 의미의 문제성, 동일성에 대한 정의영역에서 상담이 불가피하게 한번도 기독교적인 특성을 띠지 않은 언어세계에 부딪침을 의미한다. 상담의 개념이 의뢰인 파트너로 인해 기독교적 특성을 잃게 하며, 이것이 루만이 말하는 주변세계 지향적인 기독교의 설정 표현이다.

중간 결과로서 표현하자면 ; 교회실천의 핵심영역에서 보통 선포라는 개념으로 바꾸어 사용되는 정신/영적인 의사소통의 영역인 설교에서는 이미 종교적으로 취급되는 미래, 과거, 자연, 역사, 고난, 고난의 극복, 행운, 운명, 우연히 일어나는 전영역의 근본 주제들이 주변세계들과의 이해에도 불구하고 전통적인 기독성으로 유지되고 있다. 반면에 목회 지향적이며 교회봉사적인 상담직무의 행위영역에서는 이러한 전통적 교회직무들을 줄이거나 혹은 유관 사회조직들이 계속적인 행동을 규정하는 요소들로서 등장한다(비신학적인 학문영역들과 그에 상응하는 전문가그룹들, 의뢰인의 전문지식인에 대한 기대, 방책들의 개발에 유효한 국가적, 자치단체적 혹은 다른 법규들). 여기서 신학개념의 이유와 마찬가지로 일반적으로 증가된 교회와 사회상황에 대한 분리주의자들의 방향설정에서부터 상담직무의 영역의 종교적인 질문이 또한 격렬해진다. 현대 사회에서는 새로운 종교적인 상징들, 경쟁하는 현실 윤곽들, 또한 종교적인 것의 기능적인 등가물들이 고려되어야만 한다. 그래서 복음 선포로 방향지워진 교회적 프로그램들과 교회봉사적 상담실천간의 긴장이 강화된다. 교회활동의 고유성에 대한 질문이 제기되고 상담의 직무들은 상응하는 합법성에 대한 인정을 강요받는다. 그렇다고 해서 그러한 상황을 해명하기 위해 불평이나 비난을 하지 않는다. 상황의 해명을 위해 이러한 정황에 불평 혹은 비난으로 만나는 어떠한 것도 행하여지지 않는다. 그리고 교회는 계속 고유한 상담활동에서 그 자신으로부터 멀어지고 있는 논제를 지지할 수 있는 좋은 논거들이 있다. 더욱이 선택된 언급에서는 영적/정신적인 의사소통 자체의 중심영역인 지역교회적인 예배에서 명확한 약점들이 보인다. 그 곳에서는 안정이 기대될 수 없기 때문에 이미 교회가 조직의 동일성 위협으로부터 느끼게 될 서술된 긴장은 더욱더 강하게 경험되어야만 한다는 것이 제시된다.

 다음에서 나는 교회의 정체성 위협을 더 자세히 서술하고자 한다. 교회담당의 심리사회적인 상담직무들의 정비와 발전을 통해서 동역자들의 제한된, 그러나 전반적으로 확장된 실천영역이 설정되어 왔다. 현대사회구조에서는 신학자 이외에도 심리학자 혹은 사회사업 종사자가 교회의 직무에 종사한다. 만약 이러한 교회봉사의 기관/시설들을 통한 특수발전을 교회가 도외시한다면 이러한 발전과정의 양적인 제한성이 충분히, 그리고 명백하게 제시될 수 없다. 어쨌든 교회의 상담영역에서도 더 이상 신학자가 독점적 위치를 가지고 있지는 않다. 교회 지도기구 조직적인 단체들의 신중함이 이러한 연관 속에서 눈에 띈다. 이러한 상담직무의 발전에서는 신학을 부전공으로 교육을 받은 신학자에 대해 부분적으로 우선권이 있기도 하나, 지도하는 위치들은 여전히 신학자들에 의해 차지되고 새로운 전문동역자의 그룹은 고용 종사자 관계에 있게 되며 정당하게 목사와 동등시되지는 않는다. 비록 이 점이 공적인 직무에서 전체 발전의 고려하에서 너무 강조되어서는 안 된다고 하더라도 이러한 사실은 존재하는 것이며 정체되어 있는 현실이다. 상담전문인들의 고용은 주변세계와 관련된 상담직무를 고려할 때 불가피한 것이었다. 그 불가피성은 그 동안에 즉각적으로 응해졌던 것은 아니었다. 이것은 실제로 놀라운 것이 아닌데 교회지도층의 결정들은 다른 조직들에서보다 교회 자체의 조직에서 발전의 강요가 적을 수 있다. 하나의 교육된 프로그램 실천을 통한 하나의 사회 시스템의 조정은 불충분한 정도로 가능하다. 때문에 본질적으로 조직의 지도층은 그들의 목적들을 실천하는 데에 인사조정을 통해 우선적으로 처리한다. 무엇보다 지역교회의 개교회적인 일의 영역에서 예배와 설교의 의식적인 인도와 과제를 통해 일생 동안 상당히 신학적으로 사회화되었고, 그리고 일관성 있게 교육받은 신학자들의 지도층은 전통유지와 그것으로 교회조직의 정체성 형성을 위해 큰 의미를 가진다. 신학교육을 받지 않은 동역자들은 이에 반해 그것으로부터 그들의 직무에 대해 방해의 성격을 받게 되는 것이다. 이러한 신학적인 프로그램, 가령 만인제사장직에 대한 신학적 문구로부터 전혀 근거를 말할 수 없는 것, 즉 교회지도층으로서 신학자들에게 우선권을 부여받는 것은 조직의 불가피성에서 보아 실천적으로는 교회의 고유한 신학적 프로그램에 반대되는 지반을 차지하게 되는 것이다. 이러한 방식으로 교회는 그 정체성에 대한 확신의 미비함을 조정해야 할 필요가 있게 된다.

이러한 관점에서 실천신학의 영역에서 새로운 발전들이 이루어진다. 이러한 행동적 개념에서 실천신학은 교회-기독교적인 실천의 문제영역들로부터 출발하며 신학적으로 새롭게 성찰할 것을 시도한다. 신학은 교회의 실천에 대한 신학적인 책임을 보증하는 데 관심을 가진 비신학적으로 표현되는 현실영역들 사이에서 중재역할을 한다. 교회의 행위영역의 상이성을 수용하는 이러한 과정을 통하여 신학의 새로운 성찰모델을 통해 접근해 있는 '신학의 현실적 손실'을 조정하는 시도가 신학적인 차원에서 실행된다. 정확히 이러한 신학적 노력은 실천신학 자체를 하나의 신학적인 방해꾼의 역할로 오해받게 되기도 하며, 심지어는 학문 시스템 내에서 신학이 교회조직 내에서와 같이 차별적 이해가 이루어지기도 한다. 여기서 신학성격에 대한 질문이 설정된다 ; 신학이 실천의 현실영역들과 비신학적인 현실구성, 가령 사회학적인 이론들에서 출발한다면 신학은 아직 그의 고유한 주제 속에 머물러 있을 수 있는가?

루만은 사고 속에 비록 신학이 교회봉사, 목회, 윤리결의론을 통해 지속적으로 절충기능이 있다 하더라도 종교 시스템의 정체성을 성찰하는 신학으로서의 어려움을 언급한다.[2] 신학은 확실히 실천에 의해서

---

2. N. Luhmann, a.a.O., S. 62.

직접적으로 부닥칠 뿐만 아니라 신학 자체 속에서 사고의 노력에도 신학이 그 문구들을 체계적 - 신학적으로 증명하지 못하는 한 실천신학에 의해서도 부딪친다. 나는 이것이 하나의 외적인 인상일 뿐만 아니라 하나의 실제적인 상황을 확립하는 것이라 여긴다. 여기서 E. Thur-neysen, H. Asmussen의 텍스트가 F. Wintzer가 편찬했던 『목회직』에서 J. Scharfenberg, D. Stollberg, H. - Ch. Piper, K. Winkler, E. - R. Kiesow의 텍스트들과 한번 비교해 볼 수 있겠다.[3] 대부분의 신학자들은 목회직의 경우들과 과정을 연구하거나 심리학과 신학간의 관계규정에 몰두한다. 그것에 반해 아스무쎈은 1935년 "목사직은 개별자에 의한 그리스도의 말씀선포인 것이다."와 같은 문구들을 작성한다. "목회직은 항상 은혜와 관계가 있다."[4] 그 사이에서 목사직은 예전의 이론에서는 전혀 공론적인 교리가 아니었다는 것이 충분히 제시되어 왔다. 그러나 그들은 그 실천을 복음선포의 지평에서 성찰한다. 그 다음에 일어나는 주변세계와 연관관계 안에서의 실천행위 등은 일차선상에서 이론적인 고려의 대상이 아닌 것이다. 그러나 새로운 실천신학은 심리학적인 규정 가운데서 그 분야가 설정되고 신학적 성찰은 그로부터 발전한다. 선포된 은혜를 실천하는 것은 자주 신학으로부터 분리되어 있는 것처럼 보여진다. 신학의 이러한 형태는 어쨌든 정체성 확인 기능을 조직신학의 중심 신학내용으로서 동질적으로 이루어지는 실천신학 정도로 실행되지는 못한다. 조직신학의 중심내용은 행위 지향적인 신학에 대한 반기가 높아지기 시작하는 근거처럼 보인다. 그러기 때문에 많은 사람들에게 있어서 계몽주의 이후 역사신학이 이미 비신학적인 학문적 원칙들에 의해 유도되어졌다는 것은 매우 놀라운 것이다.

---

3. Friedrich Wintzer(Hrsg.) : Seelsorge. Theologische Bücherei. 61. Praktische Theologie. München, 1978.
4. F. Wintzer, a.a.O., S. 95.

그러나 역사신학은 학술적 신학수업의 제한된 영역 내지 대학의 학문 조직으로 들어올 수 있기 때문에 그 상황들은 조직사회적으로는 더욱 간단하다. 그와 달리 실천신학은 교회의 지도적인 기능들에 대한 현실적인 요구를 주장하고 기성교회 조직구조에 대한 정체성을 위협하는 것으로 – 심지어는 지도계층 차원에서 – 여겨진다.

이러한 계속적인 사고의 범주는 개인적인 차원에 대한 문제제기에 이르게 된다. 상담전문 직업적인 실천에서 지속적으로 심리적인 공리들과 접촉해야만 하는 신학자들은 도대체 어떻게 고유한 신학적 – 기독교적 동일성을 형성 혹은 유지할 수 있는가? 그것은 사회학자들과 마찬가지로 신학자들 가운데 있는 심리사회적인 전문가들에게도 비슷하게 해당될 것이라 추측된다. 여러 차원에서 이 질문은 직접적으로 인식되는 경우로 발전하게 된다. 사회학자이며 신학자인 누군가가 직접 예배를 경험하였다면 그는 분석사회학자로서 예배를 경험하게 되고, 그리고 그 스스로에게 곧장 "그 예배의 경험 속에서 나는 아직 기독교인인가?"라는 질문을 하게 될 것이다. 그리고 대부분의 많은 사람들이 그에 대하여 그가 단순히 예배에 대하여 간격을 두고 분석 연구하는 사람인지, 아니면 순수 그리스도인으로 존재하는지의 여부에 대하여 알고 싶어할 것이다. 왜냐하면 수행되어지는 예배는 이미 고유성에서 전래되는 순수 기독적인 정체성만을 주장할 수도 있지만 비신학자들의 참여가 활발해지는 조직사회의 구조로도 스스로를 설명해 내기 어렵기 때문이다. 그러나 예배에 참석하는 그는 아직은 그리스도인으로서 그 예배를 경험하고 있다. 그러나 놀라운 것은 그는 선포되어지는 내용에서보다 오히려 스스로가 분석하는 과정 중에 얻게 되는 예배와 상반되는 부정적 견해로부터 자신의 믿음을 고백하게 되는 경험을 종종 하게 된다는 사실이다. 그러나 동시에 – 가끔 – 곧장 사회학적인 분석가로서 그의 믿음을 그 예배 속에서 발견할 수 있는 직접 경험을 하기도 한다. 그러나 이것을 이론으로 옮기는 일은 항상 쉽지 않으며, 또한 그 차원들을 동일한 정도로 경험하고 그것들을 나란히 유지하며 연달아 연관시키는 것도 쉽지 않다. 사회분석적 신앙의 전통에 대한 동일성 유지의 시도 또한 이루어질 수 '없으며', 신학자들이 기독교적 실존을 신학자로서 정의하는 것이 아니라 심리학 혹은 하나의 비교 가능한 다른 학문으로 발전시키는 것은 논쟁의 여지가 없는 일이다. 또한 개인적인 동일성 형성 해결모델이 있다는 그 속에서 성찰의 영역들이 엄격히 믿음의 소박함을 파괴하지 않으려는 노력 가운데 그 두 영역이 구별된다는 것도 거의 이의를 제기할 수 없다. 그러므로 인문과학들에 의해 '상해받은' 신학자들이 있다고 말하는 사람들이 잘못된 것이 아닌가 하는 질문이 남는다. 어쨌든 그러한 신학자들이 있다면 그들은 비신학적인 학문에서 너무 많은 것을 소화해야만 했기 때문에 그 자신을 통한 교회조직의 동일성에 기여하는 능력이 그들의 신학적인 인격으로 볼 때 다른 신학자들보다 적을 것이다.

이러한 가운데 계속적인 다른 사태가 첨예화되어 등장한다 : 기독교 신앙이 심리적, 그리고 사회학적인 현실해석들을 통하여 세계와 인간을 보도록 하는 것에 대한 경쟁의 구상들을 묘사하는지 않는지는 아직도 확실하지 않다는 것이다. 이러한 연관 속에서 한편으로는 심리분석과 같이, 다른 한편으로는 비판 또는 마르크시즘으로 방향지워진 사회학의 조항들 뿐만 아니라 실험적이고 경험적으로 방향지워진 윤곽들도 의미한다. 조건을 갖출 수 있는 인간과 수행능력을 지닌 사회조직들의 개념이 고려되어야만 하며, 여기서는 암시 이상의 것은 가능하지 않다.

여기에서 중간 경과는 다음과 같이 요약된다 : 교회 담당의 상담활동 정비는 교회지도층의 상이성에 다른 발전들과 함께 수행된다. 직업적인 신학자들에 의한 궁극적인 조종은 축소된다. 이러한 상황은 오히려 신학이 실천 지향적인 실천신학의 형태에서 비신학적인 학문들의 지식목록들과 교회의 실천을 위한 본질을 고려하는 한도 내에서 그 자체를 조정하는 것을 통해 강화된다. 그리고 학문으로서 신학이 자기 이해를 위해 아직 광범위하게 취급되지 않은 결과적 영향이 발생한다. 동시에 개인적인 차원에서 복합성의 확장이 신학적인 동일성을 발견하는 범위 내에서 생겨난다. 목회직에 대한 이론과 상담실천은 포괄적인 문제성의 한 단면으로 드러난다. 그 경우 어떠한 어려움 속에서도 교회는 사회조직으로서 그의 정체성을 역사 존속과 다양한 실천과의 조정 가운데 유지해야만 하는가가 표본적으로 분명하게 된다. 마지막의 고려들은 그 때문에 토론하는 해결의 가능성들에 대한 제시에도 유효하다.

첫 번째 해결의 시도는 교회의 실천이 해결 가능성의 중심에 있어야 할 것을 제안한다. 중심 기능은 주의 말씀선포이다. 복음선포에 기여하는 신학은 본질적으로 조직신학의 형태 속에서 수행되어지는 원래의 실천신학 그 자체이다. 실천영역은 말씀선포와 성만찬을 중심으로 모여든 교회공동체의 영역이며, 그 교회는 외부와의 연관을 선교적인 것으로 인지한다. 선교적인 차원을 통해 교회봉사는 적절한 시설과 설비를 갖게 된다. 교회의 상담은 선포와 관련된 심리사회적인 상담의 모든 다른 형태들로부터 구분되는 목회로서 이해할 수 있다. 그와 같은 방향규정은 목회직과 심리학간의 새로운 관계규정이라는 결과를 초래한다. 목회직은 인간이 하나님께 인정받고 싶어하는 욕구를 가진 존재라는 것을 인식하면서 하나님으로부터 새로운 심리학의 필요성을 이끌어 낸다(투르나이젠에서 관철되지 못한 조항의 확장).[5] 심리학을 고려하여 작성된 루돌프 보렌(Rudolf Bohren)의 이러한 신학의 프로그램은 엄격히 기독교 신앙에 의해 포괄적으로 특징지어진 것이나 다른 사고의 노력들로부터 분명히 구별되는 세계 시각에 대한 요청을 내포하고 있다.

이러한 모델의 집중적인 수행능력은, 교회는 사회적으로 무엇이며 무엇을 행하는가에 대한 명확한 인식 속에 놓여 있다. 기독교적인 정체

---

5. Rudolf Bohren : Prophetie und Seelsorge. Eduard Thurneysen. Neukirchen/Vluyn, 1982, S. 222-226.

성 확인은 여기서 구분과 경계를 통해 이루어진다. 다른 세계의 윤곽들과, 말하자면 심리학이나 사회학, 철학 혹은 정치학의 영역에서의 신학과의 관계는 조정 필연성이 더 이상 강요되는 것으로서가 아니라 위치상 잠시 결정적인 것이다. 또한 분명히 종교적인 – 기독교적인 표현형태의 상이한 특성에도 결정적이다. 이러한 조항의 특성에는 자주 신앙표현형태의 다원성이 비판적으로 드러난다. 기독교적 확신은 기본 전통의 교회적인 해석을 통해 명확히 법조화된 것으로 여겨진다. 그리고 그 모델에 대한 부정적인 결과들이 이미 제시되었다 : 교회는 그 고유한 특정세계에서는 안전하다. 고유한 사회환경으로부터 유래하거나 혹은 전환을 통해 출구를 찾는 사람들은 본질적으로 교회로 접근한다. 교회를 주저하는 자들이나 종교적인 자치주의자들은 국교회적인 시스템 내에서 종교적인 주변그룹으로 특징지어진다.

두 번째 해결모델은 개방하는 교회의 모델이다. 프로그램적 차원에서 개방하는 교회모델은 지난 10년 간 무엇보다도 국교회적인 실천의 합법화를 유도해 왔으며, 그 실천의 틀 내에서 주지하는 바와 같이 교회의 상담활동 확장에 이르렀다. 개방교회의 모델은 다원성, 동등성, 기독교적인 신앙의 양자택일적 특징들, 종교적 상징성의 개인특수적인 정당함의 강조와 같은 중심개념들을 통해 특징지어진 목회직 내지 상담개념들의 영역에서 직접적이지 않은 대화의 수행과정은 곧바로 신학적으로 합법화된 원칙이 된다.

이러한 조항의 장점들은 상이한 학문적 세계 윤곽들, 종교적인 방향설정들, 기독교적인 전래의 특징들과의 대화를 가능하게 하는 그러한 대화의 강요에 있다. 그 조항은 기독교적인 신앙의 순응을 요구하는데 그 신앙 속에서는 전통이 순응과의 비판적인 조정 가운데 분명해져야만 한다. 이것은 개인적인 차원에서와 마찬가지로 조직으로서 교회 차원에도 적용된다. 교회의 정체성은 의식적으로 개방되어 유지되는 과정에서 항상 새로이 획득되며, 그것은 상황들의 상이한 요구들에 직면하여 더욱 명백해져야만 한다. 그 구상의 부정적인 요소들은 선행하는 고려 속에서 충분히 명백해졌다. 그러나 명확히 특징지어지는 경계들이 결여되고 전래의 내용들이 대화를 통해 명확해져야만 하기 때문에 확실한 윤곽화를 고정하는 것은 어려워진다. 경계를 짓는 것은 분명히 쉬운 일은 아니다. 이것은 또한 기독교적인 신앙과 경쟁하고 있는 해석들이 실제로 존재하는 경쟁관계 때문에 충분히 인지되지 않는다고 말할 수 있다. 여기서 높이 평가되는 것은 그 자체가 더 이상 전통과 연관되지 않지만 기독교적인 것에 기초를 둔 것으로 받아들여지는 것이다.

세 번째 구상은 완전히 다른 차원에 놓여 있다. 그것은 풀어놓음의 모델에 관한 것이다. 만약 교회실천의 전체 영역이 다만 어려움들 하에서만 결합될 수 있고 신학적으로 어느 정도 통합할 수 있다면 이 모델에 따라 차별화의 과정이 바로 원칙적인 근거에서 합법화될 수 있을 것이다. 루만은 관찰들을 근거로 다음과 같이 표현한다 : "오늘날에는 오히려 상호 의존의 완화에서, 그리고 광대한 조직적인 상이성과 과정들의 분리 또한 조직이론에서 '조직화된 무정부상태'로 묘사되는 시스템 유형에의 접근 속에서 출구를 찾는 것이 의미 있는 것처럼 보인다."[6] 이 개념에 따르면 교회봉사와 상담이 어렵게 통합될 수 있는 범위들은 교회의 행위영역이 부분적으로 자율적인 분야들에서 가능하게 될 것이기 때문에 아마도 루만은 교회봉사 기관/시설들의 조직모델을 여기서 고무해 왔을 것이다. 물론 교회봉사의 영역에서는 그러한 조항의 장점만이 신학적인 합법성의 영역에서 결코 부담을 덜어 주는 것으로 되지 않았음을 알 수 있다. 넉넉하지 못한 재정적 재원면에서 부분적으로 자율적인 영역들은 신학적으로 불충분하게 합법화되어 규칙적으로 문제화되는 것이 더 큰 단점으로 부가된다. 이러한 경험에 비추어 오히려 교회적인 행위의 일치가 긴장을 감당하는 가운데 표현되는 해결모델

---

6. N. Luhmann, a.a.O., S. 63.

이 – 심지어 실천을 떠맡는 개별자의 개인적 차원, 실천수행들의 직접적인 차원에서 뿐만 아니라 신학적인 성찰의 차원에서도 – 명백하게 된다. 그러므로 다음과 같은 질문들이 가능하게 된다 :
- 심리적인 전문가들은 그 자신을 기독교인으로 어떻게 이해하며, 어떻게 그들의 직무실천을 고유한 기독교적인 실천으로서 동일화할 수 있는가?
- 교회 담당의 상담활동은 기독교적인 실천으로서 어떻게 동일화할 수 있는가?
- 인간을 하나님 앞의 존재로서 파악하는 신학적인 근본 명제는 심리학적인 이론들과 치유적인 과정과의 조정에 어떠한 의미를 가지는가?

결국 신학에 연관하여 질문하여 보면 :
- 조직신학과 실천신학의 일치를 위해서는 어떠한 가능성들이 있는가?

제기된 문제들은 하나의 집중적인 통합구상을 만족시키지 못한다. 여기서 대화를 개방한다는 초안이 더 이상 완전한 것으로 받아들여지지 않고, 오히려 상호간의 분리적 구상이 최후의 모델을 장려하는 것으로 드러나는 사실을 쉽게 인지하게 된다. 분석은 대답을 주는 과제를 가지고 있지 않으나 아마도 문제제기를 엄밀히 하고 더 긴박하게 하는 과제를 인식하게 하는 것이다.

VI

사회복지 국가의 실천영역에서 교회봉사의 자주성

이 주제에 대한 문제제기는 그 문제의 상황을 동시에 설명하는 것이 된다 ; 교회봉사, 정확히 조직구조화된 교회봉사는 사회복지 국가의 주변세계 조건들 하에 놓이게 된다. 이러한 상황은 교회봉사로 하여금 교회봉사의 자주성을 유지하는 범위 내에서 특별한 형태를 취할 것을 강요한다. 그럼에도 불구하고 교회봉사의 윤곽에 대한 질문은 단순히 행위 차원인 '복지 사업단체'로부터 대답될 수 있는 것이 아니며 교회봉사의 윤곽은 본질적으로 어떻게 교회가 교회봉사 실천 속에서 구현될 수 있는가를 통해 결정되는 것이다. 더 나아가서 교회는 기독교 신앙의 제도화된 사회형태일 뿐만 아니라 기독교 신앙 자체의 아주 기본적인 실행들이라는 것이다. 교회봉사의 자주성에 대한 질문 역시 사회복지 국가적 행위의 틀을 벗어나며 교회와 그리스도인들의 개별적이고 기독교적인 삶의 맥락 가운데 교회봉사에 대해 토론할 것을 강요한다.

1. 정치적인 출발점

독일 연방공화국의 기본법 제20조는 독일 연방공화국이 민주사회 연방국임을 명시한다. 그렇게 이해되는 국가를 긍정한다는 것은 개신교의 기독교인을 통해 한편으로는 자유민주주의의 긍정과 적지 않게 헌법에 규정된 사회복지 국가 원칙에 근거하고 있다는 것이다. 그러므로 이러한 정치적 원칙은 점차로 체계적으로 이루어지고 그 구체적인 결론들은 더욱이 현재의 토론에서 정치적인 변화를 위해 다루어지고 있다.

기본법 20조에서 두 번째로 다루고 있는 민주주의 국가의 헌법원칙은 연방국가의 원칙이다. 연방 헌법들은 한편으로는 지역적, 사회적 발전의 다양성을 인정하고 있으며, 다른 한편으로는 국가권력의 중심적인 기능을 제한하는 역할을 한다. 연방국가의 법규형태는 국가 중심의 관료체제와 국가조직들의 힘을 의식적으로 제한한다는 것이다. 이러한 국가의 제한적인 관심은 특히 사회입법의 영역에서도 추진되었다. 특히 가톨릭교회의 국가 중심주의 반대원칙에 적용되는 것은 상황에 따라서 작은 사회의 단위조직들이 충분히 도울 입장이 못되는 광대한 과제들, 즉 국가적인 조치들이 그 때마다의 작은 사회 단위조직들의 역할과 기능에 대한 사회적인 과제의 인식 속에서 보조해야 할 필요가 있는 경우에만 국가적인 조치들이 등장하게 하는 것이다. 이러한 정치적 조항을 위해서는 자율적인 복지단체들과 특히 신 구교 쌍방 교회의 복지단체들이 하나의 급격한 발전을 유도했다. 이러한 주변의 조건 없는 교회봉사 영역은 지난 10년 동안의 폭발적인 발전을 이루지 못했을 것이다. 이것은 국제적으로 보아서도 하나의 단일회적인 획기적 발전이다. 데겐은 이 사실에 대해 확신하기를 ; "독일은 연방공화국 체제의 범위와 사회적인 기능편입 때문에 교회봉사가 많이 발전된 산업국가들의 교회들과 비교해 볼 때 하나의 독특한 위치를 가진다."[1] 한편으로 국가

---

1. Johannes Degen : Diakonie im Sozialstaat. In : Theologia Practica, 20/1985, S. 235-250 ; 이 부분에서는 특히 S. 242.

가 그 자체를 사회복지 국가로서 이해하고, 다른 한편으로는 국가를 제한하는 헌법의 원칙들이 중시된다면, 이것은 불가피하게 사회복지 국가적인 과제들과 비국가적인 조직체들은 사회국가에 있어서 파트너로서 이해되고 수용되며 그들에 의해 사회입법의 영향권들이 행하여지게 된다. 그럼에도 불구하고 사회입법은 정치적 활동에 머무르기도 하고 상황적인 정치적 전반정세에 좌우되기도 한다. 이것은 파트너 관계의 개념분석에서 중요한 점이다. 동등한 관계의 의미에서 파트너 관계는 입법권이 있는 차원에서는 적어도 그 결정들이 계약체결에 의해서가 아니라 일방적으로 정치적 단체들의 결정들에 의해 조정되기 때문에 존재할 수 없다는 것이다. 더 나아가서 자율적인 복지단체들의 일에서도 또한 자치단체들의 참작하에 국가 내지는 공적인 처리의 계속적인 영향의 가능성들이 있기는 하다.

이러한 연관 속에서 정치적인 사회설계를 예로 들 수 있다. 사회설계의 수용력에 관한 견적과 함축적인 프로그램적 유리함들은 정치적인 보조금의 승낙이 본질적인 것이 된다. 수단에 대한 위탁은 구체적인 내용까지 간섭하는 국가적 조정수단이 될 수 있는 것이다. 이러한 관점에서 본다면 교회봉사 활동들을 위한 재정조달에서 국가의 몫이 주목할 만한 액수에 도달했다는 것은 그 이상의 의미를 갖는 것이 된다. 교회봉사의 운영액의 재정조달은 1982년에는 사회보조와 청소년 보조수단 내지는 공적인 보조금의 38%가 법적인 보험내역으로부터 왔으며 자체수단은 11%에 불과했다.[2]

교회봉사가 사회복지 국가적 활동으로 편입되는 것은 분명한 연관작용을 인식하게 되는 내용이다. 곧 재정수단의 허가, 활동이 사회설계로 편입하는 것과 사회국가적으로 확립된 행위표준들에 의해 종속된다는 것이다. 교회봉사는 그것으로부터 불가피하게 관료체제화, 사회체제의

---

2. Johannes Degen, a.a.O., S. 240.

전문적인 직업화와 의학적인 조달의 영역에서 과학 기계화의 과정에 참여하게 된다.

전반적으로 국가의 자격으로서 사회국가의 자체 제한은 곧 자율 복지단체들이 불가피하게 사회복지 국가적인 행위로 편입되어야 한다는 것으로 이끌려 왔음을 또한 말하여 주는 것이다. 개신교 교회와 그 교회봉사는 이러한 과정에 관계해 왔으며 그에 대한 긍정적인 이유들을 말하여 왔다 ; 국가에 대한 제한적인 헌법의 원칙들과 마찬가지로 기독교적인 전래의 연관작용으로서 파악될 수 있는 사회복지 국가 원칙의 근본적인 긍정적 내용들을 꾸준히 언급했었고 또 언급하고 있다는 것이다.

그러나 이러한 과정들은 교회봉사가 정치성향과의 관계에서 연계성이 높은 정도에 달했으며 기독교 전래전통의 자주성이 위협되는 것처럼 보이는 결과에 이르렀다. 이것은 국가적인 정치대표들의 기대에서 보면 교회봉사가 다른 것과는 달리 종종 그들의 정치적 과제들을 빨리 인지하는 특수한 분위기로 그들의 정치적 결정을 제한하는 것처럼 보인다. 개신교 병원인 릴리엔탈(Lilienthal)에서의 새로운 기능분야를 위한 개통식에 관한 개신교 신문(EZ-Bericht)[3]의 보고에 따르면 작센 주의 사회부 장관인 슈니프코바이트(Schnipkoweit)가 그 곳에서 다음과 같은 견해를 대변하고 있음을 알 수가 있다 ; "국가는 규모와 기계적인 장비에 영향을 미칠 수 있을 것이며 아마도 최고의 보살핌을 위한 가장 본질적인 요소, 즉 인간적인 풍토와 친절한 분위기는 국가의 영향을 받지 않는 자율성에 기인하고 있다." 여기서 그 장관은 병원의 과제를 이웃에 대한 인간 사랑의 직무 속에서 보는 동역자들의 필요성을 명시하고 있다. 물론 이와 같은 기능의 분배는 항상 가능하지는 않다. 그래서 교회봉사 행위의 자주성에 가치가 주어져야만 하는 곳에서는 정치적인

---

3. Evangelische Zeitung. Hannover, 29. 9. 1985.

의견대립들과의 중재가 불가피하다는 것이다.

2. 교회봉사의 사회정치적 윤곽

 교회봉사가 독일 연방공화국의 경우에서처럼 밀접하게 사회복지 국가와 얽혀져 있는 상황에서 교회 특유의 고유성을 유지하려고 한다면 이것은 다만 사회정치적인 차원에서만 가능하다. 따라서 교회봉사는 - 이것은 특별한 문제인데 - 정치적인 견해시비에 빠져들 수 있게 되고 이러한 상황은 정치적인 파트너들과 조정의 형태에서 뿐만 아니라 그들의 내부적인 프로그램 논의의 범주에도 가능해진다. 조직화된 교회봉사 내에서는, 가령 독일에서 가난을 새로운 주제로 삼는 경우들과 그에 반대하는 다른 태도들도 있을 수 있다. 지난 3년 간의 사회정치를 사회성 철폐로서 규정짓는 경우도 있으며 사회예산의 절약을 함께 부담해야 하는 경우도 있다.[4]
 서로 다른 사회정치적 암시들이 그 때마다의 상이한 정치적인 방향 설정에 편입되는 경우도 자주 있게 되며, 오늘날 기독교 신앙이 묘사하는 것의 상이한 해석들을 통하여서도 이러한 상황들은 밀접하게 연결되어 있다. 아마도 개신교 교회는 상이한 정치적 관점들을 포괄하는 기독교의 일치된 견해가 거의 없기 때문에 정치적 선택들의 형성에서 특히 그렇게 어려움을 느끼게 되는 것이다. 그래서 본질적 실천 가능성을 위해서는 현실적인 사회의 정당정치적 관점들을 포괄하는 일치된 기독교적 견해를 찾는 것이 첫째 되는 주요 과제일 것이다. 그 일치된 교회의 사회정치적 관점으로부터 특정한 사회정치적 전제들이 생겨날 수

---

4. J. Degen, a.a.O., S. 224, und idea-Spektrum, Wetzlar, 2. 10. 1985, S. 1ff : "Wir müssen die Herzen mehr bewegen" ; zu Positionen von Präsident Karl Heinz Neukamm.

있을 것이다. 교회봉사의 사회정치적 독자성은 정치적으로 확실할 뿐만 아니라 기독교적으로, 그리고 신학적으로 그러한 기초가 세워지는 것이 허락되어야만 한다. 그러나 어떻게 그 기준들을 획득하게 하며 또한 획득된 그 기준들로부터 어떠한 신학적 기초가 가능한 것인가?

독일과 대부분 산업국가 교회의 가장 강력한 교회봉사의 실천이며, 동시에 정치적인 요구는 이미 수년 전부터 에큐메니칼 영역에서 수행되고 있다. 여기서는 가톨릭과 신교간의 에큐메니칼 활동의 연관성을 의미하는 것이 아니라 전세계적인 기독교적 의미에서 에큐메니칼 활동을 말한다. 여기서도 3세계 교회의 소리 가운데 부유하고 가난한 나라들, 부유하고 가난한 교회들 간의 관계를 고려하는 질문들이 중요시될 수밖에 없다. 제3세계에서 가난에 대한 설명은 나라마다 개별적으로 서로 엇갈리기도 하지만 다양한 가난의 실태에 관해서는 이론의 여지가 없다. 이러한 사실로부터 '가난한 자들과 연대적인 교회', 즉 교회봉사적인 교회에 대한 요구가 생겨난다. 더욱이 기독교적인 교회의 틀 내에서 삶의 그늘진 쪽에 서 있는 사람들이 설득력을 얻게 된다는, 예를 들어 남아메리카의 바닥공동체 교회들에서는 성서적인 전통에서의 나사렛 예수는 가난한 자 편에 서 있는 한 사람으로서 인지되는 아주 새로운 발견을 하게 된다.

- 이러한 연관 속에서 그것은 개별적인 일에 관한 것이 아니며, 아마도 기독교적인 역사의 결정적인 지점에서는 항상 가난한 자들을 위한 새로운 열정적인 출발을 이끌어왔다는 점에 대해서 문제를 가질 수 있다.
- 가난한 자들을 위한 그리스도의 열정을 고려할 때 원래 기독교적인 일치된 하나의 견해가 있어야 하는 것은 아닌가?
- 기독교인들의 일치는 강자의 관심사에 대해 약자의 관심사가 항상 우선적이어야 하는 입장에 서 있는 것은 아닌가?
- 그리고 기독교적인 과제는 우선 약자의 소리와 권리들을 그 때마

다 뒷받침하고 유효하게 하는 것이라는 점에서 하나의 일치된 견
해가 있어야만 하는 것은 아닌가?
만약 우리가 이 점에 동의한다면 그 때마다의 약자를 위한 올바른 길
의 선택을 위해서 시비가 있을 수 있다. 그래서 우선적으로 일치된 견
해를 이룰 수 있기 위한 첫째 되는 주요 과제는 새로운 빈곤에 대해서
기계적으로 되풀이하는 이론이나 공격적인 반박이 아니라 질문에 한번
접근하는 것과 같은 주목을 끄는 분석들일 것이다 ; 어떻게 그처럼 기
술된 가난의 현상을 분석보다 더 정확하게 서술할 수 있겠는가? 다시
말해 무엇 때문에 가난에 대하여 동의하거나 반대하는 근거들이 있는
가? 지난 세기 말엽에 개신교 – 사회위원회(Evangelisch – Soziale
Kongress)는 그들의 과제 중의 하나를 인간 삶의 정황들을 사회조사를
통해 더 정확히 검토하고 그 결과들을 의견형성 과정에서 제기되는 곳
에 두고 있다. 이러한 과제의 설정은 현재의 상황에서 비추어 볼 때 변
하지 않고 있다.
교회봉사의 과제는 원래 빈곤에 대한 사회문제 연구의 의미에서 사
회연구인 것이다. 만약 약자에 대한 정열이 혹은 빈자를 위해 말하는
것이 교회봉사의 실천을 위한 근본적인 토대라고 한다면 그로부터 사
회적이고 경제적인 구상들을 위한 결과들이 만들어져야 할 것이다. 그
것은 구상들이 어느 정도 그 때마다 실제로 약자에게 유익하며 그들의
관심사를 알아차리고, 또한 어느 정도 다른 관심사들과의 관계 속에서
지각되는가에 대해 질문되어야 함을 의미한다. '궁극적으로' 빈곤한
사람들에 대한 삶의 기회는 국가의 참여에 의해 충분히 지각된다고는
거의 말할 수 없을 것이다. 현재 대표적으로 유효한 사회정치적 구상은
국민 다수의 생활수준이 경영이윤의 증가를 통해 전반적으로 높아졌다
는 전후 시기의 경험으로부터 출발한다. 이러한 경험들은 그 사이에 어
떠한 메카니즘이 아니라, 성과는 입법적인 정치적 척도들에 의해 강화
되기도 하고 약화될 수도 있다는 점을 나타낸다. 그러나 제3세계에서

는 우선적으로 엘리트들이 이익을 갖게 되며 이 일이 폭 넓은 국민층에 해당되는 것이 아니라는 견해들이 생긴다. 그러므로 충분한 사회정치적인 요소들을 소유하고 있는 본래의 경제정책적인 척도들이 요구되어지며, 그리고 희생들을 똑같이 떠맡는 것에 대한 하나의 공통된 관심사가 있어야만 하기 때문에 이러한 내용들이 기독교인들 사이에서 우선적으로 수행될 수 있는 것이어야 한다는 것이다.

명명된 기준인 "그 때마다의 약자를 위해 나섬"은 우선 하나의 형식적인 기준이기 때문에 내용적인 토론을 필요로 한다. 이것은 언급된 사태 이상에도 적용되는 일이다. 정치적인 윤곽 혹은 교회봉사의 정치적 독자성은 기독교적인 가치로의 회귀를 통해 쉽게 획득될 수 있는 것이 아니다. 그것은 법전으로 편찬할 수 있는 것도 아니며 권리문에 기입할 수 있는 것도 아니다. 이는 항상 상황의 고려 가운데 상이한 기독교적인 관점들의 토론 속에서 찾을 수 있는 것이다. 이것은 또한 외관상 어려움이 적은 문제들의 범주 가운데서 이루어지는 질문 ; 무엇이 삶이며, 언제 시작하고 언제 끝나는가라는 질문에도 유효한 것이다. 교회봉사의 독자성은 이러한 모든 상황들에 대해 하나의 고정된 관점을 가지고 그 고정관념으로부터 기독교적인 관점이라고 고집하는 것을 의미하는 것은 아니다. 교회봉사의 독자성은 상이한 전제들로부터 기독교적인 관점을 찾는, 그리고 항상 관련 있는 사람들과 함께 실천하는 것에서 유지되는 것이다. 그래서 다시 하나의 새로운 형식기준이 언급되는 것이다.

그러나 실천과정들을 위한 조정에서 본질적인 것은 해당하는 사람들에게 귀를 기울여야 한다는 점이라고 생각한다. 가난한 자나 약자들이 그들의 관심사를 끌어들일 수 없는 곳에서는 먼저 그들을 그 자리로 불러들이는 것이 무엇보다 중요하다. 그러나 만약 이러한 노력들이 규범화된 기독교적인 것으로 돌아가는 것이 가능하지 않거나 공동탐색 과정이 교회봉사의 독자성을 정치적 상황에서 유지할 수 없게 된다면 조직화된 교회봉사는 불가피하게 되는 것이다. 왜냐하면 교회봉사는 교회 또는 신앙 속에서 공동체의 전체적인 관련성을 탐색해야 하기 때문이다. 그러나 만약 법전으로 편찬되는 것이 기독교적인 것으로 회귀함이 가능하지 않다거나 공동탐색의 과정들이 또한 독자성의 유지를 위해 정치적인 맥 가운데 불가피하다면 결정의 불가피성을 가진 조직화된 교회봉사는 교회신앙 속에서 탐색하는 공동체와 전체적 연관을 참조하여 적용 실시해야 할 것이라는 당위성이 생긴다.

3. 교회봉사의 교회성

독일에서 조직화된 교회봉사의 현재 상황은 - 조직적인 차원에서 - 사회복지 국가와 교회간의 긴장영역에 자리잡고 있는 것을 통해 특징지어진다. 여기에서 교회성이 언급되어야 한다면 그것이 이러한 초긴장 상황의 해결에 관한 것이라고 단정하여 말할 수는 없다. 그에 대한 질문은 오히려 다음과 같을 수 있다 ; 특수한 사회조건들 하에서 교회봉사의 독자성은 그들의 교회성이 충분히 강조되고 보장되어지는가를 통해 알 수 있는가?

또한 교회봉사의 독자성은 완전히 교회 시스템으로 편입되는 것만을 통해 보증되는 것은 아니다. 오히려 상당한 정도로 다른 파트너들과 협력해야 하며 요구들에 맞추어야 하고, 또한 파트너들에 의해 확립된 조건들 하에 놓여 있는 - 이런 맥락에서 이미 언급된 관료체제 직업화 등의 결과적 현상들이 상기된다 - 교회봉사와 같은 일의 부분들은 상당한 자율성을 필요로 한다. 그러기 때문에 교회봉사는 교회의 조직 속에 속해 있지만 적어도 부분적으로는 자율적인 단체들의 조직형태를 가지는 것이 적절하다. 이러한 측면에서 일련의 교회 기능분야들이 19세기에 접어들어서는 조직화된 교회와 함께 출현했으며 협의회로서 정비되었다는 점을 잊어서는 안 된다. 국내선교 또한 이에 속한다. 아마도 이러한 현상은 새로운 요구들을 받아들이는 조직화된 교회발전의 서투름에서 뿐만 아니라 광대한 구조조건들과 좌우되어 사회적인 삶의 복잡한 조건에 연관하여 발전하는 것이 결국 조직화된 교회의 주변시설이나 기관들에서만 가능하게 된 것이다. 교회봉사의 교회성은 그들의 단체구조 내의 고유한 제도조직 안에서 우선 표현되어야 한다.

이와 관련하여 우선적인 질문이 교회봉사 기관과 시설에 봉사하는 동역자들에 관한 것이다. 왜냐하면 프로그램들은 사회제도 혹은 교회의 영역에서 일반적으로 종사자들을 통해 대변되기 때문이다. 만약 교회봉사의 교회성은 그 동역자들의 교회성이 분명하게 전제된다면 가능할 수 있는 것이다. 요즈음은 이러한 이유 때문에 동역자들의 교회성이 적어도 자격을 갖추어야 한다는 특성을 나타내는 것 같다. 이러한 요구는 맞기도 하고 틀리기도 하다. 그것은 하나의 이상적인 상태를, 부분적으로는 19세기와 20세기 초반의 전인적 교회봉사의 조직형태를 기술하기 때문에 옳다고 본다. 이 시기에는 시설/기관의 교회봉사는 적어도 개신교 수녀들에 의한 하나의 공동체적인 것이었다. 교회봉사 행위의 담당자는 일생 동안 기독교적인 이웃의 봉사에 대한 의무감을 가진 사람들의 한 공동체였다.

이러한 공동체적인 교회봉사는 오늘날엔 그 당시의 교회봉사를 국교회적인 것으로 기술하는 예외적인 경우 속에서만 존속한다. 공동체적 교회봉사에서 변화의 과정들은 일반적으로 사회적인 변화의 요소들에서, 그리고 사회복지 국가의 틀 속에서 교회봉사의 변화된 위치에 서 있게 된다. 독일에 넓은 의미로 규정하고 있는 교회봉사는 더 이상 공동체적 교회봉사를 실현 가능하게 하지는 않는다. 이것은 동역자들에 관한 질문에 있어서 그 동역자들은 국교회적인 사회의 다양성에 상응하는 것으로부터 출발해야 됨을 의미하는 것이다. 물론 이때 이중적인 제한이 있을 수 있다 ; 교회봉사에 종사하는 자는 그가 교회에 관여하고 있다는 것에 대한 질문을 받는다. 여기서 하나의 근본적인 긍정이 이미 가능하다. 그러나 사회적인 전문분야에서 일자리에 대한 수요가 공급을 넘어서는 시기에 이르러서는 교회봉사는 실제로 원하는 "모든 사람들을 수용했어야" 했다.[5] 그러나 모두가 교회봉사로 발전해 가는 동역자일 수는 없었다.

두 번째 제한은 고용 담당자의 교회봉사에 대한 합법적인 기대들로부터 나타난다. 고용 담당자인 교회봉사 기관과 시설은 고용된 동역자들로부터 그들이 교회와 교회봉사를 조직으로 이해하고 그 자신을 기독교적인 전래와 조정할 준비가 되어 있으며, 그들의 의미가 현재의 사회사업에 대해 효과적일 수 있는 것을 기대할 수 있다. 그것은 오히려 하나의 개인적인 신앙에 대한 질문과 많은 관련이 있는 것은 아니고 선택이라는 것이 다른 조직들과 마찬가지로 그들 동역자의 기초가 되어 있는 기준들에 관한 것이다. 그 외에 조직의 구조에서 위치가 높을수록 상응하는 동일성이 더욱 강하게 기대될 것이라는 점에서 출발될 수 있다. 이것은 다시 일반적으로 조직적인 행위에 상응하는 것이 된다.

교회봉사의 교회성을 기술하는 상황에서는 조직적인 힘의 영향력 차원이 아닌 완전히 다른 하나의 생활 차원에서 보게 된다는 것이다. 곧 국교회적인 상황과 하나의 대조적인 조건에 직면하여 교회봉사에서 활동하는 사람들이 신앙으로서의 삶과 행위를 약속해야 한다는 것이다. 교회봉사의 시설/기관에 관계하여 시설이 전체로서의 교회공동체일 수 있는 것이 아니지만 그러한 시설 속에서 그 자신을 교회공동체 교회로서 이해하는 사람들이 연대함을 의미하고 있다. 교회봉사는 그러한 교회공동체 형성을 교회봉사의 고유한 조직의 형태 속에서 필요로 한다. 기독교인들이 말씀과 성만찬으로 모이는 교회의 조직화된 교회봉사는 기독교 신앙이 상대적으로 돕는 사회사업의 조건들 아래서 오늘날 어떻게 명백히 나타나는가에 대해 공통적으로 숙고하는 곳에 있는 기독

---

5. Karl Heinz Neukamm nach idea-Spektrum, Wetzlar, 2. Oktober 1985.

교인들이 그들의 직무를 이행할 수 있다는 것이다. 이러한 양상의 교회공동체 형성은 자발성에 근거를 두고 있으며, 그 설득력은 교회를 어떻게 나타내는가에 근거한다. 그리고 이곳저곳에 모이는 기독교인들 또한 공동체적인 길 찾기 과정에서 다른 교회의 공동체를 필요로 하기 때문에 다른 교회들과의 지정된 주변의 교구적인 교회공동체와의 접촉이 마땅히 탐색되어야 한다. 이것은 어려운 것처럼 보이는데 왜냐하면 전체적으로 볼 때 드물게 일어나는 일이기 때문이다.

이러한 관계 속에서 하나의 오해를 방지할 수 있다 ; 그와 같은 교회는 교회봉사의 조직에서 엘리트가 아니라는 사실이다. 교회는 교회성을 중심으로 엘리트의식이 생길 수 있다는 위험을 아주 분명하게 인식하고 있어야 한다.

4. 교회봉사적인 교회들 - 독자적인 교회봉사의 기초

조직화된 교회봉사는 교회조직과 개교회들의 위탁으로부터 나왔고 위임된 일이지만 동시에 교회봉사의 차원을 더 이상 충분히 인식하지 못하고 있는 변천 발전에까지 이르렀다는 것이 거듭 불평되고 있다. 만약 교회봉사와 교회에 의해 관찰되는 이러한 격차가 신학적으로 취급되지 않고 있다면 그것은 교회 자체 뿐만 아니라 조직화된 교회봉사에도 부정적인 결과를 초래하게 된다. 교회봉사는 그들의 근본 영역인 교회와의 연관을 잃게 되며, 또한 그의 모양새와 정치사회성에 대한 그들의 독자성을 잃을 위험에 놓이게 된다. 물론 제시된 의문들은 이러한 사회연관 속에서 조직화된 교회봉사가 아닌 교회에 대한 것이다. 교회봉사가 만약 교회의 교회봉사적 차원을 실현하게 되면 교회봉사는 조직화된 교회봉사로서도 원래의 권리를 유지할 수 있다. 비록 이 실현을 위해서는 어려움들이 두드러진다 하더라도 이것은 가능한 것이다. 또한 교회의 교회봉사에 대한 변천은 그들의 전문화와 우리 사회의 특수

지식들과 기능들의 필연성과 연관되어 있다. 이러한 어려움에도 불구하고 몇 가지 비판적인 관찰들이 바로 이 시점에서 거론될 수 있다.

　말씀선포 지향적인 신학은 선포와 교회의 증거에 대해 본질적으로 다른 두 가지 근본 차원, 즉 교회봉사 공동체의 차원이 경시되는 결과를 초래하였다. 두 개의 차원은 교회활동의 영역이 아니라 교회의 실재 방식들을 나타내는 것이다. 또한 선포는 교회의 과제가 아니며 실재하는 형태이다. 교회는 주의 말씀이 선포되면 존재하는 것이다 ; 만약 말씀선포의 수행에서 교회봉사와 공동체가 형성될 수 있다면 교회는 존재하는 것이다. 혹은 교회봉사가 예수 그리스도의 증거로서 함께 일어날 수 있다면 교회는 존재한다고 말할 수 있다. 그것은 마치 기독교 예배의 가장 오래된 형태인 것처럼 보인다. 그것은 예배의 성찬에서 부활하신 주의 현존이 증거되었으며, 새로운 하나님 백성의 공동체가 표현되었고, 그 가운데서 불평등은 극복되었으며, 교회의 식탁에서는 모두가 동등하게 배불러야만 했던 사실에서도 드러난다. 이 모든 것은 하나의 작은 그룹에서 실현할 수 있는 단계는 아니다. 물론 국교회적인 큰 교회구조에서도 어렵다. 그럼에도 불구하고 예배를 통하여 교회 존재의 교회봉사적 차원은 더욱 강력해져야 한다. 이것들을 통하여 새롭게 예배요소들을 생동화하는 문제에 관여할 수 있다 : 헌금, 중보의 기도들, 아마도 교회들에 관한 정보들이 여기에 속하는 것들이라 여겨진다.

　이미 신약은 교회봉사적 차원이 특별한 방식으로 교회의 삶에서 유지되어야만 하는 어려움들을 시사하고 있다. 그 때문에 사도행전은 교회의 교회봉사에 대한 의무에 중점을 둔 선포직의 설립에 대해 보고하고 있다. 사도행전에서 교회봉사는 교회봉사직의 직위를 통해서 이루어지는 교회에서 그들을 대표자로 보증하고 있다는 것이다. 교회에 대한 사회학적인 조사들은 한 개인을 통한 대변이 교회의 위탁을 인식하게 하는 데 있어서 교회 안팎에서 얼마나 중요한가를 제시한다. 현재에는 신교에서 목사가 변함 없이 하나의 중심역할을 수행하는 것을 알 수 있다. 그러나 목사는 직무행위들의 실천수행에서 우선적인 설교자이며 성서해설자이고 목회자이다. 말씀의 선포는 그러한 인식의 정도에 의존한다. 그에 반해 교회봉사에 관련되는 목사를 통한 개인적 대표성은 많은 개신교 교회에서는 존재하지 않는 것이다. 디아코니세의 본래 활동들이 가정의 병든 자들을 방문하고 돌보는 일이었는데, 그들이 교회에서 파송하던 시기에는 교회봉사 차원의 대표자들이 교회를 대변하고 있었다. 이러한 시기는 끝이 났고 현재의 교회봉사 차원은 이것을 대치할 수 없게 되었다. 디아코니세의 직무에 대한 앞의 내용에서 이야기된 전망이 교회에서 진지하게 고려된다면 그것은 좋은 조언을 받고 있는 것이라고 할 수 있다.

마지막으로 교회 내에서의 그룹형성에 대해 말할 수 있다 : 교회봉사의 다양한 과제를 가진 그룹들이 교회에서 자주 형성되지는 않는다. 또한 자립의 그룹들은 아마도 고무적인 격려를 필요로 할 것이다. 이러한 점에서 한 가지 언급할 것이 남아 있다 ; 교회들의 교회봉사적 차원은 그리스도인들이 교회봉사의 시설이나 기관들과 직접적으로 연결된 활동 속에서만 실현되는 것은 아니다. 그것은 조직화된 교회봉사에 의존하는 정도의 내용이나 영역과는 다른 점들을 가지고 있다. 랑에가 베를린-스펜다우의 부룬스브에틀러 담 도시에서 교회활동의 결과인 『총결65』에서 지역 개교회의 교회봉사의 기능과 연관하여 기술한 것은 흥미있다 ; "그것은 지역 개교회 주변에 있는 공동체가 처하고 있는 삶의 위기에 관한 것이다. 그것은 젊은 부부의 미래와 동반에 관한 결혼 전후에 걸친 부부상담과 부부보조에 관한 것이며, 특히 결손가정과 부모가 직업을 가진 그러한 가정에서의 유년교육에 대한 도움을 말한다. 그것은 상이한 욕구들의 증가를 처리해 나가는 문제에 관한 것이다 ; 공동체, 구세대와의 교류, 방향설정에 대한 도움, 여가시간의 활용, 노인들, 특히 고령이 되어 가는 사람들에 대한 교회봉사에 관한 것이다. 그것은 혼자 사는 사람들, 그리고 간과할 수 없는 숫자의 '절반은 환자인' 부부관계, 그리고 문제가 있고 재능이 없는 정신적인 불안정자들 - 돌보는 문제 - 이 여기에 해당한다."[6] 랑에는 여기서 전문적인 지식에 의존하는 것만이 아닌 개교회적 교회봉사의 과제영역을 서술하고 있다. 교회적인 교회봉사라는 것은 한 사람이 다른 사람을 혼자 놔두지 않으며 동등의 그룹으로서 외로움이 극복되며 격려되는 것을 의미하는 것이다. 우리 사회에서 그것을 위해 특수한 교육과 소양, 전문적인 지식이 전혀 필요치 않은 교회를 통한 교회봉사적인 것에서 더 많이 이루어질 수 있음을 가르쳐 주고 있다. 물론 전문적인 지식이나 기술들이 필요로 하는 경우들도 있으나 똑같이 건강하고 전혀 병들지 않고 약하지 않은 사람들을 위한 것도 있을 수 있으며 단순히 사람들을 서로 친구가 되게 하는 차원의 교회봉사도 있다. 만약 교회 내의 집단들이 이 일을 한다면 그 가운데서 교회봉사적인 차원의 한 부분이 실현되고 있는 것이다. 이러한 일들 외에 선포의 과제도 교회직무에 해당한다.

랑에는 이러한 연관 선상에서 정당하게 교회와 목사의 직무행위들에 접근한다. 그는 확언하기를 ; "목사들의 실재적인 직무를 통해서는 실질적인 교회봉사자의 내용들이 교회공동체적 삶을 위해 더 높은 참여와 교회건설의 차원에서 해결하는 정도가 지극히 미흡하다고 지적하고 있다. 이와 마찬가지로 그들의 봉사적인 행위는 거의 선교적인 기회로서 표현되지 못할 수 있다. 그러나 그 속에서 교회봉사적인 교회실존은 현실화되고 있는 것이다. 하나님의 말씀이 인간들의 위기적인 상황에서도 명료해지는 것 역시 교회봉사적인 것이고 인간을 위한 일이며, 인간성에 대한 도움인 것이다."[7] 만약 이 모든 것을 간과하지 않는다면 교회로부터의 교회봉사의 변천에 대한 판단은 상대화될 수 있다. 아마도 조직화되고 전문인들에 의해서 관리되어지는 교회봉사를, 말씀의

---

6. Ernst Lange : Kirche für die Welt. München, 1981, S. 135f.
7. E. Large, a.a.O., S. 144.

교회봉사로까지 계속적인 영역들을 하나의 밀접한 연관 속에 끌어들임으로써 일치된 교회과제로 파악하는 것이다. 그래서 이웃을 필요로 하는 곳에서 강하고 건강하며 도움이 필요 없는 사람들의 삶의 상황들이 충분히 존재할 수 있다는 의식이 강력하게 인식되는 것이다. 이는 가난한 자와 부유한 자들, 강자와 약자들, 돕는 자와 도움을 필요로 하는 자들 간의 차이를 균등하게 하는 것일 수 있다. 또한 도움을 받는 사람들을 사회적인 외곽지로 내몰지 않을 수 있는 교회봉사적인 조항의 독자성이 효력을 발생할 수 있을 것이다.

조직화된 교회봉사가 이러한 교회에서의 본질적인 요구들을 항상 염두에 두고, 그리고 어디에서 교회들이 소용되는가에 대해서 지역적인 혹은 지역을 넘어선 영역에서 명백히 고려하기만 한다면 교회들이 더욱 교회봉사적으로 되는 데에 한몫을 수행할 수 있을 것이라 추측한다. 만약 이러한 요구들을 교회봉사 조직들이 제기한다면 교회는 아직 교회봉사를 위해 소용되며 또한 재정의 보조가 아주 다른 국가적 재정 등의 원천에서 주어질 필연성은 없게 될 수 있다. 그리고 조직화된 교회봉사의 교회에서 일어나는 일을 위해 전문인들도 역시 유용한 동역자로서 필요하지 않겠는가?

5. 믿음의 형상으로서의 사랑

많은 사람들에게 있어 교회봉사의 불변성은 교회봉사를 대표하는 사람의 인간됨 가운데 있게 된다. 그것은 기대 이상이기는 하지만 하나의 분명한 역할을 수행한다. 신앙고백 위에 세워진 기독병원에서 사람들은 더욱 인격적이고 개인적인 만남과 더 많은 시간과 수용성을 기대한다. 그러나 사회복지 국가는 이러한 주변조건들을 처리할 수 있으며, 다른 이들에게 그 자신을 개방하는 사람을 만들 수 없다는 점을 정치가들도 인정한다. 이렇게 사회복지 국가가 수행할 수 없는 것에 대한 모든 일들에 직면하는 것이 교회봉사가 감당해야 하는 목적들인 것이다. 그러나 그것은 무엇을 의미하며 이러한 기대와 희망은 어떻게 가능한가?

고린도 전서 13장에서 생각해 볼 만한 문구가 있다 : "내가 내게 있는 모든 것을 가난한 자에게 주어 구제하고 내 몸을 불사르게 내어 줄지라도 사랑이 없으면 내게 아무 소용이 없느니라"(3절). 모든 것을 가난한 자에게 줄 수 있는 것 이상으로 무엇을 더 잘할 수 있겠는가? 그러나 분명히 그 행위는 아직 한 인간의 중심부에 이르지 못한다는 것이다. 하나의 행위가 개인을 접하지도 않는 교회봉사적 행위가 있을 수 있다는 것이다. '사랑이 없다면', 사랑은 믿음의 표현형태이며 믿음의 존재방식이고 책임 있는 윤리적 행위일 뿐만 아니라 종교적인 경험에 대한 근본적인 놀라움의 표현으로 이해될 수 있다. 틸리히(Paul Tillich)는, 종교는 인간관계와의 불가피함과 피할 수 없는 인간들의 요구와의 관계에 있다고 말한다. 종교는 불가피한 요구의 상황 앞에 자신을 세우는 것과 관계가 있다. 이는 자신 앞의 한 사람을 보는데, 그의 얼굴과 눈을 보며 그에게 귀기울이고, 그리고 그 상황에서 그를 피할 수 없음을 경험하는 것이다. 그 상대가 불가피하게 자신과 관계하며 자신을 그에게 맡겨야만 한다는 것이다. 그것은 보통의 삶의 상황이 아니며 그것은 하나의 독특한, 가끔은 피할 수 없는 유일한 해당 상황이 된다. 이러한 경험은 실천과 다르며, 그때 우리는 기대에 의해 특징지어지고 기능들을 행사하는 역할들 가운데 서 있게 된다.

직업적인 행위실천에서 이러한 역할의 행위를 특징지우고 그것으로 인해 복잡한 만남의 개인성은 지극히 제한된다. 의사는 의학적인 전문인으로서, 사회사업가는 사회보조를 위해, 목사는 목양적인 돌봄을 위한 전문인으로서, 이웃은 그 때의 지역적인 사회체제에, 그리고 지배적인 기대들에 상응하여 마주 서 있게 된다. 이러한 관계 얽힘 가운데 다른 쪽의 사람들은 환자 혹은 의뢰인 혹은 곧장 다시 이웃으로 하나의 특정한 역할표본의 틀 가운데서 서로를 만난다. 또한 도움의 행위도 하나의 역할의 행위이며 그것은 오늘날 예전보다 더하다고 할 수 있다. 그러나 확실히 우리 사회에서는 아직도 전문적인 역할을 넘어서는 사람들 간의 곧 의사, 간호사, 사회사업가, 목사 등에 대한 이웃 이상의 순수한 인간으로서의 개인적 만남에 대한 희망이 존재하고 있다 : 이 희망은 특정한 직업적 지식에 대해서가 아니고 어떠한 전문적인 자격을 제시해서가 아닌 다만 필요로 할 때 시간을 갖고 들어주고 마주보는 그런 인간에 대한 기대를 말한다. 그리고 이것은 일상의 직업적인 일이 아니며 한 인간이 특정한 순간들에서 직업적이며 그 역할을 담당하는 사람 이상의 능력을 가진, 그래서 그의 역할을 넘어서고 초월할 힘을 획득하는 사랑일 것이다. 의사와 간호사가 병실을 떠나기 전 특정한 환자에게 가서 다시 한번 살펴보는 것을 말하는 것이다. 사회사업가가 그와 마주친 한 사람 때문에 그 직업의 내용과는 상관없는 또 다른 어떤 역할을 자원하여 하게 되는 것, 목사가 목회의 신학적 이론에 상응하는 만남이 아닌 한 사람을 위해 시간을 갖는 것이다. 사랑, 곧 바울이 고린도 전서 13장에서 말하는 것과 같이 타인을 향함이 단지 전문적인 행위 가운데서 전문적인 지식과 함께 이루어지는 그 이상의 어떤 다른 것을 의미하는 것이다. 그것은 직업적인 것과 모든 역할들을 뛰어넘는 또 하나의 새로운 역할들을 행동화시키는 어떤 힘인 것이다. 인간이 그들의 역사 속에서 타인에게 불가피하게 다가서는 경험들로부터 교회봉사는 성장한다. 경험들은 일상적인 것이 아니라 한 순간의 선물들이며, 또한 인간이 인간과 접근하는 데 있어서 하나의 놀랄 만한 힘을 갖게 한다. 그렇다면 교회봉사는 알브레히트 뮬러-쇼엘(Albrecht Müller-Schöll)이 사랑과 직업성에 대한 연구에서 보고하는 바와 같이 다음과 같은 방식으로 형상화할 수 있다.[8]

교회봉사 학술연구 여행에 참가한 자들은 예전에 소르본느 대학 교수였던 한 가톨릭 신부를 방문했다. 그는 수년 전부터 파리 중심부에 여인숙을 차리고 정주하면서 거기서 "어두운 곳에서 살지만 사람들이 보지 못하는" 이들을 포함한 수많은 사람들을 돌보고 있었다 ; 소아마비 환자들, 창부들, 알콜중독자와 마약중독자들, 전과자들과 떠돌이 등등. 청소년과 형사상의 범죄자 보호활동을 위한 사회사업의 전문가들인 우리가 그를 방문했었다. 우리는 그와의 대화 가운데서 하나의 실마리를 찾을 수 있었다.

문 : 당신은 성직자였었지요?
답 : 나는 성직자입니다.
문 : 그러나 지금 당신은 무엇을 하고 있습니까?
답 : 당신은 내가 사람들을 시중들고 있음을 보고 있습니다.
문 : 그러면 당신은 그리스도를 알리려고 합니까?
답 : 나는 여기 숙소의 주인입니다.
문 : 당신이 구상하는 것이 무엇입니까?
답 : 구상이라니 무엇을 의미하는 것입니까?
문 : 당신은 여기서 어떤 하나의 사회사업의 목적을 이루려고 하는 것입니까? 혹 당신은 사회사업을 위해 하나의 자격을 갖추고 있습니까?
답 : 나는 교육학적인 동역자들을 위한, 말하자면 하나의 '작은 사냥증'(즉, 그는 사회교육학적 방면에서 간단한 단기교육을 이수했다는 의미)을 위한 짧은 교육 같은 것을 받았습니다.
문 : 당신은 예배를 개최합니까?
답 : 매일 합니다.
문 : 누가 참석합니까?

---

8. Albrecht Müller-Schöll : Liebe und Professionalität. Theologia Practica. Göttingen, 20/1985, S. 250-258, hier : S. 252f.

답 : 대개 나 혼자입니다.
문 : 그렇다면 도대체 그것이 무슨 의미가 있는 것입니까?
답 : 나는 그것을 준비하고 나는 그것을 위하여 삽니다.
문 : 왜 이 일을?
답 : 나는 여기서 나라는 존재를 필요로 하는 사람들이 있다고 보았습니다. 나는 내가 활용될 수 있기를 원했습니다. 여기 이들이 현실의 대가(본인의 현 존재의 대가)로 먹을 것을 얻는 것은 중요하지요.
문 : 그러면 당신은 어떤 구호대책을 갖고 있습니까?
답 : 아니오. 나는 나를 하루하루의 요구들에 맡기고 있습니다.
문 : 그러면 당신의 하루는 어떻습니까? 무엇이 특별한 사건들입니까?
답 : 예를 들면, 어제는 마약중독에 찌든 아주 어린 한 소녀가 왔지요.
문 : 그리고 나서?
답 : 그리고 난 좋은 아침식사를 주었답니다.
문 : 당국과의 어떠한 연결도, 어떠한 진단도 하지 않고 치료에 대한 계획도 세우지 않았으며, 그녀의 병력에 대한 어떤 영역의 자료와 사실도 한번 파악하지 않았다는 말입니까?
답 : 그렇습니다.
문 : 그렇다면 도대체 당신이 의도하는 것이 무엇입니까?
답 : 나는 그 아이에게 하나의 장소를 마련해 주려 했지요. 쉴 수 있는 기회, 그리고 무엇보다도 죄를 짓지 않을 가능성을 준 셈이지요. 만약 경찰이 그 아이를 잡거나 보호소로 데려가거나 혹은 체포하면 모든 일은 더욱 나빠진답니다.
문 : 그렇다면?
답 : 제 그 아이는 내가 어디에 있다는 것을 알지요. 그 아이는 다시 올 수 있을 것입니다. 그 아이는 혼자가 되고 출구를 찾지 못할 때 나를 기억할 것입니다.

언급한 바와 같이 사람들은 이것을 할 수가 없다. 교회봉사에서는 이러한 자비를 베푸는 사람들이 있기도 하고 없기도 하다. 그러나 이들은 다른 사람들이 올바른 길로 들어서도록, 즉 그들의 역할을 통해서, 그리고 그 자신을 넘어서서 그렇게 이웃과 만나는 것을 같이 이야기하는 것이다. 아마도 이러한 이웃에 대한 열정 혹은 가난한 자나 약한 자를 위한 열정에 관해 한 번쯤 명확하게 표현하는 것은 현대 전문인들로 하여금 좋은 전망을 제공해 줄 수 있다. 그래서 열정이라는 것은 개인의 중심부에 뿌리내리고 있는 것, 그래서 인간과 인간 사이의 만남을 위해, 교회를 위해, 더욱이 기독교인들의 정치적인 행위를 위해 결정하게 하는 어떤 것이다.

제 3 부

에큐메니칼 상황에서의 교회봉사 활동의 실례

Ⅰ. 탄자니아 루터교회의 교회봉사
Ⅱ. 에큐메니칼 교회봉사의 조직문제들
Ⅲ. 갈등공동체로서의 교회봉사의 교회

I

탄자니아 루터교회의 교회봉사

교회는 늘 그 경험적 사회형태에 있어서 포괄적인 사회관계의 한 부분이다. 이러한 사회형태의 맥락에서 교회는 그 자체의 고유한 특성을 갖고 있다. 교회는 그 역사와 더불어 전체 사회의 역사, 즉 교회의 역사와 유대관계를 맺고 있는 전체 사회역사에 참여한다. 여기서 참여한다는 말의 의미는 곧 일방적이지 않는 상호 영향을 주는 과정을 말하는 것이다. 즉, 교회가 살고 있는 그 사회의 형태에 영향을 주며, 또한 그 사회가 갖고 있는 나머지 사회적 세력들은 교회형태를 규정하게 된다. 이러한 사실은 당대뿐만 아니라 역사적으로도 지속적인 영향을 주면서 현재적으로도 여전히 그 중요성을 확보하고 있다.

교회의 교회봉사는 다른 사회적 시스템과 교회간의 상호 보완과정이 강도 높게 진행되는 그러한 활동영역들 중의 하나이다. 이 사실은 특히 그리스도교의 기본 결정과 관계가 있는데, 좀더 정확히 말하면 그것은 교회구성원이라는 좁은 영역에 한정되어 있지 않고 오히려 교회 차원의 활동은 가장 넓은 의미에서 도움을 필요로 하는 모든 사람들에게 도움을 주는 활동을 자신들의 책임으로 알고 있다는 사실과 관계하고 있다는 것이다. 그러므로 그것은 사회의 다른 하위 시스템과 경쟁할 수도 있고 또한 협력할 수도 있으며, 보완할 수도 있고, 또 부담을 덜어줄 수도 있다. 그런 면에서 교회봉사의 해당 형태에 영향을 주고 또 그 형태를 규정하는 다양한 대외 부서들이 이런저런 경우 때문에 생겨난다.

독일인에게 있어서 중요한 사실은 사회적 상황이 다른 나라들의 교회봉사 활동을 검토하는 일인데 그럴 경우 그 과정을 통하여 독일인이 다른 곳의 상황에 비추어 자신의 상황을 보다 정확히 인식하게 되기 때문이다. 또 자기 나라의 교회봉사가 결국은 교회가 가지고 있는 다른 여러 가지 사회형태들 중의 하나라는 사실을 발견하게 될 것이기 때문이다.

여기에서 제3세계 교회가 행하고 있는 교회봉사 활동을 소개하는 것은 첫째 독일의 현실을 벗어나서 교회와 교회봉사가 만들어 내는 사회형태를 소개하는 데 있고, 둘째로는 제3세계 교회를 교회봉사 활동의 수혜자로서가 아니라 교회봉사를 완성해 나아가는 대등한 동반자로서 인식하자는 데 있다. 개발도상국 원조라는 개념이 때로는 지배적인 색채를 띠고 있기 때문에 다음과 같은 사실이 간과되기 쉽다; 제3세계의 교회들이 단순히 원조를 받는 수혜자가 아니라 인간과 인간이 사는 세계에 대해 공동으로 책임져야 하는 교회봉사의 협력 동반자라는 사실이 간과되어서는 안 된다는 사실이다.

1. 탄자니아의 루터교회

탄자니아의 사회적 상황을 분명히 하기 위해서는 이러한 관계에 있어 최소한 몇 가지 기본 사실이 거론되어야 한다.[1]

---

1. Vgl. etwa : Goswin Baumhögger/Jörn Dargel/Gisela Führing/Rolf Hofmeier/Manfred Schieβ : Ostafrika. Reisehandbuch. Kenya und Tanzania. Frankfurt, 3/1981.

- 탄자니아는 제3세계 대부분의 나라들처럼 가난한 나라이다. 탄자니아는 발전된 자신들의 공업을 마음대로 다룰 수 없기 때문에 가난하다. 또한 자기 나라에 필요한 만큼의, 즉 외국으로 수출할 만큼의 지하자원이 부족하기 때문에 가난하다. 이와 동시에 농업 관련 수출생산품이 세계 시장의 가격에 따라 좌우되기 때문에 가난하다. 또한 다른 나라들(유럽연합, 미국 등)이 쏟아 내는 잉여농산물이 수출판매액에 직접 영향을 미치기 때문에 가난하다. 미약한 경제력 때문에 사회 간접시설이 발전하더라도 그 속도가 느리며, 이로 인해 다시 근본적인 경제발전에 방해를 받게 된다.

- 탄자니아는 정치적인 모든 새로운 강조점들의 출현에도 불구하고 사회주의 국가이다. 마르크스-레닌주의 이데올로기의 의미에서가 아니라 독자적인 특성을 지닌 사회주의 국가이다. 탄자니아에서 실시되고 있는 사회주의는 아프리카적 사회주의로 이해된다. 그것의 근본 이념은 아프리카적 공동체생활, 이를테면 대가족(Ujamaa) 개념을 받아들이고 있다. 이것이 의미하는 바는 최소한 목표설정의 차원에서 시골 및 다양한 주민집단의 균등한 사회적 발전에 대해 관심이 높다는 사실이다. 그렇게 되면 도시주민 뿐만 아니라 농촌주민 역시 좋아지게 된다. 사회 엘리트가 누리는 생활수준의 향상은 보다 가난한 주민층을 고려하여 제동이 걸린다. 산업의 발전 이외에도 자주적인 농업경제가 촉진되기도 한다. 탄자니아는 가능한 한 많은 사람들을 촉진 장려한다는 관심에서 1967년의 아루사에서의 선언 이래로 교육분야에서 대단한 노력을 기울여 왔다. 그 외에 사회활동 영역에도 특별한 관심을 기울이고 있으며, 그 중에서도 가능한 한 전반적인 국민건강 유지 및 진흥에도 관심을 쏟고 있다. 교육 및 사회분야에서 탄자니아는 식민지적 상황이라는 전통에 기인하여 특히 유럽적이고 미국적인 선교활동에 연결되어 있다. 선교활동으로 연결된 교육과 사회시설을 담당하는 사람들이 지녔던 첫 번째 차원의 경쟁은 - 여기서는 사회시설을 제외시키려고 노력

하였다 - 시간이 흐름에 따라 서로 협동하는 모습으로 바뀌었다. 이러한 사회발전적 관점에서 국가와 교회의 동반자적 관계를 여기서 언급하게 된다. 예컨대 교회봉사 활동분야에서 국가 차원의 공동협력자가 여러 차원에서 '나란히' 활동을 하고 있다.

- 탄자니아 사회는 종교적으로 보면 다원주의적 사회이다. 공식적인 통계수치를 볼 때 인구의 1/3이 기독교인이고 1/3이 모슬렘이며 1/3은 전통종교를 믿는 사람들이다. 이러한 통계수치가 옳은지 어떤지는 전문가들이 보기에 의심스럽기는 하지만 중요한 사실은 전통적인 종교가 지배적 역할을 하지 못하는 것이 분명하며 근본적으로 현실에 별로 영향을 주지도 못한다는 것이다. 이러한 사실이 의미하는 것은 교회봉사 활동이 국가적 시설에 의해 충족되지 않는 한 상당히 다양한 자율적 담당자들에 의해 공동으로 결성 추진된다는 사실이다.

좀더 정확히 말하면, 서로 다른 종교집단에 의해 각자의 책임을 인식하는 자율의 담당자들이 교회봉사 활동을 함께 결정한다는 것이다. 민족 자체의 고유한 종교적 사회형태를 만들지는 못하고 다만 전통적인 종족사회에 얽매여 있는 전통종교 분야가 그 고유한 사회형태 조건들의 토대가 되어 있다는 사실은 여기서 자세하게 언급할 필요가 없을 것 같다.

- 탄자니아의 전체 기독교는 다시 내부적으로 보면 종파별로 나뉘어져 있다. 유럽과 미국에 있는 비교적 오래된 기독교 특수집단이라는 전체 개념에서 보면 다만 하나의 집단체일 뿐이며, 확실히 가톨릭교회를 제외하면 구성원들 간에 유대가 가장 강한 교회이다.

- 조직상 탄자니아의 루터교회는 여러 선교교회의 결과물인 탄자니아 연방교회[2]이다. 탄자니아 루터교회는 1987년 14개의 총회기구 내

---

2. 1963년 이래로 탄자니아 복음 루터교회(Evangelical Lutheran Church of Tanzania : ELCT)로 명명되고 있다.

지 지역교구 총회를 지칭하는 디오체제(Diäzese)라는 교회의 기구조직을 형성하고 있었다; 중앙 교회 사무국은 아루사에 위치해 있다. 교회의 활동분야는 일반적으로 다른 모든 교회총회들과 같이 교회, 교회교구(Kirchenkreis), 디오체제, 그리고 중앙총회를 지칭하는 연방교회(대총회를 일컬음 : Bundeskirche) 등이 있다. 루터교회에서 행하는 활동들은 여러 가지 활동 차원에 따라 분류하여 언급하여야 한다. 이러한 경우 개별 디오체제 내에도 부분적으로 강조되는 것들이 다소 차이가 있는데, 좀더 정확히 말하자면 역사적인 전통에 따라 강조되는 부분이 다르다는 것이다. 예컨대 킬리만자로 지역에 있는 북부 지역의 디오체제는 원조로 인한 상호 관계가 돈독한 독일의 라이프찌히 선교회가 갖고 있는 특징이 강하게 나타나는데, 이 루터선교회의 활동분야는 건강을 증진시키기 위한 복지적 돌봄과 교육분야를 집중적으로 완성시킨 바 있다.[3]

2. 상이한 교회활동 차원에서의 교회봉사적 실천

개교회 차원에서 보면 개별 그리스도인이나 전체 개교회가 갖는 교회봉사적 책임은 전통사회가 그 기능을 발휘하는 동안에 교회에서 최우선적인 과제가 아니었다. 개개인을 위한 자명한 사회적 연관관계는 전통사회에서 사회 그 자체가 하나의 가족, 다시 말하면 대가족구조였다. 대가족은 하나의 공동체로서 불행에 처해 있는 개인을 수용하며 능력이 있는 구성원은 보다 힘이 없는 구성원을 돌볼 의무가 있다. 예를 들어, 이러한 모습은 시골 대가족의 구성원이 도시에서 사회적으로 성공하여 재산이 늘어나게 되면 시골의 가족 중 다른 힘없는 구성원을 보

---

3. Gerhard Mellinghoff(Hrsg.) : Lutherische Kirche in Tanzania. Erlangen, 1976; Carl-Erik Sahlberg : From Krapf to Rugambwa. A Church History of Tanzania. Nairobi, 1986.

살피고 도와 줄 의무가 있다는 사실에서 드러난다. 그러한 경우 가족은 물질적 차원에서만 중요한 것이 아니다. 가족은 연대공동체로서 개인의 정서적, 사회적인 배경인 것이다. 다레스살렘에 있는 학생들이 정신적, 심리적 위기상황에 처한 경우를 예로 들면, 이 젊은이들은 대가족적 연대를 통해 점차 다시 회복하여 새롭게 안정된 상태가 되었다는 사실이 관찰된 바 있다. 물론 영향력 있는 사회적 감시, 감독 역시 가족이 갖고 있는 보호기능과 결부되어 있기도 하다. 예를 들면, 결혼하지 않은 젊은 여자가 아이를 낳을 경우 그 아이는 가족으로 받아들여지지만 그 미혼모는 축출당할 위기상태에 놓인다. 이러한 사실은 기독교적 가정에도 해당되는 것 같다. 공동체 안에서 혼전 임신은 부정적으로 받아들여진다.

현대 사회구조들이 전통적인 대가족공동체 개념으로 받아들여지는 범위 내에서는 이미 말한 바와 같이 교회봉사적인 공동체 실천의 필요성은 특별히 뒷전으로 밀려나 있어서 그리 중요하게 다루어지지 않았다. 그러나 오늘날과 같이 변화의 과정이 보다 강화된 상황에 직면해서는 탄자니아의 루터교회에서도 공동체성의 교회봉사적 차원을 발견하고 그것을 실천에 옮기려는 시도가 행해져야 하는 것이다. 현재로서는 그러한 시도에 대한 관심과 그렇게 행할 수 있는 힘이 개별지역 개교회보다는 교회 중앙단위에서 더 강하게 존재하는 것 같다. 그럼에도 불구하고 중앙구조에서는 아직 이에 대한 새로운 단초를 제공하지 못하고 있는데 그 이유는 본질적으로 여전히 감시기능에 한정되어 있는 중앙구조의 기능 때문일 것이다.

그래서 루터교 디오체제는 전통에 보다 더 강하게 영향을 받고 있다. 북부 지역의 디오체제는 그 교회 사무국 내에 의료 담당부서를 운영하면서 기존의 전통적인 교회봉사의 성격에 분명한 중점을 두고 있다. 그에 비해 해변 지역의 디오체제는 '교회봉사' 담당부서를 운영하고 있다. 여기서 우리가 간과해서는 안 될 것은 발전이 아직은 시작단계에 있다는 사실이다.

　최소한 교회의 강령 입장에서 보면 이 부서는 분명 교회와 관련된 단초적 싹을 드러내 보여 주고 있다 : 즉, 교회의 교회봉사는 교회에 의해 수행되는 교회봉사여야 한다는 것이다. 그러기 때문에 활동의 중심분야는 의식화 과정과 교육 훈련과정이다. 이 사회봉사 부서는 지역교회와 행정구역 차원에서 교회봉사 위원회의 교육에 힘을 쏟는다. 이 위원회들이 갖는 역할은 해당 교회에서 발생하는 기능, 전체 교회활동에서 교회봉사에 대한 의식을 중개해 주는 기능 등이다. 행정구역 차원에서도 이 위원회들은 상응하는 자기들의 기능을 인식한다. "교회봉사 부서"는 교회봉사 위원회의 위원들이 하나하나 과정을 밟아, 이를테면 문제상황을 인지하는 것, 원조를 시작하는 것, 동시에 자신들이 맡은 과제를 기독교적으로 논증해 낼 수 있는 능력을 길러내게 된다.

　이 부서는 조직기능과 교육훈련 기능 이외에 세 번째의 기능을 알고 있다 : 즉, 이 부서는 다레스살렘의 전지역을 상대하여 공개적인 사회상담 봉사를 실천하고 있다는 사실이다.

　그럼에도 불구하고 전체적으로 보면 교회에서 행하는 교회봉사적 활동 차원은 아직 발전되어 있지 않은 것 같다. 이런 점이 사회의 변화과정을 두고 볼 때 문제라는 사실은 이미 인식된 바 있고 또 그에 따른 노력도 행해지고 있다. 그러나 핵심적 교회행정을 담당하고 있는 많은 사항들이 지금까지는 강령적 차원에 머물러 있다. 아마도 이는 지역의 교회공동체들이 교회에서 행하는 개발도상국 원조 프로젝트를 담당할 능력이 아직은 미약하다는 사실과 관계 있을 것이다. 여기서 일반적으로 디오체제 내지 탄자니아의 전체 루터교회를 대변할 수 있는 중앙 교회 행정이 개입되어야 한다. 이는 분명 지역에 결부된 프로젝트가 문제시 될 경우에도 적용되는 사실이다. 예를 들면, 북부 지역의 디오체제에서는 지원을 받은 지역의 건강교육 계획이 제청되어 독일의 쿠어헤센-발덱에 있는 복음주의 교회에 의해 관찰된 바 있다. 디오체제의 여러 교회들에서는 선발된 구성원들이 건강상담 문제에 있어서 다른 사람들에게 도움을 줄 수 있는 능력을 갖추고 있어야 한다. 이러한 관계에서 들 수 있는 또 하나의 본보기로는 아루사의 루터교 디오체제에서 추진하는 마사이족-건강봉사-프로젝트에 관한 것인데 여기에 재정을 후원해 주는 교회기구는 루터교 세계연맹, 미국과 서독의 개인적 기부자들 및 다른 기부조직들이 있다. 여기에서도 중요한 것은 예방의학에 대한 작업계획이다. 아루사 주변에 있는 마사이 지역이 갖고 있는 특별한 문제상황 때문에 그러한 필요성이 대두되었다 : 즉, 마사이족의 반유목적 생활방식으로 인해 항상 영양실조 현상이 나타나는데, 이미 5살 미만의 어린이들에게 특히 심하게 나타나는 현상이다. 더욱이 식수부족과 식수오염으로 인해 병에 감염될 위험이 복합적으로 존재한다. 이 프로젝트를 진행하면서 국가의 해당 부서와의 긴밀한 연대작업이 시도되었다. 국가의 담당부서는 이 프로젝트를 지원해 주고 재정적으로도 도와 주고 있다. 이 마사이족-건강봉사-프로젝트는 교회와 국가가 사회분야에서 어떻게 '나란히' 연대작업을 수행하는가에 대한 아주 전형적인 본보기이다. 마사이족 중 기독교인의 수가 킬리만자로 지역에 있는 종족 중 기독교인의 수보다 훨씬 적다는 것을 우리가 고려한다면 지역의 교회들이 그러한 활동의 담당자로서 역할을 하는 것만이 아니라는 사실이다. 오히려 중앙 교회행정에 부속되어 있는 고유한 조직은 이 일들을 위하여 필요하다는 사실은 여전히 주목할 만하다. 다른 경우들에서는 지역적 특성을 지닌 프로젝트가 전체 교회의 개발부서에 연결되어 진행되는 것처럼 보인다.

 전체 교회의 활동 차원에서 어디에 중점을 두느냐 하는 것은 탄자니아의 복음주의 루터교회 개발부서 책임자인 로가테 므스하나(Rogate R. Mshana)가 규정한 다음의 언급에서 찾을 수 있다 : "개발부서는 프로젝트를 위해 재정적 자원과 기술적 자원을 전달해 주는 메카니즘을 그 전문분야로 삼고 있지만 아마도 교육의 훈련과 동기제공에 더 많은 주의를 기울일 필요가 있다."[4]

개발부서들은 필요한 재원을 해외에서 중개하여 가져오고, 그 부서들은 또한 프로젝트의 실행을 위한 재정적 전제조건들과 기술적 전제조건들을 어느 정도는 창출해 내고 있어야 한다. 동시에 무스하나는 교육훈련 프로그램이 시작되는 정도가 너무나 미약하다고 불평하고 있다. 이러한 사실로 인해 종종 해외 교회와 다른 개발도상국 중개인들에 의해 재정을 지원받는 프로젝트들이 탄자니아의 루터교회가 갖는 전체 관계 내에서 비교적 독립되어 있게 된다.

탄자니아 복음주의 루터교회 개발부서는 재원조달이라는 과제 이외에 여러 활동들을 조화롭게 하는 과제도 동시에 갖고 있다. 좀더 정확히 말하면, 이 부서는 교회 내에서, 그리고 다른 교회종파들 내지 국가의 담당부서 등과의 연대작업에서 다양한 과제들을 갖게 된다. 정부 내 해당 부서와의 연대작업은 탄자니아 복음주의 루터교회의 제2교회봉사위원인 의료부서의 중요한 과제이기도 하다. 여기에서는 오래 전부터 추진되어 온 건강증진의 직무가 협동의 대상이다. 북부 지역의 디오체제에만도 비교적 작은 크기의 4개의 종합병원과 15개의 '약제 처방소'와 지역 의료센터들이 있다. 이 센터들은 어떤 것은 15개의 침상을 갖고 있으며 구급차의 수도 한 대 이상이 된다. 지역의 의료센터 및 교회에서 운영하는 병원들은 국가 의료조직의 기본 구성단위이기도 하다. 다시 말하면, 그것들은 계획적으로 운영되고 있고, 또한 상당 부분 국가로부터 보조금을 받고 있으며, 복지국가적 – 교회봉사적 협동의 많은 단초들이 분명 형성되어 있다. 이러한 사실을 전제로 할 때 국가 담당부서와 조화를 이루는 것이 지속적으로 필요한 것이다.

---

4. Rogate R. Mshana : The Relationship between development work and other church ministries. Exhibit 4.1. Consultation on Communication and Development. Limuru(Kenya), 1986, S. 1.

3. 시설 교회봉사

독일의 교회봉사는 상당 부분이 시설 교회봉사, 즉 교회로부터 파생된 조직이나 기구로서의 교회봉사가 아닌 교회봉사 자체의 센터를 중심으로 발전한 특징을 지니고 있다. 19세기 초의 신흥 대도시에서는 교회가 일찍부터 공개적으로 사회적 활동을 담당하기도 하였지만 이 활동은 교회봉사를 공적으로 인식하는 과정에서 큰 시설들에 의해 뒷전으로 밀려나게 되었다. 교육센터, 장애자센터 및 병원 등은 오랫동안 복음주의 교회봉사의 모습으로 특징지어져 있다. 제2차 세계대전 이후에야 비로소 개교회 차원, 도시 차원, 교회 차원 등에서 교회의 공개적인 사회상담 봉사가 여러 가지 제안을 좀더 폭넓게 내놓게 되었다.

시간이 흐름에 따라 탄자니아에도 교회봉사 차원의 시설들이 생기기 시작했다. 병원을 제외하면 보통 그 교회봉사의 시설들은 선교교회가 있을 동안에 생겨난 것이 아니라 대부분 지난 몇십 년 사이에 새로 생겨난 것들이며, 유럽인들 혹은 미국인들의 건의로 생긴 경우가 많다. 그 봉사시설에 걸맞은 유럽시설들을 알고 있었던 교회감독들이 자극을 주어 생겨나기도 하였다. 가장 최근의 실례 중의 하나로는 아루사 인근에 현재 건설 중인 재활센터를 들 수 있다. 탄자니아 시설 교회봉사의 특성과 문제점은 다음의 세 가지 예들을 살펴보면 잘 드러난다 : 므토니 교회봉사센터, 킬리만자로 기독의료센터, 그리고 디아코니센 어머니의 집 "Ushirika Wa Neema"(독일에서 1836년 T. Fliedner에 의해 창설, 발전된 개신교 수녀제도로서 교회봉사에 일생을 봉사하며 공동체생활을 한다. 이런 독일의 개신교 수녀제도는 현재 전세계적으로 전파되어 있으며, 이 탄자니아의 시설도 독일교회 본부로부터 시작된 것 중의 하나이다 : Dia-konissen-Mutterhaus).

므토니 교회봉사센터는 다레스살렘의 남쪽에 있으며 약 30명의 정신장애자들을 위한 교육센터를 운영하고 있다. 현재는 독일 여성 교회봉사원이 이끌고 있고 이 독일인과 함께 탄자니아인 교장이 책임을 맡고 있다. 규정대로 본다면 시설은 형편없다. 정신장애자를 위한 시설들, 정신장애아들이 도움을 받고 일어설 수 있는 마땅한 학교 등 필요한 시설들이 전혀 없는 것이나 마찬가지이다.

  처음 므토니 교회봉사센터를 발의하고 시작한 사람은 해변의 총회에 속한 한 여성인데 그녀는 외국 출신의 자원봉사자였다. 그녀는 다레스살렘에서 자신의 일을 해 나가는 과정에서 부모나 가족이 없는 '거리의 아이들'이라는 문제에 항상 부딪쳤다. 그래서 그녀는 이 어린아이들 중 몇몇을 모아 그들에게 머물 가정을 제공했던 것이다. 이것이 계속 발전해 나가면서 정신장애아를 돌보는 일이 점차 그 중심에 놓이게 되었다. 센터의 이 여교사는 아이들이 현재 갖고 있는 능력에 따라 전문적인 기능기술 등을 익히도록 도와 주어 결국 그들이 비교적 독립적으로 일상적 삶을 영위해 나갈 수 있도록 해 주려고 노력한다. 또한 이 센터는 문제아동이나 특수아동들을 위한 부모 상담활동을 심도 있게 수행하고 있다. 주말 동안은 아이들을 가족에게 돌려보낸다. 아이들은 가족과의 유대 관계를 잃어 버려서는 안 된다. 왜냐하면 교육과정을 다 마친 후 그 아이들이 머물 수 있는 곳은 가족뿐이기 때문이다. 이 프로젝트의 재정상황을 고려해 보면 다음의 두 가지 사실이 중요해진다.

  1. 탄자니아 국가는 이 센터에 높은 관심을 보이고 있다. 왜냐하면 이 센터를 일종의 길잡이 프로젝트로 보고 있기 때문이다. 그 때문에 국가는 교사들의 봉급, 즉 전체적으로 이 센터 총예산의 약 50%의 재정을 지원하고 있다.

  2. 나머지 필요한 자본은 외국에서 충당하고 있다. 그것은 유럽 출신의 여성 교회봉사원이 이끌고 있기 때문일 것이다. 그녀는 들어온 재원을 상황에 따라 적절하게 사용하고 있는 것을 재원 제공자에게 보증해 준다. 전체 교회봉사가 갖고 있는 전반적인 계획에서 이 센터가 고려되

고 있다는 사실은, 다시 말하면 유럽이나 미국의 교회 연관의 재원 기부자들에 의한 재정지원이 허용되고 있다는 사실을 제외한다면 자국의 디오체제 혹은 총회 등을 통한 교회의 직접적인 재원은 이 센터를 위해 전혀 조달되지 못하고 있는 것이나 마찬가지이다.

그러나 자국의 교회가 이 사업을 승인한다는 것에는 의문의 여지가 없으며, 더욱이 그 활동은 대단한 정도로 인정을 받고 있다. 므토니 교회봉사센터의 경우를 볼 때 교회봉사 활동이 그에 상응하는 자국교회와 관계에 대해 다음의 사실이 완전히 비전형적이라고 할 수는 없다 : 즉, 므토니에 있는 작은 루터교회가 이 센터의 공간에서 새로운 예배를 드리고 있지만 지역 개교회들과의 연계가 그 수준을 넘어서지 않고 있으며, 이 센터의 교회봉사 활동은 교회로부터 완전히 독립적인 상태에서 이루어진다. 근본적으로 보면 이 센터는 오히려 국가와 함께 운영되고 있다. 교회적으로는 담당 동부 지역의 총회와 해변 지역의 총회에 연계되어 있는 것과 마찬가지로 최소한 해외 중개인들에게도 분명히 연계되어 있다. 경상경비를 고려해 보더라도 외국에 있는 기부자들에게 비교적 많이 의존하고 있음을 알 수 있다. 이를테면 지역개발의 영역과 중요한 부분의 프로젝트를 추진하기 위해서는 항상 새로운 후원자를 구해야 한다. 예를 들면, 독일의 어린이 위기원조(Kindernothilfe)는 이 센터에 있는 다수의 지역개발 영역을 위하여 재정을 지원해 주고 있다.

두 번째 예로는 킬리만자로 기독의료센터를 들 수 있다. 이 센터는 80년대 중반에 이미 420개의 침상을 소유한 큰 병원이다. 주업으로 활동하는 동역자의 수는 80명에 육박하고 그 중에서 약 30명은 외국인이다. 이 센터는 당시 모쉬(Moshi)의 루터교회 감독이 제안한 국가 차원의 자극에 힘입어 이룩되었다. 이미 60년대 초 이 센터가 설립될 당시에 탄자니아 국가의 자체 기구조직으로는 이 병원을 재정적으로 운영할 수 없다는 사실이 분명하였기 때문에 루터교회 세계연맹에 그 문의가 들어갔다. 이 연맹은 처음부터 다른 종파들의 그리스도인들이 함께 이 사업에 옹호할 것을 요망했다. 그리하여 '탄자니아 선한 사마리아인 재단'이 설립되기에 이르렀고, 이 재단이 바로 이 병원의 설립자이자 소유자이다. 이 재단의 이사장은 탄자니아 복음주의 루터교회의 해당 감독인 대총회의 총회장이 당연직으로 추대되었다. 1967년 이후 이 재단이 국유화되는 과정에서 국가에 의해 재산이 몰수되지는 않았으나 국가의 간섭은 분명해졌다. 킬리만자로의 기독의료센터는 지금은 이사회에 의해 운영되고 있으며 국가를 대변하는 정치권 사람들이 중요한 발언권을 행사하고 있다. 현행 살림살이 중에서 국가는 다만 60%만을 담당하고 있다. 재단은 이 부족액을 메우기 위해 해외기부자를 확보하려고 애쓰고 있고, 현재의 재정계획에 없는 투자는 외국의 프로젝트 재원을 거쳐야만 그 재정이 확보될 수 있다. 이러한 투자는 정규적으로 요구되지는 않고 다만 한시적으로 요구된다. 이 센터의 건축상태의 발전은 현재 1987년까지는 전혀 만족스럽지 않았다.

　탄자니아 병원계획 범위 내에서 보면 킬리만자로 기독의료센터는 지역에 있는 주요 병원들 중의 하나이다. 탄자니아에는 전체적으로 보아 이러한 큰 병원이 4개 있는데, 그 중 하나가 다레스살렘에 있다. 주요 병원으로서의 킬리만자로 기독의료센터는 특히 치료하기 힘든 난치병자들의 경우들을 다루는 병원이다. 주변 병원의 의사들은 전화로 기독의료센터의 전문가들에게 상담하여 조언을 구할 수도 있고 외래진료를 부탁할 수도 있다. 기독의료센터에는 일련의 교육 프로그램이 구비되어 있는데 간호사, 간병인, 전문의, 생리요법 전문가, 안과의, 정형외과 전문기능인, 공중위생 공무원, 안과질환 전문간병인(장애, 노인, 특수환자 간병인 : Spezialpfleger) 등을 위한 것이다. 목사를 위한 또 하나의 교육 프로그램, 다시 말해서 탄자니아 병원의 상담봉사 - 교육 프로그램을 위해서는 오로지 재단으로부터만 재정지원을 받고 있다.

　탄자니아 루터교회가 킬리만자로 기독의료센터를 위해 조달해 오는 재원의 몫이 비교적 저조하다는 사실에서 우리는 이야기를 시작할 수 있겠다. 근본적으로 보면 외국의 교회 중개인이나 후원인들이 내는 헌금은 교회의 총회 기구들에 의해 전달된다. 루터교회들의 주일헌금은 기독의료센터를 위해 일정액이 책정된다. 그 이외의 교회와 병원간의 또 다른 연대는 아직까지 보이지 않는 것 같다 : 루터교회가 많이 관여하는 기독교 재단이 담당하고 있는 병원은 지역의 개교회 및 교회조직들에서 비교적 독립하여 활동하고 있다. 그 병원의 상담봉사 교육이라는 프로그램을 통해 정신상담 봉사와 의사들 간의 긴밀한 연대작업이 진행되고 있다는 것은 여전히 주목할 만하다. 간호요원들과 의사들, 그리고 그 곳에서 일하는 상담봉사자들의 말에 의하면 이러한 연대작업은 완전하게 이루어진다고 한다.

므토니 교회봉사센터를 다른 시설과 비교해 볼 때 구조적 유사성이 바로 재정문제에서 나타난다 : 즉, 분명히 국가가 두 교회봉사 시설들을 재정적으로 지원해 주고 있으며, 기독의료센터의 경우에는 형식상 국가가 관여하고 있다. 두 시설은 모두 외국의 원조에 상당 부분 의존하고 있으며 두 시설은 해당 지역교회와 그 곳의 교회본부와는 접촉이 별로 이루어지지 않고 있으며 지역교회가 그 비용을 담당하고 있지도 않다.

세 번째 실례는 Ushirika Wa Neema로 불리우고 있는 디아코니세 어머니의 집은, 기독의료센터가 킬리만자로 지역의 모쉬라는 도시의 지역 주변에 있는 것과 마찬가지로 이것은 근본적으로 독일의 아우구스부르그 소재 복음주의 루터교파의 디아코니세 어머니의 집에 의존해 있는 단체이다. 우쉬리카(Ushirika)는 1980년에 새로 설립되었으며, 이 단체의 중요한 설립자 중의 한 사람은 수년 전부터 탄자니아에서 활동하는 바이에른 출신의 마취과 의사 독일인 캄(Kamm)이다. 우쉬리카(Ushirika)는 현재 탄자니아 북부 지역 총회의 당시 감독인 크베카(Kweka)가 지원해 주고 있다. 이 디아코니세 어머니의 집은 오늘날 독일의 아우구스부르그(Augburg) 출신의 두 명의 디아코니세 자매들이 봉사하고 있으며 그 사이에 60명의 아프리카 간호사들이 입소했다. 건물은 모두가 새 것이며 상태가 양호하다. 그리고 간호사들에 의해 잘 가꾸어 놓은 농장은 주목할 만하다. 그러나 건물의 주변 지역에는 여분의 토지가 부족하기 때문에 앞으로 어머니의 집을 운영하는 농장은 이 단체가 필요로 하는 비용을 충당해 낼 수 없다는 사실을 알고 있어야 한다.

간호사들 대부분은 전문 직업교육을 받고 있는 상태이며 비교적 적은 수의 간호사들은 이 단체 밖에서 교회협력 사역자(Gemeindehelferin)[5]들로서 목사의 보조활동을 주로 하는 동역자로 혹은 가정부로 혹은 일련의 다른 단체들에서 직업활동을 하고 있기도 하다. 전체적으로 보면, 이 어머니 집의 기능을 명확히 제시해 줄 구상은 아직 없다. 설립자들의 당시 생각은 비교적 막연한 면이 있었는데 이는 "만약 가톨릭 사람들이 수녀원을 설립한다면 우리가 뒤쳐져서는 안 된다."는 것이다. 지도적인 간호사들 쪽에서는 부분적으로 다음의 사실을 수용한다 : 즉, 가족 안에서는 이제 더 이상 가족구성원으로(결혼적령기를 훨씬

---

5. Gemeindehelferin : 이들은 1933~1945년까지의 특수한 사회적 환경 가운데서 양성화되었던 교회여성 성직이었다. 1, 2차 대전을 전후하여 전쟁터로 나갔던 남성 목회자들을 대신하여 교회의 전반적인 일들을 떠맡아 봉사하였다. 이러한 이들의 임시적이고 양성적인 교회봉사 활동에는 목회자 부인들도 그 유사한 역할들을 담당하였다. 이들은 정규 신학과정을 공부했으며, 개신교 수녀제도였던 디아코니세 자매제도에 반해서 그 폐쇄적인 특성을 보완하여 발전되어진 교회와 사회의 승인을 받은 여성 성직이다.

그러나 2차 대전 후 복구되는 교회의 조직과 구조들에서 이 여성 직업은 많이 후퇴 발전하여 소극적이고 목사 보조역할에 머물게 되었다. 1960년 이래 점차적으로 이들은 사장의 길에 들어선 후 그 전성기로 다시 일어서지 못하고, 더욱이 여성 안수가 허락(1930년 이래)된 이후에는 점점 더 그 역할들이 사멸되는 상황이다. 한국교회의 현재의 여전도사의 역할과 공통점을 가진 것으로 이해가 가능할 수 있다(역자주).

지나 있는 등의 이유) 정상적으로 머물 수 없어서 독자적인 직업교육을 찾아나서는 젊은 여성들이 이 어머니의 집 범위 안에서 하나의 새로운 기능을 획득할 것이라는 사실을 기대했다. 그러나 이 어머니의 집에서도 아직 탄자니아 교회에서 활발히 전개되고 있지 않은 유치원 여교사 직업교육 같은 미래적인 과제들이 아직까지는 관철되지 않고 있다. 이 어머니의 집은 북부 지역의 총회 내에서 제대로 알려져 있지 않고 있으며, 이러한 상황은 그 지역교회가 하는 이 사업에 감독이 참여를 하고 있어도 지금까지 그 점이 바뀌지는 않았다. 교회들은 이 시설에 대해 거의 직접적인 관심이 없는 편이며 총회지도부의 차원에서 보면 다만 이 어머니의 집은(Ushirika) 유럽인들과 다른 외국인들에게 내놓을 만한 훌륭한 하나의 프로젝트로서의 기능을 하고 있다. 결론적인 사실은 어머니의 집(Ushirika)에 대한 재정지원을 총회가 참여하고 있지 않으며 그 소요비용 대부분이 독일 아우구스부르그의 어머니의 집에서 주로 지급된다는 것이다.

앞에서 언급한 두 디아코니 시설들인 모토니 교회봉사센터나 킬리만자로의 기독의료센터와는 달리 우쉬리카(Ushirika) 어머니의 집은, 국가재원을 전혀 이용하지 않는 교회 단독 프로젝트이다. 다른 두 시설들과 같이 이 집은 상당 부분 유럽재원에 의존하고 있으며 그 지역교회가 통합되지 않은 특수한 지위를 교회 내에서 갖고 있는데, 그 이유는 이 집이 독일의 아우구스부르그에 있는 어머니의 집에 상당히 의존해 있기 때문이다.

지금까지의 내용을 다음과 같이 요약해서 정리할 수 있겠다 : 탄자니아에 있는 루터교회와 생각을 같이하는 시설/기관봉사는 그 시작과 방향설정이 모두 외국교회나 기관들에 의해 이루어졌다는 사실이다. 그러기 때문에 그러한 시설과 센터에서는 어떤 토착적인 발전도 거론되지 않고 문제시되지도 않고 있다. 시설 교회봉사는 그 근본에 있어 비교적 차이가 있으며, 교회생활의 전체 조직 안에 거의 편입되어 있지 않고 철저히 유럽적인 전형을 본받고 있다.

  탄자니아 루터교회의 시설 교회봉사가 외국 기부자들에게 재정적으로 너무 지나치게 의존하고 있다는 사실은 대단히 중요하다. 그것이 국가의 재원이든 교회의 재원이든 이 나라 자체의 재원으로 경상경비와 새로운 투자를 충당할 수 있는 가능성이 장기적으로 보아서도 없기 때문에, 외국 헌금자들에게 의존할 수밖에 없는 것이다. 재원이 프로젝트에 결부되어 계속 주어지는 위탁 시스템의 형식을 취하게 되면 그러한 의존도는 더욱 높아지기 마련이다. 킬리만자로 기독의료센터는 여기서 인상적인 본보기로 제시될 수 있다 : 건물은 지금의 살림살이로 보아 새로 고칠 수 없고 부분 개축을 가능케 하는 새로운 프로젝트가 결정되어야 하며, 그럴 경우 장기적으로 지속될 수 있는 계획을 세우는 것은 참으로 힘들다.

  염려되는 것은 새로 계획되는 시설형태의 교회봉사 시설 하나하나가 모두 탄자니아 루터교회의 외국에 대한 의존을 더욱 부채질할지도 모른다는 사실이다. 이 사실은 오로지 부정적으로만 평가될 수 있는 것인지 어떤지 혹은 이 사실에서 포괄적인 교회공동체의 표현형식도 발견될 수 있는지 어떤지 하는 것들은 특별한 토론을 거쳐야 할 필요성이 있다.

  그 형태에 있어서는 다양한 모습을 띠고 있지만(실례로 소개된 프로젝트 형태인 므토니의 경우, 국가가 추진하는 사회계획 안으로 교회가 담당하는 기관들 혹은 교회 주변단체가 담당하던 기관들이 편입되어지는 형태 등) 탄자니아에 있는 루터교의 시설 교회봉사는 정부가 추진하는 사회 프로그램의 일부분으로 편입, 발전하고 있다는 것이다. 교회 차원의 시설들이라는 것이 모든 국민에게 베풀어지는 사회복지의 일부분으로 이루어져 있는 유럽국가들 – 이를테면 서독 같은 나라 – 에 존재하는 그러한 여러 가지 조건들이 유럽에서와 비슷한 형태로 탄자니아에서도 역시 교회와 교회봉사, 그리고 국가간의 연대 작업활동의 모습으로 규정되어지고 발전하고 있다.

4. 관찰을 위한 문제제시

　탄자니아의 루터교회가 실시한 교회봉사 활동들은 교회의 다양한 활동 차원이나 특수한 시설의 범위에서 그 조직적 성격이 매우 다양하다. 특히 교회에서 행하는 활동영역으로서의 교회봉사가(우리가 건강보건 - 목회적 돌봄과 더 넓은 의미에서 교회의 교육제도 등과 같은 전통적인 영역들을 제외하고 본다면) 바야흐로 그 시작단계에 있다는 것은 분명한 사실이다. 이는 이미 지적한 바와 같이 한편으로는 탄자니아의 예전 사회가 갖고 있던 전통적인 사회조건들과, 다른 한편으로는 기독교적 활동을 우선시하는 확고한 생각에 그 이유가 있다고 볼 수 있다. 그 우선권은 선교에 주어져 있는 것 같은데 말하자면 선교는 복음의 설교로서, 가르침, 지도 및 심리상담으로서 명확히 이해되고 있다.
　되짚어 보면 교회 차원을 초월하여 행해지는 교회봉사가 강화되어 가는 것을 지난 10년 이래로 관찰될 수 있는데 이는 여러 자극과 충격들이 그 역할을 했다. 즉, 한편으로는 변화해 나가는 사회적 여러 조건들, 이를테면 도시 지역에서 사회보장이 더 확장되어야 한다는 필요성과, 다른 한편으로는 국민의 균등한 발전을 추구하고 계급과 계층간의 격차가 더 벌어지는 것을 피해 보고자 하는 사회주의 국가로서 자기 나라를 이해하려는 이데올로기적 원칙에 그 이유가 있다고 볼 수 있다. 교회에 대한 국가의 기대가 커지고 그에 상응하는 교회봉사 프로젝트에 대해 국가가 재정적으로 관여하게 됨에 따라서 교회봉사 시설들이 공공기관화되어 가는 숫자도 늘어나고 있다. 여기서 드러나는 기본적으로 중대한 문제는 개별 교회봉사 기관과 교회와의 연대가 미약하다는 것이다. 교회봉사와 사회발전에 상응하는 경향들이 사회 시스템의 차이로 인해 우세하게 받아들여졌던 독일의 경우와 같은 유럽의 발전방식이 탄자니아에서 하나의 전형적 모범 모델로 여겨질 수는 없는 것이다. 오히려 그 반대로 교회 자체에서 시작되어 그 교회가 직접 담당하는 그러한 교회봉사가 마땅히 장려되어야 한다. 그렇다고 해서 국가와의 광범위한 협동이 부정적으로 평가되어야 한다는 것을 의미하지는 않는다. 다만 목표를 정하는 원칙과 교회봉사 활동을 스스로 결정할 수 있는 자유, 이 두 가지가 서로 일치될 경우 협동할 수 있게 된다. 이것들을 고려해 볼 때 탄자니아에서는 출발상황이 좋다고 하겠다. 때때로 교회대표들이 경제사회주의를 비판적으로 평가한다 하더라도, 많은 주민집단들의 균등한 발전을 목표로 하는 사회주의적 정책 성향은 그다지 논란거리가 되지 않는다. 모든 공동체 소속원이 교회발전을 위해 목회직에서 동일한 권리를 갖는다는 평신도 신학관점은 바로 기독교회가 함께 책임지고 실현해 낼 수 있는 대원칙인 것이다. 교회봉사 활동을 교회가 단독으로 구상하고 계획할 수 있는 자유에 대해 말한다면 탄자니아 국가가 갖는 관용은 너그럽다고 하겠다. 예를 들면, 국가가 종교 복수주의를 수용한다고 해서 종교적 중립의 원칙이 국가가 지원하는 시설들에게 보장되어야 한다는 식으로 강요하거나 요구되어지지는 않는다. 오히려 해당 단체의 독자적인 구상과 계획이 존중된다. 아루사에 있는 루터교회가 추진하는 마사이족 건강 서비스 프로젝트를 예로 들어 보면, 기독교적이고 선교적인 색채의 내용이 전체 프로그램 안에 명확히 드러난다. 말하자면, 국가의 담당부서와 협동함으로써 해당하는 계획구상이 기독교적 색채를 잃어버리는 것이 아니라 오히려 그 프로젝트를 담당하는 부분집단이 자신의 종교적 색채에 따라 그 프로젝트를 구상하고 계획할 수 있게 되는 것 같다.

교회가 행하는 교회봉사 활동에 대해 추가적으로 주어지는 국가적 자극은 개발정책에 관한 규준과 연관되어 생겨진다; 즉, 제3세계 국가들은 '저개발' 혹은 '개발도상' 상태, 그리고 제1세계와 제2세계 국가들에 대한 비교적 높은 의존상태 등에서 벗어나 경제적으로 힘있고 독자적으로 일을 수행해 나아갈 수 있는 국가들로 나아가야 한다는 규준이 처음부터 분명하다. 교회는 제한된 프로젝트를 가지고 이러한 국가적 개발활동에 참여했고 더욱이 이념적-강령적 토론에서는 항상 그러했다. 이러한 점은 비록 개발과 교회봉사 간의 내적 관계가 분명하게 항상 인식되지는 않지만 근본적으로 새로운 교회봉사 과제설정을 위하여 제기되어진다. 물론 교회봉사가 국가적 개발정책면에서 새로운 활동을 염두에 두고 본다면 전통적 활동방식에 다양하게 연결될 수 있는 가능성이(특히 건강증진 목회직무 혹은 교육제도의 영역에서) 드러난다. 시설 교회봉사의 여러 기관들을 고려해 볼 때 그렇게 인식된 사실이 교회의 개발관련 활동에 대해서도 혹은 교회가 담당하고 있는 개발 프로젝트들에 대해서도 부분적으로는 적용된다 : 이러한 교회봉사의 양면적인 발전은 흔히 지역의 개교회와 병행해서 이루어질 수 있으며 이 지역 교회를 넘어설 수는 없는 것이다. 또한 이것들은 교회와의 편입발전이 없으면 일어나지도 않는다. 이러한 사실은 극복되지 않는 지역적 상황에 부분적으로 그 원인이 있고 또 각각의 개발원조 담당자의 입장에도 그 원인이 있다. 이 담당자들은 교회의 중개인들에 의해 파송되기는 했지만 교회와 맺는 독자적인 관계는 비교적 없는 편이다. 이러한 사실은 프로젝트를 추진함에 있어서 어디에 중점을 두느냐 하는 것과 조직에 그 연유가 있을 수 있다. 여기서 이 프로젝트는 절박한 과제에 대해서는 문제의식을 전혀 갖고 있지 않은 지역 교회공동체의 대표자를 상대할 수 있는 또 다른 파트너의 필요성이 대두된다. 비록 조건들의 다양함이 고려되어야 한다고 하더라도 개발 프로젝트와 교회, 이 두 가지가 별로 상호 교류하지 않는 상태로 있다는 것은 문제가 많다. 이것은 개발과 발전을 다루는 최근의 토론에서 다차원적인 시각이 드러날 때 더욱더 문제가 된다. 발전이라는 것은 국민총생산의 증가만을 뜻하는 것이 아니라 생태학적, 문화적, 사회적, 경제적, 정치적인 여러 가지 요소들이 분명히 고려되어야 하고 나아가서 종교적-세계관적 요소들 역시 고려되어야 하는 하나의 전체 과정인 것이다. 왜냐하면 이런 요소들이 상황에 따라 문화적 전체 과정에 밀접하게 연관되어 있기 때문이다.

위에서 언급한 문제들은 일반적으로 단순히 실천을 위한 조건들과 관계 있는 것이 아니라 교회 내에 존재하는 신학적 원칙들과도 관계가 있다. 교회봉사와 선교의 관계 혹은 발전과 선교의 관계는 독일과 많은 다른 나라들과 비슷하게 또한 루터교 세계연맹 및 교회의 에큐메니칼 위원회 영역에서와 비슷하게 논의되고 있다. 이 양자 사이의 관계에 대해 우리가 언급할 수 있는 것은 근본적으로 둘 사이의 차이가 더욱 벌어진다는 것을 이미 전제로 하고 있다. 선교와 교회봉사, 선교와 발전 등이 신학적 목표원칙으로 보아도, 그리고 다차원적인 성향을 고려해 보아도 서로 분리될 수 없는 하나의 통일체라는 사실이 분명하다. 그러나 그것들은 서로 다른 활동영역을 드러내고 있는 것 같다.

교회봉사와 선교간의 관계에 대해 탄자니아 루터교회가 갖고 있는 입장들 중 하나는 다음과 같다 : 예수에 관해 아무것도 듣지 못한 사람들이 존재하는 한 선교는 무조건적으로 우선시되어야 한다. 여기서 선교란 말씀의 전파로서 이해되는데, 이것은 성령의 능력 안에서 이루어지며 인간의 영혼과 정신에 영향을 주며 구원은 예수 안에서만 가능한 것으로 인간을 이끌어 가는 것이다. 이러한 구원은 포괄적인 방식으로 경험될 수 있다는 사실이 확실히 전제되어 있다. 마사이 지역에서 보고된 것으로는 가령 세례와 치유가 서로 연관되어 있는 경험을 이야기하고 있다. 이는 선교 차원의 말씀전파가 무조건 우선시되어야 한다는 사실을 바로 입증해 주는 것과 같다. 교회는 말씀의 설교에서부터 성장하며 예수 안에서의 구원이 설교에서 포괄적으로 경험된다. 마쿠미라(Makumira) 지역의 루터교 신학대학에서 강의하는 조직신학자인 노르만 라이서(Norman Laiser)는 그것을 자신의 방식으로 훨씬 더 급진적으로 표현하고 있다 : 복음의 설교에서 특히 중요한 것은 하나님과의 새로운 관계인데 그 정당성을 통해 믿음에서부터 이야기되는 하나님과의 관계이다. 그리고 그는 교회의 교회봉사적 과제를 다루면서 다음과 같이 덧붙인다; 교회의 교회봉사적 활동이 교회를 구성하고 있는 활동을 흐리게 하는 경우 그 결과는 교회가 위험하게 된다는 것이다. 위에서 아래로의 하나님 행위인 무조건적인 십자가의 수직선이 중요한 것이다. 이것이 분명할 때 형제자매애라는 수평선이 수직선을 만나게 된다.

라이서의 입장은 그리스도인 대다수의 의견을 대변하고 있다. 그러나 다른 의견들도 물론 있다. 가령 므스하나는 신약이 말하는 선교를 단순하게 정의할 수는 없지만 누가복음 4 : 18 이하와 같은 부분이 근본적으로 중요하다고 생각하고 있다 : "주님의 성령이 나에게 내리셨다. 주께서 나에게 기름을 부으시어 가난한 이들에게 복음을 전하게 하셨다. 주께서 나를 보내시어 묶인 사람들에게는 자유를 주며 주님의 은총의 해를 선포하게 하셨다." 그런 점에서 므스하나는 선교를 다차원적으로 이해하는 경향이 있는데 이것은 교회봉사를 포함하며 발전개념이 역시 포함된다. 더 정확히 말하자면, 이러한 선교이해는 가난을 유발시키는 착취의 구조를 극복해 내는 구조적 발전을 의미한다는 차원에서 이해되어야 한다는 것이다.[6] 위의 논쟁에서 분명히 드러나는 사실은 교회봉사에 대한 이해, 발전에 대한 이해, 선교에 대한 이해 등을 둘러싼 신학적 토론은 절박한 당면과제의 필수적인 한 부분이라는 것이다. 이러한 차원에서 작업이 이루어질 때만이 새로운 발전에 대해 무엇이 장애가 되고 있는지를 밝혀 낼 수 있게 될 것이다.

여기서 제기될 수 있는 마지막 문제점은 탄자니아의 루터교회가 외국교회들에게 대해 재정적으로 의존해 있다는 것이다. 예컨대 교회봉사 활동분야에서 그러하다. 특히 그것은 생성중인 시설과 기관의 교회봉사 설립에서 정확히 확인될 수 있다. 장기적으로 보아도 이러한 분야는 외국의 원조에 의존해 있게 될 것이다. 이러한 의존은 어떻게 평가

---

6. R. Mshana, a.a.O., S. 6ff, 8.

받아야 하는가? 조직적 관점에서 보아도 예수 그리스도의 교회는 이 세상에서 하나의 교회이며 세계적으로 퍼져 있는 루터교의 교회공동체가 이 통일체의 상징일 수 있다는 신학적 관점이 유효하다면 어떤 민족교회가 다른 민족교회에 재정적으로 의존해 있다는 것이 문제가 되는 것은 아닌 것 같다. 그렇게 된다면 의존이라는 것은 더 이상 근본적인 문제가 되는 것이 아니다. 오히려 의존이란 함께 풀어나가야 할 하나의 동일체적 교회의 과제로 받아들이고 안정적으로 원조가 들어와서 굳이 어렵게 살아갈 필요가 없는 것이다. 교회가 전세계를 감싸 안는 교회로 이해되고 그 곳이 어디든지 간에 특히 개개의 국민교회가 감당해 낼 수 없는 곳에서 세계교회가 함께 담당해야 할 책임으로 받아들인다면, 특수한 과제영역을 넘어서서 다음 사실이 분명해질 수 있을 것이다; 보이지 않는 하나의 분명한 진리 그것은, 교회란 오히려 국적 및 개별국가를 초월하는 공동체라는 세계적으로 지역마다 다양하게 분규가 늘어나고 있는 시점에서 이는 교회 – 신학적 전망일 뿐만 아니라 동시에 인간적인 세계질서의 발전을 위해서도 중요한 것이다.

II

에큐메니칼 교회봉사의 조직문제들

 개발도상국 개발이론, 개발도상국 원조, 그리고 개발도상국 정책 등 제3세계 연구에서 제기되는 여러 가지 문제들을 다루는 정치학 분야에서 개발도상국 원조 - 조직의 구조들은 다시 분석하고 그 효율성을 연구하여 전반적으로 비판적인 토론과정을 거치게 되어 있다. 이러한 과정을 통해 드러나는 사실은, 조직적 구조들이 이론적으로 무시될 수 있지만 기껏해 봐야 유일한 상황 등에서 실제적 효과에 영향을 미치는 정도의 요인들을 나타내 주는 것이 아니라, 기본 이념이라는 차원에서 중요하다는 사실이다. 대개 개발도상국 개발정책 내지 개발도상국 원조를 실제로 실천하고 그 실천을 조직적으로 시행하는 것이 그 때마다의 사항에 적합한지, 아니면 이 사항이 아무런 효과도 없는지를 결정함에 있어서는 처음의 이론적인 구상들의 초안이 실현될지 어떨지에 대한 근본 질문이 우선시되지는 않고 있다.[1]

---

1. Vgl. zur Organisations-und Instrumentenanalyse : Franz Nuschler : Lern-und Arbeitsbuch Entwicklungspolitik. Bonn, 1985, insbes. Kap. XVI : Organisationen und Instrumente : Wie die deutsche

실제로 정치학적 분석에서 개발도상국 원조를 위한 교회의 여러 시설들을 부분적으로 함께 다루고 있기는 하지만 단지 개괄적으로 요약해서 언급하고 있을 뿐이다. 그래서 보다 정확한 연구작업이 없는 편이며 이 분야에 대한 개별연구는 오히려 예외적 상황이 된 셈이다.[2]

아래에서 제기되는 생각에도 서독교회의 개발도상국 원조에 대한 체계적인 분석은 드러나지 않는다. 총체적 문제에 대한 접근은 오히려 우연히, 그리고 해당 사안별로 이루어진다. 본서에서는 특히 탄자니아와 그 곳에서 행해진 개발도상국 원조작업에서 발견할 수 있었던 여러 가지 관찰들을 바탕으로 해서 몇 가지 문제점을 끄집어 내어 구체적인 개별상황으로부터 분리시켜 토론해 보고자 한다. 신학자들은 종종 신학 이외의 주변적인 것으로 이해되는 사회조직 문제들에 내재해 있는 신학적 중요성을 간과할 수 있다. 그러나 본서의 특별한 관심영역은 바로 이러한 내용들과 연관하여 이야기를 풀어 나가는 것이다. 종종 전혀 알려져 있지 않은 신학적 목표설정이 조직적 규정들의 세부 사안에서 그 효과를 발휘한다는 것을 전제로 한다. 이것이 아니면 조직적으로 결정된 실천에 있어 원칙에 합당하게 제기된 요구들이 바로 이 세부 문제들에서 사실상 실천의 구조로 인해 파기된다는 사실이 전제조건이 되어야 한다.

특히 중요한 것은 현재 교회가 행하는 개발도상국 원조에 대한 문제

Entwicklungshilfe verwaltet und vergeben wird. S. 199ff. Oder : Franz Nuschler(Hrsg.) : Dritte-Welt-Forschung. Sonderheft 16/1985 der politischen Vierteljahresschrift(PVC). 26/1985, Opladen, 1985, dort insbes. die Beiträge unter V. Entwicklungspolitik : Programmentwicklung und Entscheidungsstrukturen, S. 267ff.

2. Vgl. die schon ältere Arbeit von Hans-Ludwig Dornbusch : Kirchliche Entwicklungshilfe in der Bundesrepublik Deutschland. Hamburger Dissertation(Wirtschafts- und sozialwissen-schaftliche Fakultät), 1973.

점들은 비판적으로 토론이 시도되어야 한다는 것이다. 담당부서가 직접 그들 활동을 부분적으로 발표한 바 있는데, 그것은 기본 정보를 전달해 주기는 하지만 자기 변호라는 이해관계 때문에 정작 비판적 핵심들을 간과하고 있거나 은폐시키고 있다.[3]

1. 선교와 개발도상국 원조간의 긴장

선교와 에큐메니칼 교회봉사 혹은 교회의 개발도상국 원조와의 관계는 늘 토론의 대상이 되며 원칙에 비추어 볼 때 프로그램적으로 근본적 중요성을 지닌다. 이러한 긴장관계는 역사적 기원을 갖고 있다; 즉, 오늘날 여러 다른 활동영역으로 나누어져 있는 것들이 원래는 하나였다 : 기독교 선교가 처음부터 상당한 비중으로 '개발' 차원에도 주력했었다. 이는 바로 사회에 대한 교회의 직무를 인식하게 되는 과정에서 진행된 것이었다. 선교부 기관 이외에도 선교학교, 농업관련 프로젝트, 그리고 선교병원 등이 동시에 설립되었다. 오늘날 선교기관들에 의해 개발도상국 원조라는 특수 과제로 되어 있는 것이 원래는 다 한 손 안에 들어 있었다는 것이다. 조직상의 분리, 독립이라는 것이 이러한 역사적 맥락에서 보더라도 완전히 이루어질 수는 없었다. 그래서 선교본부와 저개발에 대한 개발직무는 가장 넓은 의미에서 서로 교차·중첩되는 과제를 갖게 된 것이다.

물론 선교와 저개발에 대한 개발직무간의 긴장은 역사적으로 동시에

---

3. 이 부분에 대하여서는 여러 자료들이 충분히 있다. 물론 이러한 관점 아래에서 별 문제의식이 없지는 않는 교회 개발도상국 원조직무들의 공동체 소개 등에서 그 내용을 알 수 있다 : Entwicklungsdienst als Herausforderung und Chance. Erarbeitet für die Tagung der Synode der Evangelischen Kirche in Deutschland vom 21. bis 8. November 1986 in Bad Salzuflen, Stuttgart, 1986.

조직적으로 혹은 우리가 원한다면 구상적으로 기본개념 차원에서도 그 근거를 밝혀 낼 수 있다 : 즉, 선교는 교회봉사에서 간단히 분리될 수는 없으며 근본주의 신학적(fundamentaltheologisch) 견지에서 살펴보면 더욱 그러하다. 그리고 교회의 개발도상국 원조라는 의미에서 교회봉사는 선교상의 과제와 마찬가지로 명확히 차이가 날 수 없다. 왜냐하면 바르게 이해한다면 그리스도교의 교회봉사는 비록 포괄적이기는 하지만 항상 그리스도교의 증언이기 때문이다. 그러므로 이 둘 사이의 긴장은 해소될 수 없으며 바르게 이해만 되면 사실상 긴장상태로 있을 필요가 없다. 그래서 오히려 이 두 직무들이 가지는 것에 대해 보충적인 면이 언급되어야 할 것 같다. 교회가 위임받은 임무의 전체성을 그 출발점으로 삼는다면, 이 경우에 해당되는 사항이 될 것이다. 그럼에도 불구하고 선교와 에큐메니칼 교회봉사간의 긴장에 대해 이야기해야 한다는 것은 적어도 50년대 이후의 개발이해와 관계가 있다. 즉, 50년대부터 남미, 아시아, 그리고 아프리카의 많은 국가들의 가난이 점점 더 일반대중의 의식 속으로 파고들게 되었고, 교회들이 이 빈곤의 문제를 자기 자신의 행동에 대한, 말하자면 교회가 에큐메니칼 교회로 되어야 한다는 것에 대한 도전으로서 이해하기 시작했던 것이다.[4] 물질적인 궁핍과 빈곤에 대한 투쟁을 위해, 그리고 제3세계 국가에 있어 장기적인 발전 가능성의 도입을 위해 교회가 참여해야 할 필요성이 대단히 강력하게 대두되었다. 그 결과 전통적 선교라는 과제는 뒷전으로 밀려나는 듯했는데, 특히 교회의 공공의식에서도 그러했다. 적어도 독일에서는 사회적 책임을 인지함으로써 선교에 대한 직접적인 대안이 제시되었다. 선교는 많은 기독교인들이 더 이상 일방적인 복음선포만을 통해서

---

4. Vgl. hierzu Konrad Raiser : Dienst und Solidarität : Ökumenische Perspektiven der Diakonie. In : Theodor Schober/Hermann Kunst/Hans Thimme(Hrsg.) : Ökumene-Gemeinschaft dienender Kirche. Stuttgart, 1983, S. 276-283, insbesondere S. 277ff.

는 자신의 신앙을 공언할 수 없다고 생각했기 때문에 위기로 빠져들었다. 신앙이 가지는 진리에 대한 요구는 분명히 주관적 차원에서 주장될 수 있기는 하였지만 신앙의 진리요구를 공적으로도 선교적 증언이라는 생각 역시 점점 더 많은 토론의 대상이 되었고, 동의를 받는 형태로서의 신학들이 비교적 강하게 정착되었다.

봉사의 본질에 있어서 전체성이라는 공식은 어느 정도 인류학적 관점에서부터 발전되어 나온다. 이를테면; "발전이라는 것은 인간의 전체성 속에서 보아야 하며 전체성 차원에서의 인간은 다시 말해 육체, 정신, 영혼을 그 목표로 삼아야 한다."[5]와 같은 표현에서 볼 수 있다. 하나의 또 다른 공식은 말씀행위의 증언인 복음전파의 이중성을 강조한다 : "하나의 전체적인 복음전파는 말씀에 대한 실천행위의 증언도 같이 해나가야 한다는 것이 요구되며 이는 피할 수 없는 일이 되었다. 그러므로 그것은 선교행위와 관계되며 개발도상국 개발업무는 항상 포괄적인 선교이해의 마땅한 결과로서 간주되었던 것이다."[6]

에큐메니칼적 대화상황에 의해 그러한 류의 조항들은 더욱 객관적 정당성을 얻게 되었다. 예를 들면, 아프리카의 신학자들은, 아프리카 문화는 '성스러운 것'과 '세속적인 것'을 전혀 분리하지 않으며 또한 영혼과 육체라는 중요한 신학적 분리 역시 주장될 수 없다고 하는 '인간'에 대한 생각을 강조한다. 오히려 우리의 삶 전체가 하나님의 영향으로 가득 차 있다는 것이다.[7]

---

5. Hans-Otto Hahn : Brot für die Welt. In : Peter C. Bloth u. a.(Hrsg.) : Handbuch der Praktischen Theologie. Bd. IV. Gütersloh, 1987, S. 363-365, hier : S. 364.
6. Arbeitsgemeinschaft Kirchlicher Entwicklungsdienst : Entwicklungsdienst als Herausforder-ung und Chance. Oktober 1986, S. 11.
7. So etwa Peter Kijanga : Ujamaa and the role of the Churches. Arusha, 1978. Ich verdanke diesen Hinweis einer Praktisch-theologischen Seminararbeit von Michael Stahl : Diakonie in der Gemeinde-

이와는 달리 토마스(M. M. Thomas)는 선교와 개발의 관계를 완전히 다르게 설명하고 있는데, 그는 이미 1978년 로쿰에서의 협의회(Loccumer Konsultation)에서 아시아적 맥락에서의 경제적, 물질적 변화과정들은 항상 종교적 과제로서 이해되어야 한다는 주장으로 우리의 주의를 환기시킨 바 있다. 한스 베르너 겐지쉔(Hans-Werner Gensichen)은 토마스의 입장을 다음과 같이 정리한다 ; "전체적으로 이해되는 개발은 정치적 투쟁, 경제적 변화, 그리고 사회의 구조변화만으로는 결코 이루어질 수 없다. 발전은 오히려 정신적, 종교적 토대의 갱신과 세계에 대한 불신과 숙명론적 무관심을 극복하는 영적인 의미부여도 필요로 한다."[8] 토마스의 관찰방식은 비교회적이고 비신학적인 토론으로서, 말하자면 실제적인 개발도상국 원조가 계속되는 어려움에 직면한 상황에서 새로운 신학의 이론이 세워져야 할 필요성이 절감되는 상황에서 생긴 것이다. 지난 몇 년 사이에 이러한 토론에서 문화가 개발에 무시될 수 없는 요소라는 것을 충분히 인식시켰다고 본다. 문화의 영향에 대한 토론에서 종교의 특수한 역할 역시 주제로 다루어졌는데 여기서는 종교가 발전을 저해하는 요소임과 동시에 촉진하는 요소로서도 거론되었다.[9] 예를 들어, 벤드도르프(Wendtroff)는 문화를 초월하는 초문화적 시대의식과 그에 따라 결정되는 직업노동에 대한 윤

Kennzeichen einer mit den Armen solidarischen Kirche. Göttingen, Sommersemester 1987. Von grundlegender Bedeutung war das Dokument der Evangelischen Kirche Mekane Yesus in Äthiopien vom 9. Mai 1972 "Zur Wechselbeziehung von Verkündigung des Evangeliums und menschlicher Entwicklung", veröffentlicht als Sonderdruck aus "Hermannsburger Mission 1973".

8. Hans-Werner Gensichen : Missionarisches Zeugnis und kirchlicher Entwicklungsdienst-Stationen in einem Lernprozess. In : T. Schober u. a., a.a.O., S. 41-51, hier : S. 50.
9. Rudolf Wendorff : Dritte Welt und westliche Zivilisation. Opladen, 1984, insbes. S. 199ff.

리 도덕적 태도를 특별히 연구하고 있다. 프랑크 블리스(Frank Bliss)는 발전으로서의 문화적 차원을 소홀히 하는 것은 바로 개발도상국 개발정책적 수단 및 기능에 있어서 부족한 점으로 지적하고 있다.[10] 개발과 발전에 대한 문화 및 종교의 중요성이 모든 이론가들에 의해 똑같이 높게 평가되고 있지는 않다. 디터 젱하스(Dieter Senghaas)는 아시아 여러 국가의 현대화 과정을 관찰하면서 오히려 개발과정에서 문화적 요인들이 갖는 극히 제한된 역할을 지적하고 있다.[11]

이미 유럽적-북대서양적인 가치표본에 문화적으로 적응해 버린 여러 상황을 보면 젱하스의 생각이 옳을지도 모른다. 전통적이고 문화적인 방향설정이 보다 강력한 지역사회 및 국가사회는 전체 문화의 조직구조가 발전과정에 끼치는 분명한 영향을 출발점으로 삼아야 한다. 말하자면, 서구 사회의 조직 차별화는 그 곳에서 아직 전혀 가능하지 않기 때문이며 개별적인 삶의 문제의 관점에 대한 관철이 지배적인 요소로 남아 있기 때문이다. 이 사실은 특히 아프리카 상황에서 적용되지만 토마스의 분석을 따른다면 아시아의 많은 부분에도 확실히 적용된다. 그러나 개발과정에 있어서 문화적 요소들이 중요하게 다루어져야 한다는 논쟁에서 우리는 그와 같은 사실을 잘 알 수 있다 : 원한다면 인간과 문화에 대해 '전체적'인 이해를 다양한 모양들에서 발견할 수 있다. 또한 그러한 이해는 인류학적 근거에서만 논쟁거리가 되는 것은 아니다. 선교와 교회봉사가 하나로 통일되고 종교적 신앙·교육·경제발전· 미래 삶의 준비 등이 하나의 통일된 삶의 연대를 보여 주는 내용의 전

---

10. Frank Bliss : Die kulturelle Dimension von Entwicklung. In : Aus Politik und Zeitgeschichte. Beilage zur Wochenzeitung das Parlament. B/86, 30. August 1986, S. 28-38.
11. Dieter Senghaas : Kultur und Entwicklung-Überlegungen zur aktuellen etwicklungspolitischen Diskussion. In : Universitas. 39/1984, S. 903-914.

체적인 저개발국 원조활동을 당연히 교회가 해야 할 일이라고 생각하는 것이다. 이러한 내용은 적어도 여러 전통문화를 고려하면서 이루어지는 개발이론을 둘러싼 전반적인 토론상황에서 힘을 얻는다. 선교와 교회봉사라는 주제를 신학적으로 논증함에 있어서 사회문화적인 관점이 거의 주장되지 않는다는 것은 참으로 놀라운 일이다. 그런 관점에서는 마치 인간적 삶과 사회적 삶의 여러 조건들을 분석하는 것이 여전히 신학의 부차적인 과제인 것처럼 보인다.

이상의 것들을 통해 다음과 같은 사실을 인식할 수 있다 : 즉, 에큐메니칼 교회봉사 분야에서는 인간실존의 전체성과 관련해서 또한 그리스도교적 증언의 전체성과 관련해서 선교와 교회봉사의 긴장을 공정하게 다른 방향으로 조명해 보고 또 그 긴장관계를 상호 보완이라는 생산적인 과정으로 이행시키려고 노력해야 한다는 것이다. 이와 같은 원칙론적 입장에서의 생각들은 분명 현장에 적용될 결과물들을 갖고 있다(혹은 가지고 있을 것이다). 예를 들면, 개발도상국 원조 담당부서와 선교간의 보다 긴밀한 공동작업을 위해 노력해 볼 수 있다는 결론이 나올 수도 있다. 더구나 전통적 선교과제와 교회봉사적 개발도상국 원조는 그 자체로 고유한 의미를 갖고 있는데 이런 점이 고려되지 않으면 안 될 것이다. 선교의 올바른 이해에서는 개발도상국 원조가 매번 선교일 필요도 없다. 그러나 이 두 측면이 상호 보완되기 위해서는 조직적인 결속을 지향하려는 노력이 필요하다. 이것은 다만 하나의 관점일 뿐 다른 관점들도 물론 존재할 수 있다.

전체성이라는 생각이 그 때마다의 문화뿐만 아니라 개개인에 대해서도 대단히 중요하다면 선교는 자신의 문화적 의미와 중요성을 의식해야 할 것이다. 선교는 기독교 신앙의 한 모습을 전달해 주고 사회에 대한 책임, 혹은 좀더 폭넓게 표현한다면 세계에 대한 책임에 무조건 동참하도록 그렇게 설정되어야 한다. 여기에서 기독교 신앙과 문화간의 관계가 고려되어야 한다는 사실이 포함된다. 문화라는 것은 유럽이나 서구의 문화가 아니다. 또한 그것은 토착전통을 수용하는 전체 맥락 속에서 형성되어야 하는 것이며, 문화는 사람들을 떠나서는 형성될 수 없고 다만 고유의 생활과 관련하여 생성되어 나올 수 있는 것이다. 선교의 이해만으로 사람들에게 기독교 신앙이 무엇이며 어떤 것이어야 한다는 것을 완전하게 말할 수는 없다. 선교란 고유문화 속에서 고유신앙을 만들어 가는 데 도움이 되는 것이어야 한다. 기독교 신앙이 사회에 중대한 영향을 끼칠 때 전통문화는 그에 부응하여 변화되어 간다.

여기에서 우리는 개발을 이해하는 데 필요한 논리적 결론들을 얻게 된다. 개발이란 경제부흥이 아니다. 그것은 서구문화에 대한 적응을 의미하는 것도 아니다. 이러한 발전유형들은 모두가 인간의 정신과 의지를 무시하는 것이다. 모든 대륙에서 오늘날 인간들은 새롭게 형성되고 있는 세계 사회 속에서 자신의 역할을 찾고 있다. 현재 세계사회는 아직도 상당히 서구적인 특징을 갖고 있지만 여러 대륙들의 다양한 문화전통들이 중요성을 인정받을 때 이 세계 사회는 점차 변화해 갈 것이다. 물론 이것은 다양한 전통들이 전체의 진행과정에서 서로 의사소통할 수 있는 가능성을 전제로 한다. 개발이란 바로 이러한 상호간의 의사소통 가능성과 그 능력을 키워 나가는 것이다. 그러한 전제조건들 중 하나가 경제적 존립 보장이다. 두 번째로는 경제적 독립을 들 수 있는데 그것은 이미 말했듯이 사회 전체의 개발이라는 맥락에서, 그리고 세계사회라는 틀 안에서 서로 대등한 파트너 역할을 지향해 나갈 때 가능할 것이다.

교회가 이것을 책임지고 추진하는 하나하나의 프로젝트와 프로그램으로 연결해 낼 수 있는지의 가능성을 고려할 때 이것은 상당히 어려운 목표설정인 것 같다. 지나친 염려일지 모르지만, 간과해서는 안 될 것은 개개의 활동에 대해서도 – 다시 말하면, 개별행동이 그 때마다의 문화적 전체 조직내의 자기 자리에서 강조되며 드러나게 하는 그러한 방침 – 방향제시적 차원에서 하나의 방침이 세워져 있다는 사실이다. 전통사회에서 개발 프로그램들이 그 때마다의 사회 문화적 관계 속에 스며들어 가야 한다. 예를 들어, 현장에서 일하는 사람들은 한 지역의 식수공급을 위해서 여러 곳에 우물을 파는 것만으로는 아직 불충분하다고 지적하고 있다. 그 우물들은 파서 보존해야 하고 그것에 요구되는 보완장치들이 조달되어야 하며 가장 간단하게 관리, 감독할 수 있는 기술적 지식이 필요한 것이다. 그러나 이것 뿐만 아니라 식수공급을 계속적으로 보호, 유지하려는 사회전반의 정신자세, 더 나아가서 식수공급의 유지가 중요하다는 인식 등이 필요한데, 이러한 인식은 단지 식수부족을 경험한 데서 생기는 것은 절대 아니다.

이제까지 필자는 하나의 예를 들어 보았다. 이 예는 개개의 개발도상국 개발활동에 문화적 배경이 중요하다는 것을 알게 해 준다. 그리고 이 배경을 통해 우리는 전체적인 관찰방식이 중요하다는 것을 분명히 알게 되었다.

이제 교회의 개발도상국 원조를 예로 들어 다시 선교와 에큐메니칼 교회봉사간의 긴장이라는 처음의 문제제기로 돌아가기로 하자. 이 두 분야에는 서로간의 중첩이 분명히 피할 수 없는 것처럼 보인다. 이 둘 사이의 긴장을 다른 각도로 새롭게 비추어 보는 것은 원칙적 방식일 뿐만 아니라 그 근거가 이 두 분야의 이행 현실에 이미 마련되어 있다. 이런 점에서 보면 선교와 에큐메니칼 교회봉사간의 관계를 새롭게 규정 - 이는 때때로 요구된다 - 할 수 있는 좋은 기회임에 틀림없다.

2. 개발도상국 원조활동과 동역자들

경제조직체의 성공여부는 그 조직체의 목적이 어느 정도 달성되었느냐에 따라서 결정된다. 조직의 경제목표는 높은 이윤의 획득, 일반적으로 이윤의 극대화, 시장지분의 확보 등일 수 있다. 조직이 설정한 목표를 달성하는 일은 양적으로 측정될 수 있고 또 평가가 가능하다. 교회 및 하위단위들과 같은 종교조직들도 목표를 설정해 두고 일을 한다. 예를 들면, 예수 그리스도의 복음을 전파하고자 하며 또한 인간들에게 용기를 북돋아 주어 믿음으로 살도록 도와 주거나 혹은 사회를 변혁시키는 해방을 기대하게 한다. 또한 그러한 해방을 위해 사전에 필요한 일을 하게 한다. 여기서 다루는 것이 관념적 목표들이기 때문에 구체적인 행동을 위해서는 형식적으로, 그리고 광범위하게 작성된 목표 도달과정들이 구체화되어야 하고 중간목표가 다시 정의되어야 하며, 목표에 이르기까지의 갈등들이 세심하게 다루어져야 한다. 이 모든 일은 기본이념을 놓고 토론하고 논쟁하는 차원에서만 가능해진다. 선교와 교회봉사간의 긴장을 표현하는 것은 기본 이념에 입각한 교회 차원의 토론 – 그리고 동시에 조직에 영향을 주고 목표를 결정하는 토론 – 의 한 본보기였다. 물론 교회 일에서는 실제적인 목표달성을 양적으로 파악하기가 너무나 어려울 수도 있다. 그러나 우선적으로 다루어지고 문제가 되는 것은 비록 효과적이기는 하지만 주관적인 방향설정 방식들이며 다양한 방식으로 생활 속에서 관철될 수 있는 것들이다. 기본 이념 차원의 목표설정 원칙은 조직에서 실제 활동하는 사람들에 의해 받아들여지고 실천적 활동 속에서 실현될 때 바로 그 상황에서 의미가 있는 것이다.

여기서는 목표달성이라는 측면에서 여러 조직에서 동역하는 직원에 대한 문제가 중요하다. 독일 에큐메니칼 교회봉사의 영역에서는 특별히 이러한 문제상황이 '해외직무'(Dienste in Übersee)[12] 부문에서 나타나는 것 같다. 이것은 놀라운 일이 아니며 이 작업영역에서 특히 문제되는 것이 필요한 인력의 중개이다. 예컨대, 해외에 있는 파트너들이

---

12. Dienste in bersee는 제3세계의 개발에 동참하기 위한 일환으로서 전문기술인이나 전문지식인들을 중심으로 기능선교의 역할을 하는 개발도상국 원조(EZE) 기구에 반하여 설립된 순수 기독교 전문 해외선교 기구이다(역자주).

전문가로서 활용할 수 있는 한시적인 개신교 출신 전문인력을 중개하는 일이다. 이 봉사의 목적은 다음과 같이 표현된다. "전세계 예수 그리스도 교회의 한 부문인 독일 개신교 교회들은 다른 나라들이 제기하는 요구에 부응하여 한시적 활동을 위한 전문인력을 중개하라는 파송위임을 받아 '해외직무'라는 활동공동체를 만들었다. 그로 인해 독일 교회들은 전세계에 인간이 살 만한 사회의 공동건설을 기대하면서 상호 이해와 화해의 봉사가 행해질 수 있기를 희망하고 있다. 독일교회들은 경험 많은 동역자들을 기대하고 서로 교환함으로써 에큐메니칼의 한 연계성을 표현하고자 한다."[13]

헬무트 헤르텔(Helmut Hertel)에 의하면 '해외직무'는 해당 분야에서 경험을 쌓은 사람들인 전문가들 혹은 좀더 정확히 말하면 개신교 출신 전문가들을 구하고 있다고 한다. 바로 여기에 특별한 어려움이 있는 것 같다. 한편으로는 전문가를 구하고, 다른 한편으로는 종교적으로 특별한 방식으로 자격을 갖춘 사람, 이를테면 대부분 형식적으로 개신교회의 교인을 구하고 있는 것이다. 그것은 '개신교적'이라는 말을 좀더 자세히 정의해 보면 그 말이 협의의 종파적 의미에서 그렇게 원시적으로 이해되어서는 안 된다. 그럼에도 불구하고 이 봉사가 예수 그리스도의 복음정신 속에서 이루어져야 하기 때문이라는 것이다.[14] 조직사회학적-신학적인 전체 문제로 들어가기 전에 먼저 몇 가지 통계수치를 한번 살펴보는 것이 필요하다. 1960년과 1986년 사이에 '해외직무'는 총 1,734명의 전문인력을 중개하였는데 그 중에 1,000명 이상이 아프리카에서 일을 하였다. 아프리카의 여러 나라들 중에서도 탄자니아가

---

13. So die Präambel des Dienstvertrages der Mitarbeiter von "Dienste in Übersee". Vgl. Helmut Hertel : "Dienste in Übersee" als personale Entwicklungshilfe. In : T. Schober u. a., a.a.O., S. 221-225, hier : S. 221.
14. A.a.O., S. 226.

가장 큰 부분을 차지했으며 228명의 전문인력이 그 곳에 파송되어 일하였다. 직업군으로 분류해 보면 의료 전문인력이 약 1/4을 차지하며, 또 약 1/4 가량이 기술분야로서 손으로 하는 일에 치중했고, 그 다음으로 큰 비중을 차지한 것이 교육시설, 제도분야, 경영분야 및 행정분야였다. 1,700명 이상의 전문인력 중에서 농업분야에는 단지 10퍼센트도 속하지 않았으며, 사회상담 사업은 120건 정도밖에 되지 않았다.[15] "교회봉사적 교회"라는 주제를 가지고 1987년 초에 시작된 탄자니아 학술여행에서 필자는 상대방으로부터 여러 차례 '해외직무'를 위하여 현지에 와 있는 동역자들이 토착교회와 그 교회의 공동체생활에 대해 거리를 두고 접근한다는 인상에 대한 이야기를 들었다. 탄자니아 루터교회 쪽에서는 그들이 탄자니아 지역상황에 걸맞는 접촉을 거의 시도하지 않는다고 느끼고 있다는 것이다. 그러나 그것에 대한 어떠한 요구는 제기되지 않았다. 해외직무자나 전문인력들은 선교사 역할도 겸해야 했을 것이 마땅하다. 참으로 한탄스러운 일은 해외직무자들이 그 지역의 개교회공동체의 생활과는 거리가 먼 생활을 한다는 것이 매우 유감스러운 일이다. 비록 그들이 교회의 어떤 전문직책에 의해 파송되어 있기는 하지만 서독의 일반적인 교회구성원이 갖고 있는 것과 같은 교회로부터 거리를 둔 기독성향을 그 지역에 전달하고 있다는 사실은 문제가 많은 것 같다. 탄자니아에서의 상황은 그 곳에서 일하는 파트너들에게 무엇인가 다른 것을 기대하고 있었다. 그 전문가들이 의식적으로 그 곳의 개교회공동체 생활에 참가한다는 사실을 통해서 복음적임을 보여주어야 한다는 것이다. 그렇게 함으로써 그들은 자신들이 기독교인이라는 것을 어느 정도 증명해야 하는데, 그것은 교회 삶에 참여함으로써 증명할 수 있다는 것이다. 그러나 그렇게 하지 않고 있다는 사실을 탄자니아의 대화자들에게서 읽을 수 있었으며 기대대신 실망을 느꼈다.

---

15. Entwicklungsdienst als Herausforderung, a.a.O., S. 83.

이 같은 사실은 결국 해외활동을 향한 하나의 반성적인 자극으로 받아들여지게 되었다.

이를 통하여 '해외직무'가 가진 하나의 전반적인 문제가 거론되었는데 복음주의에 입각한 그룹들이 자신들의 문화에 상응하는 평행조직체를 만들어 냈다는 사실을 통해서도 확실하게 증명되는 것 같다.

처음의 질문과 관련해서 보면 문제는 다음과 같이 드러난다. 해당 정치사회 정책적인 전문가가 생각하는 효과 차원에서 보면 해외직무가 성공적으로 작업해 나가는 것 같다.

그러나 기독교의 특수한 차원에서는 동역자의 개별적인 종교성을 통해 한계지어져 중개되는 것인데, 그 전 차원에서 볼 때 이것은 완전히 목표설정 원칙에서 어긋나는 것이다. "해외직무의 활동에 있어 특히 무엇이 기독교적인가? 혹은 더 좁혀 질문하면 무엇이 복음적인가?"라는 질문에 대해 해외봉사 지도본부의 오랜 지도자인 헤르텔이 어느 대담에서 다음과 같이 대답한 바 있다. "우리는 우리가 하는 이 일이 인간들을 구제하여 해방시키고 이웃을 사랑하고 사회에 봉사하라는 예수 그리스도의 부르심에 대한 하나의 응답으로 이해합니다. 이 부르심은 성경 전체에서 흘러나옵니다. 그것은 우리 인간 전존재에 대하여, 말하자면 우리 인간 안팎에 모두 적용되는 겁니다. 그것은 개개인에게 적용되고 집단들과 여러 민족들 전체에게 적용됩니다."[16]

그렇다면 문제는 어디에서 발생하는가? 이 어려움은 독일 연방공화국의 국교회적 상황에서 실시되고 있는 개신교회의 모든 교회봉사적 활동들이 가지는 특별한 상황을 통해 발생한다. '해외직무'는 국교회 차원에서 펼치는 교회봉사에 있어서 여타의 것이 아니라 규칙이다. 개신교 교회의 교회봉사는 독일 연방공화국에서 커다란 고용주 중의 하나이다. 이것이 의미하는 바는 교회봉사 내의 동역자들이 서로 다른 연

---

16. A.a.O., S. 59.

계와 다양한 경건형식을 가진 국교회 차원의 일반적 종교상황을 어쩔 수 없이 반영해 준다는 것이다. 전문가적 지식이 자격구비의 특징으로서 가장 인정받고 교회의 참여가 그것에 밀려 뒷전으로 쳐지는 곳 어디에서나 이러한 문제상황이 나타나게 마련이다. 그런데 이것이 의미하는 바는 교회봉사 활동이 이제는 더 이상 담당직원을 통해 충분히 실천적 상황으로 옮겨지지도 못하고 있다는 사실이다.

그럼에도 불구하고 독일교회 내에서는 이러한 프로그램과 담당직원 간의 격차가 어느 정도 부분적으로만 인식되고 있을 뿐이다. 교회 구성원 전체가 완전히 동질적이지는 않지만 보다 통일된 분명한 종교적 방향설정이 지배적인 다른 사회적 상황에서는(좀더 정확히 말하면 다른 종교들 및 다른 세계 해석체계들이 고유한 확신을 가지고 서로 경쟁하고 있고, 따라서 윤곽을 그려보는 일이 필요하기 때문에) 이러한 상황이 즉각 파악될 수도 있고 또 부담스러운 문제거리로 느껴지기도 한다.

이러한 딜레마는 구조적으로 조건지워져 있어서 즉각 제거될 수는 물론 없다. 그러나 국교회적 교회봉사의 특징이 무조건 부정적이고 일방적으로 평가될 수도 없다. 국교회의 여러 구조들은 종교적으로 동질적인 집단들의 경우에서보다는 더 강하게 개개인의 – 개개인이 얼마나 기독교적 확신에 차서 살고자 하는지와 관련해서 – 독립적인 자기 결정도 가능케 한다. 에큐메니칼적인 봉사 역시 교회봉사에 대한 국교회적 여러 조건들과 더불어 진행되어야 한다면 두 가지 과제가 중요하다.

1) 독일의 개신교의 고유한 교회실존의 여러 조건들을 고려하여 해외 파트너와 대화하는 일이다. 서독의 개신교 교회는 역사적으로 탄자니아의 루터교회와는 다른 교회이다. 에큐메니칼을 위해서는 관리구조 체제하의 독일 국교회적 유산은 떨쳐버려야 할 하나의 짐일 뿐만 아니라 해결해야 할 하나의 과제이기도 하다. 여기에는 교회 전체 구성원의 기독교적인 다원주의적 성향과 교회에서 봉사를 행할 준비를 갖춘 사

람들의 방향설정 방식의 다양함도 포함된다.

 2) '해외봉사'의 동역자들은 기독교적 실천현장에서 외국의 파트너들이 자신들을 어떻게 받아들이는가에 대해 미리 대비해야 한다. 해외 파트너들이 다른 경건양식을 가지고 있으며, 그것들에 대해서만 마음을 열어 놓고 있다는 사실만이 문제가 아니라 그들이 교회에 의해 파송된 기독교인으로서 특정한 행동방식을 가진 다른 사람들에게 어떤 영향을 끼치는가를 알고 있다는 사실도 염두에 두어야 한다. 아마도 해외 파트너들 입장에서는 교회생활에 참여하지 않는 것이 그들에 대한 무관심주의와 혼동될지도 모른다. 그러나 이것은 의도된 바는 물론 아니다. 그래서 특정한 문화적 조건들 하에서는 기독교공동체에 참여하는 것이 독일에서와는 다르게 행해져야 한다는 것이다.

 해외 파트너들이 느끼고 본 '해외봉사'에 대해 작성한 하나의 비판점으로 인해 에큐메니칼 상황에서와 마찬가지로 현재의 교회봉사 활동이 가진 고유한 한계가 주목을 끌게 되었다. 선교와 개발도상국 원조간의 분화는 이미 시사한 것처럼 우연하게 진행된 것이 아니라 사회 시스템의 분화 때문에 생긴 하나의 구조적 문제인 것이다. 전체적 교회봉사라는 초안은 종교를 다른 부분 시스템 아래 있는 하나의 부분으로 만들어 버리는 이러한 분화과정 때문에 한정적으로만 실천에 옮겨질 수 있을 뿐이다. 그러나 총체적 교회봉사라는 초안은 현재의 조직구조와는 완전히 다른, 이를테면 시스템을 포괄하는 협동적 조직구조를 요구하는 듯한 인상을 준다. 그에 부응하는 팀목회의 여러 시도가 바로 탄자니아에서도 행해졌다. 즉, 개발과 관련된 여러 가지 과제설정이 다양한 분야의 전문가들의 집단에 의해 공동으로 행해졌다고 한다. 시간이 흘러 지금은 그 시도가 중단되었다. 이론적으로는 그 시도가 개발에 대한 하나의 전체적 조항을 실현시킬 수 있는 출발조건으로 보였다. 그렇지만 실제로는 그러하지 못했다. 이 조항은 선교사들에 의해서도 다른 전문인력들에 의해서도 단독으로 이루어질 수 없으며 오히려 협동그룹이 있을 때 가능하다는 것이다.

3. 현지 파트너들의 인사담당 구조들

에큐메니칼 교회봉사인 개발도상국 원조는 상당히 큰 경영관리의 과제로서 그에 부응하는 관리직 직원, 즉 행정관리 등의 업무교육을 받은 전문가들을 필요로 한다. 원할 때는 늘 재정적 자원을 활용하는 조직들과 완전히 다른 문화적 상황들 속에서 교회봉사 과제가 이루어지기 때문에 다른 문화적, 사회적, 정치적 상황 안으로 들어가기 위해서는 그 새로운 상황을 알고 있는 현지의 전문가들이 필요하다.

이러한 관계 속에서 해당 파트너 교회가, 그리고 부분적으로는 그 곳에서 이미 일하고 있는 현지 전문가들이 갖고 있는 행정관리 역량을 이용할 수 있다. 이것은 교회 개발도상국 원조의 큰 기회들 중의 중요한 요소이다. 개발행정의 업무진행을 위해서 현지의 해외 파트너가 중요함을 명확히 설명해 주는 두 번째의 주요 관점은 동참으로 생겨나는 개발에 대한 공동책임 내지 개발책임이라는 원칙에서부터 유래한다. 제3세계 국가들의 개발과정에 참여하고 있는 유럽 및 북미교회들만 중요한 것이 아니라 해당 사회 내에서 교회봉사 차원의 책임의 한 부분을 담당하고 있는 그 지역교회들도 중요하다는 것이다. 이것 때문에 그 지역교회들이 함께 개발계획을 수립하는 과정에 참여할 수 있고, 또 참여해야 한다. 비록 그 교회들이 돈을 제공하는 쪽이 아니기는 하지만 개발에 관한 책임을 함께 지는 것이다. 이것은 단순히 윤리 도덕적인 또는 신학적인 요구만은 아니며 개발도상국 직무활동이라는 틀 속에서 프로젝트와 프로그램이 성공하기 위해서는 꼭 필요한 것이다. 개발이란 것은 개발도상국들과 그 곳의 사람들 스스로가 책임을 질 때 – 최소한 함께 책임을 질 때에만 – 성공할 수 있다. 그것은 지분으로 주어지는 개발행정이 특별히 사무관리 측면을 넘어서서 다음과 같은 사실이 시사되고 있는데, 이는 가장 작은 프로젝트를 실행하는 것에조차도 대단히 중요하다. 개발은 인간을 외부로부터 조정되는 현대화 과정의 대상으로 삼는 것을 의미하지 않는다. 오히려 개발이란 인간들이 스스로에 대한 책임을 지면서 자신들의 생활환경을 변화시키고 인간적이고 폭넓은 의사소통 과정에 당당한 참여자가 될 수 있도록 능력을 부여하는 것을 의미하는 것이다. 더욱이 생필품과 같은 기본적인 것들의 개선작업이 종종 최우선적으로 필요하다. 그러나 이것도 강요받지도 선물로 주어지지도 않고 스스로의 책임하에서 이루어질 때에만 본질적인 개발이 가능하다. 위에서 언급된 개발 프로젝트에 대한 기본적인 공동책임이라는 측면은 여기서 더 이상 거론하지 않겠다. 그러나 해외 현지교회의 개발담당 부서의 기능은 다루어져야 할 것이다. 이것으로써 시사된 전체 문제는 일반적으로 '인사담당 구조'라는 개념 아래에서 다루어질 것이다.

1986년 독일 개신교 대총회 내에서 교회의 개발도상국 직무활동에 쓰인 자원 중 약 1/4이 독일 자체 교회 차원의 담당자 구조를 장려하는 데 쓰였다.[17] 여기서 개발행정의 설립내용이 충분하게 다루어지지는 않았지만 부분적으로는 프로젝트 자원도 그 안에 포함되어 있기는 하다. 그러나 전체적으로 보면 전체 사용된 자원 중 이 부문이 차지하는 비율은 그래도 비교적 높은 편이다.

인사담당 구조들은 한편으로는 에큐메니칼 차원에서, 다른 한편으로는 국가적 차원에서, 결국은 국가적 차원에 바탕을 둔 교회간에 진행되는 개개의 공동작업 차원에서, 드물게는 개별종교 총회와 지역교구 차원에서 거론된다. 물론 인사담당 구조들이 독일 개신교 교회와 그것을

---

17. Evangelische Kirche in Deutschland, Kirchenamt, Schreiben Az. 1141/4. 241 vom 16. Juli 1987 an die Leitungen der Gliedkirchen der Evangelischen Kirche in Deutschland, S. 2, insbes. Sektoren 5 und 9.

벌이는 개발도상국 직무활동에 의해서만 장려되는 것이 아니다. 루터교 영역에서는 루터교회의 연합과 선교본부들, 그리고 개별 주총회 등에 의해서도 장려된다는 사실이 고려되어야 한다는 것이다.

예를 들면, 에큐메니칼 차원에서 인사담당 구조들은 교회 에큐메니칼위원회의 프로그램 2소속(프로그램 1은 국내 교회위원회 중심, 프로그램 2는 에큐메니칼위원회 활동 중심)의 개별위원회들, 즉 정의위원회와 봉사위원회이다.

여기서는 교회 개발도상국 직무위원회와 교회간 원조위원회의 활동에 중점을 두고 있다. 인종주의 극복을 위한 프로그램은 독일 개신교 대총회의 교회 개발도상국 직무 차원에 의한 장려계획에서 제외되어 있다.[18] 현지 국가적 차원에서 인사담당 구조들은 국가의 기독교위원회 소속의 교회위원회들이다. 이 위원회들은 개발정책 차원에서의 동등한 위치라는 기능을 통하여 그 중요성이 현저하게 증가되었다.

에큐메니칼 교회들 사이에 진행되는 개개의 공동작업 혹은 기독교 종파간의 중앙관리들은 현지 국가적 차원에서도 일을 하고 있다. 한 예를 들자면, 탄자니아의 루터교회는 아루사에 대총회 기구를 갖고 있다. 이 총회 안에 공중위생부 내지 교육부라고 할 만한 개발부가 하나 있다. 이에 상응하는 조직형태들이 개별 교회교구와 지역 총회 차원에서 반복되고 있다.

에큐메니칼 차원에서, 그리고 국가 교회위원회 차원에서 혹은 개별 종파 교회간의 직원으로 일하는 사람들은 대개 해당 교육과정을 거친 전문가들, 즉 신학전문가들, 사회문제 전문가들, 행정분야 전문가들이다. 이 부서가 행하는 지원 목적은 한편으로는 이미 거론되었듯이 참여

---

18. Zur Geschichte, Struktur und den Zielen der Programmeinheit Ⅱ : Hans-M. Moderow/Mattias Sens(Hrsg.) : Orientierung Ökumene. Berlin(Ost), 1977, S. 90ff.

과정에서 생기는 개발책임 : 개발에 대한 공동책임을 갖게 하는 것이며, 동시에 재정후원자들은 개발을 위한 스텝을 만들어 자신의 이익 또한 추구한다. 말하자면, 미국 – 유럽적인 기준에 입각해서 교육을 받은 직원은 당연히 자원을 적절하게 쓸 수 있도록 해야 하고 그것을 감독해야 한다는 것이다. 여기에 전제되어 있는 사실은, 이러한 사무직 감독이 주는 자와 받는 사람의 입장에서 생각하는 것이 일치해야 한다는 것이다.

개발행정 부문이 이렇게 사무 관리화되어 가는 과정을 힘있는 외부의 압력에 의해 일이 결정되어 가는 과정으로만 간단하게 이해해서는 안 된다. 개발도상국들은 부분적으로 분명히 전문가들을 필요로 하고 있다. 그럴 때 다른 사회부문에서의 근대화와 현대화 경험들도 분명 중요한 역할을 하게 된다고 믿는다. 현지 국가행정은 점점 더 유럽과 북미를 기준으로 삼아 나아가도록 되어 있고 세계경제의 상호 교류과정 안으로 개발도상국들의 국가경제가 편입된 결과도 경제분야에서는 오래 전부터 이러한 추세로 이어져 왔다. 교회 동역자들이 특히 지도 차원에서 충분한 자격을 갖추지 않으면 교회성장에 지장이 있을 것이라는 주장이 바로 여기에서 제기된다. 예를 들면, 리베리아대학에서 대외관계 책임자로 있는 롤란트 무콜로어(Roland Mucorlor)는 다음과 같이 주장한다. "교회의 봉사에 참여하는 사람들 중에서 해당 교육과정을 별로 거치지 않은 직원들과 아마추어들은 교회봉사에 도움이 되기보다는 오히려 피해를 준다. 선한 의지 하나로는 충분치 못하다. 교회 동역자들은 자신들의 행동이 복음과 일치되어야 하며 그 행동을 삶으로 가득 채울 수 있어야 한다. 그러나 이런 능력이 없는 동역자들은 그들의 전문성에도 불구하고 본질적으로 교회성장에 방해가 된다. 교회는 멈추어서는 안 되며 앞으로 계속 나아가야 한다."[19] 저개발국가와 원조국

---

19. Lutherische Weltinformation. 14/86, S. 14.

가들 사이에서는 앞의 형태에 따라서 광범위한 현대화 과정이 진행되었는데, 이 과정을 통하여 두 파트너들에 대한 연결고리를 끊는 효과를 어쩌면 가져왔을지도 모른다. 그리고 교회들은 이 과정들에 대해 눈감아 버렸을 수도 있다.

교회봉사 및 교회가 행하는 다른 봉사 사안에 대한 적절한 전문가 스탭을 가지고 교회의 인사담당 구조를 장려하는 것조차도 문제가 없지 않다는 사실이 시간이 지나면 분명히 관찰될 것이다. 예를 들면, 사무관리쪽을 지향하는 스탭들과 현지 교회들의 작업영역 사이에는 명확한 차이가 나타난다. 스탭들과 현지 교회들은 일이 전개되어 가는 과정에서 서로 갈라진다. 두 쪽의 작업방법과 경험세계는 종종 서로 중재되기가 어렵다. 이로써 이미 광범위한 문제가 드러난다. 국제적 기준에 연결고리를 갖고 있는 사무관리 스탭들은 유럽-북미 세계의 기준에 따른 관점을 갖게 된다는 것이다. 기능을 잘 발휘하면 할수록 이 스탭들은 서구적으로 더욱 현대화된 담당부서로 자리잡게 되며 이렇게 다른 문화적 상황에서 나타나는 작업방식과 가치관념 등을 아프리카, 남미 혹은 아시아 여러 나라로 더욱더 많이 전달하게 된다고 말할 수 있겠다. 유럽인들과 북미인들의 토착인을 위한 계획수립과 분배양식이 불충분한 것으로 체험되기 때문에, 이에 따르는 개발관련 경영기구의 설치가 필요한 것으로 인식한다. 이로써 폭넓은 사회문화적 문제상황이 언급된 것이다. 이 문제상황은 물론 교회구조적으로 중요하고 신학적으로 고려할 만한 가치가 있는 면을 갖고 있다. 현지 파트너 교회에서 이렇게 교회 중앙관리기구를 계속 확장함으로써 해외교회들은 자연히 지역 개교회적 특성이나 지역개발에 대한 중요성들이 사무관리적이고 관료체제적 중앙조직에 의해 명백한 제한을 받게 된다. 그러나 현지 교회에서 외면되고 있는 지역교회의 특성이나 지역적 개발의 중요성은 선교국으로 규정되는 북미와 유럽의 교회에서는 중요하고도 우선적인 교회의 유형으로 승인, 발전되고 있다. 이러한 중앙조직적 유형은 유럽에 있는 예전의 국가교회(Staatskirche)에 한정되어 있지 않고 미국의 여러 종파에서도 - 비록 미국에서는 개별 개교회의 자율성이 기본적으로 보다 더 크기는 하지만 - 관찰될 수 있다. 그러므로 개발부문에서 교회의 인사담당 구조들을 확립하고 유지하는 것은 비교적 광범위한 결과들을 갖게 된다. 그러한 구조들의 확립은 교회 중앙관리기구들이 지역 개교회 이외의 교회형태에 건설적인 교회유형을 결정하도록 돕게 된다는 것이다.

이러한 중앙조직적인 교회유형은 예컨대 독일에서 가능하다. 왜냐하면 교회세금을 통해서 적절한 재정적 기초가 마련되어 있기 때문이고 이러한 재정적 기초는 미국의 여러 종파들에서도 가능한데 개교회 구성원들이 기꺼이 기부하여 중앙관리기구의 재정조달이 가능하기 때문이다. 그러나 개발도상국가들에서는 사정이 다르다. 예를 들어, 탄자니아의 루터교회 현실을 보고 전문가들은 중앙기구들을 운용하는 데 드는 80%의 비용이 외국에서 들어온다고 평가한다. 이것이 의미하는 바는 이 중앙관리직들은 개교회에 의해서가 아니라 외국에 의해서 재정이 지원된다는 것이다. 교회교구 차원에서는 사정이 같지 않지만 대개 외국교회에 분명히 의존하고 있다. 그래서 중앙조직에 적용되는 것이 현지의 개교회에는 적용되지 않을 수 있다는 것이다. 즉, 스스로 자율적인 교회를 지향하면서 선교교회의 도움을 필요로 하는 교회들도 있다. 많은 경우 이것은 현지 교회 내에서 서로 부담을 나누어 조정함으로써 극복될 수 있는 문제이다. 그런데 실제적인 외국 의존은 바로 중앙관리직에 있는 것이다. 또한 장기적으로 보더라도 유럽 및 북미교회에 대한 이러한 의존을 축소시키는 교회 조직형태를 갖출 가능성은 전혀 보이지 않는다. 새로운 인사담당 구조설립은 재정적 의무의 정도가 늘어남을 뜻하며 다른 교회에 대한 의존정도가 더 높아진다는 것을 뜻하기도 한다. 독일의 교회 개발도상국 직무활동에 책임 있는 사람들은 이런 사실을 분명하게 알고 있다. 그럼에도 불구하고 예를 들어 귄터 린넨브링크(Günter Linnenbrink)는 이렇게 단언하고 있다. "이러한 문제들과 의문점에도 불구하고 교회의 인사담당 구조를 장려하고 강화시키는 것에 관한 대안은 없다. 즉, 그것의 장려 및 강화는 앞으로도 필요하다는 것이다. 우리의 파트너들이 계획수립, 자원투입, 사무처리와 해결, 그리고 감독 등에 대해 지금보다 더 강력하게 결정할 수 있도록 하는 조처들이 속히 강구되어야 한다."[20] 린넨브링크의 단언은 아직 상당부분 문제점이 있을 수도 있다. 그러나 실천적 차원에서는 그에게 동의할 수 있다. 즉, 경제적 상호 의존, 일반적 의사소통을 통한 상호 의존, 그리고 에큐메니칼 차원의 상호 의존 등이 제3세계 교회 내에서 결국 그러한 변화의 과정을 가져오게 했다. 또한 제3세계 교회를 유럽-북미적 현대화에 참여토록 하였으며 그 결과 지금 이 과정에서 중단할 수 없게 된 것이다. 그러나 이것이 의미하는 바는 - 이 점에서도 린넨브링크의 생각이 옳다고 인정받을 수 있다 - 바로 개발도상국 활동영역에서는 사회적 교회봉사의 다양한 형식에서 현지 해외교회의 책임이 강화되어야 하는데, 그것은 현지 해외교회가 자원을 스스로 조달하느냐 못하느냐와는 무관하게 되어야 한다는 것이다. 모든 교회마다 부유하고 가난한 교회가 있는 것처럼 전세계 교회 안에도 부유하고 가난한 교회가 항상 공존하는 것이다.

교회가 실제로 세계 차원의 교회이고 형제자매들의 공동체라는 것이 항상 진실하다면 가난한 교회는 부유한 교회의 부에 대해 요구할 권리가 있다. 그런데 요구가 있는 곳에 비로소 독립성, 즉 교회생활을 꾸려나감에 있어, 그리고 그에 필요한 재정적 자원을 필요한 곳에 투입함에

---

20. Günter Linnenbrink : Entwicklungsdienst als Herausforderung und Chance für die EKD und ihre Werke. In : EKD und Dritte Welt. Synode der Evangelischen Kirche in Deutschland 1986. Referate und Beschlüsse. Texte zum kirchlichen Entwicklungsdienst. 37. Stuttgart, 1986, S. 23-51, hier : S. 30f.

있어 자율성이 있어야 한다. 전체적으로는 아니더라도 가난한 교회가 필요한 재정을 스스로 감당할 수 있을 경우 '자기 신뢰'는 실현될 수도 있는 것이다. 비록 더 부유한 쪽이 자원을 제공하더라도 자기 행동에 대한 책임이 허용되는 그러한 방향으로 형제자매적 공동체가 이루어져 나가야 할 것이다. 이 점에서도 교회의 개발행정이 오랫동안, 그리고 아직도 충분하게 진보하지 못한 것 같다. "교회는 기독교인 공동체가 모든 삶의 상황에 얽매이지 않고 그것을 넘어서서 스스로를 실현하고자 하는 공간이다."라는 관점하에서 본다면 주는 쪽에 대해 받는 쪽이 빚을 갚아야 한다는 식의 채무적 의무가 생겨나는 것을 검토해야 한다.

4. 프로젝트와 프로그램

독일에서 교회와 국가 차원에서 실시되고 있는 개발도상국 원조의 지배적인 형태는 프로젝트와 프로그램을 통한 원조형식이다. 이러한 방식은 교회영역에서는 대체로 논란의 여지가 없는 것 같다. 예를 들어, 1986년 독일 개신교 총회(EKD)에서 린넨브링크는 이러한 방식을 문제삼지 않았다.[21] 또한 한스 오토 한(Hans-Otto Hahn)이 쓴 "세계를 위한 빵"[22]이라는 글에서도 개발도상국 원조의 방법으로서의 프로젝트와 프로그램이 아무런 의문 없이 전제되어 있다. 시간이 흘러감에 따라 이러한 방법이 문제점을 갖고 있다는 사실이 개별적인 의견표명 과정에서 제기되었다. 예를 들면, 연방 경제협력부의 국가 비서관인 폴크마 쾰러(Volkmar Köhler)는 1987년 중반에 언급하기를 프로젝트 장려는 장기적으로 볼 때 의미는 있으나 힘이 들며 그 효과는 총체적이지 못하고 결국 프로젝트 장려는 개발도상국들을 억누르고 있는 절박한

---

21. G. Linnenbrink, a.a.O.
22. H.-O. Hahn, a.a.O., S. 363-366.

상황으로부터 그 나라들을 해방시켜 주지 못한다고 하였다. 결국 예산을 프로젝트 차원이 아니라 직접적인 원조를 해 주어야 한다[23]는 것이 그의 견해인 것이다. 그런 식의 목표설정은 국가쪽에서는 매우 드물다. 사실 1986년 이후부터는 개발도상국에 대하여 구조조정 및 경제개혁 등을 지원해 줄 수는 있었지만 여전히 지배적인 것은 프로젝트, 프로그램, 그리고 일반적인 물자원조 등이다.

어쨌든 국가적 영역에서는 1984년 2월 23일자[24]로 확정된 개발도상국과의 재정 및 기술 상호 협력방침에 의해 프로젝트와 프로그램을 정의하고 있다. 장려의 대상은 우선 "개발도상국들에 의해 제기되는 특정하고 구체적으로 확정된 목표계획들이다. 계획의 중요한 형식들로는 프로젝트, 프로그램, 연구, 그리고 전문인력 기금, 일반적 물자원조 등을 들 수 있다."[25] 이러한 사실과 연관하여서 이렇게 주장될 수 있다. "프로젝트와 프로그램이 협력의 핵심이다. 프로젝트들은 기능상, 공간상, 경제상, 그리고 시간상으로 한계지을 수 있는, 목적 지향적으로 과제를 설정하는 조처들이다. 몇몇 프로젝트는 내용상, 조직상 혹은 공간상의 공통점으로 인해 함께 묶을 수 있다. 프로그램으로서 장려되고 발전될 수 있는 프로젝트로는 – 필요한 경우 한 사람의 공동 담당자의 범위를 초월하여 부문적으로 하위 부문으로 혹은 지역적으로 묶여져 있고 자세한 초안을 통해서 요약되어 있는 것들이다. 부문상 목표와 자원을 위한 특정한 물품수송과 활동 등도 프로그램으로서 재정지원을 받을 수 있다. 프로젝트, 프로젝트 집합, 그리고 프로그램간의 이행, 전이는 유동적이다.[26] 교회에서 쓰는 언어용법이 이러한 결정에 상당히 들어맞을지도 모른다. 간단히 말하면, 프로젝트란 개별계획이고, 프로그

---

23. Hannoversche Allgemeine Zeitung, 19, Juni 1987, S. 1.
24. BMZ – aktuell, Juni 1984.
25. Leitlinien, 4.
26. A.a.O., S. 4.

램이란 필요한 경우 여러 프로젝트들이 특정한 관점하에서 묶여지는 복합적인 개별계획이다. 일반적으로 프로젝트와 프로그램은 신청 차원에서 성사되는데, 신청자가 국가영역에서는 흔히 개발도상국들이고 교회영역에서는 개발도상국에 있는 개발대책 담당자들이다.[27] 프로젝트 신청 내지 프로그램 신청과 더불어 그에 대한 광범위한 검토작업이 시작된다.

국가적 영역에서 유효한 것은 비록 때때로 교회의 개별직책에 의해 보다 비사무적으로 처리되기는 하지만 적절한 방식은 교회영역에서도 유효하다.

프로젝트/프로그램 방법은 하나의 외견상 기본적인 장점을 갖고 있다. 즉, 제3세계권의 담당자들이 그것을 발의하고 이 담당자들이 기본적 협력기능을 갖게 된다는 것이다. 그럼에도 불구하고 기본적 참여가 완전히 보장되어 있지 않다는 사실을 완전히 제쳐놓고 보더라도 그렇게 이루어진 장려의 정확성은 여전히 문제가 있다. 경험적으로 볼 때 유명한 프로젝트들도 예외는 아니었다.

그런데 프로젝트/프로그램 원조는 그밖의 다른 장점들을 갖고 있는 것 같다. 자원의 사용이 비교적 통제될 수 있으며 자원기부를 특정한 전제조건에 연결시킬 수 있고 자원지출을 검사, 통제할 수 있어서 결국 평가가 가능하다는 것이다.

프로젝트/프로그램 형식은 또 다른 종결의 가능성이라는 장점을 갖고 있는 것 같다. 프로젝트와 프로그램은 쉽게 진척되지 않으며 시간을 필요로 하는 장려계획이다. 프로젝트 장려가 끝난 후 추후 작업이 어떻게 진행될 것인지가 처음부터 계획수립에 포함되어야 한다.

시간이 흘러감에 따라 프로젝트 장려에 대한 제한이 분명하게 표현

---

27. Auf die Problematik des Antragsverfahrens verweist F. Nuschler, a.a.O., S. 208.

되고 있는데 바로 제3세계의 개발전문가들도 그것을 표현하고 있다. 예를 들면, 탄자니아의 루터교회의 개발담당자인 로가타 므스하나는 프로젝트 지향성에서부터 거리를 두고 원조를 지급하도록 하는 주장을 더 이상 말아야 한다는 요구를 제기하였다.[28] 므스하나에 의하면 프로젝트를 지향하는 저개발국 원조는 해당 상황과의 관계 - 이 관계 안으로 개발 프로젝트가 적응해 들어가야 한다 - 에 대한 총체성을 너무 고려하지 않는다는 것이다. 그의 의견에 따르면, 때때로 프로젝트가 바로 현지의 공동체를 파괴한다고 한다. 이에 대응하여 그가 요구하는 것은 프로그램 재정지원이다. 이때 그가 최소한 프로그램과 관련된 장려로부터 기대하는 것은 전체 국민집단들이 변화과정에 참여할 수 있으면 하는 것이다. 므스하나가 결코 급진적인 요구를 대변하는 것은 아니다. 그는 개발장려의 최하위 단위는 프로그램의 최하위 단위, 즉 어느 한 국민집단의 광범위한 사회-문화적 변화를 그 집단의 전체성 내에서 가능케 하는 그러한 프로그램의 최하위 단위라는 주장을 대변하고 있을 뿐이다. 여기에서 살펴보면 므스하나는 개발과정에 참여한다는 것에 관심을 보이고 있다. 즉, 인간은 어떤 조처의 대상이 아니라 그것의 주체라는 것이다. 동시에 그는 사회-문화적 주변영역을 고려하는, 그리고 가능하다면 어떤 프로젝트보다 더 광범위하게 변화과정을 추진시키는 조항에 관심이 있다.

　므스하나의 견해를 제쳐 두고라도 프로젝트 장려는 적어도 다른 두 가지 관점에서 문제로 설정될 수 있다. 프로젝트들은 일반적으로 시간상 제한되어 있는 비교적 단기적인 장려단위들이다. 그러나 모든 경험에 비추어 볼 때 개발이란 것은 항상 장기적인 과정의 진행에서만 가능

---

28. Rogate R. Mshana : The relationship between development work and other church ministries. Vortrag auf der Consultation on communication and development. Limuru(Kenya), 1986.

하다. 우리가 해당 지역 당사자들의 책임 있는 참여에 관심을 가진다면 장려의 기간을 적어도 중기 정도로는 책정해야 할 것이다.

두 번째 관점은 프로젝트와 프로그램 장려에 똑같이 관계된다. 이 두 모델은 투입된 재정자원을 가능한 한 잘 감독한다는 관점하에서 발전된 것이다. 국가 차원의 발전계획에서 드러나는 위임과정이 이를 아주 잘 보여 준다. 일차적으로 주는 쪽의 이해관계에 의해 만들어진 하나의 방법이 개발도상국들에게 부과된다. 그것은 자원이 주는 쪽의 목표에 부합되게 쓰인다는 것이 보증되어야 한다는 것이다. 이 자체로는 이것이 결코 비난받아야 할 사안은 아니다. 그러나 이로 인해 재원을 보조받는 수혜국들은 항상 종속적인 위치로 밀려난다. 개발자원을 받고자 하는 사람은 누구든지 이미 정해 놓은 사무처리 방법을 따라야 한다. 이럴 때 주는 쪽에 대해 받는 쪽의 명백한 종속관계가 문서화되는 것이다.

무엇보다도 자원이 프로젝트에 결부되어 있기 때문에 제3세계의 받는 쪽에서는 항상 새롭게 프로젝트를 신청해야 한다는 사실은 지금까지 어디에서도 언급되지 않고 있다. 병원운영과 같은 장기적인 많은 조처들이 계속적으로 보장받으려면 항상 새롭게 개별 재정영역들이 프로젝트에 맞게 정의되고, 그 영역들이 프로젝트를 신청할 수 있는 것으로 증명되어야 한다. 이런 경우 해당 지역 관리자의 능력은 부분 과제들을 프로젝트로서 증명해 내고 후원해 줄 적절한 후원자를 찾아내는 데서 발휘된다.

프로젝트를 위해 기술되었던 것이 변경될 경우 프로그램에도 적용된다. 일반적으로 이 프로그램들은 해당 조처가 완료된 후에는 오래 살아남지는 못한다. 이것이 의미하는 바는 프로그램에 책임이 있는 사람들은 계속적으로 재정지원의 가능성들을 어디서든지 새롭게 모색해야 한다는 것이다.

중·장기적으로 보면 이러한 불안에서 벗어날 수 있는 해결책은 예산장려밖에 없는 것 같다. 보다 장기적인 과제들은 몇 해가 지나도 계속 자금이 지급되어야 하며, 이때 해당 지역 책임자들이 중간 행정에 대해 전체적인 책임을 져야 마땅하며 또한 자원을 주는 쪽에 대한 모든 보고의무가 없어져야 한다는 것이다. 이렇게 요구한다고 해도 주는 나라의 전체적인 영향은 관리위원회, 즉 교회 재산관리위원회 혹은 다른 위원회들에서 결코 배제되지는 않는다.

교회영역에서 프로젝트 장려와 프로그램 장려를 적용하는 것은 신학적 관점에서 보면 대단히 문제가 많다. 왜냐하면 교회영역이 주는 쪽과 받는 쪽간의 근본적인 불평등을 사무관리적 과정을 거치면서 문서로 확정해 버리기 때문이다. 즉, 주는 쪽은 여전히 주는 쪽이고 그 때문에 감독을 하고 받는 쪽은 여전히 받는 쪽이기 때문에 감독결정에 따라야 한다는 것은 문제가 많은 것이다.

이것은 평등원칙도 어긋나며 교회가 신앙에 의한 형제자매의 공동체를 표현하는 것이어야 한다는 사실에도 어긋난다. 이러한 이유에서 에큐메니칼 교회봉사의 조직적 가능성들 – 이것들은 더 튼튼한 쪽에 대해서 재정적으로 더 약한 쪽의 파트너적 평등관계를 지금까지의 해결책들보다 더 적절하게 표현하고 있다 – 을 개발하려는 시도가 행해져야 한다.

5. 원조에 따른 재정적 의무와 자기 신뢰의 목적

이와 같은 관점에서 볼 때 이미 인사담당 구조들에 대한 의문과 관련해서 제기되었던 전반적 문제가 새롭게 인식되어야 한다. 제3세계 교회가 산업사회 교회에 대해 갖는 종속관계는 원조에 따른 재정적 채무의식에 대한 질문에서 또다시 강화되는 것 같다. 좀더 정확히 말하면, 실제적인 프로젝트 단계가 끝난 후에 하나하나의 개발 프로젝트가 해당 지역 담당자들이 전혀 처리할 수 없는 여러 가지 후속적인 과제를 새롭게 만들어 낸다는 사실에서 그 종속관계는 강화되는 것이다.

유발된 재정적 종속의 형태가 실재에서 언급될 때에는 원조에 따른 재정적 채무부담이 하나의 새로운 문제로 거론되는 것이다. 그러므로 해당 지역 프로젝트 담당자가 감당할 수 없는 재정적 부담이 발생해서는 안 된다는 규정이 자원을 위임할 때 고려되어야만 한다는 것이다. 예를 들어, 후생부문에서는 병원 프로젝트를 실천하는 발전과정에서 기본적 후생사업이 우선시되는 결과로 나타났다. 즉, 치료의학보다 예방의학이 우선시된 것이다. 이미 말했듯이 프로젝트의 실천현장에서 이런 식으로 강조점의 이동이 생기는 것은 비단 재정적인 어려움으로 인해서만 발생되는 것은 아니다. 예를 들어, 후생사업이 보다 크고 넓게 영향을 끼친다는 관점이 특히 가난한 지방이나 지역에서는 분명히 하나의 역할을 했다. 그러나 재정적 의무라는 관점도 어쨌든 간과되어서는 안 되는 요소였다.

제3세계 교회 및 그 활동영역에서 특히 교회의 교회봉사 등이 서양 산업국들의 재정원조에 대해 갖는 재정적 종속으로 인해 자기 책임하의 결정 가능성들을 무조건 축소시켜서는 안 된다는 것에 대해서는 이미 언급된 바 있다. 그러나 아직도 다반사로 일어나는 프로젝트 프로그램 허가라는 방법이 제3세계 파트너들의 협력을 분명히 제한하고 있고 또 주는 쪽의 이해관계를 대변하는 방법에 그들을 종속시킬 경우에만 다루어지도록 되어 있다. 이미 말했듯이 재정적 독립이 자기 행동에 대하여 스스로 책임지는 전제조건이라고는 단정하여 말할 수는 없다. 이러한 사실은 – 여기에 대해서도 이미 거론되었는데 – 제3세계 교회 및 국가들의 재정적 독립이 장기적으로 산업국들에 비해 두드러지지 않기 때문에 더욱더 중요하다. 여기에 대해서도 수많은 요인들이 있는데 그 중 하나는 산업국가들에 대해 제3세계 국가들이 구조적으로 갖는 경제적 종속의 이유 때문이다. 그와 같은 현실상황에 대해서는 제3세계 교회영역에서도 지속적으로 지적되고 있다. 예를 들면, 1987년 2월에 개최된 탄자니아 루터교회의 개발관련 연구토론회에서 고트프레이 카두루(Godfrey Kaduru)는, 그가 보기에는 인간의 자기 신뢰는 삶의 문제를 극복하는 데 필요한 힘의 재획득 역시 그 내용으로 갖고 있다는 의견을 발표하였다. 경제부문에서는 인간들이 스스로 혹은 다른 이들과 함께 생산한 부가가치를 더 이상 마음대로 쓸 수 없기 때문에 삶의 여러 가능성을 자기 뜻대로 할 수 있는 권리가 사람들에게서 박탈되었다고 한다. 이런 관점에서 그는 자기 신뢰를 불가능하게 하는 소외과정을 두 가지로 나누어 언급하는데, 하나는 엘리트들에 의한 가난한 자들에 대한 착취이며, 또 다른 하나는 제3세계 입장에서는 어떻게 해 볼 수도 없는 이 재정적 채무부담에 대한 결과를 전체 경제의 여러 가지 조건으로 되돌아가서 따져 보아야 할 사항이라는 것이다. 또한 이 조건들에 대해 제3세계의 개별적인 개발담당자들은 전혀 그 어떤 영향도 끼칠 수 없으며 그들이 그 조건에 대해 책임질 수 있는 것도 아니다. 제3세계의 국가들과 교회들이 스스로의 힘으로 가난을 극복할 수 없는 한, 그에 대해서는 구조적 원인들이 공동으로 책임을 져야 하기 때문에 근본적으로 보면 재정적 채무부담을 져야 할 책임은 산업국들과 그 곳의 교회에 있다는 것이다.

이로써 현지의 해외 파트너들의 독립적인 자기 결정과 그에 따른 자기 책임을 지금까지 해왔던 것보다 더 가능케 해 주는 방향으로 자원사용을 허가해 주는 방법이 강구되어야만 한다는 것이다. 즉, 자원허가라는 방법은 장기적으로 지속되고 있는 재정적 종속에도 불구하고 개발되어야 한다는 필요성이 다시 한번 강조된다. 이러한 관점에서 예산원조의 여러 가능성으로서 강력하게 고려해 보아야 한다는 과제가 새롭게 설정된다. 이것의 장점 중 하나는 프로젝트와 프로그램 영역에서 보통 근본적으로 보다 짧은 장려기간이 더 늘어난다는 것인데, 그 장려기간이 너무나 짧아서 개발과정을 실제로 시행해 보지도 못하는 경우가 흔히 있다. 해외 파트너들은 주어진 원조를 계산해 볼 수 있을 것이고 그렇게 되면 그들도 범위를 넓혀 가면서 장기적인 계획수립에 대해 수용자세로 임무에 임할 수 있을 것이다. 혹시 강력하게 생길지도 모르는 여러 가지 받는 쪽의 종속적 정서에 대응하여 반대쪽으로 방향을 잡는 것이 가능할 수도 있다는 사실이 시사되기만 하면 된다. 물론 이러한 관점이 새로운 해결책을 모색하는 데 방해가 되어서는 안 된다는 사실도 잊어서는 안 된다.

6. 조직구조들에 대한 신학적 중요성

에큐메니칼 교회봉사라는 형태로서 교회 개발도상국 원조가 갖고 있는 몇몇 조직구조적 조건들을 이야기하려면 한편으로는 현재 행하고 있는 실천현장이 지닌 구체적 문제점들이 거론되어야 하고, 다른 한편으로는 신학적으로 정의될 수 있는 프로그램 원칙과 실천적 행위간의 관계도 지적되어야 할 것이다. 지금까지 여러 분석가들은 실천형식들 - 이 경우에는 조직구조적 행위의 형식들인데 - 이 궁극적으로 수행되지 않고 단순한 하나의 상부구조의 신학적 목표설정을 평하시킬 수 있다는 것을 분명하게 밝히려고 시도하였다. 확실히 신학적으로 정의되는 프로그램이 아직도 하나의 기능을 가끔은 갖고 있는데, 이를테면 교회 혹은 기독교적 실존에 대한 이해 - 이것은 교회공동체 소속원들을 결속시키는 이해인데 - 와 관련하여 교회공동체 소속원들은 근본적으로 서로 이해할 수 있는 의사소통의 기능을 갖고 있다는 것이다.

그럼에도 불구하고 어떤 신학적 프로그램은 구체적인 실천현장에서는 다시 인식될 수 있어야 할 것이다. 왜냐하면 신학적 목표설정이 실천형식 안으로 그대로 옮겨질 수 없다는 사실에 우리는 주의해야 하기 때문이다. 예를 들면, 교회를 이해하는 데 근본적으로 중요한 공동체라는 생각이 어떤 사회형식 - 1차 집단이 아니라 분화의 정도가 높은 이성적으로 계획된 조직 시스템이 지배하는 그러한 사회형식 - 에 그대로 즉각 연결되지는 않는다. 그러나 어떤 신학적 프로그램에 대한 발언과 해당 실천형식간의 구조적 유사성을 만들어 내는 것은 가능한 일이다. 따라서 신학적 프로그램의 발언에 대한 그 유사성에서 재인식될 수 있는 그러한 구조들을 조직적 행위의 여러 조건하에서 개발해 내는 일이 중요하다. 이것이 뜻하는 바는 교회가 에큐메니칼 공동체라는 생각, 즉 동등한 자들의 공동체라는 생각이 참여와 자기 신뢰라는 원칙을 적절히 실현해 내는 그런 여러 가지 구조조직 속에서 전달되어야 한다는 것이다.

조직적 행위와 프로그램의 목표에 대한 실천과 신학간의 구조적 유사성을 개발시키는 일은 신학이 자기측에서 강력하게 실천을 지향할 때 더욱더 가능성이 높아진다. 달리 말하면, 실현에 따르는 여러 가지 조건들이 신학적 프로그램의 개발 차원에서 대충 넘겨 버려서는 안 되며, 이 조건들은 오히려 기본적인 가정을 구성할 때 고려되어야 한다. 에큐메니칼 교회봉사 측면에서 중요한 사실은 교회가 구성원을 분열시키는 요소를 지니고 있으면서 또 하나의 연대공동체를 이해하고 있는 차원에서가 아니라 자기 이해나 대립상태 속에서 함께 얽혀 있는 갈등의 공동체라는 다른 측면에서도 이해되고, 또 신학적으로 고찰된다는 사실이다.

III

갈등공동체로서의 교회봉사의 교회

교회 안에 존재하는 갈등을 교회봉사 차원으로 해명하려는 시도들은 이상한 것이 아니다. 교회봉사의 교회는 오히려 연대의식 안에서 존재하는 공동체로, 이를테면 가난한 자들과 함께하는 교회로 서술되어야 할 것이다. 연대적 공동체라는 개념을 보충해서 자세히 규정하다 보면 풀어야 할 문제거리가 나타나는데 그것은 교회봉사의 교회가 무엇을 의미하는가 하는 것이 결코 분명치 않다는 것이다. 가난한 자들의 입장이 되어 본다는 것이 사실 공식적으로는 올바른 기독교적 요구사항이기는 하지만 이것을 상황에 따라 구체적으로 해석할 때는 논쟁거리가 될 만한 사안들이 나타난다. 연대적 공동체는 반드시 갈등의 공동체에서 발전되어 나올 수밖에 없는가? 이런 점에서 교회봉사의 차원이라는 것이 사실보다는 오히려 하나의 과제로서 기술되어야 하는가 하는 의문들이 남게 된다. 권력과 권세욕이 포기되지 않는 곳, 소유욕이 지배하는 곳, 다른 이를 위한 교회라는 사실이 교회실존의 본질이 되지 못하는 곳, 바로 이런 곳에서만 실천적 교회봉사가 필요한가?

교회가 동등한 자들의 교회로서 정말 자신의 모습을 실현할 수 있다면 교회가 모든 구성원들, 심지어 모든 인간들에 대한 삶의 기회균등을 위해 열심히 애쓰는 것이 사실이라면, 개발도상국 원조와 같은 교회봉사, 특히 에큐메니칼 교회봉사라는 것은 틀림없이 불필요한 것이거나 적어도 시간이 지나면 불필요해질 것임에 틀림없다. 그러나 정치적으로도, 교회실천적으로도 실질적으로 다루어질 수 없는 인간 삶의 한 현상을 묘사해 주는 그런 불평등이 인간들 사이에는 확실히 존재한다. 끔찍한 일을 어떤 사람은 당하고 어떤 사람은 당하지 않으며, 질병과 신체장애를 누구는 겪고 누구는 겪지 않는다. 또한 누구는 가난에 시달리고 누구는 그렇지 않다. 교회봉사가 근본적인 불평등 가운데서 시작되고 그러한 불평등을 개선하려고 시도하는 경우에 교회봉사적 실천은 포기될 수 없으며 불필요하게 되지도 않는다.

그러나 최근 몇 년간 자세히 살펴본 결과 인간의 참상이 인간에 의해서 만들어지기도 한다는 사실과 빈곤은 흡사 운명처럼 미리 주어져 있는 근본적 빈곤일 뿐만 아니라 구조적 빈곤이며 그렇기 때문에 정치가 책임져야 할 빈곤이라는 사실이 드러났다. 후자의 사실을 두고 볼 때 바로 이 구조적 빈곤, 그리고 이것에 의해 발생되는 구조적 불평등, 즉 인간 삶의 구조적 불평등이 존재해서는 안 된다는 사실이다. 이 빈곤과 불평등의 여러 가지 원인들, 특히 중요한 것은 그 정치적 원인들을 밝혀 내고 투쟁하여 그것들을 제거해야 한다는 사실에 기독교인들이 한마음, 한뜻으로 동의한다면 교회봉사가 불필요하다는 생각은 맞는 것이다. 교회봉사가 구조적 빈곤과 관련해서도 역시 필요하지만 구조적 빈곤의 극복을 위한 투쟁이 계속적으로 기독교인들에 의해 진행되지 않고 있으며 그 빈곤을 근본적으로 극복하는 데는 관심이 없다는 이야기가 된다. 왜냐하면 이 일은 부유한 쪽이 부담해야만 가능한 몫이며, 그리고 기껏해야 교회봉사 차원에서 종교적으로 완화시키는 정도의 관심이 있다는 것이 사실로 증명되기 때문이다.

교회봉사는 이러한 관점에서 피해를 은폐시키는 일종의 알리바이 기능을 가진 듯한데 그렇게 되면 경제적, 사회적 상태의 현상유지에 대해 교회봉사가 정당성을 부여해 주게 되는 것이다. 그렇게 된다면 교회봉사의 기능이 현존하는 한쪽의 부유는 비호해 주는 대신 다른 한쪽의 빈곤은 그대로 지속되는 상태 속에서 다만 교회봉사적 박애활동을 통해 이 두 쪽을 조정해 보려는 노력으로 존재할 뿐이다. 교회봉사가 이러한 조정의 기능들을 실재적으로는 충족시키면서 교회 내에 존재하는 이해관계의 대립이라는 첨예한 사실을 염두에 두고 교회봉사의 기능을 하고 있지는 않다는 것을 보여 주는 몇몇 근거들이 분명 존재한다. 또한 교회가 에큐메니칼 교회의 이해로서 먼저 연대의 공동체가 아니라 - 이해관계의 대립들(물론 이것들 간에 중재를 통한 화해가 모색되어야 하는데)이 그 특징인 갈등의 공동체라는 사실을 보여 주는 몇몇 근거들도 또한 분명 존재한다. 이러한 문제상황이 처음에는 가설로서 제기되었다. 다음에서 다루는 것은 지금까지 제기된 여러 가지 추측들을 검토해 보는 작업이다.

1. 이해관계 대립에 대한 지표와 교회 내부의 갈등

교회는 고대로부터 교회에 대한 자기 이해를 전세계를 포괄하는 보편적 교회, 즉 가톨릭교회로 정의하여 왔다. 그러나 이미 초창기부터 신약성서 시대에 이르기까지 교회역사를 통하여 우리가 인식할 수 있는 사실은 경험적 교회는 항상 여러 가지 갈등들이 그 내부에서 해결되어야만 하는 논쟁적 교회이기도 했다는 것이다. 여기에서 한편으로는 교리상의 갈등들이 그 핵심사항이었지만, 다른 한편으로는 이 교리상의 갈등들이 개개 기독교인 내지 전체 집단들의 상이한 사회적 상황에 의해 유발되었다는 사실도 인식할 수 있다. 여러 사회적 상황에서 생겨나는 대립들 중 하나는 유대인과 이방인, 다시 말해 유대 기독교인과 이방 기독교인간의 대립을 들 수 있다. 그리고 사도행전 6장에 나타나 있는 것처럼 유대인들과 그리스인들 간의 대립도 그 예로 들 수 있다.

교회 내부의 갈등들은 교회사의 진행과 더불어 항상 새롭게 나타나곤 했다. 중세에는 가령 기성교회와 개혁운동(수도원 등) - 이 운동은 부분적으로는 교단으로서 인정받아 통합되었고, 또 부분적으로는 이교도적 운동으로서 거부되었다 - 간의 대립이라는 형태로 나타났다. 중부 유럽에서는 종파적 블록들 간에 종교개혁 이후의 갈등노선이 지금까지 존재하고 있다. 현재에도 기독교의 여러 큰 교회 내부에 본질적인 갈등노선이 존재하는데, 특히 복음의 전달을 계속적으로 보다 철저하게 실행하고자 하는 복음주의적 기독교의 새로운 운동과 제도적인 관직교회 간에 존재하는 것 같다.[1] 일반적으로 제3세계 교회와 산업국가 교회간에 존재하는 갈등노선이 보편적인 하나의 통일교회 이해에서도 에큐메니칼위원회 내부에서도 아직 정확하게 인식되지는 못하고 있다. 그럼에도 불구하고 갈등의 주제들은 신학적 차원에서(해방신학), 그리고 사회윤리적 차원에서(경제윤리, 교회봉사) 뚜렷이 나타난다. 여기에서 폭넓게 실재로 존재하는 갈등들은 특히 개별 신학자들과 교회들 간의 관계에서 또는 개별 기독교운동들과 교회들 간의 관계에서 혹은 부분적이기는 하지만 - 가령 예를 들면 제3세계권에서 나타나는 - 새로운 독립교회와 전통교회간의 관계에서 영향력을 행사하고 있다.

에큐메니칼 교회봉사를 이해하는 데 특히 유의할 점은 개발이란 것을 다양하게 이해하는 태도이다. 므스하나는 카비루 킨얀유이(Kabiru Kinyanjui)와 연대하여 개발에 대해서 세 가지 이해모델을 구분해서 설명하고 있다. 그 설명에서는 개발에 대한 이해가 교회와 사회간의 관계 규정이라는 보다 넓은 연관관계 속에서 파악하고 있다. 첫 번째 모델에서 **기독교 신앙은 본질적으로 내세와 결부**되어 있다. 그러므로 기독교

---

1. Vgl. in diesem Zusammenhang Ulrich Kühn : Kirche. Gütersloh, 1980, S. 202ff.

인들에 있어서 이 세상에 존재하는 부정과 불공평은 이기적인 자기 권리와 죄악의 결과로 이해되는 것이다. 그래서 속죄와 구원에 대한 개인적인 확신이 필요하게 된다. 에큐메니칼 운동의 문제점, 그리고 정치사회적 문제점 등이 이 모델에서는 근본적으로 관심의 대상에서 벗어나 있을 수 있다.

두 번째 모델에서는 **기독교 신앙이 세상을 개선시키려고 애쓴다는 것이 특징**이다. 킨얀유이가 이 모델에서 이야기하고 있는 것은 "투쟁하는 교회의 화장술적인 기독성"을 언급하고 있는 것이 특이한 점으로 여겨진다. 사회의 부정을 해결하기 위해 그리스도인들의 노력이 도입되는 것이 다만 '화장술'적인 형태로 여겨지고 있는 듯하다. 어쨌든 이 부분에서는 사회적 부정 혹은 빈곤의 희생자들을 도와 주는 자선활동 차원에서의 행동이 강조되고 있다. 바로 이 모델에 의해 대부분의 개발 프로젝트들이 결정되는 것같이 보이는데 이런 경우 이 프로젝트들은 타락되고 부정한 시스템들을 그냥 참을 만하게 덮어 주는 반창고 이외에 무엇이겠는가?

이런 이유로 개발형식도 국가와 지배계급으로부터 더불어 지원받게 되는 것이다.

므스하나는 세 번째 모델을 **"투쟁하는 기독성"** 모델이라 부르고 있다. 여기에서는 구원이 인간존재의 완전한 해방의 한 부분으로서 파악되고 있다. 이렇게 이해한다면 그 구원은 영적이고 사회적이고 인간적인 차원을 포함하고 있으며, 여기서 핵심사항은 투쟁이며 사회적, 경제적, 그리고 정치적 평등이자 해방인 것이다.[2]

므스하나가 제기한 교회봉사의 세 모델들은 개발을 이해하는 데 중

---

2. Rogate R. Mshana : The relationship between development work and other church ministries. Consultation on communication and development. Limuru(Kenya), 1986, S. 4.

요한 역할을 하고 있다. 즉, 이 모델들은 이미 시사되었듯이 교회와 세계에 대한 보다 폭넓은 이해의 지평에서, 그리고 교회에 대한 신학적 이해의 지평에서, 개발에 대한 이해와 관련된 문제를 그 주제로 삼고 있는 것이다. 두 번째 모델에서 므스하나는 이 모델의 특정한 담당자 집단들, 좀더 정확히 말하자면 사회의 지도층 계급들을 보여 주는데, 여기서 다루는 핵심사항은 기독교교회의 구성원들이다. 아마도 이것이 의미하는 바는, 어떤 기독교교회가 한 사회 내에서 그 때마다 표준이 되는 것에 강하게 결속되어 발전하고 있으면 있을수록, 또는 이러한 집단이 교회구성원에서 보다 강하게 결속되어 있을수록, 이 두 번째 개혁적인 방식은 그만큼 더 중요해진다는 것이다. 바로 이 개발 이해방식이 유럽과 북미에 지배적인 방식이라는 사실을 우리가 심사숙고해 본다면, 우리는 사회상태와 신학간의 연관성을 인지하지 않을 수 없게 될 것이고 또한 산업화된 국가들 내에서는 교회가 부르조아적으로 갇힌 상태에 있다는 사실을 예상하게 될 것이다. 이에 대하여 팔크 바그너(Falk Wagner)가 출발점으로 삼은 것은 화폐가치를 지향하는 경제가 유럽에서는 삶에 대단히 영향을 준다는 사실이다. 바로 이 경제가 신학적 사고의 여러 구조에까지 영향을 미치고 있음이 검증될 수 있다는 사실이다. 바그너가 많은 점에서 지나치게 표현한 것 같기는 하지만 그럼에도 불구하고 그의 생각들은 심사숙고해 볼 만한 가치가 있는 것들이다.[3]

므스하나는 교회 및 개발이해가 다양하다는 사실이 아프리카 교회에서도 드러난다고 생각한다. 그는 자신의 경험에 비추어 명백히 세 번째 모델을 선택한다 : "아프리카 교회에 있어서 개발이란 해방을 의미해야 한다."[4]

---

3. Vgl. Falk Wagner : Geld oder Gott? Sruttgart, 1984.
4. A.a.O.

므스하나만이 제3세계권에서 이러한 주장을 제기한 것은 결코 아니다. 특별히 제3세계에서나 제1세계에서 개발영역에 참여한 사람들은 이러한 관점에 대하여 서로간에 비교적 일치된 목표원칙을 제시하고 있다. 여기서 광범위한 변화의 과정, 즉 해방을 주장함은 현재의 세계 경제질서에 대한 분명한 비판을 포함하고 있다. 이때 구조적 부정에 대한 투쟁은 자주 다국적 기업을 고발하는 형태로 진행된다. 그러므로 교회가 요구하는 바는 치장효과만을 갖고 있는 것이 아니라 바로 해방을 지향하는 교회봉사인 것이다. 다시 말해 라르나카(Larnaka)의 설명을 빌려 말한다면, 그것은 예언자적 교회봉사라 할 수 있다 ; "도처에서 인간들은 우리 인류의 미래를 함께 만들어 나가기 위해 교회가 감당해야 할 본질적 기여에 대하여 예언적 교회봉사를 요구하고 있다. 우리 모두는 이런저런 식으로 기독교적 봉사가 가진 변화시키는 힘을 경험해 왔다. 우리의 신앙은 봉사를 통해 그 깊이가 더해졌고, 우리의 교회봉사는 진실에 대한 강도 높은 정신적 추구를 통해 더 풍요해졌다는 것 또한 체험해 왔다. 그리고 교회봉사에 초대됨으로써 하나님의 영광을 위해, 그리고 개인적 헌신의 징표로서 진실함이 우리를 모든 형태의 인간적 이기심으로부터 자유롭게 해 줄 것이다(욥 8 : 32). 기독교인으로서 우리는 하나님이 모든 창조 안에 현존하시며 속죄와 복종과 사랑을 지키며 하나님 나라의 권능을 널리 전파하도록 부르심을 받았다고 믿고 있다(마 11 : 12). 우리는 정의라는 것이 힘있는 자들에 의해서는 오히려 지켜지지 않으며 결국 힘없는 자들이 연대하여 함께 단결해야 한다는 것을 알고 있다. 우리는 하나님이 정의와 평화를 위해 싸우는 자의 편에 서 계신다는 것을 알고 있으며, 또한 우리는 진심으로 – 비록 우리가 그것을 아직은 행동으로 보여 주고 있지 않더라도 – 우리 역시 정의와 평화를 위해 싸우는 자의 편에 서 있다는 것을 알고 있다."[5] 이

---

5. CICARWS-Weltkonsultation "Diakonia 2000". 19-26. November 1986

러한 신학적 관점들이 에큐메니칼 협의를 위한 여러 소위원회에서 혹은 에큐메니칼 세계교회협의회에서, 그리고 또한 개별교회 차원에서 의견일치가 아직도 이루어지지 않고 있다. 세계 경제질서에 대한 비판, 착취라는 개념으로 제1세계와 제3세계간의 관계를 특징지우는 것, 다국적 기업의 영향력을 조사해야 한다는 요구 혹은 심지어 부정과 불공평을 극복해 내는 광범위한 해방이라는 의미에서 구원에 대한 이해를 해방신학적으로 확장하는 일, 이러한 것들은 상호 의견일치보다는 오히려 갈등이 더 강조되는 것 같다. 실례로 이것은 독일 바덴 지방 주총회의 울리히 두리히로우(Ulrich Duchrow)[6]가 그 교회의 대표로서 뱅쿠버에서 열린 제6차 세계교회 연맹대회에 참석하여 행한 발언의 수용과정에서 증명된 바 있다. 두리히로우는 뱅쿠버에서 "예수 그리스도, 세상의 생명, 삶, 그리고 정의와 인간존엄을 위한 투쟁"이라는 분과위원회 주제발표를 다음과 같은 개인적 발언으로 시작했다 : "저는 백인이고, 남자이고, 중산층이며, 여러분 중의 많은 이들을 착취하는 경제구조를 가지고 있는 나라에서 왔고, 또 부분적으로는 그러한 착취의 결과로 얻어진 부유한 교회에서 왔습니다. 그럼에도 불구하고 제가 '정의와 인간존엄을 위해 싸운다' 라는 주제로 여러분께 말씀드릴 수 있다는 사실은 그리스도께서 현존하시다는 징표입니다."[7] 두리히로우는 이 말이 적지 않은 제3세계 신학자들과 교회 지도자들에 의해 이미 간파된 것을 개인적인 경험으로 받아들였던 것이다. 제1세계 교회들도 제1세계와 제3세계 사이에 실재하는 착취 시스템을 알고 있고 또한 보고 있다. 현실을 관찰해 보면 그 근거가 명백한 여러 관계들이 여기에서

---

in Larnaka. Zypern. In : epd-Dokumentation. 3/87, S. 54-56, hier : S. 56.
6. Ulrich Duchrow : Weltwirtschaft heute-Ein Feld für Bekennende Kirche? München, 1986, S. 117-123 und S. 261-300.
7. A.a.O., S. 117.

언급되는데 이는 여러 가지 분석에 의해 가령 "증언, 위임, 그리고 물질적 구조"에 대한 볼프강 후버(Wolfgang Huber)의 연구작업 같은 곳[8]에서도 입증된다.

그럼에도 불구하고 이러한 주장들이 서독의 개신교 대총회에서는 별로 지지를 얻지 못하고 있으며 거의 토론조차 되지 않고 있다는 이 사실은 놀라운 일이 아니다. 바덴 지방 주총회의 대의원들은 두리히로우의 이 발언을 바로 자신들을 향한 모욕적인 것으로 받아들였다. 그것은 그들이 착취의 관계를 개인적으로 전혀 의식하지 못했기 때문일 수 있다. 또한 이러한 착취의 관계를 의식했다 하더라도 그들 중 일부분의 사람들은 경제적으로 중요한 기업의 지도층의 일반적인 상황과는 반대로 그 자신들이 중요한 기업의 지도자들로서 윤리적으로 책임 있게 행동하고, 그리고 착취관계를 자신들의 기업경영에 전혀 반영하지 않았기 때문일 수도 있다. 이 두 가지 측면의 이유로 두리히로우의 발언을 자신들에 대한 모욕으로 이해했던 것이다. 물론 착취라는 개념은 마르크스주의적 이론배경을 연상시킨다. 그러나 이 개념은 시간이 흐르면서 마르크스주의적 색채가 더 이상 문제시되지 않고 일상어로 정착되었고 이제는 개인들과 집단들 간의 경제적으로 중요한 관계가 한 쪽에는 불리하게, 다른 쪽에는 편파적으로 유리하게 작용할 때는 항상 이 개념이 사용된다. 이렇게 넓은 의미에서 제3세계와 제1세계간의 관계를 일반적인 착취관계로 특징지울 수 있다는 사실은 분명 중재되기 어려운 사실이며, 오히려 좌편향의 정치적 혹은 신학적 성향의 전형적인 특징으로 여겨질 수도 있다. 공정하고 편견 없이 바라본다는 것이 지극히 어렵다는 사실은 서독 주총회의 적지 않은 교회 구성원들 내지 총회 대의원들의 사회적 상태와 분명히 관련되어 있다. 착취라는 개념은 사

---

8. Wolfgang Huber : Folgen christlicher Freiheit. Neukirchen-Vluyn, 1983, S. 219-237.

실 중립적인 가치 의미체로 쓰인 것이 아니라 그것의 정당성, 합법성을 인정하지 않는다는 의미를 갖고 있다. 그 개념은 윤리적으로 책임질 수 있는 실천에 대한 요구에 이의를 제기한다. 이것이 사실이라면 기독교인들이 실제로 고려해야 할 것은 방향전환뿐이다 : 즉, 기존 교회의 자기 해석 및 그와 결부된 교회모습으로부터 결별하는 일뿐이다. 착취에 대한 비난이 맞다고 인정하는 것은 착취를 가능케 하는 사회에서부터 근본적으로 벗어나는 것이 필요하다는 것을 의미한다. 그러나 이러한 사회조직으로부터의 이탈은 실제 삶의 현장에서는 개인과 교회 어느 쪽에도 가능하지 않다. 이것을 아무 문제 없이 해낼 수 있는 사람은 산업화된 사회에서 경제체제 속에 깊이 들어가 있지 못하고 가장자리로 밀려나 있는 사람들뿐이다. 또 이것을 받아들이기 어려운 사람은 개인적으로 직접 경제체제에 깊이 들어가서 그것을 대표하는 사람들이다.

에큐메니칼 교회봉사의 목표결정과 관련 있는 여러 갈등들이 상당한 정도의 신학적 갈등일 뿐만 아니라, 동시에 개인적이고 집단적 생활상황 정도의 신학적 갈등이기도 하다. 여기서 교회봉사의 목표들이 어떻게 개인적이고 집단적인 생활상황에 광범위하게 관계하고 있는지가 다시 한번 분명해질 수 있다. 그러나 동시에 에큐메니칼 교회가 현실적인 연대의 공동체로서 많은 어려움 아래에서만 실현될 수 있다는 것도 인식될 수 있다. 사실상 에큐메니칼 교회는 훨씬 더 많은 부분이 갈등의 공동체이지만, 그럼에도 불구하고 에큐메니칼 교회는 자신이 하나의 공동체임을 실제로 보여 주고자 노력해야 한다.

2. 상호 이해를 위한 공의회적 과정과 갈등조정

모든 형태의 인간공동체에서 추측할 수 있듯이 교회 내에서도 갈등의 조정이란 상호 이해 과정에서의 한 중간단계일 뿐이다. 상호 이해는 실제적인 목표이며 여기에서 갈등의 조정은 그 마지막 종점에 도달한다. 이때 심사숙고되어야 할 사항은 최종적인 상호 이해를 목표로 하는 갈등조정이 이미 그것을 수용한 하나의 공동체의 형식이라는 사실이다. 갈등조정은 적의 굴복을 목표로 하는 전쟁이 아니라 오히려 갈등조정은 서로를 연결해 주는 공동의 진실을 찾아나서는 작업이다. 그러므로 진실은 최종적으로 확정된 어떤 것을 단순히 불러내는 것이 아니라는 새로운 이해가 전제되어야 한다. 이러한 의미에서 진실은 항상 다시금 새롭게 획득되어야 한다 : 그것을 발견하는 것, 체험하는 것이 중요하다. 혹은 우리가 그렇게 원한다면 진실은 바로 삶의 여러 조건들 아래에서 믿을 수 있는 것으로 드러나야 한다. 상호 이해의 과정에서 진실을 찾아가야 한다는 필요성은 에큐메니칼 교회 내부에서의 기본적인 경험들 중의 하나다. 바로 그 곳에서 교회의 상호 이해 노력의 과정을 위한 공의회성이 발전될 수 있었다는 것은 우연이 아니다.[9]

후버는 공의회성이라는 개념을 다음과 같이 정의한다 : "공의회성은 교회의 생활형식 – 여기서는 갈등 해결능력에 기꺼이 동의하려는 자세로 두 관계가 서로를 배척하는 대안으로 작용하지 않는 그러한 교회생활 형식 – 을 의미한다 ; 갈등 속에 빠져들지 않고 그것을 극복하려고 함께 행동할 수 있는 가능성을 찾아보고자 하는 자세를 공의회적이라고 표현한다. 상호 대립적인 진영들이 어떤 방법들에 의해서 공평한 기회가 주어져서 서로가 서로에 의해 경청되고 진실에 대한 새로운 공동 인식의 희망 속에서 대립적인 진영들이 검토될 수 있을 때, 이 방법들은 공의회적이라고 말할 수 있다. 해당 당사자들의 참여와 거리낌없이 소신 있게 말할 수 있는 가능성과 동등한 기회, 바로 이런 것들이 공의회적인 과정의 기본 요소들이다. 그러므로 참여와 자유, 그리고 평등은

---

9. Eine gute Zusammenfassung der ökumenischen Erfahrungen und ihres Niederschlags in der Literatur findet sich bei Peter Cornehl : Was ist ein Konziliarer Prozess? In : Pastoraltheologie. 75/1986, S. 575–596, insbes. : S. 575–578.

공의회적 진행과정의 기준들에 속한다. 이 기준들이 존재하는 경우 교회와 기독교 단체들이 서로에게 가급적 가까이 접근할 수 있는 하나의 가능성이 있다는 것이다. 가능하다면 참여하고 필요하다면 대표하는 것은 공의회성의 근본 원칙들 중 하나이다. 선발된 대표기관 없이 무엇을 결정한다는 것은 교회에서도 가능하지 않다. 공의회성은 장로회와 종교회의 기관들이 함께 둘러앉아 일을 수행해 나가는 데 적용되는 하나의 기준이다.[10]

후버의 견해에 의하면 그런 식으로 결정되는 공의회 과정의 출발점과 목표점이 곧 경건한 교회공동체라는 것이다. 이렇게 서로를 이해할 수 있는 그리스도교의 공동지점은 바로 성서다. 분명하게 말할 수 있는 용기가 존재하는 곳, 동시에 거기에서부터 내용이 분명하고 명확한 공의회 결정이 결과적으로 나타나는 곳에서만 공의회가 있게 된다고 한다. 교회들이 이미 내려진 결정을 수용하는 것은 공의회 과정의 일부일 뿐이다.[11] 페터 코르넬(Peter Cornehl)은 독일 지역교회에서 겪은 자신의 경험으로부터 공의회적 과정의 네 가지 기준 – 여기에서 부분적으로 후버의 관점들이 재발견된다 – 을 제시하고 있다. 코르넬에 따르면, 첫 번째 기준은 **진실에 대한 관계**인데, 왜냐하면 공의회 과정은 종교적이고 신학적 과정이기 때문이다. 두 번째 기준은 **참여**이다. 여기에서 가장 중요한 것은 교회의 모든 차원에서 이루어지는 모든 것이 광범위한 대화를 통해서라는 것이다. 세 번째 기준은 공의회 과정의 끝부분에 가서는 **책임적인 결정**이 내려진다는 것이다. 네 번째 기준은 그 책임적 결정이 **수용**되는 것이다 : 즉, 어떤 결정이 이루어졌다고 해서 이 과정이 끝나는 것은 아니며 내려진 결정은 교회의 대화과정으로 다시 들어가 삶의 현장에서 수용, 실천되어야 한다는 것이다.[12]

---

10. W. Huber, Folgen christlicher Freiheit, a.a.O., S. 263.
11. A.a.O., S. 263ff.
12. P. Cornehl, a.a.O., S. 582ff.

에큐메니칼 자료와 관련해서 코르넬은 주장하기를 그 자료에는 공의회성에 대해 공식 교회기관이 제시한 그 어떤 교회직무적인 정확한 정의도 없다고 한다. 이러한 사실에서 그는 그때그때의 규범, 규칙, 그리고 행동을 과정 자체 속에서 최종적으로 책임 있게 해명하는 것이 바로 공의회성에 속한다는 사실을 결론으로 끄집어낸다. 다음에는 갈등조정과 상호 이해에 대한 추상적 규정을 다루지 않고 에큐메니칼 교회봉사의 행동영역에서 나타나는 이미 거론된 전체 문제를 다루기로 하겠다. 이러한 사실에서부터 생각해 보면, 교회 내의 공의회적 과정을 규정하고 이해하는 데 어떤 결과가 나타나는가?

1) 갈등을 전혀 조정하지 않으려 하고 그 때문에 갈등을 인식도 하지 않으려 하며 언어로 표현하려고도 하지 않는 경향이 신학 내부에서나 교회가 행하는 실천에서도 흔하게 드러난다는 사실이다. 이러한 사실로 인해서 결국 교회의 갈등공동체라는 현실은 기독교의 희망 및 믿음의 대상인 교회를 언어로 표현하고 있는 그 많은 문장들과는 실제로 대조되는 교회의 형상을 보게 되는 것이다.

세계교회협의회 내에 있는 '함께 나눔'의 사무실에서 1984년 작성된 "함께 나눔에 대한 에큐메니칼 차원의 책임으로 가는 길에서"라는 문건은 다음과 같이 시작된다. "함께 나눔의 뿌리는 성찬식에서 찾을 수 있고 또 함께 나눔은 예수의 몸으로서의 교회를 말하며 바울이 만든 교회모습의 실제적 핵심이다. 성찬식에서 우리는 예수의 자기 헌신을 찬양하고 하나님이 자신 안에서 우리에게 선물로 준 그 생명에 참여하는 것이다. 바울이 주장하는 믿음으로 의로워진 교회론에 의하면 교회는 여러 부분들이 서로 나누고 도와 줌으로써 존재하는 우리의 몸과 같은 것이다. 이렇게 함께 나눔이라는 것이 교회 자체만을 위해서도 아니며, 그리고 교회들 간에서만 이루어져서도 안 된다는 것이다. 오히려 교회적 나눔은 세계를 위해서, 그리고 세계 안에서도 이루어져야 한다.

그렇게 할 때 함께 나눔은 주고받는 차원을 넘어서서 동등관계의 차원으로 나아가는 것이다. 또한 함께 나눔은 사랑과 정의에서 이루어지는 지속적이고 공동체적인 행위이다. 따라서 에큐메니칼 차원에서 함께 나눔은 성찬식에 그 뿌리를 두고 있는 공동체, 즉 예수 그리스도를 이 세계의 생명으로 인정하는 공동체의 징표이다."[13]

에큐메니칼 세계교회협의회의 연구가 이미 존재하는 교회의 갈등공동체와 관련된 문제들을 정확하게 다루고 있지 못한다고 그 연구를 비난할 수는 없다. 그럼에도 불구하고 이 연구를 수용한다는 것은 부분적으로는 다음과 같은 경향, 즉 함께 나눈다는 인상적인 이 생각을 교회적 행위에 대한 하나의 근본 지침 – 이것은 실제로 항상 행해지고 있거나 혹은 어쨌든 즉각 행해질 수 있는데 – 으로 양식화하려는 움직임이 있다는 것이다. 이런 관점에서 생각해 보면 결국 인간적이고 이기적인 이해관계를 둘러싼 대립이 에큐메니칼 차원의 나눔을 방해한다는 사실이 간과되고 있다고 볼 수 있다.

나눔이란 몇 차례의 자선행위를 행하는 것이 아니라 그 이상을 의미한다는 사실은 충분히 인식되고 있지 못하다. 에큐메니칼 차원의 이 연구가 갖는 구상들을 주의하지 않을 때는 선택된 신학적 개념, 즉 바로 '함께 나눔'이라는 이 개념이 상당히 임의적으로 해석될 수 있기 때문에 충분히 인식되지 못한다는 사실이 분명히 가능하다. 충분히 인식되지 않은 결과에 대한 전체 문제가 얼마나 심각해질 수 있는지는 다음의 예에서 분명해진다 : 개발도상국 원조전문가들은 개발도상국들의 농산물과 공산품의 수입에 대응하여 산업국들이 자국을 위해 제정한 보호주의적 제한조치들이 결국 개발도상국의 빈곤을 야기시키기 때문에 그

---

13. Büro für ökumenisches Miteinanderteilen(Hrsg.) : Auf dem Wege zu einer ökumenischen Verpflichtung zum Miteinanderteilen. Genf, 1984, S. 5.

제한조치들은 철폐되어야 한다고 단정하고 있다.[14]

  이러한 맥락에서 에큐메니칼 차원의 함께 나눔이란 교회가 농업분야에 존재하는 그러한 제한조치들을 철폐하는 데 앞장서는 것을 의미할 것이다. 부유한 산업국가들에도 역시 그 나라의 전체 농업에서 소농 및 중농비율을 아직도 상당 정도 갖고 있는 어떤 시골에 교회지도부가 있다고 했을 때, 이 교회지도부가 제3세계 국가들로부터 농산물 수입이 증가하면 동시에 자기 지역 농업경영의 근본 토대가 축소되리라는 것을 알고 있다. 과연 이 교회지도부가 그러한 사실을 알면서도 위의 제한조치 철폐에 함께 가담할 수 있을까 하는 것이다. 단순히 그 제한조치에 대한 철폐를 주장하는 것이 근본적으로 옳은 것이기 때문에 지금까지 존재했던 신학적 공식들을 자율로 해석하여 선포 위주로 머무는 교회에서 갈등조정을 위하여 과감히 실천하는 교회를 주장할 수 있는가 하는 사실이다. 이러한 질문들은 아직도 대부분의 보편적인 신학의 기능들이 현실에서 존재하는 많은 갈등들을 오히려 덮어 버리고 있다는 인상이 지워지고 있지 않기 때문이다. 물론 이러한 갈등들은 개개인들의 악함에서부터 생겨지는 것이라고 볼 수는 없다. 많은 부분에서 사회·경제·정치적인 구조적 조건들 때문에 야기되는 것이다. 그럼에도 불구하고 이 갈등들은 자주 인간들의 기본적인 삶의 기회를 위태롭게 할 정도로 중요한 영향력을 행사할 수 있는 것이다. 실제적으로 이러한 갈등들과 어려움들이 교회나 신학에서 정확하게 표현되지 못하게 된다면 결국 갈등조정을 위한 공의회적 과정이 전혀 가동될 수도 없게 된다는 것이다.

---

  14. Vgl. in diesem Zusammenhang die Artikel Entwicklungsländer und Entwicklungspolitik von Gerhard Grohs in : Evangelisches Staatslexikon. Stuttgart. 3/1987, Bd. I, Sp. 719-721, hier : Sp. 721.

2) 실재하는 갈등들이 소홀히 다루어지지 않고 바로 신학적 기본 공식들에서도 은폐되지 않을 때 공의회적 과정은 가동될 수 있는 것이다. 현존하는 이해관계 대립에 대한 갈등들은 거론되어야 하고 그 해명과정에서 대립이 첨예화되어야 한다. 그래야 비로소 갈등극복의 가능성이 모색될 수 있기 때문이다.

이러한 관점에서 보면 제1세계와 제3세계간의 관계를 둘러싸고 진행된 에큐메니칼 차원의 토론은 적어도 이중적 관계를 보여 준다 : 잠재적으로 존재하는 갈등이 다른 갈등상대에 의해서 똑같은 기회가 주어질 수 있을 때만이 갈등조정과 공의회적 상호 이해에서의 작업이 가능하다는 것이다. 1964년 이후 계속 개최되는 세계무역회의는 사실 쌍방의 대화를 연결시키는 그 어떤 결의도 할 수 없었다. 그럼에도 불구하고 세계무역회의는 적어도 새로운 세계 경제질서를 심의하는 하나의 공개토론장이 되기는 했다. 왜냐하면 여기에서 개발도상국들은 세계무역회의에 참가하는 국가단체들이 모이는 자리에서 자신들의 의견과 입장을 개진할 수 있었기 때문이다. 동등한 지위는 아직 이루어지지 않았지만 보다 약한 쪽이 자신의 입장을 표현할 수 있는 하나의 첫째 조건이 마련된 것이다.

교회 차원에서는 세계교회협의회의 협의들과 위원회들 사이에서 그에 상응하는 가능성들이 모색되었다. 그럼에도 불구하고 교회의 일반 대중 속에서의 갈등조정의 과정들과 비교할 때 이러한 과정은 아직 충분할 정도로 진척되어 있지는 않은 것 같다. 에큐메니칼 세계교회협의회를 통하여 제3세계 교회들의 발언이 영향력을 행사하게 되면서부터 각국의 교회에서 다수의 의견을 이끌어 가는 세계교회 지도층 인사들이 현재의 세계 경제질서를 대단히 불공정한 것으로 인식하게 되었다. 물론 이러한 인식의 정도는 에큐메니칼 차원에서 파트너 관계를 지지하는 쌍방간의 교회들을 충분히 인식하는 정도로는 아직 발전하지 못하고 있다. 여기서 해당 정보가 보다 폭넓게 제공되지 않는 한 기회균등은 성취되기 어려운 사실이라는 것을 인지하게 한다. 개발문제에 참여하는 독일교회들이나 개별집단들이 행한 토론에서는 이와 같은 문제들이 자주 제기되었고 그러한 주장들을 대변하고 있다. 이러한 주장들은 실제 해당 당사자들인 3세계의 교회로부터 강화되고 제기되어야 할 과제이다. 다시 말해, 이 주장들은 실제 당사자들의 견해로서 경청되어야 한다는 것이다. 제1세계와 제3세계간의 착취관계에 대해, 그리고 그로부터 제1세계의 교회들이 이득을 본다는 사실을 말한 사람이 두리히로우만은 아니다. 그러한 사실을 인지하고 있는 사람들은 아프리카, 아시아, 남미의 교회 사람들이다. 이들이 에큐메니칼 회의 등에서 이러한 사실을 계속하여 다른 사람들에게 알려줄 때, 이들은 상대방들의 동의를 얻게 될 것이다. 이들이 서구적-북미적 특징을 지닌 산업국들의 교회에서 이러한 주장을 펼친다면 이들은 마르크스주의의 영향을 받은 것으로 단순하게 처리되어 버리기도 한다. 이리하여 갈등조정에서의 기회균등이 이들에게는 쉽게 주어지지 않게 되며 결국 갈등조정 그 자체도 불가능하게 되어 버린다. 또한 공의회적 상호 이해라는 생산적 과정이 전혀 성공할 수 없게 되는 것이다.

이런 점을 감안할 때 제2의 관점도 똑같이 고려되어야 한다. 어떤 때는 갈등관계에 있는 쌍방의 한 쪽이 더 이상의 대화를 거부할 정도로 마음이 상하여 결국 갈등이 조정될 수 없는 경우도 있다. 이미 여러 번 언급된 착취이론의 이면에는 하나의 실상이 숨어 있다. 그리고 산업국들이 공산품의 수출에서는 굉장한 이득을 보면서도 농산물 수입을 거부할 때 그 실상은 적나라한 모습을 드러낸다. 그럼에도 불구하고 착취라는 개념은 여전히 문제가 있다. 왜냐하면 이 개념은 착취의 주체가 의식적으로 착취하는 행동을 하고 그래서 도덕적으로 비난받을 행동을 하고 있다고 간주하는 것 같기 때문이다. 또한 이 개념은 경제와 정치 분야에서 책임 있는 자리에 있는 사람들의 정직성을 의문시하고 동시에 기독교적-교회적 맥락에서 기독교적 신뢰성을 문제시하는 것으로 인지될 수도 있기 때문이다. 결국 이러한 착취라는 개념이 경제 시스템에서 일을 해 나가는 개개인의 주관적 정직을 어느 정도 배제시켜 버림으로써 궁극적 상호 신뢰라는 갈등조정에 필요한 토대를 제거해 버리는 결과를 초래하기 때문이기도 하다. 착취개념이 도입된 배경인 마르크스주의 이론은 사회문제를 상호 이해가 아닌 혁명에 기반하여 해결한다. 마르크스주의의 이론적 주장은 가난한 사람들이 저항하고 투쟁하는 것에 대해 정당성을 부여해 주며 사회관계의 전복이 이 투쟁의 도달점이 된다. 그러나 이것은 갈등을 교회 내적으로 해결하는 방법이 아니다. 이렇게 하다 보면 갈등들은 서로 적들로 굳어지게 되며 이들의 소멸이 최종적 목표가 되어 버린다.

공의회적 과정이라는 틀 안에서 교회가 행하는 갈등조정은 계급들 간의 갈등조정에 대한 마르크스주의적 이해와는 반대로 갈등집단들 간에 근본적인 신뢰관계가 계속 지속되어야 하며, 이 신뢰관계에서부터 공의회적 상호 이해가 가능하게 된다는 사실에 그 기반을 두고 있다.

3) 공의회적 과정들은 완성되어야 하며 결국에 가서 상호간의 동의에 의한 결정이 도출되도록 진행되어야 한다. 여기에 대해서 코르넬과 후버가 지적한 바 있는데 그들의 지적은 옳다고 생각된다.

그들은 한목소리로 무언가 결정되었다고 해서 공의회적 과정이 끝나는 것은 아니며 오히려 모든 당사자들에게서 그 결정된 내용들을 받아들이려는 자세가 새롭게 모색되어야 한다는 사실을 지적하고 있다. 이것은 일반적으로 공의회적 과정이 미완성의 단계에서 끝나는 경향이 있음을 나타내 준다. 이 과정은 임의로 미완성 단계에 있는 것이 아니라, 중간 해결책들, 즉 두 당사자들 간의 공동의 행위를 일정기간 동안 보장해 줄 수 있는 최소한의 중간 해결책들 위에서 그 다음을 대비해 작업한다는 차원에서 고려된 것이다. 그러므로 에큐메니칼 교회봉사의 목표결정과 관련해서 볼 때 결정과정에서 강한 측에 주는 것과 같은 동등한 기회를 약한 측에도 주는 그러한 공의회적 상호 이해가 필요하다고 말하는 것만으로는 충분치 못하다는 것이다. 오히려 필요한 작업은 현재 상황에서 나아갈 방향을 제시해 줄 수 있고, 그것을 결정하는 데 중요한 역할을 할 수 있는 내용상의 선택을 명확히 하는 일이다.

3. 가난한 자를 위한 정의의 선택

최소한 1968년 웁살라에서 개최된 세계교회협의회 연맹대회 이후 세계교회는 교회를 위한 범세계적 정의실현에 동참한다는 주제를 제기하게 되었다. 이는 인간에 대한 하나님의 계약에 근거한 신학적 논쟁에서 나온 것이다. 하나님의 계약은 피안적-초월적인 것이 아니라 인간들 사이에서 현재적 정의로 실현될 수 있다는 희망을 갖는 것에 대해 근거를 제공한다.[15] 그러나 이 연맹대회는 일반적이고 신학적인 이야기만 한 것이 아니라 경제적 정의실현과 같은 인간 삶의 가장 구체적인 방법들도 제시하였다. 한 예로 제시된 것은 "신흥 경제형태들은 강자의 착취로부터 자신을 지킬 수 있을 때에만 성장할 수 있다는 인식"이다. 또 다른 방법은 "국제간의 무역을 확장시키는 일인데 이러한 확장은 경제발전에 있어 가장 기본적이고 꼭 필요한 수단들 중의 하나로서 모든 참가자들에게 도움이 되도록 진행되어야 한다."[16]는 것이다. 이 총회에서 경제정의라는 주제를 수용한 것은 이 세계연맹대회가 전반적인 구조문제들, 그리고 정의로운 정치·경제구조의 실현에 대해 교회가 가지는 공동책임을 어느 정도로 인식하고 있는가를 보여 준다. 사실

---

15. Uppsala spricht-Die Sektionsberichte der Vierten Vollversammlung des Ökumenischen Rates der Kirchen Uppsala 1968. Genf, 1968, S. 62, Einleitung zum Bericht der Sektion IV : Auf dem Wege zu Gerechtigkeit und Frieden in internationalen Angelegenheiten.
16. A.a.O., S. 71.

정의로운 정치·경제구조가 보장되어야 개인 및 개별 국민집단들이 그들의 삶을 독자적으로, 그리고 보다 나은 삶으로 만들어 갈 수 있는 것이다.

웁살라의 이 연맹대회는 많은 교회에서, 특히 독일교회에서도 여러 학습과정을 유발시켰다. 즉, 개발도상국의 개발에 대한 책임이 강하게 느껴졌던 것이다. 이러한 발전은 필요한 재정자원이 적절히 쓰여지도록 재고되었다는 것이며, 이뿐만 아니라 정치적 의견 개진에서 문제들이 다루어졌다는 것도 의미한다.

발전과정이 상당히 느리며 산업국가들과 제3세계 국가들 간의 격차가 좁혀지지 않고 오히려 넓어졌다는 사실 때문에, 그것을 위해 필요한 일을 해야 한다는 필연성의 강도가 높아졌고 중점 사항이 새롭게 설정되었다. 이러한 노력은 적어도 제3세계 국가들의 가장 가난한 국민층을 우선적으로 잊지 않고 주시하며 그들과 연대하는 쪽으로 과제가 이동하게 되었다는 것이기도 하다. 가난한 자들과 연대하는 교회라는 주제를 둘러싼 토론(1980년부터)은 여기에서도 여러 가지 학습과정을 유발시켰고 여러 교회 내에서 에큐메니칼 교회봉사의 목표원칙과 관련해서 공의회적 상호 이해의 과정을 촉진시켰다. 그러나 에큐메니칼의 내부적인 유동성과 개별 지역교회들은 예전과 마찬가지로 여전히 분명한 의견의 불일치가 존재하며 갈등의 잠재성이 완전히 제거되어 있지 않고 있다. 이러한 사실은 다시 말해서 교회봉사 활동의 구조적 측면을 오히려 퇴보시키고 교회의 정치적 행위를 과대평가하는 것에 대해 경고하며, 정의로운 세계를 만들 수 있다는 망상이 구원의 희망을 뒷전으로 밀어 버릴지도 모른다며 불안해 하는 교회집단들이 예전과 같이 지금도 존재하고 있다는 것이다. 공의회적 상호 이해의 과정에서는 이들의 이러한 내용의 목소리도 들려져야 할 것이다. 그러나 제3세계의 당사자들 편에 서 있는 사람들의 목소리보다 더 많지도 적지도 않아야 할 것이다. 제3세계의 사람들은 상당히 종교적 절박감을 인식하며, 또한 필요한 행동에 대해 말하고 있다.

비록 현재의 그리스도교가 이러한 갈등을 야기시키는 그런 종류의 의견불일치를 두고 심사숙고한다 하더라도 전체적으로 보면 근본 관심사에 대해서는 의견이 일치하는 경우가 많이 있다. 1986년의 "독일 개신교 대총회 및 그 산하기관들에 대한 도전과 기회로서의 개발도상국 직무활동"이라는 중심주제에 대한 독일 개신교 대총회의 성명이 이것을 증명해 준다.[17]

라르나카에서의 "교회봉사 2000"이라는 세계교회협의회의 협의 텍스트와 같은 해에 나온 독일의 바드-잘즈우펠른(Bad-Salzuflen)에서의 독일 개신교 대총회 보고 및 결의를 비교해 보면 독특한 차이가 눈에 띈다. 독일 개신교 대총회의 결의에도 제3세계 대표들이 늘 고발하는 사실이 명확히 표현되어 있다 : 즉, 제3세계들의 일반적인 상황들의 악화, 농업부문의 빈약성, 국제적인 부채문제, 다국적 기업에 관한 문제, 생태학과 산업화라는 문제 등등. 독일의 대총회는 이러한 제3세계의 "가난한 자들의 이익을 대변하는 입장에서 정부들, 정당들, 그리고 사회적으로 중요한 집단들과의 대화를 계속해 나가자."라고 소속교회들과 개교회들, 그리고 그 구성원들에게 촉구하고 있다. 그리고 사회와 국가정책의 책임자들에게는 개발도상국 원조가 사회적으로 약한 자들의 기본적인 욕구를 우선 충족시켜 주는 쪽으로 개발정책을 펼칠 것, 여성의 역할을 개발과정에서 더 많이 숙고할 것, 군비축소를 위해 더욱 노력할 것, 그리고 유럽 농업시장의 개혁을 계속 추진해 나갈 것 등을 권유하고 있다. 여기에는 "무엇을 선택할 것인가?"에 대해서 명확히 제시되어 있음을 인식할 수 있고 대단히 분명한 선택들이 인식될 수 있으며, 또한 정의가 이루어지지 않고 있음이 발견되고 동시에 정치적 해

---

17. EKD und Dritte Welt. Texte zum Kirchlichen Entwicklungsdienst. 37. Stuttgart, 1986, S. 9-11.

결책을 요구하고 있다.

그러나 라르나카의 텍스트에서 다른 점은 제3세계 출신의 발언자들 중 코스타리카 출신의 빅토리오 아라야 구일렌(Victorio Araya Guillen) 같은 신학자에 의해 다루어졌다. 그에 따르면 1세계와 3세계간의 관계에서 무엇보다 더욱 긴급하게 신학적으로 다루어져야 할 사항은 곧 제3세계권에 존재하는 기아상황의 위협에 대한 문제라는 것을 직설하고 있다. 두 세계간의 관계설정에 있어서 최우선의 결정사항이 제3세계에 대해서는 곧 삶과 죽음을 의미하는 긴박한 내용이다. 여기서 전기독교인은 회피할 수 없고 무조건적으로 다루어져야 하는 과제에 직면하고 있다는 것이다. 가난한 자를 위한 정의의 시작이라는 의미에서의 에큐메니칼 교회봉사는 기독교 신앙의 핵심을 완전히 언급하지 못하고 실행으로 옮겨야 할 그 무엇은 물론 아니다. 그것은 오히려 하나의 과제로서 제대로 해내느냐 못하느냐에 따라 기독교적 실존이 결정된다는 것이다. 이러한 의미에서 에큐메니칼 교회봉사는 교회의 시금석이 되며 결코 일반적일 수 없는 그 어떤 놀라움이나 당혹감 같은 것이다. 그러나 독일의 EKD 문서에서는 제3세계가 느끼고 있는 이러한 긴박성은 느껴질 수 없다. 이 긴박한 신학의 문제들은 3세계의 다른 신학적 문맥에서 유래된 것임에 틀림없다. 신학적으로 보통의 수위를 넘는 언급을 피하는 것은 탈이데올로기화의 기능도 갖고 있기 때문인데, 그러나 이것을 고려한다 하더라도 상황에 대한 절박함을 서로 다르게 느끼고 있다는 것을 알 수 있다.

관찰될 수 있는 두 번째 사실은 이를 증명해 줄 것이다 : 독일 대총회의 바드-잘즈우펠른의 성명에 몇 가지가 분명하게 표현되어 있다 : "개발도상국들의 부채는 극적으로 증가하였다. 그러나 포괄적인 해결책은 아직도 보이지 않는다." 그러기 때문에 "모든 정치적 노력에 있어서 제3세계의 부채문제 해결이 가장 우선적으로 다루어져야 한다." 물론 이러한 '분명한 표현'은 서술적이고 확언하는 자세로 언급되었고 그 원인들에 대해서는 일체 다루어지지 않은 채로 이루어졌다. 그러나 제3세계의 교회지도자들과 전문가들은 산업화된 국가들의 부와 제3세계 국가들의 빈곤 사이에 놓인 연관관계를 잘 지적하고 있다. 그렇지만 바드-잘즈우펠론의 성명은 이런 관계를 주제로 삼고 있지는 않다. 원인들을 둘러싼 관계라는 것이 제3세계의 대표들에 의해 자주 인식되는 것보다는 훨씬 더 복잡하다는 사실을 교회들은 인정해야 할 것이다. 그러나 제3세계인들이 산업국 사람들 때문에 어느 정도 가난할 수밖에 없는가에 대하여 좀더 자세히 몰두해 보는 것은 아마도 세심히 분석해 볼 가치가 있을 것이다. 1986년의 이 성명에서 독일 대총회측이 보다 명확한 한마디를 했더라면 아마도 제3세계 전문가들의 소견이 충분히 전달되었을 것이다. 알다시피 실제로 세계경제가 오늘날 교회의 신앙고백의 영역인지 어떤지는 의심스럽다. 그러나 적어도 이렇게는 말할 수 있을 것이다 ; 산업화된 나라의 부유함은 특히 가난한 자의 부담으로 가능한 것이다. 그러므로 속죄의 한마디라도 했더라면 분명히 적절했을 것이다. 그러나 그렇지 못한 교회의 실상들은 문제들을 사실적으로 인식하고 상태를 평가하는 많은 경우 내용적으로 의견의 일치를 보기는 하지만 그럼에도 여전히 의견 불일치가 존재함을 보여 준다. 실재 내용들이 정직하게 다루어지지 못하는 것은 갈등이 돌출될 것이라는 염려와 제3세계 동역자들과의 공의회적 상호 이해가 이루어지지 않을 것에 대한 염려 때문이다. 공동책임의 대상인 정치, 경제적 불공평구조를 고려해 볼 때 속죄 없이는 가난한 자들과의 연대는 이루어질 수 없다. 교회봉사의 구조적 차원을, 그리고 실현되어야 하는 정의의 구조적 차원을 우리가 인식한다고 할 때, 이것은 불공평한 구조에 대한 교회의 공동책임도 지적해야 한다는 것을 의미한다. 여기서 칼 바르트가 다른 차원에서 교회봉사라는 주제를 놓고 말한 것은 전체적으로 볼 때 여전히 심사숙고해 볼 만한 가치가 있다 : "다시 말해, 기독교 교회는 자신들의 교회봉사적 과제인 가난한 사람들에게 인간실존이라는 전체적 차원에서 생활에 필요한 도움을 베풀어야 한다는 사실을 아직 분명하게 의식하지 못하고 있다. 이러한 교회의 무의식적인 상태들이 늘 장기적인 안목으로 느슨하게 예정하고 시작될 수는 없는 것이다 : 개개인의 궁핍이란 인간 전체의 공동생활의 특정한 무질서를 통해서만이 아니라 전반적인 인간생활의 무질서에서 그 이유가 결정적으로 설명된다는 사실이다. 교회의 특정한 구호사업이 사회, 경제, 정치적 상황, 그리고 몇몇 특정한 상황에서 한계에 부딪치고 결국 좌절될 수밖에 없다는 사실이 여기에 근거한다. 즉, 교회가 인간의 전반적인 생활습관에서 나타나는 나약성과 죄성에 대한 이해 없이 가난에 대한 문제들이 어떤 특정한 이유들에 의해서만 논의되고 해결책을 찾으려 하기 때문이다.

교회는 그 사실 앞에 눈을 감아서는 안 되며, 그에 대한 공동책임을 회피해서도 안 된다. 교회가 그 무질서들이 생기도록 기여하지는 않았는가에 대한 숙고가 멈추어져서도 안 된다.

교회의 교회봉사가 주어진 과제의 완수에 대해 이렇게 인식한다면 교회봉사는 '여러 가지 관계들'에 의해 자신에게 주어지는 울타리 안에서 관망만 하고 있지는 않을 것이다. 그리고 교회의 교회봉사는 이러한 인식을 말로 표현하고 이 인식을 교회들에게 알리는 일을 소홀히 해서는 안 된다. 교회봉사가 이렇게 되어 나갈 때 교회는 자신의 목소리를 높이게 되고 복음전파를 통해 세상 사람들로 하여금 사회적 불공평과 그 결과에 대해 숙고하도록 하며 그러한 상태와 관계들을 변화시키도록 촉구하게 된다. 기독교적 사회비판적인 언급이 이러한 상황에서 기독교적 행동에 새로운 공간을 마련하고, 그리고 새로운 의미를 부여해 주기 위해 관여해야 할 것이다."[18]

---

18. Karl Barth : Die kirchliche Dogmatik. IV. 3. Zweite Hälfte. Zollikon-Zürich, 1959, S. 1023.

4. 교회봉사 - 정의와 평화의 상징

제3세계 교회와 제1세계 교회의 관계, 개발도상국 원조 및 그 목적, 에큐메니칼 교회봉사 등을 둘러싼 에큐메니칼 차원의 토론에서 정의를 위한 봉사라는 교회봉사의 목표원칙은 이웃 사랑의 실천이라는 이전 관점을 쓸모 없는 것으로 만들지는 않았지만 그 관점을 다르게 강조하였다. 이웃 사랑, 이웃되어 주기 등이 주된 관점으로 작용하여 교회봉사는 하나의 불공평한 관계를 자연스럽게 인정하는 것으로 되어 버렸다. 즉, 베풀어진 이웃 사랑은 주는 쪽에서부터 받는 쪽을 향하게 되어 있는 것으로 이해하도록 되어졌는데 이것은 사실상 평등할 수 없는 하나의 관계로 이해되어지는 것이다. 이외에도 이 개념은 상황에 따라 개인적으로 베풀어 주는 것에서부터 출발했다. 이웃 사랑은 개별집단 혹은 명확히 경계 지워질 수 있는 특정한 곤경에 처해 있는 집단들을 향한 것이었다. 결국 이웃 사랑이라는 개념은 개인적으로 베푸는 행위를 우선시하였고, 이러한 관계에서 불공평한 정치적 차원은 여전히 배제되어 있었다.

시간이 갈수록 이러한 교회의 이웃 사랑에 대한 결손부분들이 여러 차원에서 다루어지기 시작했다. 에큐메니칼 차원의 함께 나눔이라는 개념은, 예를 들어 관계라는 개념이 갖고 있는 상호성을 지적하는 것이었다 : 즉, 주는 사람은 받는 사람이기도 하며, 받는 사람은 또한 주는 사람이기도 하다는 것이다. 이렇게 함으로써 교회봉사적 관계에서 평등이라는 생각을 시사해 보고자 노력하였다. 게다가 이 관점은 에큐메니칼 차원의 토론에서 뿐만 아니라 행동 전반에 대한 토론에서도 주류를 이루었다. 예를 들면, 장애자와 비장애자, 병자와 건강한 사람간의 관계에서 서로 주고받는다는 생각이 분명해졌던 것이다. 이러한 관계에 대한 것들은 하나하나로는 대단히 중요하지만 인간 삶의 중요한 조건으로서 작용하는 현존하는 불평등을 구체적으로 다루는 데서는 자주 간과해 버리는 경향이 내재해 있다. 부유한 사람과 가난한 사람, 장애자와 비장애자, 병자와 건강한 사람, 갇힌 사람과 자유로운 사람간에는 근본적인 차이가 있다. 그러나 비록 실제로는 주는 사람이 오로지 주는 사람만이 아니라 받는 사람이기도 하며 또 그 반대이기도 하지만 교회봉사 차원의 과정은 대개 동등하지 않은 사람들 간의 의사소통 과정을 다루는 것이다. 그렇지만 이것을 고려한다고 해도 근본적 불평등이 없어지지는 않는다.

  이러한 의미에서 교회봉사의 행위가 개인에 대한 행위로 오해될 수 없다는 사실은 에큐메니칼 교회봉사가 항상 정의구현이라는 지평에서 토론되고 있다는 사실 – 바로 에큐메니칼 차원 – 에서 인식되어진 내용이다. 교회봉사가 정의를 위한 봉사라면 교회봉사는 개인적인 요소를 초월하는 능력을 갖고 있으며, 정의는 사회적 공간 가운데서도 개인적 영역을 초월하는 곳에서 가능하다. 물론 정의라는 개념을 가지고 다른 측면에서 주제로 삼아 논할 수도 있다. 즉, 정의가 구현될 때 권리가 행사된다는 것이다. 이것은 지금까지 충족되지 않았던 요구가 충족된다는 것인데, 그리스도인들이 교회봉사를 정의구현으로 이해한다면 여기서 말하는 정의구현이란 가진 자가 자기 임의대로 어떤 일을 행하는 것이 아니다. 이는 오히려 사회에서 손해보는 측이 무엇을 요구할 때 그것이 조건 없이 충족되는 것을 의미한다. 이러한 요구는 인권 차원에서, 그리고 신학적 차원에서도 그 근거가 설명될 수 있다 ; 창조신학에서 보면 하나님의 피조물인 인간은 동등하다는 사실을 통해서 ; 구원론으로 보면 그리스도의 구원행위가 의롭지 못한 죄인을 의인화하는 것으로서 ; 성령론으로 보면 다양한 모습으로 나타나는 성령이 인간의 모든 삶/생명에서 하나의 거룩한 형태를 획득하고자 한다는 이야기를 통해서 설명될 수 있다. 그러므로 인간의 근본적인 평등을 그 출발점으로 삼을 수 있을 때 – 그러나 이 평등이 실제 사회조건들에 의해 불평등으로 뒤바뀌어 버릴 때 – 기독교공동체 내부에서의 교회봉사 행위는 정의로운 행위이며 평등을 구현하는 사건이 된다. 교회봉사 행위가 정의를 위한 봉사로서 이해된다면 이 행위에 대해서는 전통적 신학의 이해에 비해 그 폭이 확대된 것이며, 또 다른 한편으로는 절박함 속에서 이 행위가 무조건적인 정의를 위한 봉사로서 주장되는 것이다.

하나님이 어떤 것을 요구하실 경우 이 요구는 주관적이고 임의적인 사랑의 행위에 맡겨져 판단되는 것이 아니라 오히려 무조건으로 충족되어야 하는 것이다.

그런데 이러한 의미에서의 정의는 내용적으로 무엇을 포함하고 있는가? 육체적, 영혼적, 정신적으로 피해를 입지 않는 개개인의 권리가 인정되는 곳에 정의가 존재한다. 정의는 기본적으로 삶을 영위해 나갈 권리, 영양을 충분히 섭취할 권리, 노동할 권리, 가족 내에서 공동체를 이룰 권리를 의미한다. 정의는 개인 및 집단적 자아실현의 권리를 의미하는데, 이때 개인을 강조하느냐 집단을 강조하느냐 하는 것은 다양한 문화적 전통에 따라 다르게 나타날 수 있다. 어쨌든 정의는 정치적 결정에 대한 공동참여권도 포함한다. 정의는 그 자신의 삶을 개인적인 것으로, 그리고 사회관계 속에서 자신을 의미롭게 생각할 여유를 가질 평등한 기회를 동시에 포함한다. 교회봉사가 정의를 위한 봉사라면 - 그리고 이것이 에큐메니칼한 생활관계에서, 세계사회의 차원에서 뿐만 아니라 국가적 차원에서, 그리고 자그마한 공동체들의 차원에서도 그러하다면 - 정의란 다차원적이며 단순한 원조행위일 뿐만 아니라 새로운 사회적 생활관계를 창조해 내는 것과도 관련이 있다. 이러한 의미에서 정의라는 개념과 평화라는 사고가 결합된다는 것은 거의 우연한 일이 아니다. 여기서 말하는 평화는 다차원적이고 새로운, 그리고 하나님에 의해 열린, 그래서 구원이 구체화되는 삶의 가능성들을 말한다. 마지막 최종적인 행위 출발점인 하나님의 평화를 구체적인 교회봉사 행위가 이루어 낼 수 있는 것에는 물론 한계가 있음도 주지시켜 준다.

교회의 개발도상국 원조는 이러한 전반적인 교회봉사의 이해에 의한 활동 전반에 비하면 아직은 대단히 미비하다. 또 자신들의 고유한 신앙고백의 새로운 창조를 위해 시작된 제1세계의 개발도상국 원조라는 것은 제3세계 국가들 내부에서 행해지는 새로운 노력에 비하면 역시 극히 미비한 수준이다. 그러기 때문에 어떤 일을 이루어 낼 수 있는 가능성들도 제한되어 있는 것이다.

그런데 이것은 단지 하나의 예에 불과하다. 교회봉사를 정의실현으로 이해할 때, 우리는 이것이 다만 정의실현의 실마리만을 제공할 수 있을 뿐이라는 사실도 항상 새롭게 발견하게 된다. 더욱이 교회봉사는 완전히 다른 방식의 한계 경험에서도 부딪친다 : 즉, 질병은 인간에 의해 유발된 질병일 뿐만 아니라 많은 재앙의 형태로 나타나는 운명이기도 하다. 인간들의 재난과 가난은 인간에 의해 영향받는 삶의 운명으로서 뿐만 아니라 우발적으로 경험되는 삶에서도 이루어질 수 있다. 교회봉사 행위는 이러한 상황과 더불어 이해할 수 있는 것, 그리고 영향을 줄 수 있는 것의 한계에서 일을 해야 한다. 교회봉사가 필요해지는 경우 우연성과 불확실성에 놓인 인간의 삶이 질문의 대상이 되는 것이다. 하나님의 정의는 가끔은 인간들에게 평등을 부여해 주지 않거나 아니면 분명 많은 차이가 나도록만 허락해 주는 것으로 오해되기도 한다. 그럼에도 불구하고 하나님의 정의의 최종적인 대상은 인간의 삶이다. 다양한 문제들에 직면하여서, 그리고 삶의 우연성에 마주치면서 인간들이 겪게 되는 독특한 한계의 경험과 같은 것들이 역시 교회봉사의 경험에 속한다. 이렇게 위협적일 수 있는 체념상태에 직면하여서도 교회봉사에 남아 있는 길은 고유한 출발점으로 되돌아가서 살펴보는 것뿐이다 : 즉, 성찬식에서는 평등과 정의가 실제로 구현되고 있고 일상 삶에 비추어 보더라도 그것은 여전히 예상될 수 있는 것이기도 하다. 평등과 정의는 현재 삶의 현실 속에 이미 들어와 있으며, 동시에 앞으로의 새로운 삶에 대한 희망이기도 하다. 다른 어떤 삶도 아닌 바로 이 미래적인 새로운 삶은 교회봉사를 위해서도 중요하고 가치가 있다. 교회봉사는 인간이 처한 상황을 실제로 변화시키는 것이기는 하지만 완전히 그 목적을 이루지는 못한다. 교회봉사는 하나의 희망, 즉 궁극적인 구원에 대한 희망의 상징으로 남아 있는 것이다. 아마도 이것은 기독교적 삶의 전체적 관계 속에서부터 교회봉사가 - 스스로 지금 그 무엇이라고 잘못 주장하는 그것으로서, 즉 하나님의 정의에 대한 희망 속에서의 봉사로서 교회봉사가 계속 존재하고자 할 때는 언제라도 - 분리되어서는 안 된다는 것에 대한 하나의 중요한 근거가 되는 것이다.

교회봉사가 이렇게 하나님으로부터 위임받은 바에 대한 책임이 있음을 안다면 여러 갈등들을 회피할 수 없을 것이다. 이 갈등들은 교회 내부적인 것이며 또한 교회의 현재적 상황에서도 경험되고 있는 것이다. 왜냐하면 교회는 하나님의 왕국이 아직은 절대 아니기 때문이다. 인간 삶에 존재하는 하나님의 뜻에 어긋나는 행동은 교회도 한몫을 하고 있다. 그러기 때문에 교회봉사를 정의구현으로 올바르게 이해하려는 투쟁이 교회 내부에서도 전개되어야 한다. 그러나 어느 누구도 정의를 위하여 이바지할 수 있는 진실을 자기만이 가지고 있다고 말해서는 안 될 것이다. 그래서 공의회적 과정은 여전히 필요하다. 그러기 때문에 또 다른 의미에서 교회봉사적 교회로서 교회공동체의 갈등조정 능력이 꾸준하게 요구된다 : 즉, 인간에게 정의가 유보되어 있다는 사실을 인지한다면 교회는 침묵해서도 안 되며 비록 국가적, 경제적 또는 다른 이해관계가 다른 길에 갈등을 일으킨다 하더라도 그 길에서 비켜서서 갈등을 방치해서도 안 된다. 그리고 이런 사실은 공의회적 경청을 위한 준비에서도 또다시 적용된다. 왜냐하면 교회라는 제도의 바깥에도, 즉 국가, 경제, 문화 등의 영역 또는 그 어떤 영역에서든지 간에 거기에도 정의에 대한 책임을 알고 있는 사람들이 있기 때문이다.

교회의 정체성과 교회봉사 값 10,000원

초판인쇄	1998년 11월 20일
3쇄발행	2005년 9월 30일
저 자	칼 프리츠 다이버
역 자	황 금 봉
발 행 인	박 노 원
발 행 소	**한국장로교출판사**
주 소	110-470 / 서울특별시 종로구 연지동 135
전 화	(02)741-4381~2 / 팩스 741-7886
영 업 국	(031)944-4340	팩스 944-2623
등 록	No.1-84(1951. 8. 3.)

ISBN 89-398-0320-5   Printed in Korea